suhrkamp taschenbuch
wissenschaft 1172

Als Ende der sechziger Jahre Wolfgang Zapf seinen nunmehr klassischen Band über *Theorien sozialen Wandels* einleitete, konnte er auf das sich damals herauskristallisierende Paradigma der Makrosoziologie verweisen. Er stützte sich – cum grano salis – methodisch auf einen strukturell-funktionalen Ansatz, theoretisch auf die Differenzierungstheorie und in der historisch-praktischen Anwendung auf die Modernisierungsforschung. Inzwischen hat sich dieses Paradigma aufgelöst und entlang der genannten Richtungen ausdifferenziert. »Paradigmatisch« läßt sich ein theoretischer Kern nicht mehr eindeutig identifizieren, sondern es können nur noch methodologische Minimalstandards dynamischer Analysen ausgewiesen werden.

Ausgehend von modelltheoretischen Überlegungen (Neil J. Smelser und Gudmund Hernes), umfaßt der Band differenzierungstheoretische (Renate Mayntz), strukturationstheoretische (Anthony Giddens), kulturtheoretische (Margaret Archer), selektionstheoretische (Bernhard Giesen), bewegungstheoretische (Klaus Eder), populationsökologische (Michael Hannan und John Freeman) sowie institutionentheoretische (Tom R. Burns und Thomas Dietz) Ansätze.

Hans-Peter Müller lehrt Soziologie an der Humboldt-Universität zu Berlin. Michael Schmid lehrt Soziologie an der Universität Augsburg.

Sozialer Wandel

Modellbildung und
theoretische Ansätze

Herausgegeben von
Hans-Peter Müller und
Michael Schmid

Suhrkamp

Die Deutsche Bibliothek – CIP-Einheitsaufnahme
Sozialer Wandel :
Modellbildung und theoretische Ansätze /
hrsg. von Hans-Peter Müller
und Michael Schmid. –
1. Aufl. –
Frankfurt am Main : Suhrkamp, 1995
(Suhrkamp-Taschenbuch Wissenschaft ; 1172)
ISBN 3-518-28772-9
NE: Müller, Hans-Peter [Hrsg.]; GT

suhrkamp taschenbuch wissenschaft 1172
Erste Auflage 1995
© Suhrkamp Verlag Frankfurt am Main 1995
Suhrkamp Taschenbuch Verlag
Satz und Druck: Wagner GmbH, Nördlingen
Printed in Germany
Umschlag nach Entwürfen von
Willy Fleckhaus und Rolf Staudt

1 2 3 4 5 6 – 99 98 97 96 95

Inhalt

Vorwort

Der vorliegende Band macht den Versuch, einen Überblick über neuere theoretische Ansätze zu sozialem Wandel zu geben. Ohne Vollständigkeit zu beanspruchen, steckt er die Bandbreite der Arbeiten ab, die eine fruchtbare Heuristik zur Analyse sozialer Wandlungsprozesse versprechen. Diese Vielfalt hat Methode. Ausgehend von modelltheoretischen Überlegungen, umfaßt der Band differenzierungs-, strukturations-, kultur-, selektions-, bewegungs-, populationsökologische und institutionstheoretische Ansätze. Als Ende der sechziger Jahre Wolfgang Zapf seinen nunmehr klassischen Band über *Theorien sozialen Wandels* einleitete, konnte er stolz auf das sich herauskristallisierende Paradigma der Makrosoziologie verweisen. Er stützte sich – cum grano salis – methodisch auf einen strukturell-funktionalen Ansatz, theoretisch auf die Differenzierungstheorie und in der historisch-praktischen Anwendung auf die Modernisierungsforschung. Seit dieser Zeit hat sich das orthodoxe Paradigma aufgelöst und entlang der genannten Richtungen ausdifferenziert. »Paradigmatisch« läßt sich ein theoretischer Kern nicht mehr eindeutig identifizieren, sondern es können nur noch methodologische Minimalstandards dynamischer Analysen ausgewiesen werden.

Der Band geht auf eine Tagung der Sektion »Soziologische Theorien« in Heidelberg im Jahre 1989 zurück. 1989 markiert auch – ebenso wie 1789 – eine Zäsur in der Geschichte durch den Zusammenbruch Osteuropas. Wir haben indes der Versuchung widerstanden, erste Versuche zur Analyse dieses tiefgreifenden Wandels in die Auswahl mit aufzunehmen. Eine »Transformationstheorie« existiert gegenwärtig noch nicht; sie müßte zudem drei Ebenen überzeugend verknüpfen: die analytische Ebene des Modells mit der Logik und Dynamik des Wandels und mit raum-zeitlicher, historischer Spezifizierung der Referenzgesellschaft als konkreter Untersuchungseinheit. Unsere Konzeption beschränkt sich auf die ersten beiden Ebenen, Modellbildung und theoretische Ansätze.

Wir möchten uns bei den Mitarbeiterinnen des Instituts für Soziologie, die bei der Vorbereitung der Tagung kräftig geholfen haben, und bei den Freunden der Universität Heidelberg, die das Treffen finanziell unterstützt haben, bedanken. Tiefen Dank schulden wir auch Frau Dipl.-Soz. Margit Weihrich und Herrn Gregor Richter, auf deren redaktionellen und organisatorischen Beistand schlechterdings nicht zu verzichten war. Überdies bitten wir die Referenten und Referentinnen der Tagung um Nachsicht, daß sich das Erscheinen des Bandes so ungebührlich verzögert hat. Das ist nicht nur der wesentlich erweiterten Konzeption und der Übersetzung englischsprachiger Texte geschuldet, sondern auch dem »regionalen Wandel« des einen Herausgebers, der von Heidelberg nach Berlin und damit vom ruhigen Westen in den turbulenten Osten gezogen ist.

Augsburg und Berlin, Februar 1994　　　　　Die Herausgeber

Hans-Peter Müller und Michael Schmid
Paradigm Lost?

Von der Theorie sozialen Wandels
zur Theorie dynamischer Systeme

1. 1989 – »The World We Have Lost«

So viel Wandel war noch nie. Und doch scheint die Soziologie als
Spezialistin für gesellschaftliche Entwicklung paradigmatisch
schlecht gerüstet, den rasanten Wandel zu beschreiben, zu erklären und zu beurteilen. *1989* bedeutete nicht nur die zweihundert-
jährige Wiederkehr jenes Schlüsselereignisses, das in vielen Augen
als Beginn der okzidentalen Moderne gilt – der Französischen
Revolution; sondern 1989 markiert für Osteuropa eine Zäsur
ebenso wie 1789 und 1968 für den Westen.[1] Seit der osteuropäischen Revolution stehen die Koordinaten unserer Welt zur Disposition, und es scheint, als sei eine grundlegende Revision unseres
Denkens gefordert. Die Nachkriegsordnung geht zu Ende, und
damit verschwindet die Welt, auf die unsere Kategorien des Denkens von Stabilität und Wandel scheinbar natürlich bezogen waren. Die fällige Revision betrifft das Klassifikations- und Ord-
nungsraster in mindestens dreierlei Hinsicht. *Zunächst* ist das
geopolitische Dreieck zwischen erster, zweiter und dritter Welt
verschwunden. Die alte Identitäts-, Abgrenzungs- und Distink-
tionschemie funktioniert nicht mehr. *Sodann* ist das Ost-West-
Problem und die Systemkonkurrenz zwischen Kapitalismus und
Sozialismus stillgestellt geworden. Die Bedeutsamkeit des Tatbestands, daß dieser archimedische Punkt verschwunden ist, zeich-
net sich erst undeutlich ab. Einstweilen hat sich der ehemalige
Systemgegensatz zu der ungewöhnlichen, weil ungewohnten
Frage gewandelt, wie osteuropäische Gesellschaften auf den Weg
zu Marktwirtschaft und Demokratie gebracht werden können.[2]
Diese sogenannte »Transformationsproblematik« dominiert die
gegenwärtige Diskussion in den Sozialwissenschaften. Gleich-

---

1 Vgl. Tiryakian 1993, Dahrendorf 1990.
2 Vgl. Burns/Dietz (in diesem Band).

wohl sind die Schwierigkeiten unübersehbar, den Übergang vom Sozialismus zum Kapitalismus zu modellieren, zumal im Rahmen historisch-materialistischer Ansätze nur der umgekehrte Weg vorgesehen war. Zwar könnte der unerwartete »Beweis« für die Prognosefähigkeit der evolutionistischen Modernisierungstheorie, die im Modell des demokratischen Zentralismus ein Hemmnis für den unaufhaltsamen Weg zu Demokratie und Pluralismus erblickte und Rußland schon frühzeitig die Notwendigkeit einer solchen »Kurskorrektur« prophezeite, zugunsten des angeblich unbrauchbaren, weil zu abstrakten Ansatzes von Parsons[3] sprechen[4]; aber eine tiefer ansetzende Erklärung für Zeitpunkt, Umstände, Akteure und Verlaufsformen dieses umfassenden Transformationsprozesses, die aus der abstrakten Prophezeiung eine erklärungskräftige Prognose machen könnte, fehlt. *Schließlich* sieht sich das ehemals geteilte Deutschland mit dem »Experiment Vereinigung«[5] vor die Herausforderung gestellt, erste und zweite Welt, Westen und Osten, Kapitalismus und Sozialismus auf dem Boden seiner Nation zu »versöhnen«.

Akzeptiert man diese kursorische Skizze als historischen Befund, ist es reizvoll, die wissenschaftlichen Reaktionen auf 1789 und 1989 zu vergleichen. Mit zeitlicher Verzögerung auf die erste »Große Transformation«[6] entstehen die »Gesellschaftswissenschaften«, welche die Heraufkunft der modernen Gesellschaft als Folge von Aufklärung, Industrialisierung und revolutionärer Nationalstaatsbildung zu verstehen suchen. Der Soziologie wächst in diesem Zusammenhang die Schlüsselrolle zu, die Grundlagen der neuen sozialen Ordnung und die Quellen des sozialen Wandels und seiner Dynamik aufzudecken.[7] Dieser Rolle versucht die Soziologie auch nach der zweiten großen Transformation gerecht zu werden; sie schlägt deshalb vor, den Umbruch in Osteuropa als einen Modernisierungsprozeß zu verstehen, was sich in Ausdrücken wie »reflexive Modernisierung«[8], »doppelte Modernisie-

---

3 Vgl. Parsons 1969, 1972.
4 Vgl. Ettrich 1993, K. Müller 1991.
5 Vgl. Giesen/Leggewie (Hg.) 1991.
6 Vgl. Polanyi 1978.
7 Vgl. Zeitlin ²1981, Simon 1991, Swingehood ²1991.
8 Vgl. Beck 1991, 1993, S. 57 ff.

rung«[9] und »weitergehende Modernisierung«[10] oder in evolutionistischen Begriffen wie »nachholende Revolution«[11] oder »nachholende Entwicklung« niederschlägt.[12]

Wir wollen diese Versuche, die Ereignisse »nach der Wende« zu erklären, nicht vorschnell beurteilen, und sicher muß es nicht notwendig einen Fehler darstellen, zu diesem Zweck auf überkommene Theoriebestände zurückzugreifen, obgleich sich Stimmen melden, die einen »Paradigmawechsel« anmahnen.[13] Allerdings fällt ins Auge, daß solche Modernisierungsformeln auf der schmalen Basis kursorischer Beschreibungen des Gangs der Dinge weitreichende Bewertungen und Deutungen vornehmen, noch bevor der genaue Verlauf jener Veränderungen erklärt wäre.[14] Damit aber scheinen solche Interpretamente in gefährlich vollmundiger Weise zu kurz zu greifen. Dieses Zukurzgreifen hat unseres Erachtens zumindest zwei Aspekte: Zum einen erfüllen solche deutenden Beschreibungen der »zweiten großen Transformation« keinesfalls alle Aufgaben, denen ein gültiges Paradigma des sozialen Wandels gerecht zu werden hat; zum anderen übernimmt die These von der »Modernisierung« ein Erbe, das näher zu betrachten sich lohnt, um nicht in das seichte Fahrwasser der überkommenen Theorie sozialen Wandels zu geraten, deren Kritikwürdigkeit ursprünglicher Anlaß für die vorliegende Veröffentlichung war.

Wir wollen diesen Vorbehalt in zwei Schritten entwickeln. In einem ersten bestimmen wir die Funktionen einer akzeptablen Wandlungstheorie; in einem zweiten rekonstruieren wir die Geschichte der überkommenen Theorie des sozialen Wandels und machen, um deren Mängel zu beheben, einige Vorschläge, wie die Theoriebildung auf dem vereisten Terrain dynamischer Prozesse in der Balance gehalten werden kann.

9 Vgl. Klein 1991.
10 Vgl. Zapf 1991, 1994, womit »Richtungskonstanz und Strukturverbesserung« gemeint sind (Zapf 1991a, S. 46).
11 Vgl. Habermas 1990.
12 Vgl. Senghaas 1982.
13 Vgl. Janos 1986, S. 147f., Giesen/Leggewie 1991, S. 8.
14 Die Vielzahl der Veröffentlichungen allein zum Verlauf der Leipziger Montagsdemonstrationen sollte jede vorschnelle Hoffnung auf globale Erklärungen zunichte machen. Vgl. Pollack 1990, Hofmann/Rink 1990, Mühler/Wilsdorf 1990, Prosch/Abraham 1991, Opp 1991, Hirschman 1992 u. a.

2. Formen und Funktionen eines Paradigmas sozialen Wandels

Von heutiger Warte aus und mit der nötigen Distanz im Rückblick auf die Theoriegeschichte wird deutlich, daß ein Paradigma sozialen Wandels mindestens *drei Funktionen* erfüllen muß. Alle drei greifen in konkreten Untersuchungen ineinander, lassen sich aber analytisch unterscheiden. Erst wenn sie je einzeln und im Verbund eingelöst worden sind, stellt sich die Gewißheit ein, ein Phänomen sozialen Wandels verstanden zu haben. In der Methodologie von Émile Durkheim bis Walter G. Runciman[15] sind diese als »Beschreibung«, »Erklärung« und »Beurteilung« bezeichnet worden. Die *deskriptive Funktion* sucht die Frage »Was geschieht?« durch eine möglichst genaue Identifikation der Phänomene und Ereignisse, Fakten und Prozesse zu beantworten. Das Ziel solcher Beschreibungen ist ein Gesamtbild, das den zeitlichen Verlauf und die topologische Lage des fraglichen Phänomens nachzeichnet.[16] Zweifellos läßt diese deskriptive Funktion das Paradigma sozialen Wandels in die Nähe der Geschichte geraten. Allerdings unterscheiden sich historische Beschreibungen je nach Schule und Ansatz danach, wieviel explanatorischen Ehrgeiz sie entwickeln wollen.[17] Von der Ereignisgeschichte bis zur Struktur- und Gesellschaftsgeschichte nimmt die »Theoretizität« zu – und damit die Möglichkeit, historischen Wandel nicht nur beschreiben, sondern als »sozialen Wandel« erklären zu können.[18] Je nachhaltiger sie das tut, desto mehr wird aus der Geschichtsschreibung eine historische Sozialwissenschaft und aus der raum-zeitlich diszipliierten Ereignisgeschichte eine analytisch strukturierte Gesellschaftsgeschichte.[19] Als solche erfüllt sie, wie dies im Zentrum eines genuin soziologischen Erkenntnisinteresses liegt, mehr und mehr eine deutlich *explanatorische Funktion*, indem sie die Frage nach dem »Warum?« des beobachteten Geschehens stellt und den Versuch unternimmt, die Ursachen, Triebkräfte und Mechanismen sozialen Wandels zu bestimmen. Ziel solcher Bemühungen

---

15 Vgl. Durkheim 1895 und Runciman 1983.
16 Vgl. Wallerstein 1991, S. 135 ff.
17 Vgl. die Arbeiten in Baumgartner/Rüsen 1976.
18 Vgl. Wehler 1973, 1976 u. a.
19 Vgl. Wehler 1973, Abrams 1982, Sztompka 1990, Hettling 1991.

ist es, die *Dynamik des Wandlungsgeschehens* zu erfassen. Dies geschieht im Idealfall durch eine abstrakte Modellierung des betreffenden Prozesses, die eine geordnete Identifizierung der zentralen Prozeßvariablen, deren Relationen und Verkettungen, der externen Parameter des Geschehens, seiner Anfangs- und Randbedingungen usf. voraussetzt. Diese Modellbildung abstrahiert am Ende bewußt vom konkreten historischen Geschehen, um die formalen Verlaufskonturen des Wandels herauszufinden. Entsprechend verzichten solche Modelle, gleichgültig wie ausgearbeitet sie auch sein mögen, auf eine irgend geartete »Abbildung« der konkreten sozialen Wirklichkeit, sondern beschränken sich darauf, deren wesentliche Struktur- und Prozeßaspekte »nachzubilden« oder, besser, zu rekonstruieren. *Eine solche Rekonstruktion aber bedarf der erklärenden Theorie.* Deshalb ist das Paradigma sozialen Wandels in jedem Falle auch auf die Gesellschaftstheorie und damit auf die explikativen Leistungen der Handlungs- oder Sozialwissenschaften angewiesen.

Erst auf der doppelten Grundlage einer sorgfältigen historischen Beschreibung und einer theoriegeleiteten Erklärung läßt sich sodann eine Beurteilung sozialen Wandels geben. Diese *evaluative Funktion* sucht die Frage »Was bedeutet das Geschehen?« zu beantworten. Diese Frage zielt nicht auf Beschreibung und Erklärung eines Wandlungsphänomens, sondern sie will dessen tieferen Sinn und Bedeutung zu ergründen helfen. Die Deutung der Bedeutung und die Verfügbarmachung des Sinns richten sich nicht nur auf die Implikationen und Konsequenzen des Wandels für Kultur, Gesellschaft und individuelle Lebensführung – Fragen und sachliche Beurteilungen, die auch im (fach-)wissenschaftlichen Rahmen diskutiert werden –, sondern darüber hinaus soll ein grundsätzliches Urteil gefällt werden, ob der Wandel »gut« oder »schlecht«, »sinnvoll« oder »sinnlos« ist, ob wir uns auf »Fortschritt« oder »Rückschritt« einzustellen haben, ob er der »Zivilisation« dient oder nicht.[20] Um eine solche Bewertung vorzunehmen und um derartigen Sinnkonstruktionen einen Halt zu geben, bedarf es freilich einiger klärungsbedürftiger Annahmen: *Zunächst* wird in aller Regel unterstellt, daß die Geschichte keinen kontingenten oder ungeregelten Prozeß, sondern ein *gerichtetes* Geschehen darstellt, wobei eine solche These einem Bedürfnis

20 Vgl. Alexander/Sztompka 1990.

entgegenkommt, über dessen Berechtigung sich streiten läßt. So war schon Max Weber geläufig, daß »der ›Fortschritts‹-Gedanke sich eben erst dann als notwendig (einstellt), wenn das Bedürfnis entsteht, dem religiös entleerten Ablauf des Menschheitsschicksals einen diesseitigen und dennoch objektiven ›Sinn‹ zu verleihen«.[21] *Ferner* existierte hinter jeder wertenden Stellungnahme dieser Art ein *Projekt* oder die Vision eines Entwicklungszieles[22], das als normativer Bezugspunkt fungiert, um zu prüfen, ob der Wandel seine Realisierung begünstigt (»gut«) oder nicht (»schlecht«).[23] *Schließlich* werden die Träger des »vision business«, die Intellektuellen, nicht nur Ort und Zielpunkt einer historisch relevanten Entwicklung im Auge haben, sondern sich auch daran machen wollen, sie in der gewünschten Richtung aktiv voranzutreiben oder wenigstens auf den Weg zu bringen bzw. nach einem »historischen Subjekt« zu fahnden, das dazu in der Lage ist.[24] Ihr Ziel findet die evaluative Funktion, sei es als sachliche Beurteilung oder als persönliche Stellungnahme, in der Erstellung einer aktuellen »Zeitdiagnose«, die versucht, mittels Interpretation die »Zeichen der Zeit« orientierend zu deuten und eventuelle Veränderungsoptionen aufzuzeigen.[25] Dabei ist es nicht einfach, die »longue durée« gesellschaftlicher Entwicklung, den ideologischen Diskurs über die politische Vision und den »Zeitgeist« zu einer überzeugenden Standortbestimmung zu verschmelzen, denn dies ist nicht nur von wissenschaftlichen

21 Weber 1973, S. 33, Fußnote 2; späterhin hat, in dieselbe Richtung weisend, auch Popper daran erinnert, daß wir es selbst sind, die der Geschichte einen Sinn unterlegen (Popper 1958, S. 320 ff.), woraus sich das Verbot eines »objektivierenden Historizismus« ableiten läßt. Vgl. Popper 1979.

22 So hofft eine klassische Zielbestimmung dieser Art auf die Steigerung der gesellschaftlichen Kontrollkapazitäten (vgl. Parsons ²1973, S. 85; Etzioni 1968, S. 111 ff.); Moore 1970 hingegen sucht nach der Wiedergewinnung des gesellschaftlichen Gleichgewichts; für Max Weber ist immer wieder die Steigerung von Rationalität als übergreifendes Ziel genannt worden. Vgl. Schluchter 1979.

23 Vgl. paradigmatisch für das »Projekt der Moderne« Habermas 1988.

24 Die derzeitige Transformationsdiskussion schwankt zwischen der Suche nach »dritten Wegen« und der Bereitschaft, sich an das westliche Modell anzupassen.

25 Vgl. Müller 1995; als ein einsichtiges Beispiel dieser Synthese von Beschreibung, Erklärung und Bewertung vgl. Ogburn 1966 (zuerst 1922).

Einsichten und politischen Ansichten abhängig, sondern auch von »Stimmungen«[26] wie Optimismus und Pessimismus, vom Schwanken zwischen Engagement und Enttäuschung[27], von der Perzeption und Bewertung der kulturellen und politischen »Lage«[28] und vielen anderen vordergründig ganz »irrationalen« Faktoren. Zeitdiagnosen sind daher notgedrungen »Soziologie mit beschränkter Haftung«[29], aber trotz ihres hohen Irrtumsrisikos ein unentbehrliches Mittel zur Selbsteinschätzung und zur Selbstgewißheit.

Das überkommene Paradigma sozialen Wandels hat stets auch diese dritte Funktion mit abgedeckt und damit Kontakt zur praktischen Philosophie wie zur gesellschaftlichen Praxis gleichermaßen gehalten.[30] Die »Güte« seiner Gesellschaftsdiagnosen hing freilich mit Nachdruck davon ab, wieviel Aufwand an Geschichtsschreibung und Gesellschaftstheorie in sie eingegangen war.[31] Die Auseinandersetzung mit sozialem Wandel, das gilt es festzuhalten, ist also nicht nur eine Angelegenheit von Beschreibung und Erklärung, sondern auch immer seiner Beurteilung. In Abwandlung der 11. Feuerbachthese von Marx könnte man daher sagen: Die Intellektuellen haben die Welt nicht nur zu beschreiben und zu erklären, sondern auch zu interpretieren.[32]

Wie plausibel diese Behauptung einer Trifunktionalität ist, kann ein kurzer Rückblick auf die Entwicklung des Paradigmas sozialen Wandels zeigen.

26 Vgl. Lohmann 1993.
27 Vgl. Hirschman 1984.
28 Vgl. Lichtblau 1991.
29 Vgl. Müller 1995.
30 Giesen 1976 meint, daß die Verfertigung legitimatorischer Diagnosen zum erfolgreichsten Geschäft der Soziologie gehört, wohingegen die Erklärungs- und Planungsangebote eher kümmerlich ausfallen.
31 Die in Zapf (Hg.) 1969 gesammelten Arbeiten markieren den Sättigungspunkt dieser Synthese.
32 Vgl. Alexander 1993.

3. Aufstieg und Niedergang
des Paradigmas sozialen Wandels

Faßt man die letzten 150 Jahre der Beschäftigung mit sozialem Wandel ins Auge, so kann man cum grano salis drei Phasen unterscheiden: die heroische, die klassisch-soziologische und die zeitgenössische Phase nach dem Zweiten Weltkrieg.[33] Die *heroische* Phase im 19. Jahrhundert entwickelt als paradigmatischen Kern ein komplexes Forschungsprogramm zur »Großen Transformation«, das historisch auf den Übergang vom Feudalismus zum Kapitalismus, theoretisch auf den makroskopischen und weitreichenden Umbau von der Tradition zur Moderne[34] und normativ auf die hegemoniale Vormachtstellung des okzidentalen Europa gerichtet ist[35], in dessen Mittelpunkt die drei Revolutionen stehen[36]: die ökonomische Revolution und die Entstehung des marktwirtschaftlichen Industriekapitalismus; die politische Revolution und die Heraufkunft der Demokratie; die ethische Revolution und die Entwicklung des moralischen Individualismus mit personalen Selbstentfaltungswerten. Auf dieser historischen Erfahrung beruht die okzidentale Moderne, wie wir sie gern verstehen; in diesem Transformationsprozeß bilden sich die Basisinstitutionen (Markt, Demokratie und Sozialstaat) und Werte (Freiheit, Gleichheit und Menschenwürde) aus, die auch heute noch den gesellschaftlichen Rahmen und das kulturelle Selbstverständnis zeitgenössischer westlicher Gesellschaften ausmachen.[37] Aus dem paradigmatischen Kern dieses komplexen Forschungsprogramms zur Großen Transformation erwachsen verschiedene theoretische Angebote: die politische Theorie der Demokratie von Tocqueville[38], die politökonomische Theorie des Kapitals von

---

33 Für die Einzelheiten der Entwicklung der soziologischen Fortschritts- und Modernisierungstheorie vgl. Dreitzel (Hg.) 1967, Moore 1967, Smelser 1968, S. 192ff., Warren 1977, Lauer 1973, Etzioni/Etzioni-Halevy (Hg.) ²1973, Etzioni-Halevy 1981, Janos 1986, S. 7ff., Vago ²1989, Smelser 1992, S. 380ff. u. a.

34 Garner 1977, S. 198 ff. spricht zurecht von Theorien eines »large scale change«.

35 Vgl. Wallerstein 1974, Jones 1991.

36 Vgl. Marshall 1964.

37 Vgl. Zapf 1991, 1991a, 1994.

38 Vgl. de Tocqueville 1976.

Marx[39] oder die evolutionistische Differenzierungs- und Entwicklungstheorien von Auguste Comte[40] und Herbert Spencer.[41] Ungeachtet der Verschiedenartigkeit der Ansätze verfahren sie nach dem geschilderten Muster: der soliden Beschreibung des Gegenstandes (Demokratie, Markt und Differenzierung) folgt seine Erklärung (das »Gesetz« der Gleichheit[42], das »ökonomische Bewegungsgesetz der modernen Gesellschaft«[43] und das »Evolutionsgesetz«[44]), die ihrerseits zur Grundlage einer wertenden Beurteilung wird (de Tocqueville ist als Aristokrat skeptisch, als Bürger beeindruckt von der amerikanischen Entwicklung; Marx ist als Bürger begeistert von der Innovationskraft seiner Herkunftsklasse, zugleich aber entsetzt über die »Modernisierungskosten«; während Spencer zunächst auf die Umstellung von kriegerischen Militär- zu friedlichen Industriegesellschaften hofft, dann aber angesichts des britischen Imperialismus von einem »Rückfall in die Barbarei« spricht[45]).

Erst in der *klassisch-soziologischen* Phase am Ausgang des 19. Jahrhunderts wird deutlich, wie sehr die wandlungstheoretischen Entwürfe zur Großen Transformation einem geschichtsphilosophischen und evolutionistischen Fortschrittsglauben verhaftet sind. Im Fin-de-siècle war die Stimmung umgeschlagen und der Optimismus verflogen. Ebenso wie die evaluative Komponente wurde auch der explanatorische Zuschnitt der heroischen Entwürfe kritisiert und nach empirisch tragfähigeren Strukturprinzipien und Mechanismen sozialen Wandels gesucht. Dies ist der gemeinsame Nenner von Tönnies, Durkheim, Simmel und Weber. Es ist Max Weber, dessen komplexes Forschungsprogramm zur Sonderentwicklung des Okzidents Höhe- und Endpunkt dieser Phase markiert. Sein Versuch einer »Gesellschaftsgeschichte« beruht auf drei großen Pfeilern: der ökonomischen Gesellschafts- und Stadtgeschichte, die er in seiner *Wirtschaftsgeschichte*[46] als einen Prozeß der Auflösung der Hausgemeinschaft bis zu deren

39 Vgl. Marx 1965.
40 Vgl. Comte 1907, 1911.
41 Vgl. zu Spencer Schmid/Weihrich 1991, S. 34 ff.
42 Vgl. de Tocqueville 1976, S. 651 ff.
43 Vgl. Marx 1965, S. 15.
44 Vgl. Spencer ²1895.
45 Vgl. Spencer 1904, S. 108.
46 Vgl. Weber 1958.

Ersetzung durch den kapitalistischen Weltmarkt nachzeichnet; der politischen Gesellschaftsgeschichte, welche die Strukturprinzipien und -formen von Herrschaft und Legitimation in der Herrschafts-, Staats- und Rechtssoziologie entwickelt[47]; der kulturellen Gesellschafts- und Mentalitätsgeschichte, die die Religion und Lebensführung rekonstruiert und sowohl die Weltreligionen auf ihre Entwicklungschancen für den Kapitalismus hin durchleuchtet, als auch die Säkularisierung, die Entzauberung der Welt und das Schicksal für die moderne Persönlichkeit sowie den Sinn der Lebensführung skizziert.[48] Historisch gesättigte Beschreibungen, idealtypische Erklärungen und eine kaum unterdrückte Leidenschaft in der zeitdiagnostischen Beurteilung machen sein Werk heute noch zu einem wichtigen Anknüpfungspunkt für historisch-komparative Untersuchungen. Dennoch ist sein Œvre ein grandioser Torso geblieben mit einem reichen historischen und methodischen Perspektivenspektrum, aber ohne eine entwickelte Gesellschaftstheorie und ohne eine generelle Theorie sozialen Wandels. In Webers Augen ist die okzidentale Moderne eine einmalige Sonderentwicklung und nur als »historisches Individuum« zu verstehen.

Bemerkenswerterweise ist es Talcott Parsons, der vor allem nach dem Zweiten Weltkrieg die *zeitgenössisch-soziologische* Phase begründet, indem er die Beiträge der Klassiker integriert und synthetisiert.[49] Wie man rückblickend erkennt, ist es auch Talcott Parsons, der auf dem Scheitelpunkt zwischen klassischen und zeitgenössischen Ansätzen steht. Das heißt zweierlei: Er setzt historisch an der Großen Transformation und systematisch am Erkenntnis- und Wissensfundus der soziologischen Klassik an. Auf diese Weise erneuert er die historische Fragestellung der heroischen Phase, um sie mit den systematisierten Erkenntnissen klassischer und neuester Theorie zu bearbeiten. Wenn man so will, repräsentiert Parsons' Ansatz Höhe- und Endpunkt des Paradig-

47 Vgl. Weber 1964.
48 Vgl. Weber 1920.
49 Vgl. Parsons 1947, ²1968. Die Kritik am Evolutionismus überkommener Prägung verbindet Parsons' Werk mit dem seiner amerikanischen Vorläufer (so etwa mit Ward 1970 [zuerst 1906/07], Ogburn 1966 [zuerst 1922] u. a.), auf die er aber nur marginal zu sprechen kommt, weshalb es uns aus europäischer Sicht leichtfällt, Parsons als den eigentlichen Erben der europäischen Sichtweise zu verstehen.

mas sozialen Wandels. Welche Bausteine sind es, die seine Theorie in den Rang des einfluß- und erfolgreichsten Repräsentanten der Nachkriegssoziologie erheben? Als allgemeine Grundlage entwickelt Parsons eine Theorie des Handlungssystems, die mikroskopisch auf einer voluntaristischen Handlungstheorie, makroskopisch auf einer kybernetischen Systemtheorie beruht.[50] Seine Modellogik rekurriert auf Vorstellungen eines dynamischen Gleichgewichts.[51] Seine Gesellschaftstheorie ist als Differenzierungs- und Evolutionstheorie angelegt.[52] Auf dieser Grundlage widmet er sich der modernisierungstheoretischen Schlüsselfrage nach der Herausbildung des Typus »moderner Gesellschaften«.[53] Was in Webers Denken einer einzigartigen historischen Konfiguration geschuldet ist, wird bei Parsons in ein allgemeines Entwicklungsmuster eingebettet. Die Dynamik dieses evolutionären Musters machen die Prozesse funktionaler Differenzierung aus: die industrielle Revolution führt zur Differenzierung zwischen Wirtschaft und politischer Herrschaft[54]; die demokratische Revolution bringt die Differenzierung zwischen ziviler Gesellschaft, Ökonomie und politischem System mit sich[55]; die Bildungsrevolution schließlich mündet in die Differenzierung zwischen Kultur und gesellschaftlicher Gemeinschaft ein.[56] Parsons begreift die historische Evolution zur Moderne als einen Prozeß des »adaptive upgrading« oder der Erhöhung der gesellschaftlichen Anpassungskapazität.[57] Mit dem *take-off* zur Industrialisierung, mit der Demokratisierung via Recht und pluralen Institutionen, mit der Säkularisierung und dem Aufstieg von Wissenschaft und Technik und der allgemein zugänglichen Bildung und Erziehung werden moderne Gesellschaften nicht nur komplexer, sondern auch leistungsfähiger im Vergleich zu allen historischen Vorläufergesellschaften, deren Modernisierung zum Programm erhoben

50 Vgl. Parsons 1951, ²1968; 1976, S. 161-261; 1986.
51 Vgl. Parsons 1976, S. 220 ff.
52 Vgl. Parsons 1969, 1972, ²1973, 1975 u. a.
53 Vgl. Parsons 1960; 1967, S. 221 ff.; 1969.
54 Vgl. Parsons 1969a, S. 473 ff.
55 Vgl. Parsons 1967, S. 226 f. u. a.
56 Vgl. Parsons 1978, S. 91 ff.
57 Vgl. Parsons 1972, S. 41; 1975, S. 40. Den Kontrast zur modernen Gesellschaft bieten die Arbeiten von Radcliffe-Brown 1952 und Malinowski o. J. (zuerst 1946), 1979 (zuerst 1922).

wurde.[58] Damit gelang Parsons das Kunststück, mit der komplexesten Theorie der Zeit die komplexeste Gesellschaft als Vorreiter der Geschichte zu präsentieren. Die frohe Botschaft wurde dankbar aufgenommen, zumal die beeindruckende analytische Architektonik von Parsons' Theoriegebäude eine allgemeine Sozialtheorie enthielt[59], deren sich die sozialwissenschaftlichen Einzeldisziplinen bedienen konnten. Die Modernisierungsforschung integrierte daher zwanglos Wirtschafts-, Sozial- und Politikwissenschaft und ökonomische Wachstumstheorie; Theorie sozialen Wandels und politologische Komparatistik ergänzten sich im Rahmen dieses interdisziplinären Forschungsprogramms.[60]

Diese umfassende Theorieperspektive hatte zwei bemerkenswerte Konsequenzen: Zum einen erlaubte sie die bisherige Entwicklung der Sozialtheorie als Vorgeschichte zu behandeln[61] und damit im Paradigma sozialen Wandels das Endprodukt einer unausweichlichen wie fruchtbaren Theoriegeschichte zu sehen. Auf diesem Wege gelang es ihr, wenigstens zeitweise den Eindruck zu festigen, eigentlich konkurrenzlos zu sein. Zum anderen empfahl sich dieses Paradigma mit einer funktional geschlossenen Theorie, deren deterministische »Gesetze« eine fruchtbare Heuristik nahelegten[62] und die Ableitung von technologisch verwertbaren Prognosen erlauben sollten.[63] Damit setzte sie eine Implementie-

---

58 Vgl. Braibanti/Moore (Hg.) 1961, Hoselitz/Moore 1963, Horowitz 1966, Levy 1966, Eisenstadt 1967 u. a.

59 Zu deren Rekonstruktion vgl. Savage 1981, Münch 1982, S. 17 ff., Alexander 1983, Schmid 1989, Wenzel 1990 u. a.

60 Einen Überblick über die Literatur gibt Black 1975, S. 175 ff. und über die vergleichende System- und Modernisierungsforschung Narr 1969, S. 131 ff. Zur Sache vgl. Flora 1974.

61 Vgl. Appelbaum 1970, Schneider 1976; Etzioni/Etzioni-Halevy (Hg.) ²1973 vereinnahmen unter der Überschrift »Sources and Patterns of Change« den klassischen Theoriebestand, der Spencer, Comte, Spengler, Pareto, Marx, Engels, Weber und Tönnies umgreift; noch deutlicher wird diese Intention bei Parsons/Shils/Naegele/Pitts 1965. Marxisten hatten mit dieser Selbstdeutung der Parsonianer ihre Not und mußten lange Wege gehen, um sich und die eigenen programmatischen Ansprüche in Erinnerung zu halten; vgl. Tjaden 1969.

62 Vgl. Smelser 1967a; 1968, S. 192 ff.; Strasser/Randall 1979, S. 23 ff., und die Darstellung bei Moore 1967, Warren 1977, Lauer 1973 u. a.

63 Vgl. Cancian 1971, S. 196 ff., Moscovici 1976, Warren 1977 und Garner 1977, die wiederholt die Machbarkeit des Wandels betonen.

rungs- und Planungsdebatte in Gang[64], die auch die sogenannte Entwicklungs- oder Modernisierungstheorie beeindruckte, da diese »Policy«-Empfehlungen aussprechen wollte und sich zu diesem Zweck nach einer festen theoretischen Grundlage umsah, die ihr das dominante Paradigma der Wandlungstheorie zu liefern schien.[65]

Es konnte indessen auf lange Dauer nicht verborgen bleiben, daß deren Vorhersagen, genau besehen, nur selten zutrafen und daß die politikgestaltende Kraft der Theorie sozialen Wandels überschätzt worden war. Dies zeigte sich in unvorhergesehenen Planungsantinomien und in gescheiterten Versuchen der Politikberatung[66] wie in der Tatsache, daß die Entwicklungssoziologie ihre Bedenken gegenüber der angenommenen Entwicklungsautomatik immer weniger zurückstellen konnte.[67] Es ließ sich nicht verheimlichen, daß absichtsvolles Eingreifen in die fremdkulturellen Wandlungsprozesse nicht immer den erwünschten Erfolg zeitigte[68]; unbeachtete Kostenfaktoren, dialektische Verwicklungen und unerwünschte Handlungsresultate vereitelten zahlreiche Entwicklungsprojekte.[69] Die Modernisierungstheorie hatte die Stabilität von Korruption, Militarisierung und polit-ökonomischer Ausbeutung ebenso unterschätzt[70] wie das Beharrungsvermögen vieler Sozietäten, die sich jeder Modernisierung nach westlichem Vorbild verweigerten. Ebensowenig wollten sich Nativismen und chiliastische Bewegungen[71], Regionalismen und Tribalismen in das zumal von Parsons propagierte Schema einer universalen Evolution einfügen, das Fortbestand und Weiterentwicklungsmöglichkeit einer Gesellschaft von der Durchsetzung demokratisch kontrollierter Verwaltungen, geldgesteuerter Märkte und

---

64 Vgl. Etzioni 1968, Naschold 1969, Klages 1971, Lau 1975 u. a.

65 Für eine Leistungsbeurteilung der Modernisierungstheorie vgl. u. a. Wehler 1975; Tipps 1976, S. 62 ff.; Wiswede/Kutsch 1978, S. 97 ff.; Lepsius 1990, S. 211 ff.; So 1990, S. 17 ff.

66 Luhmann 1971, S. 66 ff. und Tenbruck 1972 diskutieren die wichtigsten Schwierigkeiten politischer Planung.

67 Vgl. für eine Zusammenstellung kritischer Punkte So 1990, S. 53 ff.; Sztompka 1993, S. 135.

68 Vgl. Doornbos 1984.

69 Vgl. Goetze 1976, S. 189 ff.

70 Vgl. für viele Bates 1981, 1987.

71 Vgl. die klassische Studie von Mühlmann 1961.

freier Assoziationen abhängig sah.[72] Kurz gesagt: Der prometheische Traum der Menschheitsgeschichte, die Gesellschaft »machen« zu können, schien trotz aller theoretisch geleiteten Bemühung unrealisiert zu bleiben. Das überkommene Paradigma des sozialen Wandels, das diese »Policy-Empfehlungen« zu stützen vorgab, mußte angesichts deren Scheiterns als fragwürdig gelten.[73]

Die Kritik hat dieses Versagen des Paradigmas sozialen Wandels in dreifacher Weise erklärt:

1. Zum einen wurde der Theorie allgemein menschlichen Handelns, die der Theorie sozialen Wandels zugrunde liegt, *Gehaltlosigkeit* testiert.[74] Ihrer theoretischen Begrifflichkeit warf man durchgängig Vagheit, ja Unklarheit vor.[75] Folglich waren dann alle Gesetzesannahmen, auch jene über den Gang der gesellschaftlichen Entwicklung, empirisch haltlos, allenfalls Ausdruck einer Utopie[76] und eigneten sich nur zufällig für eine erfolgreiche Prognose.[77]

2. Sodann wurde die *empirische Falschheit*[78] der Theorie sozialen Wandels behauptet. Diese Kritik verlief in zwei Richtungen: Zum einen kehrten die Gegner einer allgemeinen Entwicklungstheorie schon früh deren Neigung hervor, strukturelle Gegenläufigkeiten, Aversivitäten und Spannungen zu übersehen[79], während andere

---

72 Daran ändert auch nichts, daß sie über die Prozesse des kollektiven Handelns einige diskussionswürdige Vorschläge zu machen hatte; vgl. Smelser 1959, 1963.

73 Vgl. für diese Beurteilung Tjaden 1969, Nisbet 1969, Gouldner 1971, Smith 1973, Alexander 1983, Boudon 1986, Janos 1986, Cardoso 1987, Wallerstein 1991, Stzompka 1993 u. v. a.

74 Schütte 1971, Eberlein 1971, S. 72 f., Homans 1972, S. 44 ff. u. a.

75 Vgl. Mills 1963, S. 66; Opp 1972, S. 125.

76 Vgl. Dahrendorf 1961, S. 49 ff.

77 Nach Schütte 1971, S. 64 erlaubt das »klassifikatorische System« der »Handlungstheorie« nicht einmal die Ableitung von Hypothesen; für McLeish ist sie hingegen durchaus vorhersagekräftig, vgl. McLeish 1972, S. 82. Diese Kritik trifft sowohl den Evolutionismus wie den Marxismus; vgl. die Studie von Cohen 1978, die sich der betreffenden Kritik am marxistischen Entwicklungsmodell stellt.

78 Beides kann natürlich nicht zutreffen: Entweder die Theorie ist falsch, dann muß sie Gehalt haben, oder sie ist leer, dann kann sie nicht falsch sein.

79 Vgl. Hirschman 1989, S. 13 ff., 40 ff., 102 ff.

Kritiker versuchten, den Nachweis wandlungsinduzierender Konflikte gegen den Alleinherrschaftsanspruch der Theorie zur Geltung zu bringen.[80] Zwar stieß diese Kritik insoweit ins Leere, als die orthodoxe Theorie des sozialen Wandels derartige Phänomene durchaus behandelte[81] und selbst den Zusammenbruch der Modernisierung und die Entdifferenzierung einer Gesellschaft thematisierte[82]; gleichwohl war unleugbar, daß die unheilvolle Wirkung solcher destabilisierender Kräfte nur schwerlich mit dem postulierten benevolenten Entwicklungsziel einer konsensuell-rechtlich integrierten Gesellschaft[83] und dem bisweilen unterstellten Ideal eines kontinuierlichen und geordneten Wandels[84] vereinbar war.

Zum anderen wurde eine grundsätzliche Kritik am Paradigma sozialen Wandels angemeldet. Danach verfügt die Theorie des sozialen Wandels über keine angemessene *Mikrofundierung*, weshalb sie zu einer fehlerhaften Einschätzung ihrer Strukturaussagen gelangt. Selbst empirisch hochgradig bestätigte Zusammenhänge wie der zwischen den Erfordernissen der modernen Arbeitswelt und der Familienform erweisen sich als Grenzfall eines Handlungsmodells, dessen Grundzüge die Theorie des sozialen Wandels nicht angemessen erfaßt.[85] Die strukturellen Gesetze, nach denen die Theorie des sozialen Wandels immer suchte, sind nicht nur falsch in dem Sinne, daß sie wirksame Kausalfaktoren übersehen und in der Folge zu unhaltbaren Ableitungen und Vorhersagen gelangen, oder ohne empirischen Gehalt, sondern es gibt genau besehen keine derartigen Gesetze; alle derartigen Hypothesenentwürfe sind überambitioniert und fehlgeleitet.[86]

3. Und schließlich wurden die Anomalien des Paradigmas aus sei-

80 Vgl. Dahrendorf 1959; 1961, S. 49 ff.; 1967, S. 212 ff.; Coser 1956; Coser 1967; an dieser Kritik beteiligten sich selbstverständlich auch Marxisten. Vgl. für viele Holzer 1978.
81 Vgl. Moore 1962; 1967, S. 120 ff.; Smelser 1959, 1972 u. a. Vgl. die Zusammenfassung der Debatte bei Giesen 1975.
82 Vgl. Eisenstadt 1969, S. 75 ff.; 1973, S. 22 ff.; Tiryakian 1984; 1992.
83 Vgl. Parsons 1969, S. 66 ff.; Horowitz 1966. Es fällt auf, daß diese Theorietradition keine Theorie des Krieges vorgelegt hat.
84 Vgl. Parsons 1951, S. 27; Eisenstadt 1973, S. 311 ff.
85 Boudon 1986, S. 13 f., 21 f., 192; Sztompka 1993, S. 179 ff., Etzioni 1991, S. 45 ff. u. a.
86 Boudon 1986, S. 94.

ner *theoretischen Logik*[87] erklärt. Talcott Parsons selbst hatte zugeben müssen, daß ihm Prozeßgesetze der gesellschaftlichen Evolution faktisch nicht bekannt waren.[88] Diesem Mangel sollte durch Gleichgewichtsmodelle abgeholfen werden, die methodisch fiktiv unterstellen, daß die gesellschaftliche Reproduktion wiederholt gelingt, um dann nach den Mechanismen fragen zu können, die auch angesichts von Störungen zu einer Restabilisierung führen.[89]

Ein solcher »methodologischer Funktionalismus« wurde aus mehreren Gründen abgelehnt[90]: Zum einen schien die Konzentration auf Gleichgewichtsmodelle auf eine degenerative Problemverschiebung hinauszulaufen, die gleichzusetzen war mit dem Eingeständnis, daß es eine empirisch triftige Beschreibung und Erklärung des gesellschaftlichen Wandels nicht gebe. Aber selbst wenn man zugestehen wollte, daß Wandel als eine Folge sich ablösender Gleichgewichtszustände modellierbar war[91], mußte die Unterstellung von Restabilisierungsprozessen in den Augen ihrer Kritiker eine ganz und gar unakzeptable Idealisierung darstellen, die deutlich modellplatonistische Züge trägt[92] und damit jeden empirischen Erklärungsanspruch aufgibt.[93] Verzichtet man allerdings darauf, im Gleichgewichtsbegriff den »fundamentalen Bezugspunkt« für die Analyse aller bestandserhaltenden und wand-

---

87 Vgl. Guessous 1967, Luhmann 1984, Schmid 1989.
88 Vgl. Parsons 1951, S. 534; Parsons ²1968, S. 751 führt als einziges Beispiel das Gesetz der Rationalitätssteigerung an, dessen Wahrheit allerdings fragwürdig sein dürfte.
89 Vgl. paradigmatisch Parsons 1951; 1976.
90 Seine logischen Mängel waren Gegenstand umfangreicher Debatten, die wir hier übergehen; vgl. Hempel 1975 und Nagel 1975.
91 Vgl. Smelser (in diesem Band).
92 Vgl. dazu Albert 1967.
93 Vgl. LaPiere 1965, S. 38 f., der allerdings der Stabilitätsidee insoweit verpflichtet ist, als er, wie späterhin Giddens (1984, in diesem Band), Wandel als Entroutinisierung der »normal dynamics of social life« modelliert. Radikaler setzen dann Dahrendorfs Utopie-Kritik oder der Konservativismusvorwurf von Coser 1956, S. 21 ff.; Moore 1958, S. 122 ff. und Mills 1963, S. 67 ff. an. Ultee 1980, S. 240 endlich glaubt nicht daran, daß Parsons seine Gleichgewichtshypothesen überhaupt geprüft habe.

24

lungsträchtigen Systemprozesse[94] zu sehen, so besteht auch keine Notwendigkeit mehr, dem Wandlungsthema eine eigenständige Bedeutung beizumessen, und die Differenz zwischen Stabilisierungsmechanismen und Wandlungsbedingungen, auf die Parsons nachdrücklichen Wert legt, entfällt.

Darüber hinaus mußte aber auch einer weniger harschen Kritik auffallen, daß sich Idealmodelle allenfalls zur Identifikation der notwendigen Bedingungen eignen, die zu einem restabilisierungsdienlichen Entwicklungsverlauf geführt haben; die hinreichenden Bedingungen, die man kennen müßte, um kontrollierte Vorhersagen oder technologische Eingriffe wagen zu können[95], bleiben dagegen im dunkeln. Zugleich wurde deutlich, daß die Gleichgewichtslogik der Theorie auch deshalb in Bedrängnis geriet, weil sie Spannungen und Konflikte nur als exogene Störgrößen konzeptualisierte, die innerhalb des Modells kaum oder nur unter Inkaufnahme theoretischer Unbestimmtheiten behandelt werden konnten.[96]

Die Konsequenz dieser mehrschichtigen Kritik[97] war eine fortschreitende Zersetzung des überkommenen theoretischen Konsenses. Dieser Zersetzungsprozeß ging so weit, daß man den Eindruck gewinnen mußte, das Thema selbst sei von der Tagesordnung verschwunden. Ob in Forschung[98] oder Lehre[99], von

94 Parsons 1976, S. 169; diesen Standpunkt teilen auch Galt/Smith 1976, S. 94.

95 Vgl. Schmid 1989, S. 150 ff.

96 Vgl. Rex 1961, S. 115.

97 Diese Auseinandersetzung ist gut dokumentiert in Demerath/Peterson 1967 und Alexander 1983, S. 119 ff., 277 ff.

98 Blättert man die Jahresbände der drei führenden deutschen Soziologiezeitschriften (*Kölner Zeitschrift für Soziologie und Sozialpsychologie*, *Soziale Welt* und *Zeitschrift für Soziologie*) zwischen 1969 und 1989 durch, so zeigt bereits eine oberflächliche Auszählung, daß sich von den etwa 960 Arbeiten allenfalls 27 explizit zum Thema des sozialen Wandels äußern, wobei nur 12 davon nach 1976 veröffentlicht wurden.

99 Allein von 1960 bis 1970 sind in den USA und in Deutschland acht Reader zum sozialen Wandel erschienen: Etzioni/Etzioni-Halevy (Hg.) ²1973 (zuerst 1964), Niehoff (Hg.) 1966, Dreitzel (Hg.) 1967, Demerath/Peterson (Hg.) 1967, Moore/Cook (Hg.) 1967, Zapf (Hg.) 1969, Zollschan/Hirsch (Hg.) 1976, Eisenstadt (Hg.) 1970; seither keiner mehr, wenn man Haferkamp/Smelser (Hg.) 1992 nicht dazu zählt.

sozialem Wandel schien immer weniger die Rede zu sein. Wird ein Leitbegriff, der als Kürzel für gesellschaftliche Dynamik und Entwicklung steht, kaum noch benutzt, so ist das ein untrügliches Zeichen, daß ein Paradigma die Vitalität seiner Heuristik eingebüßt hat. Sozialer Wandel, so könnte man den Schwundbefund pointiert zusammenfassen, kommt dann noch in der Gesellschaft, kaum mehr jedoch in der Soziologie vor.

Um der drohenden Auflösung jeglicher Grundlage zum Studium sozialen Wandels entgegenzutreten, wurde fieberhaft nach theoretischen Alternativen gesucht, welche die Fehler der klassischen Analysen vermeiden konnten. Die Gegner des Paradigmas sozialen Wandels beschritten drei Wege. Der *erste Weg* sollte zu einer besseren Mikrofundierung führen. Zu diesem Zweck schob man die makroskopische Struktur- und Wandlungstheorie als unrettbar zur Seite und ersetzte Parsons' voluntaristische Handlungstheorie durch eine kausale Verhaltenstheorie. Auf diese Weise sollten die tatsächlich wirksamen soziologischen Gesetze als Verhaltensregelmäßigkeiten identifiziert und dem soziologischen Forschungsprogramm eine reduktionistische Basis verschafft werden, die der Tatsache gerecht wird, daß es makroskopische Gesetze nicht gibt bzw. daß entsprechende Hypothesen sich durchweg als fehlerhaft erweisen. Allerdings streiten sich Psychoanalyse[100], Rational-Choice-Theorie[101], Motivations[102]- und Lerntheorie[103] und der Agency-Ansatz, den Giddens seiner vieldiskutierten Strukturationstheorie zugrunde legt[104], und die Ethnomethodologie[105] noch heute darum, wer die methodisch und

Bis in die siebziger Jahre enthalten soziologische Lehrbücher umfangreiche Kapitel zum sozialen Wandel, etwa Davis 1966 (zuerst 1948), Smelser (Hg.) 1967, Johnson 1960, S. 625 ff., Horton/Hunt 1964, S. 483 ff. Seither geht das Interesse zurück; Harper 1989 und Vago ²1989 bilden, soweit wir sehen, die beiden einzigen Ausnahmen.

100 Vgl. Hagen 1962; McLeish 1972, S. 29 ff.

101 Vgl. Boudon 1986, Coleman 1990; für die marxistischen Reaktion auf die Angebote der Rational-Choice-Theorie vgl. Roemer (Hg.) 1986 und Taylor (Hg.) 1988.

102 Vgl. McClelland 1966.

103 Vgl. Homans 1968 (zuerst 1961), 1972; Kunkel 1970 u. a.

104 Vgl. Giddens 1984.

105 Vgl. Collins 1975, der versucht, Makrotheorie mit einer derartigen Mikroperspektive zu verbinden.

theoretisch beste Form einer Mikrofundierung makroskopischer Wandlungsprozesse bereitstellen kann.[106]

Ähnlich radikal ist der *zweite Weg*. Er führt zwar nicht zu Kausalreduktionismen wie in der ersten Strategie, gibt jedoch das Ideal einer erklärenden Soziologie gleich gänzlich auf.[107] An dessen Stelle soll eine verstehende und historische Soziologie treten, als deren unstrittiger Gründungsvater Max Weber gilt.[108] Mit diesem Programm ist eine doppelte Forderung verbunden: Die Suche nach soziologischen Gesetzen wird eingestellt und die diesem Programm entsprechende naturalistische Methodologie verworfen[109]; Gesetze des gesellschaftlichen Strukturwandels gibt es nicht, so daß es wenig Sinn hat, die überkommene Theorie des sozialen Wandels zu »verbessern«. Die Erstellung von Vorhersage und Planungen zu den Aufgaben der Soziologen zu rechnen wird als Mythos und Anmaßung ebenso kritisiert[110] wie die Idee einer gerichteten gesellschaftlichen Evolution.[111] Statt die Entwicklung der Gesellschaften umstandslos als »Modernisierung« zu begreifen[112], bemüht man sich, Rekonstruktionen konkreter, entscheidungsoffener Lebenslagen und deren sinnhafter Deutung durch die Akteure vorzulegen.[113] Dazu werden die Gegenstände der Soziologie als wesenhaft historisch eingestuft[114], weshalb Ereignis-

106 An dieser Auflösung beteiligten sich auch Phänomenologen, Interaktionisten und Ethnomethodologen, deren Beiträge aber eher auf eine Radikalisierung der voluntaristischen Handlungstheorie hinauslaufen und nicht auf deren Zurückführung auf eine Kausaltheorie des Verhaltens. Vgl. Schütz ²1960; Garfinkel 1967; Blumer 1969. Zugleich gerät freilich die Eigenmächtigkeit von Strukturen und deren Wandel außer Sichtweite. Vgl. Meltzer/Petras/Reynolds 1975, S. 113 ff.
107 Vgl. Freyer 1931; Tenbruck 1984.
108 Vgl. Tenbruck 1959.
109 Vgl. für viele Schütz ²1960; Tenbruck 1984.
110 Vgl. paradigmatisch Tenbruck 1972; 1984, S. 161 u. a.
111 Vgl. Tenbruck 1986, S. 331 ff.; Nisbet 1969 und Smith 1973 wollen die evolutionistische Soziologie durch »History« ersetzen, was auf die Wandlungsbedeutsamkeit von »Ereignissen« und auf deren Externalität hinausläuft. Die Leitidee, daß Wandel durch externe Größen angeregt wird und auf Strukturen einwirkt, die sich anregen lassen, liegt auch Swanson 1971, S. 10 zugrunde.
112 Vgl. Tenbruck 1986, S. 6.
113 Vgl. etwa Sztompka 1991; 1993.
114 Vgl. Freyer ²1964, S. 56; Mills 1963, S. 192 ff.; Tenbruck 1984, S. 188 ff.

und Gesellschaftsgeschichte an Gewicht gewinnen und deren Verhältnis zur Soziologie in umfangreichen Debatten reflektiert wird.[115]

Ein *dritter Weg* bemüht sich um eine Position, die den Einwänden gegen die Theorie sozialen Wandels gerecht wird, ohne zugleich auf jeden Erklärungsanspruch zu verzichten.[116] Dazu bedarf es einer zweifachen Umgestaltung der Theorie genereller Evolution, die hinter jeder Theorie sozialen Wandels steht. Zum einen ist die Vorstellung, die gesellschaftliche Entwicklung vollziehe sich aufgrund einer globalen, gesellschaftsübergreifenden und umweltunabhängigen Steigerungsdynamik, deren stufenweiser Verlauf mit den gängigen gesellschaftlichen Strukturtypen hinreichend beschrieben sei, nicht länger akzeptabel[117]; zum anderen ist es nicht mehr möglich, eine Erklärung gesellschaftlicher Prozeßverläufe ohne Rekurs auf die Problemsicht der beteiligten Akteure vorzunehmen. Um beiden Einwänden gerecht zu werden, versucht die neuere Evolutionstheorie, lokale Evolutionsprozesse zu modellieren, deren Dynamik sowohl durch die typisierbaren Problemlagen der Akteure als auch durch ihre jeweilige Ressourcenausstattung bestimmt wird.[118] Das Handeln der Akteure wird demnach als Anpassungsversuch an die selektiv wirksamen Restriktionen ihrer Handlungssituation verstanden. Das gilt unabhängig davon, ob diese Beschränkungen ihrem eigenen Handeln entstammen oder nicht, ob sie intendiert waren oder nicht, erwartet und erwünscht oder nicht. Die Gesamtentwicklung bisweilen als Steigerung bestimmter Kontrollparameter zu begreifen bleibt theoretisch möglich, ist aber an Existenz und Wirksamkeit spezifischer Bedingungskonstellationen gebunden. Mit deren »Spezifität« sollten weder die Akteure immer rechnen, deren Wissen über die

115 Vgl. für viele Wehler 1973; Schulze 1974; die auch von Soziologen vielrezipierten Arbeiten von Thompson 1987 oder Wallerstein 1974; 1991 signalisieren letztlich die Neigung, der Geschichtswissenschaft den Entwurf einer Theorie des sozialen Wandel zu überlassen.

116 Vgl. dazu Galt/Smith 1976; Schmid 1982; 1987a; Giesen 1980; 1991, S. 144 ff.; Lau 1981; Giesen/Lau 1981; Burns u. a. 1985; Giesen/Schmid 1989; Runciman 1989; Smelser (in diesem Band); Hernes (in diesem Band); Burns/Dietz (in diesem Band) u. a.

117 Paradigmatisch haben diese Kritk Abercrombie 1972 und Granovetter 1979 formuliert.

118 Vgl. dazu Ullmann-Margalit 1977; Sudgen 1986; Coleman 1990 u. a.

Herkunft und Logik ihrer Probleme begrenzt ist, noch die rückblickenden Theoretiker, deren Theorien häufig unvollständig, in der Regel falsch sind.

Die rege Suche nach Alternativen zum orthodoxen Paradigma, zu der die kausalreduktionistische Mikrosoziologie, die historisch-verstehende Soziologie und die selektionstheoretische Soziologie aufrufen, folgt aber nicht allein aus seinen methodologischen und theoretischen Anomalien. Es sind nicht nur interne Gründe, sondern häufig auch externe Anstöße, die ein Paradigma zu Fall bringen. Im Sinne der eingangs geschilderten Trifunktionalität gerät das orthodoxe Paradigma nicht nur durch die Schwäche seiner deskriptiven und explanatorischen Funktion unter Druck, sondern auch durch den Verlust seiner evaluativen Überzeugungskraft. Die »moderne Gesellschaft«, wie sie etwa Parsons abstrakt skizziert hatte[119], existiert zwar noch, aber nach Meinung zahlreicher Analytiker »kränkelt« sie nachdrücklich, und dies nicht erst seit 1989.[120] Diese Diagnose trifft praktisch alle ihre Einrichtungen und Basisinstitutionen: das Verhältnis von individueller Freiheit und institutioneller Abhängigkeit[121], Arbeit und Produktion[122], Sozialstaat und Bürger(-klientel)[123], Familie und Reproduktion[124], Gesellschaft und Natur[125] wie Gesellschaft und Kultur und Wissenschaft.[126] Die »Krise der Arbeitsgesellschaft«[127] beweist, daß die basale gesellschaftliche Partizipation am sozialen Leben, die durch das Einkommen aus Beruf und Erwerbsarbeit zustande kommt, infolge der technischen Rationalisierung nicht mehr für alle Gesellschaftsmitglieder als gesichert gelten kann. Diese »teure« Einsicht in Form von Massenarbeitslosigkeit führt zu einer »Krise des Sozialstaates« und macht den einstmals benevolenten Sozialstaat, der allen gesteigerte Lebensqualität angedei-

---

119 Vgl. Buxton 1985; Lechner 1986; Hacker 1967 hat die Richtigkeit der Parsonsschen Demokratietheorie mit Nachdruck bestritten.
120 Vgl. Berger (Hg.) 1986; Beck 1986; 1988; 1993.
121 Vgl. Coleman 1982.
122 Vgl. Scitovsky 1976; Lutz 1984; Beck 1986, S. 220 ff. u. a.
123 Vgl. Luhmann 1981; Habermas 1973 u. a.
124 Vgl. Beck 1986, S. 161 ff.
125 Vgl. Luhmann 1986.
126 Daß die Wissenschaftstheorie deren Fortschritt anleite, gilt bei manchen Autoren als unglaubwürdig; vgl. Bayertz 1980.
127 Vgl. Müller 1992, S. 27 f.

hen lassen möchte, zu einem eisern sparenden Fürsorgestaat, der infolge zunehmender »Unregierbarkeit«[128] nicht mehr für ein »gutes Leben«, sondern nur mehr für das materielle Überleben seiner Bürger zuständig ist. Aber nicht nur die institutionelle Säule »Arbeit, Produktion, Sozialstaat«, sondern auch die lebensweltliche Säule »Familie, Reproduktion und Geschlechter« steht zur Disposition. Die Aufkündigung des Gesellschaftsvertrags der Geschlechter im Gefolge der Frauenbewegung hat nicht nur eine »Krise der Familie« zur Folge, die in einer Vielfalt von fragilen Familienformen zum Ausdruck kommt, sondern impliziert bislang ungewohnte Formen geschlechtlicher Arbeitsteilung und eine Neujustierung der Grenzen zwischen öffentlicher und privater Sphäre. Die Einsicht in die Grenzen des Wachstums[129] und die »Umweltkrise«[130] setzen jedem weiteren materiellen »Fortschritt« deutliche, umweltbedingte Schranken. Die Suspendierung des Wachstumsdenkens jedoch läutet die Endzeit für Visionen und Utopien des »immer mehr, immer besser, immer schneller« ein.[131] Die »Krise der Moderne«, welche die Postmoderne auslöst, entlarvt die Fortschrittsmetaphorik als Ideologie und falsches Bewußtsein, und auch die weitgehend unerfreulichen Entwicklungen nach 1989, deren Beginn zumeist mit weitreichenden Erwartungen verbunden war, kann den Glauben an die ungebremste Kraft der Moderne kaum noch stützen. Die Versprechungen des orthodoxen Paradigmas und der Modernisierungsforschung verlieren ihre Überzeugungskraft. Das Perfektibilitätsideal, die Machbarkeitstrategie und die Erwartungen einer glückverheißenden modernen Kultur treten immer weiter in den Hintergrund, und nur noch zaghaft vernimmt man hoffnungsfrohere Stimmen.[132]

Wenn wir demnach zugestehen müssen, daß die deskriptiven und theoretischen Leistungen der modernisierungsorientierten Orthodoxie nicht länger einen legitimen Anspruch auf Beachtung anmelden können, und wenn zugleich ihr evaluativer Kompetenzverlust zu beklagen ist, dann ist es an der Zeit, sich nach Alterna-

128 Vgl. Hennis (Hg.) 1977, Müller 1992, S. 26 u. a.
129 Vgl. Meadows u. a. 1972.
130 Vgl. Hillmann ²1989, S. 9 u. a.
131 Vgl. Bühl 1981.
132 So etwa Lazlo 1987; Etzioni 1988; Bellah u. a. 1987.

tiven umzusehen. Wie aber muß eine theoretische Neuorientierung aussehen, die eine fruchtbare Heuristik bietet und eine Transformationstheorie in Aussicht stellt, die nicht unter einer kurzschlüssigen Verknüpfung der Beschreibung von Ereignissen und Prozeßverläufen und deren historischer Deutung leidet?

4. Ansatzpunkte zu einer Neuorientierung der Theorie sozialen Wandels

Die »Gleichzeitigkeit des Ungleichzeitigen«, der wir in Gesellschaft und Soziologie begegnen, die Implantierung des zuvor grundlegend kritisierten westlichen Gesellschaftsmodells in Osteuropa und des Aufschwungs eines zuvor diskreditierten theoretischen Modells, läßt sich nur umgehen, wenn man sich einiger Standards versichert, deren Geltung für eine Theorie sozialen Wandels unabdingbar sind. Diese Standards waren teilweise explizit, teilweise implizit im alten Paradigma enthalten und sind mit dessen Niedergang erschüttert worden, wenn nicht sogar verlorengegangen. Wir werden versuchen, sie wieder in Erinnerung zu rufen.

Zunächst sollte man sich an der Idee einer *einheitlichen Sozialtheorie* orientieren. Dabei geht es um die Suche nach einer »allgemeinen, voluntaristischen Theorie des sozialen Handelns«, die nicht nur für die Soziologie, sondern für die Sozialwissenschaften insgesamt gilt[133] und die es uns erspart, auf den Zusammenbruch des überkommenen Wandlungsparadigmas mit erratischen Bewegungen bzw. mit dem Zugeständnis zu reagieren, die Soziologie leide an einer unheilbaren »multiplen Paradigmatase«[134] oder an unabschließbaren Auseinandersetzungen sich »gegenseitiger be-

---

133 Vgl. Schmid 1982; 1991.
134 Luhmann 1981a, S. 50. Die Entwicklung dieser Multiparadigmatik dokumentieren u. a. Cohen 1968; Wallace 1969; Friedrichs 1970; Boskoff 1972; Zeitlin 1973; Menell 1974; Skidmore 1975; Ritzer 1975; Eisenstadt/Curelaru 1976; Kinloch 1977; Turner ²1978 und Wallace/Wolfe 1980. Bisweilen wurde darin ein »Abschied vom Prinzipiellen« (Marquard 1981) gesehen, der als Kennzeichen postmoderner Theoriebildung zu gelten habe; vgl. zu diesen Deutungen Giesen 1991; Weinstein/Weinstein 1992; andere beklagen diese Entwicklungen als »neue Unübersichtlichkeit«; vgl. Habermas 1985.

kämpfender Schulen«.[135] Diese Suche ist in vollem Gange[136]; einige der Angebote zur paradigmatischen Grundlegung der Handlungswissenschaft – etwa wie die Verhaltens- und Lerntheorien, die Rational-Choice-Theorie und die Strukturationstheorie – haben wir genannt. Wichtig ist indes, daß man den Anspruch anerkennt, nach einer solchen handlungstheoretischen Fundierung überhaupt zu suchen.[137]

Der zweite Standard betrifft die *Erklärungslogik* einer Theorie sozialen Wandels. So wie ein Paradigma generell der Trifunktionalität unterliegt, so benötigt es eine *dreistufige Erklärungslogik*, die Überlegungen zur Modellbildung, zur Theoriebildung und zu einer historisch-empirischen Transformationstheorie umfaßt. Auch hier gilt wie im Falle der Trifunktionalität, daß in konkreten Untersuchungen diese Stufen eng miteinander verbunden sind, sich aber analytisch trennen lassen. Die wichtigste Voraussetzung für eine *Theorie sozialen Wandels* ist *zunächst* die Modellbildung, mit deren Hilfe die Logik und Dynamik des sozialen Prozesses, der modelliert werden soll, festgelegt wird. Gleichgültig wie stark ein Modell sozialen Wandels formalisiert werden soll, wird man stets drei Ebenen einbeziehen müssen[138]:

Zum einen die Ebene der *Systemelemente,* die als Träger der behaupteten Bewegungsenergie (oder des sogenannten Potentials) auszuweisen sind. Ohne entsprechende Annahmen wird man die zu untersuchenden Prozesse nicht als dynamische konzipieren

135 So Parsons 1964, S. 46; auch Etzioni 1988, S. ix beklagt den »paradigmatic struggle«.

136 Vgl. Münch 1982; Turner (Hg.) 1989; Ritzer 1991; Ritzer (Hg.) 1990; Alexander 1992; Alexander/Colomy 1992; Colomy 1992 u. a.

137 Diese Position ist verbunden mit der Ablehnung aller vorschnell behaupteten »Unverträglichkeiten« verschiedener soziologischer Theorien, wie sie Kuhn (1967) und Feyerabend (1975) diskutieren; vgl. Eckberg/Hill 1979. Die daraus resultierenden Relativismen sind zu Recht kritisiert worden; vgl. Andersson 1988 und Wendel 1990. Über die methodischen Voraussetzungen von Theorievergleichen informieren u. a. Krajewski 1977; Giesen/Schmid 1978; Nowak 1980; Schmid 1993. Ein ähnliches Programm verfolgen offenbar Wagner 1984; Colomy 1986; Berger/Wagner/Zelditch 1989; Alexander/Colomy 1992.

138 Vgl. für die disziplinenübergreifende Logik der Modellbildung Galt/Smith 1976; d'Avis 1984; Fararo 1989; Schmid 1990; bereits unsere »Klassiker« hatte sie befolgt; vgl. Schmid 1987; Weihrich/Schmid 1991.

können. Die Handlungstheorie wird an dieser Stelle auf Akteure verweisen, die ihrerseits eine bestimmte Struktur besitzen, deren Komplexität und Variablität aber durch den Verwendungs- und Erklärungszweck des Modells beschränkt werden können, in dem sie agieren.[139] Selbstverständlich gibt es dazu unterschiedliche Vorschläge[140], das heißt, man kann und muß zwischen den Verhaltensannahmen, die zum Einsatz kommen sollen, wählen.[141] Wie immer man sich auch entscheidet, wichtig ist, daß man Verhaltensannahmen berücksichtigt, die für die Deduktionen, die man aus dem untersuchten Modell ziehen will, hinreichen und die zugleich den Unterstellungen nicht widersprechen, die wir auf der folgenden Systematisierungsebene für unabdingbar halten. Unter dieser Bedingung scheint uns auch der milde Instrumentalismus rechtfertigungsfähig, den man sich einhandelt, wenn man falsche Erklärungshypothesen verwendet, ohne sie verbessern zu wollen.

Sodann sollte man eine Ebene der *Beziehungsformen* und deren *Prozeßdynamik* identifizieren können. Die Kennzeichnung der zu untersuchenden Beziehungen hat die Aufgabe, die Menge systeminterner Ereignisse auszugrenzen, weshalb man sie bei soziologischen Modellierungsversuchen in der Regel nach Maßgabe einer formalen Funktion behandeln wird, die die Handlungs- oder Akteurvariablen in einer eindeutigen Weise relationiert. Funktionen erlauben Beschreibungen von möglichen Prozessen, die unter der Bedingung ablaufen, daß die Akteure ihr Verhalten unter anderem deshalb wählen, weil sie zu anderen in einer er-

---

139 Daß die Systemelemente Energie prozessieren können, muß vorausgesetzt werden, um die modellierte Dynamik als Kausalgeschehen interpretieren zu können.

140 Vgl. die Aufzählung der Mikrofundierungsvorschläge oben, S. 26 f.; man hat darüber hinaus auch versucht, die Theorie der mentalen Inkonsistenz (Opp/Wippler [Hg.] 1990 u. a.) oder psychoanalytische Theorien (vgl. Smelser 1987, Smith 1990) zu verwenden.

141 Wir sind für die Klarheit dankbar, mit der Smelser (in diesem Band) auf diesen Tatbestand hinweist. Man kann deshalb auch die Selbstsicherheit in Frage stellen, mit der zum Beispiel Vertreter der Rational-Choice-Theorie glauben, alle Erklärungsprobleme mit nutzentheoretischen Unterstellungen lösen zu können, zumal einzelne ihrer Vertreter gerne zugestehen, daß die Rationalannahme in der Regel falsch bzw. revisionsbedürftig ist; vgl. Weede 1992, S. 98 ff.

kennbaren funktionalen Beziehung stehen. Wie man diese im Einzelfall ihrerseits zu definieren hat, ist strittig und hängt vom theoretischen Problem ab, das zu lösen man sich anschickt: Interessiert man sich zum Beispiel für die Veränderungen der Verhaltenshäufigkeiten innerhalb einer Beziehung, dann wird es sinnvoll sein, zur inhaltlichen Bestimmung der verwendeten Funktionen Lerntheorien zu verwenden[142]; richtet man die theoretische Aufmerksamkeit auf Bestand und Veränderung von Institutionen und deren Verteilungseffekte, dann wird es naheliegen, die Funktionalrelation zwischen den Akteuren als Ausdruck ihrer divergierenden Ausstattung mit Handlungsrechten[143] oder ihrer Regelorientierung zu behandeln[144]; geht es um die Erklärung sozialer Bewegungen, dann werden Ressourcenzusammenlegungen[145] oder die Organisation von kollektiven Informations- und Entscheidungsverfahren[146] ins Zentrum der Betrachtung geraten; in anderen Fällen werden kollektive Produktionsfunktionen von Bedeutung sein[147] oder Dependenz- und Autoritätsbeziehungen[148] usf. Das heißt, auch die Frage, welche inhaltliche Kennzeichnung die funktionale Beziehung erhalten soll, deren Verlaufsdynamik ein Modell thematisiert, ist nicht a priori zu beantworten; der Theoretiker muß wählen, und es hat keinen Sinn, bestimmte Entscheidungen als ontologisch unumgänglich zu qualifizieren, bevor die unterschiedlichen Theorievorschläge hinreichend ausgearbeitet sind. Kontrolliert wird die Auswahl der Funktionsdefinition allenfalls extern durch die Menge der Faktoren, die eine wahre Theorie des Handelns als unstrittig einstuft – also die Annahmen, die wir auf der erstgenannten Modellebene akzeptiert haben. *Zuletzt* sollte man eine Ebene externer *Ressourcen* oder *Parameter*

---

142 Das entspricht der Intuition bei Kunkel 1970 und Homans 1972, S. 53 ff.

143 Vgl. Coleman 1990, passim.

144 Diesen Weg verfolgt die »Institutional Economics«; vgl. statt vieler: Hodgson 1988.

145 Vgl. Coleman 1974; Vanberg 1982; Marwell/Ames 1979; Marwell/Ames 1980 u. a.

146 Vgl. Coleman 1990, S. 371 ff.; Ostrom 1990; Eder 1992; Eder (in diesem Band).

147 Damit arbeitet die Theorie der Firma oder der Produktionsgenossenschaft; vgl. Vanberg 1982.

148 Vgl. Coleman 1990, S. 65 ff.; Blau 1964 u. a.

unterscheiden, unter deren Regime die Systemfunktionen und die durch diese gekennzeichneten Prozeßverläufe stehen. Diese externen Faktoren definieren die Umwelt oder die Topologie des betrachteten Funktionszusammenhangs und wirken sich auf die einzelnen Akteure als situative Restriktionen aus, über die sie nicht nach Belieben verfügen können und an die sie ihr Handeln entsprechend anpassen müssen. Zwischen der Umwelt und den internen funktionalen Prozessen bestehen Notwendigkeitsbeziehungen, das heißt, die modellinternen Prozeßverläufe werden sich nur beobachten lassen, wenn und solange die Parameter realisiert sind; Modelle thematisieren diese Einflüsse aber nicht eigens, sondern setzen die Wirksamkeit der unterstellten Parameter in aller Regel als konstant voraus. Auch die Auswahl der berücksichtigungswürdigen Parameter stellt den Theoretiker vor Probleme. Angesichts der Tatsache, daß die Menge notwendiger Bedingungsfaktoren letztlich unendlich ist, wird sie sich nach den Erwartungen bemessen, welche funktionale Gestalt der untersuchte Prozeßverlauf haben wird und auf welche externen Beeinflussungsgrößen die untersuchten Akteure mit Verhaltensmodifikationen reagieren werden oder nicht.[149] Auskünfte darüber geben die auf der ersten Analyseebene eingesetzten Handlungstheorien.

Die naheliegende Implikation dieser Überlegung wird sein, daß jede Theorie sozialen Wandels zu kurz greift, wenn sie die Wandlungsprozesse einseitig und ausschließlich als Restabilisierung des sozietären Gleichgewichts[150], als Wandel durch Differenzierung[151] oder als »Zusammenbruch regulatorischer Strukturen«[152] erklärt. Solange soziale Prozesse als Selektionsprozesse eingestuft werden können[153], die aus einer Vielzahl von Handlungsoptionen, seien sie intentional oder nicht, jene herausfiltern, die den situativen

149 So argumentiert Blau 1977.
150 Vgl. Parsons 1951, S. 481 ff.; ²1973, S. 73 u. a.
151 Für die Bedingungen, unter denen dies wahrscheinlich wird, vgl. Hondrich 1982; Mayntz 1988a; Mayntz (in diesem Band); Hondrich 1992 u. a.
152 Merton 1964, S. 157.
153 Vgl. Lau 1981; Giesen/Schmid 1975; Kopp/Schmid 1981; Schmid 1982; Burns u. a. 1985; Schmid 1987; Giesen 1991; Giesen (in diesem Band); Burns/Dietz (in diesem Band); Hannan/Freeman (in diesem Band).

Umständen »angepaßt« sind, dann sollten wir auch mit selektiven Konvergenzen[154], Oszillationen und Grenzzyklen, vor allem regelmäßig mit ungerichteten und chaotischen Prozeßverläufen rechnen.[155] Anders gesagt: Alle Prozeßtypen, Gleichgewicht wie Wandel, Differenzierung und Entdifferenzierung, Zyklus und Chaos, Konvergenz wie extinktiver Zusammenbruch sollten als Grenz- und Spezialfälle eines übergreifenden Modells erkenntlich sein.[156] Zugleich müssen wir auch die Leitidee eines kontinuierlichen und geradlinigen Wandels, die uns das klassische Wandlungsparadigma nahelegen wollte, als einen wenig wahrscheinlichen Grenzfall erkennen.[157] Schwellenwertmodelle[158], »kritische Massen«[159], Katastrophen[160], unberechenbare Fluktuationen und Umbrüche[161] und die nicht-lineare »Logik des Mißlingen«[162] zeigen, daß wir »geradlinige« Wandlungsverläufe nur selten erwarten dürfen.

Zweifellos steckt die Modellbildung die wichtigste methodologische und heuristische Vorarbeit zur Konzeptualisierung sozialen Wandels ab. Aber damit kann sich Theoriebildung nicht begnügen. Angesichts des formalen Rahmens und des abstrakten Argumentationszuschnitts der allgemeinen Modellogik muß auf der *nächsten Stufe* eine *inhaltliche Theorie* ausformuliert werden, welche über die allgemeinen handlungstheoretischen Vorgaben und die formale Charakterisierung der Sozialdynamik hinaus eine Vorstellung vom empirisch-faktischen Verlauf gesellschaftlicher Prozesse eröffnet. In einem neuen Paradigma sozialen Wandels,

154 Vgl. dafür Bornschier 1988, S. 318 ff.
155 Vgl. für verschiedene Systematisierungen dieser Forschungen Boulding 1970; Valjavec 1985; Bühl 1990.
156 Für eine entsprechende Heuristik vgl. Fararo 1989, S. 87; Steward 1955 hat versucht, diese Vielgestaltigkeit von Wandlungsprozessen als »Multilinearität« zu begreifen.
157 Besonnene Vertreter des Modernisierungsparadigmas wie van der Loo/van Reijen 1992 erkennen dies jederzeit an.
158 Vgl. Granovetter 1978.
159 Vgl. Marwell/Oliver 1993.
160 Vgl. Fararo 1978; Woodcock/Davis 1978; Thompson 1981; Freber/Schmid 1986 u. a.
161 Vgl. systematisch dazu Bammé 1986; Martens 1984; Mayntz 1988; Bühl 1990 u. a.
162 Dörner 1989.

das keinen Wandlungsverlauf durch unbedachte Vorgaben und Festlegungen favorisiert bzw. ausschließt, wird dies nicht nur zu einer Theorie, sondern eine Vielzahl von ganz unterschiedlichen theoretischen Ansätzen führen, die sich um ein genau lokalisiertes Geschehen kümmern werden und auf globale Struktur- und Prozeßvergleiche verzichten müssen.[163] Je nach der theoretischen Vorstellung von der unterstellten Verlaufsdynamik wird das abstrakte Modell unterschiedlich ausgefüllt werden. Und jeder einzelne theoretische Ansatz mag – je nach Komplexitätsgrad – in weitere Partialtheorien zerfallen. Das reicht von differenzierungs-, strukturations-, kultur-, selektions- und bewegungstheoretischen über populationsökologische bis hin zu institutionentheoretischen Ansätzen.[164] Auf jeden Fall verwandelt die unterstellte Dynamik das Ensemble unterschiedlicher Prozeßtypen, welche die Heuristik des allgemeinen Modells zuläßt, in *empirisch konfigurierte* Geschehens- und Entwicklungsabläufe, wobei Art und Relevanz der empirischen Daten ausschließlich von den hypothetisch unterstellten Funktionszusammenhängen bestimmt werden.[165]

Gelingt es infolgedessen, analytische Ordnung in die Modell- und Theoriebildung zu bringen, so läßt sich auf der *dritten Stufe* eine *Transformationstheorie* im engeren Sinne in Angriff nehmen, die in empirisch kontrollierter Weise Wandlungs- und Entwicklungsverläufe rekonstruiert. Im Unterschied zu allgemein theoretischen Betrachtungen geht eine Transformationstheorie in der Regel von

163 Vgl. Eberlein 1971; Tilly 1984; Popper 1979; Schmid 1987; Boudon 1986, S. 196. Man kann allerdings nicht übersehen, daß Betrachtungen zur »allgemeinen Evolution« ihre Faszination offenbar nicht so schnell verlieren; vgl. Boulding 1970; Johnson/Earle 1988; Bornschier 1988; Sanderson 1988 u. a.

164 Zu einer formalen Heuristik unterschiedlicher »Gesetze« vgl. Boudon 1986. Eine inhaltliche Abgrenzung verschiedener Erklärungsansätze, die Anspruch darauf hätte, als eine »natürliche Grenze« zu gelten, wird es nicht geben; vgl. die Vielzahl der »paradigmes«, die Mendras/Forsé 1983 abhandeln.

165 Zu einem solchen Versuch, die Heuristik einer allgemeinen Modellogik empirisch verwertbar zu füllen, vgl. Schmid 1993a. Eine Implikation ist uns wichtig: Es wird wenig Sinn haben, Daten induktiv anzusammeln in der Hoffnung, daraus eine Theorie synthetisieren zu können.

einer (zumeist normativ) festgelegten Entwicklungsrichtung[166], von einer raum-zeitlichen Spezifizierung des Entwicklungsverlaufs und von einem konkret identifizierbaren Ensemble von Institutionen, Akteuren und Umwelten aus. So hat etwa der Historische Materialismus versucht, den Übergang vom Kapitalismus zum Sozialismus zu modellieren und vorzuzeichnen; die Spencersche Theorie suchte nach personalen und strukturellen Bedingungen für den »Consensus«[167] einer assoziativ geordneten Gesellschaft; Durkheim fahndete nach den Voraussetzungen einer »neuen Moral«[168]; die evolutionäre Modernisierungstheorie prüfte die Entwicklungschancen unterentwickelter Länder, die sich darauf einlassen, das Muster der fortgeschrittensten Gesellschaft zu übernehmen; und gegenwärtig wird mit ganz unsicheren Erfolgsaussichten versucht[169], ein Transformationsmodell des Übergangs vom Staatssozialismus zum wohlfahrtsstaatlichen Kapitalismus zu erstellen. Der dabei gewählte normative Bezugspunkt dient einer Transformationstheorie als Anfangs- und Endpunkt einer gerichteten Evolution. Ihr Erkenntnisinteresse ist demnach im strengen Sinne ein technologisches. Das heißt, wenn das normative Ziel bekannt ist, kann nach Mitteln und Wegen gesucht werden, es zu erreichen. Eine Transformationstheorie wird dabei aber nicht umhin können, sowohl die Bezugsgesellschaft als auch den Untersuchungszeitraum exakt zu definieren, um einesteils konkrete Wandlungsbarrieren und Entwicklungshindernisse rechtzeitig erkennen zu können, andererseits aber auch die zieldienlichen Prozesse und Mechanismen zu identifizieren, wozu unausweichlich auf die vorgelagerten Modelle und theoretischen Kenntnisse zurückgegriffen werden muß. In diesem Zusammenhang wird sie unterschiedliche Transformationsrhythmen einzelner gesellschaftlicher Sektoren wie Wirtschaft, Politik und Kultur ebenso einbeziehen wie die vorhandene Konfiguration von Institutionen und die Machtverhältnisse zwischen den

---

166 Vgl. Haferkamp/Smelser 1992, S. 2. Mit ähnlichen Unterlegungen arbeitet auch Becks »Individualisierungsthese«; vgl. Beck 1986.
167 Spencer 1875, Bd. 1, S. 64.
168 Vgl. Durkheim ²1988, S. 480.
169 Mayer 1991, S. 98, Nickel 1993, S. 784 und Heckmann 1993, S. 268 bestätigen, daß eine derartige Transformationstheorie derzeit nicht in Sicht sei.

Akteuren.[170] Auf diese Weise kann und wird eine Transformationstheorie zwar nicht den Allgemeinheitsgrad und -anspruch haben können, wie es einstmals Marxismus und Evolutionismus in Aussicht gestellt hatten. Gleichwohl wird sich die Einbeziehung von Modell- und Theoriebildung in die aktuelle Transformationsforschung lohnen, weil anders die untersuchte gesellschaftliche Umgestaltung weder mit ähnlichen Vorgängen verglichen noch angemessen zeitdiagnostisch bewertet werden kann, ohne sich übereilten Hoffnungen auf die Erfüllung der historischen Zielvorgaben hinzugeben bzw. utopische Ideale zu verfolgen.

Wir hoffen darauf, daß solche Befürchtungen verständlich machen, weshalb der Schwerpunkt der Textauswahl des vorliegenden Bandes vornehmlich auf der Erklärungslogik und der Modell- und Theoriebildung liegt, deren Neuordnung in jedem Fall die Aufgabe der akademischen Soziologie sein wird. Neil J. Smelser als unorthodoxer Vertreter des alten Paradigmas zeigt die konkreten Schritte auf, die eine modellkontrollierte Analyse sozialen Wandels erfordert. Gudmund Hernes schildert den Rahmen und die Variablen eines allgemeinen Prozeßmodells. Während Smelser und Hernes die Überlegungen zur Modellogik vertiefen, stellen die anderen Autorinnen und Autoren die Palette theoretischer Ansätze, die gegenwärtig diskutiert und als fruchtbar erachtet werden, vor. Renate Mayntz skizziert die Konturen eines differenzierungstheoretischen Ansatzes, der akteurorientiert angelegt ist und sein Augenmerk auf die Situationslogik lenkt. Anthony Giddens entwickelt einen Strukturationsansatz, der den Dualismus von Handeln und Struktur überwinden soll und die Raum-Zeit-Spezifizierung sozialen Wandels zum Gegenstand hat. Margaret Archer entwirft einen kulturtheoretischen Ansatz, der sozialen Wandel sowohl auf der Ebene des kulturellen Systems wie auch auf der Ebene soziokultureller Interaktion zu verfolgen gestattet. Bernhard Giesen vertraut einem selektionstheoretischen Ansatz, der ein Modell von Code, Prozeß und Situation enthält, dessen Fruchtbarkeit er an der Genese des deutschen Nationalbewußtseins illustriert. Klaus Eder untersucht mit seinem bewegungstheoretischen Ansatz die Institutionalisierung sozialer Bewegungen, die daraus resultierende Intensivierung öffentlicher

170 Vgl. Giddens (in diesem Band).

Kommunikation und die damit einhergehende Beschleunigung von Wandlungsprozessen. Der populationsökologische Ansatz von Michael T. Hannan und John Freeman ist auf die Beziehungen von Organisationen und ihren Umwelten gerichtet, studiert die strukturelle Trägheit von Organisationen in Abhängigkeit von Alter, Größe und Komplexität der Organisation und faßt die Trägheit als Folge eines Selektionsprozesses auf. Und Tom R. Burns und Thomas Dietz endlich entwickeln einen institutionentheoretischen Ansatz auf evolutionärer Grundlage, der dem Zusammenhang zwischen menschlicher Handlungsfähigkeit, sozialen Regelsystemen und der kulturellen Dynamik nachgeht. Fast alle diese Ansätze sind evolutionär, ohne evolutionistisch zu sein, konzeptualisieren sozialen Wandel im erkennbaren Rahmen eines selektionstheoretisch interpretierten Modells und bieten eine Heuristik zur dynamischen Analyse sozialen Wandels an. Ihnen gemeinsam ist das – wie wir meinen, beachtenswerte – Bemühen, zu einer paradigmatischen Neuorientierung dieses zentralen Untersuchungsgegenstandes der Sozialwissenschaften beizutragen.

Literatur

Abercrombie, N. (1972), »Evolutionary Theory Again«, in: *Sociological Analysis* 2, S. 47-51.

Abrams, P. (1982), *Historical Sociology*, New York.

Albert, H. (1967), *Marktsoziologie und Entscheidungslogik. Ökonomische Probleme in soziologischer Perspektive*, Neuwied/Berlin.

Alexander, J. C. (1983), *Theoretical Logic in Sociology*. Bd. 4: *The Modern Reconstruction of Classical Thought: Talcott Parsons*, Berkeley/Los Angeles.

– (1992), »Recent Sociological Theory Between Agency and Social Structure«, in: *Schweizer Zeitschrift für Soziologie* 1, S. 7-11.

– (1993), »Modern, Anti, Post, and Neo: How Social Theories Have Tried to Understand the ›New World‹ of ›Our Time‹«, Skript, Los Angeles/Paris.

Alexander, J. C./P. Colomy (1990), »Neofunctionalism Today: Reconstructing a Theoretical Tradition«, in: G. Ritzer (Hg.), *Frontiers of Social Theory. The New Synthesis*, New York, S. 33-67.

Alexander, J. C./P. Colomy (1992), »Traditions and Competition. Preface to a Postpositivist Approach to Knowledge Accumulation«, in: G. Ritzer (Hg.), *Metatheorizing*, Newbury Park/London/New Delhi, S. 27-52.

Alexander, J. C./P. Sztompka (1990), *Rethinking Progress*, Boston.

Andersson, G. (1988), *Kritik und Wissenschaftsgeschichte. Kuhns, Lakatos' und Feyerabends Kritik des Kritischen Rationalismus*, Tübingen.

Appelbaum, R. P. (1970), *Theories of Social Change*, Chicago.

Bammé, A. (1986), »Wenn aus Chaos Ordnung wird. Die Herausforderung der Sozialwissenschaften durch die Naturwissenschaften«, in: *Soziologie. Mitteilungsblatt der Deutschen Gesellschaft für Soziologie 2*, S. 117-145.

Bates, R. H. (1981), *Markets and States in Tropical Africa. The Political Basis of Agricultural Policies*, Berkeley/Los Angeles/London.

– (1987), *Essays on the Political Economy of Rural Africa*, Berkeley/Los Angeles/London.

Baumgartner, H. M./J. Rüsen (Hg.) (1976), *Seminar: Geschichte und Theorie*, Frankfurt am Main.

Bayertz, K. (1980), *Wissenschaft als historischer Prozeß. Die antipositivistische Wende in der Wissenschaftstheorie*, München.

Beck, U. (1986), *Risikogesellschaft. Auf dem Weg in eine andere Moderne*, Frankfurt am Main.

– (1988), *Gegengifte. Die organisierte Unverantwortlichkeit*, Frankfurt am Main.

– (1991), »Der Konflikt der zwei Modernen«, in: ders., *Politik in der Risikogesellschaft*, Frankfurt am Main, S. 180-195.

– (1993), *Die Erfindung des Politischen. Zu einer Theorie reflexiver Modernisierung*, Frankfurt am Main.

Bellah, R. N./R. Madsen/W. M. Sullivan/A. Swidler/S. M. Tipton (1987), *Gewohnheiten des Herzens. Individualismus und Gemeinsinn in der amerikanischen Gesellschaft*, Köln.

Berger, J. (Hg.) (1986), *Die Moderne. Kontinuität und Zäsuren*, Göttingen.

Berger, J./D. G. Wagner/M. Zelditch (1989), »Theory Growth, Social Processes and Metatheory«, in: J. H. Turner (Hg.), *Theory Building in Sociology. Assessing Theoretical Cumulation*, Newbury Park/London/New Delhi, S. 19-42.

Black, C. E. (1975), *The Dynamics of Modernization. A Study in Comparative History*, New York.

Blau, P. M. (1964), *Exchange and Power in Social Life*, New York/London/Sydney.

– (1977), *Inequality and Heterogeneity. A Primitive Theory of Social Structure*, New York/London.

Blumer, H. (1969), *Symbolic Interactionism. Perspective and Method*, Englewood Cliffs, N. J.

Bornschier, V. (1988), *Westliche Gesellschaft im Wandel*, Frankfurt am Main/New York.

Boskoff, A. (1972), *The Mosaic of Sociological Theory*, New York.

Boudon, R. (1986), *Theories of Social Change. A Critical Appraisal*, Oxford.

Boulding, K. (1970), *A Primer on Social Dynamics. History as Dialectics and Development*, New York/London.

Braibanti R./W. E. Moore (Hg.) (1961), *Tradition, Values and Socio-economic Development*, Durham.

Bühl, W. L. (1981), *Ökologische Knappheit*, Göttingen.

– (1990), *Sozialer Wandel im Ungleichgewicht. Zyklen, Fluktuationen, Katastrophen*, Stuttgart.

Burns, T. R./T. Baumgartner/P. Deville (1985), *Man, Decision, Society. The Theory of Actor-System Dynamics for Social Scientists*, New York.

Burns, T. R./T. Dietz (1995), »Kulturelle Evolution: Institutionen, Selektion und menschliches Handeln« (in diesem Band).

Buxton, W. (1985), *Talcott Parsons and the Capitalist Nation-State. Political Sociology as a Strategic Vocation*, Toronto/Buffalo/London.

Cancian, F. (1971), »Das Problem des Wandels systematischer Sozialbeziehungen«, in: K.-H. Tjaden (Hg.), *Soziale Systeme. Materialien zur Dokumentation und Kritik soziologischer Ideologie*, Neuwied/Berlin, S. 194-213.

Cardoso, F. H. (1987), »Problems of Social Change, Again?«, in: *International Sociology* 2, S. 177-187.

Cohen, P. S. (1968), *Modern Social Theory*, London.

Cohen, G. A. (1978), *Karl Marx's Theory of History. A Defence*, Princeton.

Coleman, J. S. (1974), *Macht und Gesellschaftsstruktur*, Tübingen.

– (1982), *The Asymmetric Society*, New York.

– (1990), *Foundations of Social Theory*, Cambridge, Mass./London.

Collins, R. (1975), *Conflict Sociology. Toward an Explanatory Science*, New York/San Francisco/London.

Colomy, P. (1986), »Recent Developments in the Functionalist Approach to Change«, in: *Sociological Focus* 19, S. 139-158.

– (1992), »Introduction«, in: P. Colomy (Hg.), *The Dynamics of Social Systems*, London/Newbury Park/New Delhi, S. 1-35.

Comte, A. (1907), *Soziologie*. 1. Band: *Der dogmatische Teil der Sozialphilosophie*, Jena.

– (1907), *Soziologie*. 2. Band: *Historischer Teil der Sozialphilosophie. Theologische und metaphysische Periode*, Jena.

– (1911), *Soziologie*. 3. Band: *Abschluss der Sozialphiosophie und allgemeine Folgerungen*, Jena.

Coser, L.A. (1956), *Theory of Social Conflict*, Glencoe.

– (1967), »Sozialer Konflikt und sozialer Wandel«, in: H.P. Dreitzel (Hg.), *Sozialer Wandel. Zivilisation und Fortschritt als Kategorien der soziologischen Theorie*, Neuwied/Berlin, S. 287-294.

D'Avis, W. (1984), *Neue Einheit der Wissenschaften. Methodologische*

Konvergenzen zwischen Natur- und Sozialwissenschaften, Frankfurt am Main/New York.

Dahrendorf, R. (1959), *Class and Class Conflict in Industrial Society*, Stanford.

– (1961), *Gesellschaft und Freiheit. Zur soziologischen Analyse der Gegenwart*, München.

– (1967), *Pfade aus Utopia. Arbeiten zur Theorie und Methodologie der Soziologie*, München.

– (1990), *Betrachtungen über die Revolution in Europa*, Stuttgart.

Davis, K. (1966), *Human Society*, New York.

Demerath, N. J./R. A. Peterson (Hg.) (1967), *System, Change and Conflict. A Reader on Contemporary Sociological Theory and the Debate Over Functionalism*, New York/London.

Doornbos, M. (1984), »Zur kulturellen Akzeptanz von geplantem Wandel«, in: *Österreichische Zeitschrift für Soziologie* 9, S. 32-40.

Dörner, D. (1989), *Die Logik des Mißlingens. Strategisches Denken in komplexen Situationen*, Hamburg.

Dreitzel, H. P. (Hg.) (1967), *Sozialer Wandel. Zivilisation und Fortschritt als Kategorien der soziologischen Theorie*, Neuwied/Berlin.

Durkheim, E. (1984), *Die Regeln der soziologischen Methode*, Frankfurt.

– (^{2}1988), *Über soziale Arbeitsteilung. Studie über die Organisation höherer Gesellschaften*, Frankfurt am Main.

Eberlein, G. (1971), *Theoretische Soziologie heute. Von allgemeinen Sozialtheorien zum soziologischen Kontextualmodell*, Stuttgart.

Eckberg, D. L./L. Hill (1979), »The Paradigm Concept and Sociology: A Critical Review«, in: *American Sociological Review* 44, S. 925-937.

Eder, K. (1992), »Contradictions and Social Evolution. A Theory of the Social Evolution of Modernity«, in: H. Haferkamp/N. J. Smelser (Hg.), *Social Change and Modernity*, Berkeley/Los Angeles/Oxford, S. 320-349.

– (1995), »Die Institutionalisierung sozialer Bewegungen. Zur Beschleunigung von Wandlungsprozessen in fortgeschrittenen Industriegesellschaften« (in diesem Band).

Eisenstadt, S. N. (1967), *Modernization: Protest and Change*, Englewood Cliffs.

– (1969), »Sozialer Wandel, Differenzierung und Evolution«, in: W. Zapf (Hg.), *Theorien des sozialen Wandels*, Köln, S. 75-91.

– (Hg.) (1970), *Readings in Social Evolution and Development*, Oxford.

– (1973), *Tradition, Change and Modernity*, New York.

Eisenstadt, S. N./M. Curelaru (1976), *The Forms of Sociology. Paradigms and Crisis*, New York/London/Sydney/Toronto.

Ettrich, F. (1993), »Anpassung, Differenzierung, Demokratie. Der normative Gehalt von Talcott Parsons' soziokultureller Differenzierungstheorie«, in: *Berliner Debatte, Initial* 6, S. 3-18.

Etzioni, A. (1968), *The Active Society. A Theory of Societal and Political Processes*, London/New York.
- (1988), *The Moral Dimension. Toward a New Economics*, New York/London.
- (1991), *A Responsive Society. Collected Essays on Guiding Deliberate Social Change*, San Francisco/Oxford.
Etzioni, A./E. Etzioni-Halevy (Hg.) (²1973), *Social Change. Sources, Patterns and Consequences*, New York.
Etzioni-Halevy, E. (1981), *Social Change. The Advent and Maturation of Modern Society*, London.
Fararo, T. J. (1978), »An Introduction to Catastrophes«, *Behavioral Science* 23, S. 291-317.
- (1989), *The Meaning of General Sociology. Tradition and Formalization*, Cambridge.
Feyerabend, P. K. (1976), *Wider den Methodenzwang*, Frankfurt am Main.
Flora, P. (1974), *Modernisierungsforschung*, Opladen.
Freber, J./M. Schmid (1986), *Instabilität und Dynamik. Zur Anwendung der Katastrophentheorie in der Soziologie*, Forschungsberichte der Fakultät für Pädagogik der Universität der Bundeswehr, München.
Freyer, H. (1931), *Einleitung in die Soziologie*, Leipzig.
- (²1964), *Soziologie als Wirklichkeitswissenschaft. Logische Grundlegung des Systems der Soziologie*, Darmstadt.
Friedrichs, R. (1970), *A Sociology of Sociology*, New York.
Galt, A. H./L. J. Smith (1976), *Models and the Study of Social Change*, New York/London/Sydney/Toronto.
Garfinkel, H. (1967), *Studies in Ethnomethodology*, Englewood Cliffs.
Garner, R.A. (1977), *Social Change*, Chicago.
Giddens, A. (1984), *The Constitution of Society. Outline of the Theory of Structuration*, Cambridge/Oxford.
- (1995), »Strukturation und sozialer Wandel« (in diesem Band).
Giesen, B. (1975), *Probleme einer Theorie struktureller Inkonsistenz. Ein Beitrag zur sytemtheoretischen Interpretation sozialen Wandels*, Gersthofen.
- (1976), »Soziologen vor der Praxis: ratlos?«, in: *Soziale Welt* 27, S. 504-516.
- (1980), *Makrosoziologie. Eine evolutionstheoretische Einführung*, Hamburg.
- (1991), *Die Entdinglichung des Sozialen. Eine evolutionstheoretische Perspektive auf die Moderne*, Frankfurt am Main.
- (1995), »Code und Situation. Eine selektionstheoretische Analyse« (in diesem Band).
Giesen, B./C. Lau (1981), »Zur Anwendung darwinistischer Erklärungsstrategien in der Soziologie«, in: *Kölner Zeitschrift für Soziologie und Sozialpsychologie* 33, S. 229-256.

Giesen, B./C. Leggewie (1991), »Sozialwissenschaften vis-à-vis. Die deutsche Vereinigung als sozialer Großversuch«, in: dies. (Hg.), *Experiment Vereinigung. Ein sozialer Großversuch*, Berlin, S. 7-17.

– (Hg.) (1991), *Experiment Vereinigung. Ein sozialer Großversuch*, Berlin.

Giesen, B./M. Schmid (1975), »System und Evolution. Metatheoretische Vorbemerkungen zu einer soziologischen Evolutionstheorie«, *Soziale Welt 26*, S. 385-413.

– (1978), »Methodologische Modelle und soziologische Theorien«, in: K. O. Hondrich/J. Matthes (Hg.), *Theorievergleich in den Sozialwissenschaften*, Darmstadt/Neuwied, S. 232-254.

– (1989), »Symbolic, Institutional, and Social-Structural Differentiation: A Selection-Theoretical Perspective«, in: H. Haferkamp (Hg.), *Social Structure and Culture*, Berlin/New York 1989, S. 76-85.

Goetze, D. (1976), *Entwicklungssoziologie*, München.

Gouldner, A.W. (1971), *The Coming Crisis of Western Sociology*, London.

Granovetter, M. (1978), »Threshold Models of Collective Behavior«, in: *American Journal of Sociology 83*, S. 1420-1443.

– (1979), »The Idea of ›Advancement‹ in Theories of Social Evolution«, *American Journal of Sociology 85*, S. 489-515.

Guessous, M. (1967), »A General Critique of Equilibrium Theory«, in: W.E. Moore/M. Cook (Hg.), *Readings in Social Change*, Englewood Cliffs, N. J., S. 23-35.

Habermas, J. (1973), *Legitimationsprobleme im Spätkapitalismus*, Frankfurt am Main.

– (1985), *Die neue Unübersichtlichkeit*, Frankfurt am Main.

– (1988), *Der philosophische Diskurs der Moderne*, Frankfurt am Main.

– (1990), *Die nachholende Revolution*, Frankfurt am Main.

Hacker, A. (1967), »Sociology and Ideology«, in: N. J. Demerath/R. A. Peterson (Hg.), *System Change and Conflict. A Reader on Contemporary Sociological Theory and on the Debate Over Functionalism*, New York/London, S. 481-498.

Haferkamp, H./N. J. Smelser (1992), »Introduction«, in: H. Haferkamp/N. J. Smelser (Hg.), *Social Change and Modernity*, Berkeley/Los Angeles/Oxford, S. 1-33.

– (Hg.) (1992), *Social Change and Modernity*, Berkeley/Los Angeles.

Hagen, E.E. (1962), *On the Theory of Social Change*, Homewood.

Hannan, M./J. Freeman (1995), »Die Populationsökologie von Organisationen« (in diesem Band).

Harper, C. L. (1989), *Exploring Social Change*, Englewood Cliffs.

Heckmann, F. (1993), »Auf dem Weg zu einer neuen Deutschlandforschung«, in: *Soziologische Revue 16*, S. 265-271.

Hempel, C. G. (1975), »Die Logik funktionaler Analyse«, in: B. Giesen/M. Schmid (Hg.), *Theorie, Handeln und Geschichte. Erklärungsprobleme in den Sozialwissenschaften*, Hamburg, S. 134-168.

Hennis, W. u. a. (Hg.) (1977), *Regierbarkeit. Studien zu ihrer Problematisierung*, Stuttgart.

Hernes, G. (1995), »Prozeß und struktureller Wandel« (in diesem Band).

Hettling, M.. (Hg.) (1991), *Was ist Gesellschaftsgeschichte?* München.

Hillmann, K.-H. (²1989), *Wertwandel. Zur Frage soziokultureller Voraussetzungen alternativer Lebensformen*, Darmstadt.

Hirschman, A. O. (1984), *Engagement und Enttäuschung. Über das Schwanken der Bürger zwischen Privatwohl und Gemeinwohl*, Frankfurt am Main.

– (1989), *Entwicklung, Markt und Moral. Abweichende Betrachtungen*, München.

– (1992), »Abwanderung, Widerspruch und das Schicksal der Deutschen Demokratischen Republik«, in: *Leviathan* 3, S. 330-358.

Hofmann, M./D. Rink (1990), »Der Leipziger Aufbruch 1989. Zur Genese einer Heldenstadt«, in: W.-J. Grabner/C. Heinze/D. Pollack (Hg.), *Leipzig im Oktober. Kirchen und alternative Gruppen im Umbruch der DDR. Analysen zur Wende*, Berlin, S. 114-122.

Hodgson, G. M. (1988), *Economics and Institutions. A Manifesto for a Modern Institutional Economics*, Oxford.

Holzer, H. (1978), *Evolution oder Geschichte. Einführung in Theorien gesellschaftlicher Entwicklung*, Köln.

Homans, G. C. (1968), *Elementarformen des sozialen Verhaltens*, Opladen.

– (1972), *Grundfragen soziologischer Theorie*. Aufsätze, hg. von Victor Vanberg, Opladen.

Hondrich, K. O. (1982), »Sozialer Wandel als Differenzierung«, in: K. O. Hondrich (Hg.), *Soziale Differenzierung. Langzeitanalysen zum Wandel von Politik, Arbeit und Familie*, Frankfurt am Main/New York, S. 11-71.

– (1992), *World Society Versus Niche Societies. Paradoxes of Unidirectional Evolution of Modernity*, in: H. Haferkamp/N. J. Smelser (Hg.), *Social Change and Modernity*, Berkeley/Los Angeles/Oxford, S. 350-366.

Horowitz, I. L. (1966), *The Three Worlds of Development*, New York.

Horton, P. B./C. L. Hunt (1964), *Sociology*, New York.

Hoselitz, B. F./W. E. Moore (Hg.) (1963), *Industrialization and Society*, Den Haag.

Janos, A. C. (1986), *Politics and Paradigms. Changing Theories of Change in Social Science*, Stanford.

Johnson, H. M. (1960), *Sociology. A Systematic Introduction*, New York/Burlingame.

Johnson A. W./T. Earle (1988), *The Evolution of Human Societies. From Foraging Groups to Agrarian States*, Stanford.

Jones, E. L. (1991), *Das Wunder Europa. Umwelt, Wirtschaft und Geopolitik in der Geschichte Europas und Asiens*, Tübingen.

Kinloch, G. C. (1977), *Sociological Theory. Its Development and Major Paradigms*, New York.

Klages, H. (1971), *Planungspolitik. Problem und Perspektiven einer umfassenden Zukunftsgestaltung*, Stuttgart u. a.

Klein, D. (1991), »Doppelte Modernisierung im Osten. Illusion oder Option der Geschichte«, in: M. Brie/D. Klein (Hg.), *Umbruch zur Moderne*, Hamburg, S. 9-32.

Kopp, M./M. Schmid (1981), »Individuelles Handeln und strukturelle Selektion. Eine Rekonstruktion des Erklärungsprogramms von R. K. Merton«, in: *Kölner Zeitschrift für Soziologie und Sozialpsychologie* 33, S. 257-272.

Krajewski, W. (1977): *Correspondence Principle and Growth of Knowledge*, Dordrecht.

Kuhn, T. S. (1967), *Die Struktur wissenschaftlicher Revolutionen*, Frankfurt am Main.

Kunkel, J. H. (1970), *Society and Economic Growth. A Behavioral Perspective on Social Change*, New York.

LaPiere, R. T. (1965), *Social Change*, New York.

Laszlo, E. (1987), *Evolution, die neue Synthese. Wege in die Zukunft*, Wien/Zürich.

Lau, C. (1975), *Theorien gesellschaftlicher Planung. Eine Einführung*, Stuttgart.

– (1981), *Gesellschaftliche Evolution als kollektiver Lernprozeß*, Berlin.

Lauer, R. H. (1973), *Perspectives on Social Change*, Boston.

Lechner, F. J. (1991), »Parsons and Modernity: An Interpretation«, in: R. Robertson/B. S. Turner (Hg.), *Talcott Parsons. Theorist of Modernity*, London/Newbury Park/New Delhi, S. 166-186.

Lepsius, M. R. (1990), *Interessen, Ideen und Institutionen*, Opladen.

Levy, M. (1966), *Modernization and the Structure of Society*, 2 Bde., Princeton.

Lichtblau, K. (1991), »Soziologie und Zeitdiagnose oder: Die Moderne im Selbstbezug«, in: S. Müller-Doohm (Hg.), *Jenseits der Utopie*, Frankfurt am Main, S. 15-47.

Lohmann, G. (1993), »Zur Rolle von Stimmungen in Zeitdiagnosen«, in: H. Fink-Eitel/G. Lohmann (Hg.), *Zur Philosophie der Gefühle*, Frankfurt am Main, S. 266-292.

Loo, H. van der/W. van Reijen (1992), *Modernisierung. Projekt und Paradox*, München.

Luhmann, N. (1971), *Politische Planung. Aufsätze zur Soziologie und Politik der Verwaltung*, Opladen.

– (1981), *Politische Theorie im Wohlfahrtsstaat*, München/Wien.

– (1981a), *Soziologische Aufklärung* 3, Opladen.

– (1984), *Soziale Systeme. Grundriß einer allgemeinen Theorie*, Frankfurt am Main.

– (1986), *Ökologische Kommunikation. Kann die moderne Gesellschaft sich auf ökologische Gefährdungen einstellen?*, Opladen.

Lutz, B. (1984), *Der kurze Traum immerwährender Prosperität. Eine Neuinterpretation der industriell-kapitalistischen Entwicklung im Europa des 20. Jahrhunderts*, Frankfurt am Main/New York.

Malinowski, B. (1979), *Argonauten des westlichen Pazifik. Ein Bericht über Unternehmungen und Abenteuer der Eingeborenen in den Inselwelten von Melanesisch-Neuguinea*, Frankfurt am Main.

– (o. J.), *Die Dynamik des Kulturwandels*, Wien (Original 1946).

Marquard, O. (1981), *Abschied vom Prinzipiellen. Philosophische Studien*, Stuttgart.

Marshall, T. H. (1964), *Class, Citizenship, and Development*, New York.

Martens, B. (1984), *Differentialgleichungen und dynamische Systeme in den Sozialwissenschaften. Stabilität, Katastrophen und Komplexität dynamischer Modelle*, München.

Marwell, G./R. E. Ames (1979), »Experiments on the Provision of Public Goods. I. Resources, Interests, Group Size, and the Free-Rider Problem«, in: *American Journal of Sociology* 84, S. 1336-1360.

– (1980), »Experiments on the Provision of Public Goods. II. Provision Points, Stakes, Experience, and the Free-Rider Problem«, in: *American Journal of Sociology* 85, S. 926-937.

Marwell, G./P. Oliver (1993), *The Critical Mass in Collective Action. A Micro-Social Theory*, Cambridge.

Marx, K. (1965), *Das Kapital. Kritik der politischen Ökonomie*, Erster Band, Berlin.

Mayer, K .U. (1991), »Soziale Ungleichheit und Lebensverläufe. Notizen zur Inkorporation der DDR in die Bundesrepublik und ihre Folgen«, in: B. Giesen/C. Leggewie (Hg.), *Experiment Vereinigung. Ein Großversuch*, München, S. 87-99.

Mayntz, R. (1988), »Soziale Diskontinuitäten: Erscheinungsformen und Ursachen«, in: K. Hierholzer/H.-G. Wittmann (Hg.), *Phasensprünge und Stetigkeit in der natürlichen und kulturellen Welt*, Stuttgart, S. 15-37.

– (1988a), »Funktionale Teilsysteme in der Theorie sozialer Differenzierung«, in: R. Mayntz/B. Rosewitz/U. Schimank/R. Stichweh, *Differenzierung und Verselbständigung. Zur Entwicklung gesellschaftlicher Teilsysteme*, Frankfurt am Main/New York, S. 11-44.

– (1995) »Zum Status der Theorie sozialer Differenzierung als Theorie sozialen Wandels« (in diesem Band).

McClelland, D. C. (1966), *Die Leistungsgesellschaft*, Stuttgart.

McLeish, J. (1972), *The Theory of Social Change. Four Views Considered*, London.

Meadows, D./D. Meadows/E. Zahn/P. Milling (1972), *Die Grenzen des Wachstums. Bericht des Club of Rome*, Stuttgart.

Meltzer, B. N./J. W. Petras/L. T. Reynolds (1975), *Symbolic Interactionism. Genesis, Varieties and Criticism*, London/Boston.

Mendras, H./M. Forsé (1983), *Le changement social. Tendances et paradigmes*, Paris.

Mennell, S. (1974), *Sociological Theory. Uses and Unities*, London.

Merton, R. K. (1964), *Social Theory and Social Structure*, London.

Mills, C. W. (1963), *Kritik der soziologischen Denkweise*, Neuwied/Berlin.

Moore, B. (1958), *Political Power and Social Theory*, Cambridge, Mass.

Moore, W. E. (1962), *The Conduct of Corporation*, New York.

– (1967), *Strukturwandel der Gesellschaft*, München.

– (1970), »A Reconsideration of Theories of Social Change«, in: S. N. Eisenstadt (Hg.), *Readings in Social Evolution and Development*, Oxford., S. 123-139.

Moore, W. E./R. M. Cook (Hg.) (1967), *Readings in Social Change*, Englewood Cliffs.

Moscovici, S. (1976), *Social Influence and Social Change*, London/New York/San Francisco.

Mühler, K./S. H. Wilsdorf (1990), »Meinungstrends in der Leipziger Montagsdemonstration«, in: W.-J. Grabner/C. Heinze/D. Pollack (Hg.), *Leipzig im Oktober. Kirchen und alternative Gruppen im Umbruch der DDR. Analysen zur Wende*, Berlin, S. 159-171.

Mühlmann, W.E. (1961), *Chiliasmus und Nativismus. Studien zur Psychologie, Soziologie und historischen Kasuistik der Umsturzbewegungen*, Berlin.

Müller, H.-P. (1992), *Sozialstruktur und Lebensstile. Der neuere theoretische Diskurs über soziale Ungleichheit*, Frankfurt am Main.

– (1995), *Krise und Kritik. Klassische soziologische Zeitdiagnosen*, Frankfurt am Main.

Müller, K. (1991), »Nachholende Modernisierung? Die Konjunkturen der Modernisierungstheorie und ihre Anwendung auf die Transformation der osteuropäischen Gesellschaften«, in: *Leviathan* 2, S. 261-291.

Münch, R. (1982), *Theorie des Handelns. Zur Rekonstruktion der Beiträge von Talcott Parsons, Emile Durkheim und Max Weber*, Frankfurt am Main.

Nagel, E. (1975), »Der sozialwissenschaftliche Funktionalismus«, in: B. Giesen/M. Schmid (Hg.), *Theorie, Handeln und Geschichte. Erklärungsprobleme in den Sozialwissenschaften*, Hamburg, S. 169-184.

Narr, W. D. (1969), *Theoriebegriff und Systemtheorie*, Stuttgart.

Naschold, F. (1969), *Systemsteuerung*, Stuttgart.

Nickel, H. M. (1993), »Sozialforschung in Ostdeutschland«, in: *Kölner Zeitschrift für Soziologie und Sozialpsychologie* 45, S. 783-786.

Niehoff, A. H. (Hg.) (1966), *A Casebook of Social Change*, Chicago.

Nisbet, R. (1969), *Social Change and History. Aspects of Western Theory of Development*, New York.

Nowak, L. (1980), *The Structure of Idealization. Towards a Systematic Interpretation of the Marxian Idea of Science*, Dordrecht.

Ogburn, W. F. (1966), *Social Change with Respect to Cultural and Original Nature*, New York.

Opp, K. D. (1972), *Verhaltenstheoretische Soziologie. Eine neue soziologische Forschungsrichtung*, Reinbek bei Hamburg.

– (1991), »DDR '89. Zu den Ursachen einer spontanen Revolution«, in: *Kölner Zeitschrift für Soziologie und Sozialpsychologie* 43, S. 302-321.

Opp, K. D./R. Wippler (Hg.) (1990), *Empirischer Theorievergleich. Erklärungen sozialen Verhaltens in Problemsituationen*, Opladen.

Ostrom, E. (1990), *Governing the Commons. The Evolution of Institutions for Collective Action*, Cambridge.

Parsons, T. (1947), »Introduction«, in: T. Parsons (Hg.), *Max Weber: The Theory of Social and Economic Organization*, übersetzt von A. M. Henderson und T. Parsons, New York/London.

– (1951), *The Social System*, Glencoe.

– (1960), *Structure and Process in Modern Societies*, New York/London.

– (1964), *Beiträge zur soziologischen Theorie*, hg. von D. Rüschemeyer, Neuwied/Berlin.

– (1967), *Sociological Theory and Modern Society*, New York/London.

– (²1968), *The Structure of Social Action*, 2 Bde., New York.

– (1969), »Evolutionäre Universalien der Gesellschaft«, in: W. Zapf (Hg.), *Theorien des sozialen Wandels*, Köln, S. 55-74.

– (1969a), *Politics and Social Structure*, New York/London.

– (1972), *Das System moderner Gesellschaften*, München.

– (²1973), »A Functional Theory of Change«, in: A. Etzioni/E. Etzioni-Halevy (Hg.), *Social Change. Sources, Patterns and Consequences*, New York, S. 72-86.

– (1975), *Gesellschaften*, Frankfurt am Main.

– (1976), *Zur Theorie sozialer Systeme*, hg. von S. Jensen, Opladen.

– (1978), *Action Theory and the Human Condition*, New York/London.

– (1986), *Aktor, Situation und normative Muster. Ein Essay zur Theorie sozialen Handelns*, Frankfurt am Main.

Parsons, T./E. Shils/K. D. Naegele/J. R. Pitts (Hg.) (1965), *Theories of Society*, New York/London.

Polanyi, K. (1978), *The Great Transformation. Politische und ökonomische Ursprünge von Gesellschaften und Wirtschaftssystemen*, Frankfurt am Main.

Pollack, D. (1990), »Das Ende einer Organisationsgesellschaft. Systemtheoretische Überlegungen zum gesellschaftlichen Umbruch in der DDR«, in: *Zeitschrift für Soziologie* 19, S. 292-307.

Popper, K. R. (1958), *Die offene Gesellschaft und ihre Feinde*, Bd. 2: *Falsche Propheten. Hegel, Marx und die Folgen*, Bern.

– (⁵1979), *Das Elend des Historizismus*, Tübingen.

Prosch, B./M. Abraham (1991), »Die Revolution in der DDR: Eine strukturell-individualistische Erklärungsskizze«, in: *Kölner Zeitschrift für
Soziologie und Sozialpsychologie* 43, S. 291-301.

Radcliffe-Brown, A. R. (1952), *Structure and Function in Primitive Society*, London.

Rex, J. (1961), *Key Problems of Sociological Theory*, London.

Ritzer, G. (1975), *Sociology: A Multiple Paradigm Science*, Boston.

– (Hg.) (1990), *Frontiers of Social Theory. The New Synthesis*, New
York.

– (1991), *Metatheorizing in Sociology*, Lexington/Toronto.

Robertson, R./B. S. Turner (Hg.) (1991), *Talcott Parsons. Theorist of Modernity*, London/Newbury Park/New Delhi.

Roemer, J. (Hg.) (1986), *Analytical Marxism*, Cambridge/Paris.

Runciman, W. G. (1983), *A Treatise on Social Theory*. Bd. 1: *The Methodology of Social Theory*, Cambridge.

– (1989), *A Treatise on Social Theory*. Bd. 2: *Substantive Social Theory*,
Cambridge.

Sanderson, S. K. (1988), *Macrosociology. An Introduction to Human Societies*, New York.

Savage, S. P. (1981), *The Theories of Talcott Parsons. The Social Relations of
Action*, London/Basingstoke.

Schluchter, W. (1979), *Die Entwicklung des okzidentalen Rationalismus.
Eine Analyse von Max Webers Gesellschaftsgeschichte*, Tübingen.

Schmid, M. (1982), *Theorie des sozialen Wandels*, Opladen.

– (1987), »Dynamik und Selbsterhaltung. Zur naturalistischen Grundlegung der Simmelschen Gesellschafstheorie«, in: *Geschichte und Gegenwart* 6, S. 2-30.

– (1987a), »Collective Action and the Selection of Rules. Some Notes on
the Evolutionary Paradigm in Social Theory«, in: M. Schmid/F. M.
Wuketits (Hg.), *Evolutionary Theory in Social Science*, Dordrecht,
S. 79-100.

– (1989), *Sozialtheorie und soziales System. Versuche über Talcott Parsons*,
Forschungsberichte der Fakultät für Pädagogik der Universität der
Bundeswehr, München.

– (1990), »Was ist und zu welchem Zweck betreiben wir Sozioökonomie?«, in: *Augsburger Beiträge zu Organisationspsychologie und Personalwesen* 11, S. 44-74.

– (1993), »Nutzentheorie versus Verhaltenstheorie. Zur Systematik einer
theoretischen Debatte«, in: *Zeitschrift für allgemeine Wissenschaftstheorie* 24, S. 275-292.

– (1993a), »Zur Evolution von Regeln. Einige modelltheoretische Überlegungen«, in: H. Reimann/H.-P. Müller (Hg.), *Probleme moderner
Gesellschaften*, Opladen, S. 224-250.

Schmid, M./M. Weihrich (1991), »Herbert Spencer: Der Klassiker ohne

Gemeinde«, in: M. Schmid/M. Weihrich (Hg.), *Bibliographie der Werke von Herbert Spencer*, Forschungsberichte der Fakultät für Pädagogik der Universität der Bundeswehr, München, S. 1-70.

Schneider, L. (1976), *Classical Theories of Social Change*, Morristown.

Schütte, G. (1971), *Der empirische Gehalt des Funktionalismus. Rekonstruktion eines soziologischen Erklärungsprogramms*, Meisenheim/Glan.

Schütz, A. (²1960), *Der sinnhafte Aufbau der sozialen Welt*, Wien/Frankfurt am Main 1974.

Schulze, W. (1974), *Soziologie und Geschichtswissenschaft. Einführung in die Probleme der Kooperation beider Wissenschaften*, München.

Scitovsky, T. (1976), *The Joyless Economy*, New York/London/Toronto.

Simon, P.-J. (1991), *Histoire de sociologie*, Paris.

Senghaas, D. (1982), *Von Europa lernen*, Frankfurt am Main.

Skidmore, W. (1975), *Theoretical Thinking in Sociology*, Cambridge.

Smelser, N. J. (1959), *Social Change in Industrial Revolution. An Application of Theory to the Lancashire Cotton Industry 1770-1840*, London.

– (Hg.) (1967), *Sociology. An Introduction*, New York/London/Sydney.

– (1967a), »Processes of Social Change«, in: N.J. Smelser (Hg.), *Sociology. An Introduction*, New York/London/Sydney, S. 674-728.

– (1968), *Essays in Sociological Explanation. Theoretical Statements on Sociology as a Social Science and Its Application to Processes of Social Change*, Englewood Cliffs, N. J.

– (1972), *Theorie des kollektiven Verhaltens*, Köln.

– (1987), »Depth Psychology and Social Order«, in: J. C. Alexander u. a. (Hg.), *The Micro-Macro Link*, Berkeley/Los Angeles/London, S. 267-286.

– (1992), »External and Internal Factors in Theories of Social Change«, in: H. Haferkamp/N. J. Smelser (Hg.), *Social Change and Modernity*, Berkeley/Los Angeles/Oxford, S. 369-394.

– (1995), »Modelle sozialen Wandels« (in diesem Band).

Smith, A. D. (1973), *The Concept of Social Change. A Critique of the Functionalist Theory of Social Change*, London/Boston.

Smith, J. C. (1990), *The Neurotic Foundations of Social Order. Psychoanalytical Roots of Psychiatry*, New York/London.

So, A. Y. (1990), *Social Change and Development. Modernization, Dependency Theory and World-System Theory*, Newbury Park/London/New Delhi.

Spencer, H. (1875), *Einleitung in das Studium der Soziologie*, Bd. 2, Leipzig.

– (²1895), *First Principles*, London/Edinburgh.

– (1904), *Erfahrungen und Betrachtungen aus der Zeit. Vermischte Aufsätze*, Stuttgart.

Steward, J. (1955), *Theory of Culture and Change. A Methodology of Multilinear Evolution*, Urbana/Ill.

Strasser, H./S. C. Randall (1979), *Einführung in die Theorien des sozialen Wandels*, Darmstadt/Neuwied.

Sudgen, R. (1986), *The Economics of Rights, Co-Operation and Welfare*, Oxford.

Swanson, G. E. (1971), *Social Change*, Glernview/Brighton.

Swingehood, A. (²1991), *A Short History of Sociological Thought*, Basingstoke/London.

Sztompka, P. (1990), »Conceptual Frameworks in Comparative Inquiry: Divergent or Convergent?«, in: M. Albrow/E. King (Hg.), *Globalization, Knowledge and Society*, London, S. 47-58.

– (1991), *Society in Action. The Theory of Social Becoming*, Cambridge/Oxford.

– (1993), *The Sociology of Social Change*, Oxford/Cambridge, Mass.

Taylor, M. (Hg.) (1988), *Rationality and Revolution*, Cambridge/Paris.

Tenbruck, F. H. (1959), »Zur Genesis der Methodologie Max Webers«, in: *Kölner Zeitschrift für Soziologie und Sozialpsychologie* 11, S. 573-630.

– (1972), *Zur Kritik der planenden Vernunft*, Freiburg/München.

– (1984), *Die unbewältigten Sozialwissenschaften oder Die Abschaffung des Menschen*, Graz/Wien/Köln.

– (1986), *Geschichte und Gesellschaft*, Berlin.

Thompson, E. P. (1987), *Die Entstehung der englischen Arbeiterklasse*, 2 Bde., Frankfurt am Main.

Thompson, M. (1981), *Die Theorie des Abfalls. Über die Schaffung und Vernichtung von Werten*, Stuttgart.

Tilly, C. (1984), *Big Structures, Large Processes, Huge Comparisons*, New York.

Tipps, D. C. (1976), »Modernization Theory and the Comparative Study of Societies: A Critical Perspective«, in: C. E. Black (Hg.), *Comparative Modernization*, New York, S. 62-88.

Tiryakian, E. A. (1984), »On the Significance of Dedifferentiation«, in: S. N. Eisenstadt/H. J. Helle (Hg.), *Macro-Sociological Theory. Perspectives on Sociological Theory*, Beverley Hills, S. 118-134.

– (1992), »Dialectics of Modernity. Reenchantment and Dedifferentiation as Counterprocesses«, in: H. Haferkamp/N. J. Smelser (Hg.), *Social Change and Modernity*, Berkeley, Los Angeles/Oxford, S. 78-94.

– (1993), »Die Neuen Welten und die Soziologie. Eine Übersicht«, in: *Berliner Journal für Soziologie* 4, S. 521-537.

Tjaden, K. H. (1969), *Soziales System und sozialer Wandel. Untersuchung zur Geschichte und Bedeutung zweier Begriffe*, Stuttgart.

Tocqueville, A. de (1976), *Über die Demokratie in Amerika*, München.

Turner, J. H. (²1978), *The Structure of Sociological Theory*, Homewood/Georgetown.

– (Hg.) (1989), *Theory Building in Sociology. Assessing Theoretical Cumulation*, Newbury Park/London/New Delhi.

Ullmann-Margalit, E. (1977), *The Emergence of Norms*, Oxford.

Ultee, W. C. (1980), *Fortschritt und Stagnation in der Soziologie. Eine kritische Untersuchung soziologischer Traditionen*, Darmstadt/Neuwied.

Vago, S. (²1989), *Social Change*, Englewood Cliffs, N. J.

Valjavec, F. (1985), *Identité sociale et évolution. Éléments d'une théorie des processus adaptifs*, Frankfurt am Main/Bern/New York.

Vanberg, V. (1982), *Markt und Organisation. Individualistische Sozialtheorie und das Problem des korporativen Handelns*, Tübingen.

Wagner, D. G. (1984), *The Growth of Sociological Theories*, Beverley Hills.

Wallace, R./A. Wolfe (1980), *Contemporary Sociological Theory*, Englewood Cliffs, N. J.

Wallace, W. L. (1969), »Overview of Contemporary Sociological Theory«, in: W. L. Wallace (Hg.), *Sociological Theory. An Introduction*, London, S. 1-59.

Wallerstein, I. (1974), *The Modern World System*, New York.

– (1991), *Unthinking Social Science. The Limits of Nineteenth Century Paradigms*, Cambridge/Oxford.

Ward, L. F. (1970), *Pure Sociology. A Treatise on the Origin and Spontaneous Development of Society*, New York.

Warren, R. L. (1977), *Social Change and Human Purpose: Toward Understanding and Action*, Chicago.

Weber, M. (1920), *Gesammelte Aufsätze zur Religionssoziologie*, 3 Bde., Tübingen.

– (1958), *Wirtschaftsgeschichte. Abriß der universalen Sozial- und Wirtschaftsgeschichte*, Berlin.

– (1964), *Wirtschaft und Gesellschaft. Grundriß der verstehenden Soziologie*, 2 Bde., Köln.

– (1973), *Gesammelte Aufsätze zur Wissenschaftslehre*, Tübingen.

Weede, E. (1992), *Mensch und Gesellschaft. Soziologie aus der Perspektive des methodologischen Individualismus*, Tübingen.

Wehler, H.-U. (1973), *Geschichte als historische Sozialwissenschaft*, Frankfurt am Main.

– (1975), *Modernisierungstheorie und Geschichte*, Göttingen.

– (Hg.) (1976), *Geschichte und Soziologie*, Köln.

Weinstein, D./M. A. Weinstein (1992), »The Postmodern Discourse of Metatheory«, in: G. Ritzer (Hg.), *Metatheorizing*, Newbury Park/London/New Delhi, S. 135-150.

Wendel, H. J. (1990), *Moderner Relativismus. Zur Kritik antirealistischer Sichtweisen des Erkenntnisproblems*, Tübingen.

Wenzel, H., (1990), *Die Ordnung des Handelns. Talcott Parsons' Theorie des allgemeinen Handlungssystems*, Frankfurt am Main.

Wiswede, G./T. Kutsch (1978), *Sozialer Wandel. Zur Erklärungskraft neuerer Entwicklungs- und Modernisierungstheorien*, Darmstadt.

Woodcock, A./M. Davis (1978), *Catastrophe Theory*, Harmondsworth.

Zapf, W. (Hg.) (1969), *Theorien des sozialen Wandels*, Köln.

– (Hg.) (1991), *Die Modernisierung moderner Gesellschaften*, Frankfurt am Main.

– (1991a), »Der Untergang der DDR und die soziologische Theorie der Modernisierung«, in: B. Giesen/C. Leggewie (Hg.), *Experiment Vereinigung. Ein Großversuch*, Berlin, S. 38-51.

– (1994), »Transformation und Modernisierung«, Vortrag auf der WZB-Konferenz Tranformationsforschung am 20./21. 1. 1994, Skript, Berlin.

Zeitlin, I. M. (1973), *Rethinking Sociology. A Critique of Contemporary Theory*, Englewood Cliffs, N. J.

– (²1981), *Ideology and the Development of Sociology*, Englewood Cliffs, N. J.

Zollschan, G. K./W. Hirsch (Hg.) (1976), *Social Change. Explorations, Diagnosis and Conjectures*, New York.

Neil J. Smelser
Modelle sozialen Wandels

1. Einleitung

Der nachfolgende Essay konzentriert sich auf Fragen der logischen Struktur von Erklärungen sozialen Wandels, mithin auf die Logik der Theoriekonstruktion. Im Vordergrund meiner methodologisch-theoretischen Betrachtungen steht die Untersuchung konzeptueller Beziehungen zwischen Hypothesen. Zu diesem Zweck werde ich zunächst die Variablen identifizieren, die im Rahmen einer Theorie des sozialen Wandels spezifiziert werden müssen. Dazu ist nicht nur eine Klassifikation jener Elemente vorzunehmen, die dem Wandel unterliegen, sondern auch eine systematische Darstellung jener Einflußgrößen, die das Gleichgewicht zwischen stabilitätsförderlichen und wandlungsträchtigen Kräften bestimmen. Sodann werde ich soweit als möglich die hauptsächlichen Wechselbeziehungen zwischen diesen Variablen angeben. Ich werde versuchen, verschiedene Gleichgewichtsprinzipien zu identifizieren, mit deren Hilfe die Determinanten sozialen Wandels geordnet werden können. Die Lösung dieser Aufgabe erfordert die Spezifikation einer Reihe unterschiedlicher Gleichgewichtsarten, die von der vorhergesagten Richtung und der jeweiligen Entwicklungsphase des untersuchten Wandlungsvorgangs abhängen werden. Überdies werde ich versuchen, etwas über die Beziehungen zwischen verschiedenen Gleichgewichtstypen zu sagen.

2. Kriterien einer Theorie des sozialen Wandels

2.1 Spezifikation der abhängigen Variablen

Die erste Aufgabe[1], der sich jemand gegenübersieht, der sozialen Wandel untersuchen möchte, besteht darin, genau anzugeben, was er erklären möchte. Anders ausgedrückt, er muß das zu untersuchende Phänomen mit Hilfe einer oder mehrerer abhängiger Variablen wissenschaftlich problematisieren. So etwa: Weshalb ist die Scheidungsrate in den USA während des letzten Jahrhunderts ständig gestiegen? Unter welchen Umständen kann man eine schnelle Erholung aus einer ökonomischen Depression erwarten? Welche sozialen Bedingungen begleiten das Aufkommen totalitärer sozialer Bewegungen? Die abhängigen Variablen, die in diesen Fragen angesprochen werden und deren Veränderung wir erklären wollen, sind der Reihe nach: die Scheidungsrate, die ökonomische Wiederbelebung und totalitäre Bewegungen. Die erste Komponente einer Theorie des Wandels besteht somit in der Formulierung eines wissenschaftlichen Problems oder einer Frage, warum sich eine oder mehrere Variablen verändert haben. Ohne eine solche genau formulierte Frage steht der Forscher vor der Verlegenheit, nicht angeben zu können, was er erklären möchte. Entsprechend kann man jede Theorie, die er daraufhin vorschlägt, legitimerweise als wissenschaftlich inadäquat kritisieren.

Typischerweise konzentrieren Wandlungsforscher ihr Interesse auf die zeitlichen Veränderungen der folgenden Arten abhängiger Variablen:

(a) Wandlungen *aggregierter Attribute* einer Population von Einheiten. Beispiele solcher Attribute sind die Alters- und Berufsverteilung einer Bevölkerung, die Religionszugehörigkeit ihrer Mitglieder, die Anzahl an Analphabeten usf. Wissenschaftlich zu problematisieren bedeutet in diesem Fall, daß man danach fragt,

---

1 Mit dem Terminus »erste Aufgabe« weise ich nur darauf hin, daß ich die Komponenten einer Theorie sozialen Wandels in einer bestimmten logischen Reihenfolge behandle. Ich meine nicht, daß die Spezifikation eines wissenschaftlichen Problems durch die Definition einer abhängigen Variablen oder einer entsprechenden Variablenmenge von jedem Standpunkt aus der wichtigste Teil einer Theorie des sozialen Wandels wäre, oder daß die Problemfestlegung das zeitlich Erste sein müßte, dem sich ein Forscher zuzuwenden hat.

unter welchen Bedingungen Veränderungen dieser aggregierten Attribute zu erwarten sind.

(b) Zeitliche Wandlungen der *Verhaltensraten* in einer Population. Damit meine ich Variationen der Raten des Wählerverhaltens, der Raten der Religionszugehörigkeit, der Verbrechensraten, der Selbstmordraten, der Anteile kollektiven Protests usf. Wissenschaftlich zu fragen heißt nachzuforschen, unter welchen Bedingungen eine Veränderung der betreffenden Raten erwartet werden kann. Auch diese Frage richtet sich auf aggregierte Eigenschaften der individuellen Mitglieder einer bestimmten Population; allerdings verfolgt die Begriffsbildung im vorliegenden Fall die Verhaltensveränderungen innerhalb einer bestimmten Zeitperiode, während im ersten Fall die attributive Zusammensetzung einer Population zu einem bestimmten Zeitpunkt von konzeptuellem Interesse ist.

(c) Wandlungen der *Sozialstruktur*, das heißt der Interaktionsmuster zwischen Individuen. Ein wissenschaftliches Problem zu formulieren heißt in diesem Fall, nach den Bedingungen zu fragen, unter denen Wandlungen der Sozialstruktur erwartet werden können. In bestimmtem Sinne liegen die Bedeutungen des Begriffs »Sozialstruktur« und der beiden erst genannten Variablen sehr nahe beieinander, denn wir identifizieren eine Sozialstruktur häufig durch Hinweise auf die Attribute oder Verhaltensraten einer Population. Eine »Sozialstruktur« unterscheidet sich von den beiden anderen Variablen allerdings dadurch, daß sie durch die Relationen (zum Beispiel Herrschaftsbeziehungen) zwischen den Mitgliedern einer sozialen Einheit charakterisiert wird und nachgerade nicht durch aggregierte Attribute oder Verhaltensweisen individueller Mitglieder. Mehr noch: Mit dem Begriff »Sozialstruktur« meinen wir auch, daß die Beziehungen zwischen den Mitgliedern einer Einheit nicht theoretisch willkürlich oder als Resultat rein statistischer Operationen zustande kommen, sondern durch zwei Typen sozialer Kräfte reguliert werden: durch *Sanktionen*, das heißt sowohl Belohnungen wie Deprivationen, und *Normen* oder Verhaltensstandards, die darauf hinweisen, wann die verschiedenen Sanktionen angewendet werden.

(d) Wandlungen von *Kulturmustern*. Derartige Kulturmuster umfassen Werte, Weltsichten, Wissen, expressive Symbole usf. Sie stellen Sinnsysteme zur Verfügung und versehen strukturierte soziale Interaktionen mit Legitimation. Beispielhaft dafür sind das christlich-jüdische religiöse Erbe, die Werte des demokratischen Verfassungsstaats, der Musikstil des Barock. Wissenschaftliche Fragen zu stellen heißt in diesem Fall, nach den Bedingungen zu fragen, in deren Gefolge die Wandlung dieser Muster erwartet werden kann.

2.2 Die Beschreibung des Wandels

Soweit die Identifikation und Definition von Variablen. Unterstellen wir, der Forscher habe die damit verbundenen Fragen mehr oder minder zufriedenstellend beantwortet, so stellt sich ihm als nächstes eine Reihe von Problemen, die mit der Beschreibung des Wandels verbunden sind. Das unmittelbarste davon besteht darin, einen sozialen Raum- und Zeitkontext zu spezifizieren, innerhalb dessen die Variablen untersucht werden sollen. So muß der Forscher zum Beispiel die Art der sozialen Einheit festlegen, die er problematisieren möchte – eine experimentelle Kleingruppe, eine formale Organisation, eine Gemeinde, eine Gesellschaft oder eine internationale Ordnung. Selbstverständlich kann der Forscher sein Problem in sehr allgemeinen Begriffen formulieren, so daß seine Theorie auf ganz verschiedene Arten von sozialen Einheiten angewendet werden kann; allerdings muß er sie dann jedesmal in spezifische Begriffe übersetzen, wenn er Probleme innerhalb eines partikularen sozialen Zusammenhangs studieren möchte.

Darüber hinaus muß der Forscher Entscheidungen über Beginn und Ende des betreffenden Wandlungsprozesses fällen. Damit eine Theorie des Wandels möglich ist, notiert Parsons, »there must be an initial and terminal pattern to be used as point of reference«.[2] Allerdings ist die Geschichte sehr zurückhaltend bei der Festlegung derartiger Übergangspunkte, denn sie verläuft weitgehend als kontinuierlicher Fluß. Im Ergebnis ist der Forscher oftmals dazu gezwungen, Anfangs- und Endpunkte eigenmächtig zu selegieren und Geschichte »einzufrieren«[3], indem er soziale

2 Parsons 1951, S. 483.
3 Eine Diskussion vieler methodologischer Probleme, die bei der Beschreibung einzigartiger historischer Situationen mit Hilfe allgemeiner Begriffe auftreten, findet sich bei Weber ³1968, S. 146-214.

Arrangements beschreibt, als existierten sie zum Untersuchungszeitpunkt in unveränderlicher Form.

Im Zusammenhang mit der Festlegung der Anfangs- und Endpunkte des untersuchten Wandlungsprozesses – und der zwischengeschalteten Phasen – entstehen drei methodologische Probleme. Das erste besteht in der Notwendigkeit, die Anfangs- und Endpunkte begrifflich sauber zu charakterisieren. Die Bestimmung der Begriffe muß dabei hinreichend umfassend sein, um ihre Anwendung in verschiedenen historischen Perioden zu erlauben. Damit ist das bekannte »Problem der vergleichenden Forschung« angesprochen[4]; allerdings äußert es sich für den soziologischen Wandlungsforscher eher in der Notwendigkeit, differente Zustände ein und desselben sozialen Systems zu verschiedenen Zeitpunkten miteinander zu vergleichen.

Das zweite Problem besteht darin, Anfang, Zwischenstadium und Ende eines Wandlungsprozesses adäquat zu indizieren oder zu messen. Möchte ein Forscher die Entwicklung der Verbrechensrate während der vergangenen fünfzig Jahre nachzeichnen, ist er dann richtig beraten, dazu die Gerichtsurteile zu konsultieren? Sicherlich haben sich die Aufklärungs- und Verurteilungshäufigkeit in den letzten fünfzig Jahren verändert. Und sicherlich hat sich auch die Definition von Verbrechen geändert, weil das Kriminalrecht sich verändert hat und weil die Einstellung der Gerichte dem Kriminellen gegenüber eine andere geworden ist. Ist der Forscher also berechtigt, für 1915 dieselben Maßstäbe zur Definition eines Verbrechens anzulegen wie 1965? Wenn nicht, welche soll er dann benutzen?

Das dritte Problem besteht in der Notwendigkeit, Begriffe zu finden, die die Richtung des Wandels über die Zeit beschreiben. Wenn der Forscher es mit leicht quantifizierbaren Variablen zu tun hat, wie etwa den Attributen einer bestimmten Population oder Verhaltensraten, ist diese Aufgabe relativ leicht zu bewältigen. Gewöhnlich interessiert er sich wahlweise für deren Zu- oder Abnahme oder für eine bestimmte Kombination solcher Ereignisse, wie etwa einen Zyklus. Wenn er sich allerdings um eine Charakterisierung sozialstruktureller oder kultureller Wandlungen bemüht, ist seine Aufgabe komplexer. Es ist wenig hilfreich – tatsächlich geradezu unsinnig – zu sagen, eine Gesellschaft habe

---

4 Vgl. dazu Smelser 1976 (Anmerkung der Herausgeber).

quantitativ *mehr* Sozialstrukturen oder *weniger* ästhetische Symbole als zuvor. Statt dessen ist es notwendig, sich nach qualitativen Wandlungsindikatoren umzusehen. Um einen solchen Prozeß zu messen, bedarf es allerdings mehr als einfacher Zählungen; erforderlich ist eine detaillierte Darlegung der Art von Aktivitäten, die in verschiedenen Rollen und Organisationen vollzogen werden. Will man die Richtung des kulturellen Wandels kennzeichnen, stellen sich noch größere Schwierigkeiten ein. Einige solcher kulturellen Wandlungen – wie etwa das Aufkommen der Renaissance – führen zu qualitativ neuen kulturellen Inhalten. Bisweilen mag der Forscher auch an dem Urteil darüber interessiert sein, ob ein bestimmtes Kulturelement eine höhere Qualität besitzt als ein anderes[5]; oder er mag ein Interesse daran haben, den Zusammenbruch oder die Desintegration kultureller Muster zu beschreiben. Die systematische Beschreibung und Klassifikation dieser qualitativen Wandlungsrichtungen – von ihrer Erklärung gar nicht zu sprechen – ist einer der am wenigsten entwickelten Aspekte des Studiums sozialen Wandels.

2.3 Die Spezifikation unabhängiger Variablen und die Bildung von Hypothesen

Auch wenn wir voraussetzen, daß die Definitions- und Beschreibungsprobleme mehr oder weniger erfolgreich in Angriff genommen worden sind und daß der Forscher Beginn, Zwischenstufen und Endstadien von Wandlungsprozessen angemessen erfassen und messen kann, sind wir immer noch weit von einer vollständigen Theorie des Wandels entfernt. Wir kennen allenfalls die Eröffnungs-, Mittel- und Schlußszene des Dramas, aber wir wissen nichts darüber, wie und weshalb sich die Inszenierung in der beobachteten Weise vollzieht. Oder um es in der Sprache sozialen Wandels auszudrücken: wir verfügen über ein vergleichendes Bild verschiedener statischer Zustände, wissen aber wenig über die Dynamik des Wandels. Um dem abzuhelfen, müssen wir nach den unabhängigen Variablen (oder den Ursachen, Determinanten oder Faktoren) des Wandels fragen und danach, wie mit deren Hilfe erklärungskräftige Modelle und Theorien geformt werden können.

5 Jaeger/Selznick 1964.

In der Literatur über sozialen Wandel werden die Wandlungsdeterminanten oftmals in der folgenden, etwas vagen Weise klassifiziert:

(a) Der *strukturelle Hintergrund* des Wandels. Welche Implikationen besitzt die jeweilige Struktur einer sozialen Einheit für deren künftige Wandlungen? Der Begriff des »strukturellen Hintergrunds« spricht sowohl Möglichkeits- wie Hinderungsaspekte an. Nehmen wir an, wir wollten die Wahrscheinlichkeiten eines Spekulationsbooms und -kollapses an einer Aktienbörse abschätzen, dann ist die Möglichkeit rascher Marktfluktuationen groß, solange sich die Papiere zu 90 Prozent in Händen individueller Entscheider befinden, die schnell disponieren können; wenn sich die Papiere indessen zu 90 Prozent der Verfügung von Treuhandgesellschaften unterstehen, deren Manager, bevor sie tätig werden können, auf umfangreiche Transaktionen mit ihren Beratungsgremien angewiesen sind, sind die Hindernisse für wilde Ankaufs- und Verkaufsgeschäfte beträchtlich. Bei der Betrachtung derartiger struktureller Wandlungsopportunitäten und -restriktionen ist es in jedem Fall wichtig, die Machtbalance zwischen verschiedenen sozialen Gruppen einer Gesellschaft, inklusive ihrer typischen Interessen, zu berücksichtigen.

(b) Der *Wandlungsimpetus*. Ein wandlungsträchtiger struktureller Hintergrund allein garantiert nicht, daß Wandel eintritt. Dazu muß die untersuchte soziale Einheit einem bestimmten Druck ausgesetzt sein, der viele Bezeichnungen kennt – Spannung, Ungleichgewicht etc.[6] – und der als ein definitiver Wandlungsanstoß wirkt. Diese Drücke entstammen vielen Quellen: Druck mag sich in einem sozialen System allein deshalb ansammeln, weil die Leute ihren gewöhnlichen Beschäftigungen nachgehen. Zum Beispiel kann die Tatsache, daß Tausende von Pendlern täglich in die Metropolen hinein- und herausströmen, zu derartigen Verkehrsstokkungen führen, daß daraus eine Umgestaltung der öffentlichen Verkehrspolitik resultiert. Oder aber Drücke ergeben sich aus gesellschaftsexternen Ereignissen, wie Kriegen in anderen Ländern oder Naturkatastrophen, die das interne Gleichgewicht einer Gesellschaft beeinflussen. Oder ein Sozialsystem erzeugt Druck infolge der auseinanderklaffenden Wandlungsraten seiner unter-

6 Smelser verwendet die Begriffe »pressure«, »strain«, »tension«, »imbalance« und »disequilibrium« (Anmerkung der Herausgeber).

schiedlichen Subsysteme. So führt die Tatsache, daß unterentwik-
kelte Länder nach ihrer Unabhängigkeit irgendeine Form des
allgemeinen Wahlrechts einführen, infolge der Notwendigkeit, ein
verantwortlich agierendes Wahlvolk schaffen zu müssen, regelmäßig zu einer Erziehungskrise.

(c) Die *Mobilisierung zum Wandel*. Wenn der strukturelle Hintergrund Wandel begünstigt und Drücke sich akkumulieren, steigt
die Wahrscheinlichkeit, daß *irgend*eine Form des Wandels Platz
greift. Aber diese beiden Bestimmungsgrößen, für sich genommen, geben keine genauen Hinweise auf die spezifische Wandlungsrichtung. Diese hängt davon ab, wie Ressourcen mobilisiert
und zur Modifikation der Elemente des sozialen Handelns eingesetzt werden. Für einige Wandlungstypen mag dazu eine Routine-
operation genügen. Nehmen wir beispielsweise an, daß die Leiter
einer Firma eine potentielle Nachfrage für ein neues Produkt
wahrnehmen. Nach einer Planungsperiode entscheiden sie, einige
ihrer finanziellen Reserven in Herstellung und Marketing des betreffenden Produkts zu investieren, eine Reihe neuer Mitarbeiter
einzustellen und eventuell eine neue Unterabteilung ihrer For-
schungsabteilung zu schaffen mit dem Auftrag, das Produkt zu
entwickeln. Im Verlauf der Implementierung dieser Entscheidungen durchläuft die Firma eine Reihe von Wandlungen ihrer Fi-
nanz-, Personal- und Sozialstruktur. Bei anderen Wandlungsformen sind die Akteure vielleicht nicht derart »wohlprogrammiert«,
eine ganz bestimmte Wandlungsrichtung zu verfolgen, und besitzen keinen derart unmittelbaren Zugang zu den Ressourcen. Man
betrachte etwa, wie schwerfällig sich die effektive Nachfrage nach
Sozialreformen in konkrete, wirkungsvolle Wandlungsvorschläge
umsetzt. Bevor Wandel einsetzt, muß sich notwendigerweise der
Glaube an eine bestimmte Art der Reform herauskristallisieren
und durchsetzen; müssen sich Führer finden, die eine Organisation oder *pressure group* ins Leben rufen; müssen Helfer sich dazu
bereiterklären, für Fonds zu sammeln, Propaganda zu machen
und Demonstrationen zu organisieren. Wie dieses Beispiel be-
zeugt, spielen Führer eine sehr wichtige Rolle beim Mobilisie-
rungsprozeß.[7]

7 Daß ich »Mobilisierung« und andere absichtsgeleitete Handlungen als
integralen Teil des sozialen Wandels diskutiere, soll nicht heißen, daß
Prozesse sozialen Wandels durchweg oder auch nur vorherrschend »ra-

(d) Die Wirkung *sozialer Kontrolle*. Wie die Führer von Reformbewegungen genau wissen, resultiert aus ihren Mobilisierungsbemühungen Wandel nicht automatisch; vielmehr treffen sie auf vielgestaltigen Widerstand. Verschiedene Autoritäten – wie Regierungsbeamte, Gerichte, Gemeindevorsteher, religiöse Institutionen, die Presse usf. – stehen den gesellschaftsverändernden Anstrengungen ihrer Gruppen keinesfalls indifferent gegenüber. Sie mögen den Zielen der Reformer feindlich gegenübertreten oder sich dazu gedrängt sehen, auf den vorgeschlagenen Wandel mit Gegenbewegungen zu reagieren. Mehr noch, das Verhalten dieser Agenten sozialer Kontrolle determiniert teilweise die Richtung des Wandels. Wenn beispielsweise Regierungsinhaber auf moderate Reformforderungen ständig mit Feindschaft und Repression antworten, können die Reformwilligen in Untergrundorganisationen getrieben werden, ihre Forderungen nach Wandel können sich radikalisieren, und am Ende beginnen sie damit, die Legitimität der politischen Autoritäten zu bezweifeln. Dann haben die Agenten der Sozialkontrolle selbst dazu beigetragen, eine Reformbewegung in eine revolutionäre Bewegung zu transformieren.

Bei der Charakterisierung dieser verschiedenen Typen von unabhängigen Variablen muß der Forscher den gleichen wissenschaftlichen Kanon beachten, der bereits im Zusammenhang mit den abhängigen Variablen diskutiert wurde. Indessen gelten eine Reihe zusätzlicher methodologischer Regeln für die begrifflichen und empirischen Relationen zwischen abhängigen und unabhängigen Variablen, wenn diese in Hypothesen miteinander verbunden werden. Ich möchte diese Regeln durchgehen, bevor ich mich dem Problem zuwende, wie Hypothesen in formale Modelle und Theorien überführt werden können.

Ein einfaches Beispiel einer sozialwissenschaftlichen Hypothese ist: »Das Aufkommen von Arbeiteraufständen (das heißt Plünderungen, Terrorisierung, Zerstörung von Maschinen und Anlagen) ist eine direkte Funktion der Höhe der Arbeitslosigkeit«. Die un-

tionale« Prozesse wären, das heißt Ergebnisse bewußt geplanter und ausgeführter Programme. Einige Typen des Wandels sind dieser Art; aber viele andere entfalten ihre eigene komplexe soziale Ereignis- und Konsequenzenlogik, eine Logik, die jenseits des Bewußtseins und der Kontrolle von Individuen und Gruppen liegt.

abhängige Variable ist »Arbeitslosigkeit« und die abhängige »Gewalthandeln«.[8] Unabhängig davon, ob diese Hypothese empirisch zutrifft, hat sie das Verdienst, daß die beiden Variablenklassen *logisch und empirisch unabhängig voneinander* sind. Das heißt, daß jene Ereignisse, die unter die Definition »Arbeitslosigkeit« fallen, sich nicht mit jenen überschneiden, die unter »Gewalt« subsumiert werden. Aus diesem Grund ist es unwahrscheinlich, daß dieselben oder auch nur ähnliche empirische Indizes für beide Variablen gewählt werden. Wenn der Forscher eine solche begriffliche und empirische Trennung zwischen abhängigen und unabhängigen Variablen garantieren kann, so kann er sicher sein, daß jede Verknüpfung zwischen den beiden Variablen wissenschaftlich zulässig ist und keine bloße Funktion der Tatsache, daß beide Variablen rein definitorisch miteinander verbunden sind.

Wenn die konzeptuelle und empirische Trennung der Variablen nicht beachtet wird, darf ihre Verbindung als »kontaminiert« gelten. Wir können beispielsweise die These vertreten, daß die Wahrscheinlichkeit einer erfolgreichen Revolution durch das Vorhandensein von spaltenden Konflikten innerhalb der herrschenden Klasse steigt.[9] Wenn wir aber bei der historischen Überprüfung dieser Hypothese den Nachweis für eine gespaltene und geschwächte Herrscherklasse in ihrer erfolgreichen revolutionären Beseitigung sehen, dann kann man nicht von ihrem gelungenen Test sprechen. Vielmehr liegt eine Identifikation der unterstellten Ursache mit einem Meßindex der angenommenen Wirkung vor, was eher auf eine fehlerhaft konstruierte und mangelhaft operationalisierte Verbindung der Variablen als auf ihre unabhängige Messung hinausläuft.

8 Es ist möglich, diese Hypothese in eine Anzahl von Unterhypothesen zu zerlegen, wenn man die psychologischen Variablen berücksichtigt, die zwischen Arbeitslosigkeit und Gewaltanwendung vermitteln. Solche Subthesen hätten etwa folgende Form: »Arbeitslosigkeit erzeugt Ängste«, »Ängste geben Anlaß zu Feindseligkeiten«, »Feindseligkeiten führen zu gewaltsamem Verhalten«.

9 Diese These wird in Smelser 1963, S. 364-379 einer Überprüfung unterzogen.

2.4 Die Organisation von Hypothesen in Modellen

Um eine Theorie des Wandels zu konstruieren, reicht es nicht hin, einfach die Variablen aufzulisten, die den Wandlungsverlauf beeinflussen. Eine solche Aufzählung kann allenfalls eine unverbundene Anzahl von Hypothesen liefern. Ein Modell hingegen stellt nach einer einfachen Definition einen begrifflichen Apparat zur Verfügung, der festlegt, daß die spezifische Verknüpfung einer bestimmten Anzahl von Determinanten ein definitives Ergebnis (das heißt einen bestimmten Wandlungstypus) erwarten läßt. In einem engeren Sinne stellt ein Modell nicht mehr dar als eine Erklärung; aber es unterscheidet sich von *Ad-hoc-Erklärungen* partikularer historischer Situationen dadurch, daß es aus expliziten, formalen und allgemeinen Begriffen gebildet wird. Da die wissenschaftliche Erforschung von Wandlungsprozessen indessen noch nicht sehr weit gediehen ist, sind viele ihrer Modelle regelmäßig unvollständig, implizit formuliert und nicht richtig überprüft; dennoch ist es möglich, verschiedene Modelltypen zu identifizieren, die sich dem Grad ihrer Formalisierung und empirischen Adäquatheit nach voneinander unterscheiden.

(a) Einer der einfachsten Typen von Modellerklärungen auf dem Gebiet des sozialen Wandels firmiert unter der Bezeichnung »Naturgeschichte«. Dieser Ansatz beinhaltet die Behauptung, eine bestimmte Art des sozialen Wandels entfalte sich in Form einer festgelegten Anzahl von Stufen. Ein klassisches Modell natürlicher Stufen einer sozialen Bewegung ist von Carl A. Dawson und Warner E. Gettys entwickelt worden. Ihrer Meinung nach beginnt die Bewegung mit einer »preliminary stage of social unrest«, durchschreitet eine »popular stage of collective excitement« und »a stage of formal organization« und erreicht endlich eine Art Kulminationspunkt der »Institutionalisierung«. Die gesamte Sequenz führt zu einer neuen institutionellen Form – einer religiösen Sekte, einem Gesetz, einer neuen Familienstruktur oder einer politischen Reform.[10] Ein vergleichbares Modell findet sich in Crane Brintons Analyse neuzeitlicher Revolutionen. Eine erste Stufe findet die Gesellschaft im Zustand allgemeiner Prosperität, versehen indessen mit einer Regierung, die unter ökonomischen Schwierigkeiten und politischer Schwäche leidet. In dieser Atmo-

10 Dawson/Gettys 1929, S. 787-803.

sphäre werden verschiedene Gruppen, vor allem Intellektuelle, zunehmend unzufriedener mit dem alten Regime. Im nächsten Stadium findet die eigentliche Revolution und ein Machttransfer statt. Eine Weile halten sich die gemäßigten unter den Revolutionären an der Macht, dann aber ergreifen die Extremisten die Zügel und führen eine Periode des blutigen Terrors herbei. Aber auch diese Periode ist begrenzt, und nach einiger Zeit gehen die revolutionären Exzesse gänzlich zurück; einige Ziele der Revolution werden institutionalisiert, in vieler anderer Hinsicht aber kehrt die Gesellschaft zu ihrer prärevolutionären Lebensform zurück.[11]

Das basale Organisationsprinzip solcher naturgeschichtlicher Modelle ist die *Zeit* – das Prinzip, daß die verschiedenen Phasen erwiesenermaßen einer zeitlichen Ordnung unterliegen. Ein solches Prinzip organisiert die Variablen einer Episode sozialen Wandels in der Tat auf einfache Weise und beschränkt damit die Zufälligkeit ihres Auftauchens. Indessen gibt das Modell eher eine Beschreibung als eine Erklärung, da die naturgeschichtlich orientierten Autoren nur selten mit Nachdruck die Gründe erforschen, weshalb ein Stadium dem anderen Platz macht oder weshalb man eher die eine Ereignissequenz als eine andere erwarten sollte.

(b) Eine andere Art der Organisation der Wandlungsdeterminanten habe ich »*Wertsteigerungs-Ansatz*« genannt.[12] Die Logik dieses Ansatzes kann man sich durch eine Analogie erschließen. Bei der Herstellung von Automobilen wird Eisenerz im Verlauf eines mehrstufigen Prozesses in fertige Autos umgewandelt. Dessen wesentlichste Stufen umfassen Schmelzen, Erhitzen, Formen, das Zusammenfügen von Stahlteilen, Lackieren, Ausliefern an den Einzelhändler und den Verkauf. Jedes Stadium fügt dem abschließenden Preis des fertigen Produkts seinen Wert hinzu. Der Schlüssel dieser wertsteigernden Sequenz liegt darin, daß keine Einzelstufe ihren Eigenwert beitragen kann, solange die davorliegenden Stufen nicht durchlaufen sind. Es hat beispielsweise keinen Sinn, Eisenerz zu lackieren; um wirkungsvoll zu sein, muß das Lackieren warten, bis die davorliegenden Stufen vollendet

---

11 Brinton 1958.

12 Diesen Ansatz entwickle ich in Smelser 1963, S. 12-21. Eine frühere Formulierung mit Bezug auf die Ursachen der industriellen Entwicklung findet sich in Smelser 1959, S. 60-62.

sind. Jede der Stufen ist demnach eine notwendige Bedingung für die abschließende Herstellung des Automobils, aber keine kann wirksam werden, wenn sie nicht an einem ganz bestimmten Ort der Sequenz auftritt. In dieser Sichtweise des Produktionsprozesses wird klar, daß seine verschiedenen Einzelschritte nicht einfach aneinandergereiht sind, sondern organisiert werden müssen. Ein Wertsteigerungsmodell entsteht, wenn eine Anzahl entsprechender Variablen systematisch in Verbindung gesetzt wird, so daß daraus eine Erklärung eines bestimmten Typus sozialen Wandels resultiert.

Nun setzt eine solche Wertsteigerungserklärung zwar eine Reihe von notwendigen Bedingungen miteinander in Beziehung, aber diese Beziehung ist nicht genau gekennzeichnet. Bestenfalls werden die Bedingungen ihrem steigendem Beitrag für das Ergebnis des Prozesses nach geordnet. Weniger erfährt man über die Interaktionen zwischen den Determinanten, zum Beispiel über den Grad, in dem sie sich wechselseitig beeinflussen und von anderen Variablen beeinflußt werden. Kurz, man könnte die Wertsteigerungsmodelle verbessern, wenn mehr Aufmerksamkeit der näheren Bestimmung der Prinzipien gewidmet würde, die die Beziehungen zwischen den unabhängigen Variablen steuern.

(c) Zu den höchstgradig organisierten sozialwissenschaftlichen Erklärungsmodellen gehören jene, die verschiedene *Gleichgewichtsprinzipien* beinhalten. Die Gleichgewichtsprinzipien wurden durch die Analyse ökonomischer Systeme am weitesten vorangetrieben[13]; indessen werden Gleichgewichtsmodelle, wenn auch nicht immer unter dieser Bezeichnung, auch in anderen Verhaltenswissenschaften verwendet.

Bevor ich mich einer näheren Analyse des Gleichgewichtsbegriffs zuwende, sollte ich voranstellen, daß das Gleichgewichtsprinzip sich von anderen Typen von Erklärungsmodellen qualitativ nicht unterscheidet, sondern einfach nur eine alternative Methode der Gewinnung von Erklärungen und Vorhersagen von Veränderungen empirischer Phänomene darstellt.[14] In seiner allgemeinsten Bedeutung bezeichnet der Gleichgewichtsbegriff das Prinzip, daß eine gegebene Menge von Variablen ein System bildet, das heißt,

---

13 Ein umfassender Überblick über allgemeine Gleichgewichtsmodelle in der Ökonomie findet sich bei Kuenne 1963.

14 Vgl. ebd., S. 3 f.

daß ausgegrenzte und identifizierbare Beziehungen unter ihnen bestehen und daß sich diese Beziehungen mittels gewisser Adjustierungsprozesse in bestimmter Weise erhalten oder über die Zeit hinweg verändern.

Die Bestandteile eines Gleichgewichtssystems können mit Hilfe des folgenden hypothetischen Beispiels bestimmt werden. Wir wollen annehmen, daß unser Interessensgebiet die Gemeindepolitik ist und daß wir die wechselseitigen Beziehungen zwischen drei Variablen erklären wollen: zwischen dem Ausmaß der politischen Korruption, dem durchschnittlichen gemeindlichen Steuersatz und dem Wechsel der gewählten Gemeindebeamten. Wir wollen weiterhin unterstellen, daß die Probleme, diese Variablen zu definieren und zuverlässige und meßbare empirische Indizes für sie zu finden, mehr oder minder erfolgreich bewältigt wurden. Dem hier vorgeschlagenen hypothetischen Modell folgend, bestehen zwischen den Variablen die folgenden Relationen: Wenn die Wahlbeamten infolge ihrer wiederholten Wiederwahl einen hinreichend sicheren Stand erreicht haben, beginnen sie sich die Freiheit herauszunehmen, öffentliche Gelder zur Belohnung ihrer Verwandten, Freunde, politischen Anhänger und engsten Vertrauten zu nutzen. In dem Umfang, in dem diese Praktiken zunehmen, steigt der Druck auf den öffentlichen Haushalt, und die Beamten sehen sich zu dessen Milderung genötigt, sich verschiedene Steuern auszudenken. Die Steuererhöhungen erregen indessen jene Teile der lokalen Bevölkerung, die keine Patronagegewinne beziehen. In den folgenden Wahlen beginnen sie sich entsprechend gegen die lokalen Beamten zu wenden, und die Austauschrate zwischen diesen steigt. Wenn die neuen Beamten gewählt sind, »reinigen« sie die Verwaltung durch eine Reihe von Reformen von Korruption und können infolgedessen die Steuern senken. Auf diese Weise gewinnen sie die fortgesetzte Unterstützung ihres Wahlvolkes und werden ihr Amt wahrscheinlich auch nach der nächsten Wahl noch innehaben. Aufgrund dieser Amtssicherheit aber beginnt die neue Beamtenschaft sich auf korrupte Praktiken einzulassen, was die beschriebene komplexe Sequenz neuerdings in Gang setzt.

In diesem einfachen Modell stehen die drei Variablen – Korruption, Steuerbelastung und Wechsel der Beamten – in einer Gleichgewichtsbeziehung zueinander, da eine Veränderung einer Variablen Veränderungen der anderen initiiert und diese Veränderungen ihrerseits verändernd auf die anfängliche Variable zurückwirken.

Infolge der besonderen Beziehungen zwischen den Variablen entsteht überdies eine Reihe miteinander verbundener zyklischer Bewegungen.

Mit Hilfe dieses Beispiels kann man die Elemente eines allgemeinen Gleichgewichtsmodells identifizieren. Erster und offensichtlichster Bestandteil sind die *Variablen* selbst. In dem gewählten Beispiel stellen die Variablen wohlbekannte politische Phänomene dar; allgemein gesehen können sie aber aus jedem der oben genannten Bereiche bezogen werden.[15] Veränderungen der empirischen Indizes, die diese Variablen repräsentieren, werden bisweilen als »Output« des Gleichgewichtssystems bezeichnet.

Den weiteren Bestandteil eines Gleichgewichtssystems stellen die *Relationen* zwischen den Variablen dar. In dem Beispiel wird der Steuersatz zu einer beliebigen Zeit als eine direkte Funktion der Austauschrate der Beamten aufgefaßt. Das Korruptionsniveau ist seinerseits eine direkte Funktion der Auswechslungsrate. Aus diesen Beziehungen lassen sich spezifische Hypothesen ableiten.[16]

Ein dritter Bestandteil eines jeden Gleichgewichtssystems sind die *gegebenen Daten* oder *Parameter*. Darunter versteht man Phänomene, von denen man weiß oder vermutet, daß sie Auswirkungen auf die Relationen zwischen den Variablen und damit auf den Output des Systems haben, deren Variationen aber durch analytische Kontrollschritte präsumptiv »eingefroren« werden. Auf diese Weise wird ihr Einfluß auf die Variablen konstant gesetzt bzw. anderweitig neutralisiert. Diese »gegebenen Daten« liegen demnach »beyond the analytical ambitions of the model, in the sense that they are determining rather than determined«.[17] Darüber hinaus werden Art und Ausmaß ihres determinierenden Einflusses durch analytische Annahmen unter Kontrolle gehalten.[18]

15 Vgl. oben, S. 57–59.
16 Man sollte anmerken, daß in dem diskutierten Modell die Unterscheidung zwischen abhängiger und unabhängiger Variable gänzlich relativ geworden ist, da jede der Variablen als eine Funktion der anderen aufgefaßt werden kann. Über Abhängigkeit oder Unabhängigkeit entscheidet allein, an welcher Stelle man das System betritt; mehr noch, man kann jede der Variablen als abhängige oder unabhängige auffassen oder als beides zugleich.
17 Kuenne 1963, S. 5.
18 Zu einer Diskussion dieser Unterscheidung zwischen Parametern und operativen Variablen siehe Smelser 1968, S. 16 ff. und 71 ff.

Die Parameter oder gegebenen Daten können in drei Unterklassen aufgeteilt werden:

(a) Man kann bestimmte *Stabilitätsannahmen* über Aspekte der empirischen Welt machen, die jenseits der Grenzen des Modells liegen; zum Beispiel darüber, daß das politische Verhalten jener untersuchten Gemeinden nicht durch größere ökonomische Depressionen beeinflußt wird. Jedes Gleichgewichtsmodell, genau besehen jedes Modell überhaupt, beruht auf einer nahezu unabschließbaren Reihe von unausgesprochenen Annahmen über »den Rest der Welt«. Es wäre Pedanterie, wollte man für jedes Gleichgewichtsmodell diese Liste von Annahmen aufführen; gleichwohl sollte man sich immer daran erinnern, daß bedeutsame Veränderungen der Randbedingungen, die durch diese Annahmen eigentlich ausgeschlossen werden, die im Gleichgewichtsmodell postulierten Beziehungen beeinflussen, wenn nicht sogar außer Kraft setzen können.

(b) Man kann annehmen, daß bestimmte Eigenheiten der *Systemumwelt* das Verhalten der Modellvariablen in einer konstanten Weise beeinflussen. So ist die Tatsache, daß Gemeindewahlen nur alle zwei Jahre stattfinden, dafür verantwortlich, daß die Auswechslung der Beamten nur sehr unregelmäßig erfolgt, obgleich die Ursachen für diesen Ereignisverlauf, wie den funktionalen Beziehungen zwischen den Modellvariablen entnommen werden kann, ständig wirken.

(c) Gleichgewichtsmodelle beinhalten Annahmen über Variablen, die zwischen den Modellvariablen »*intervenieren*«. In dem angeführten Gemeindebeispiel ist die Länge der Amtszeit mit dem Korruptionsniveau positiv korreliert. Diese Verknüpfung beruht auf bestimmten psychologischen Annahmen über die Amtsträger, nämlich daß ihre Hemmungslosigkeit mit dem Fortschreiten ihrer Amtszeit steigt und daß sie das Gefühl haben, sich, ohne bestraft zu werden, auf quasi-legitime Aktivitäten einlassen zu können. Mehr noch, wenn diese psychologischen Annahmen geändert werden, verändern sich auch die Beziehungen zwischen den Modellvariablen. Wenn man beispielsweise postuliert, daß die Integrität der Beamten und ihr Sinn für ihre öffentlichen Verpflichtungen mit zunehmender Amtszeit steigt, wird sich die Beziehung zwischen Amtsdauer und Korruptionsniveau umkehren. Oder um ein anderes Beispiel anzuführen: Die Beziehungen zwischen Preisen, Konsumenteneinkommen und Konsumentenausgaben, die in zahllosen ökonomischen Modellen postuliert werden, beruhen auf der Annahme, daß die Konsumenten ihren Nutzen in Übereinstimmung mit einem bestimmten Prinzip maximieren. Verändert man eine derartige Annahme oder läßt man sie beiseite, werden sich die Beziehungen zwischen den primären ökonomischen Variablen entsprechend verändern.

Die Variablen, die zwischen den Modellvariablen vermitteln, »verleihen deren Beziehungen Sinn«. Wenn man nachfragt, weshalb die Länge der Amtszeit positiv mit steigender Korruptheit korreliert, findet man die Antwort in der Psychologie der Wahlbeamten. Wenn man fragt, warum ein Konsument sein Kaufverhalten ändert, wenn der Preis eines Produkts steigt und der eines anderen sinkt, dann liegt die Antwort in dem Hinweis auf die psychologischen Annahmen, die in seine Nutzenfunktion eingebaut wurden. Darüber hinaus machen diese intervenierenden Annahmen wenigstens zum Teil den Mechanismus verständlich, vermittels dessen die Modellvariablen sich wechselseitig beeinflussen. In dem Gemeindebeispiel wird angenommen, daß eine Variable (die Amtsdauer) für die Amtsträger spezifische Konsequenzen besitzt, daß sie in Übereinstimmung mit diesen Konsequenzen handeln und daß ihr Verhalten Veränderungen einer anderen Modellvariablen nach sich zieht (Korruption). Selbst wenn diese intervenierenden Annahmen unverändert bleiben – und gerade deshalb fallen sie in die Kategorie »gegebener Daten« –, leisten sie einen beachtlichen Beitrag für die wechselseitige Verknüpfung der Modellvariablen.

Nachdem wir damit die Elemente eines allgemeinen Gleichgewichtssystems spezifiziert haben (Variablen, funktionale Beziehungen und verschiedene Arten von »gegebenen Daten«), können wir zu der Frage übergehen, was es mit der *Ableitung von Hypothesen* innerhalb eines Gleichgewichtsmodells auf sich hat. Ableitungen bestehen aus der systematischen und erschöpfenden Spezifikation der Implikationen sowohl der Parameter als auch der Beziehungen zwischen den primären Variablen. Ein Teil von deren Veränderungen kann mit Hilfe der Beziehungen vorhergesagt werden, die zu anderen Modellvariablen bestehen; ein weiterer Teil kann dadurch vorhergesagt werden, daß man die Restriktionen und Einflüsse in Rechnung stellt, die von den verschiedenen externen Gegebenheiten auf das untersuchte System ausgehen. Oder, um eine formalere Ausdrucksweise zu wählen: »the variables of the model ... are determined in value by the constraining interaction of the data and the interrelationships that exist among the data and the variables by virtue of the natural or behavioral assumptions of the model, or both.«[19]

Die Unterscheidung zwischen Variablen und gegebenen Daten (oder Parametern) ist relativ. Wenn man die analytischen Unterstellungen abschwächt, die die gegebenen Daten »einfrieren«, können diese zu Variablen werden, deren Bezüge zu den anderen Variablen des Gleichgewichtsmodells Beachtung verdienen. So kann man in einem allgemeinen ökonomischen Gleichgewichtsmodell verschiedene restriktive Annahmen abschwächen – etwa die Unterstellung der perfekten Mobilität der Ressourcen, des perfekten Wissens der Marktbeteiligten und der Nutzenmaximierung – und die Konsequenzen dieses Schrittes für das System verfolgen. Umgekehrt können auch Variablen durch entsprechende Annahmen in »gegebene Daten« verwandelt werden. Die Verfeinerung der Gleichgewichtstheorie beruht teilweise auf dem selektiven und systematischen Außerkraftsetzen derartiger Annahmen, indem man neue Datensorten als Variablen behandelt und die Prinzipien, die die Funktionsweise des Systems regeln, durch zusätzliches Wissen erweitert. Freilich hat dieses Vorgehen Grenzen; wenn immer mehr Annahmen gelockert und damit immer mehr Variablen geschaffen werden, wird das Gleichgewichtssystems begrifflich immer unhandlicher.

Das Menschen- und Gesellschaftsbild eines Theoretikers offenbart sich vornehmlich in seinen Annahmen über die »gegebenen Daten«. Als ich beispielsweise die Ausübung eines politischen Amtes direkt mit dem Auftreten von Korruption in Verbindung brachte, betrachtete ich die Amtsträger in erster Linie als Zyniker und Opportunisten. Indem ich andererseits den Steuersatz in eine direkte Verbindung zum Wechsel der Amtsinhaber setzte, vertrat ich die Sichtweise, daß die Wählerschaft zu Recht indigniert ist. Ein Kritiker meines Modells könnte sehr wohl fragen, ob ich für das Verhalten der Politiker und des Wahlvolks nicht zwei gegenläufige psychologische Perspektiven unterstelle und ob dies im Einzelfall gerechtfertigt werden kann. Eine solche Kritik richtet sich nicht einfach gegen die ideologischen und philosophischen Implikationen wissenschaftlicher Erklärungen, sondern gegen die Modelle selbst; denn wie wir sahen, beruhen die Ableitungen aus

19 Kuenne 1963, S. 5.

den primären Modellvariablen zu weiten Teilen auf derartigen Hintergrundannahmen über die »gegebenen Daten«, und soweit die psychologische, soziale, moralische und ideologische Sichtweise des Theoretikers vage, widersprüchlich oder empirisch falsch ist, wird sich dies in einer Verzerrung der wissenschaftlichen Adäquatheit des Modells selbst niederschlagen.

2.5 Typen von Gleichgewichtsmodellen

Gleichgewichtsmodelle werden nach verschiedenen Kriterien gebildet, so daß divergente Modelltypen entstehen, die alle bisweilen Verwendung in den Verhaltenswissenschaften finden.

(a) Einem Kriterium folgend, ist der Grad entscheidend, in dem die Elemente eines Gleichgewichtsmodells (Variablen, funktionale Beziehungen und Parameter) ein System zu bilden erlauben, das zur Gänze selbst-determinierend – und das heißt: frei von jedem externen Einfluß – ist. Soweit das System derart betrachtet werden kann, stellt es ein *geschlossenes* Gleichgewichtssystem dar; wenn man hingegen glaubt, daß zum Teil äußere Einflüsse die Wertausprägungen und Interaktionen der Variablen bestimmen, handelt es sich um ein *offenes* Gleichgewichtssystem.

Die meisten Gleichgewichtssysteme der Sozialwissenschaften erreichen keinen nennenswerten Grad der Geschlossenheit.[20] Parsons sagt von seiner eigenen Konzeption des »Handlungssystems«, es sei nicht hinreichend entwickelt, um »deductive transitions from one aspect or state of a system to another« zu erlauben, »so that it is possible to say that if facts in A sector were W and X, those in B sector must be Y and Z«.[21] Seiner Einschätzung nach stellt sein eigener »strukturfunktionalistischer Ansatz theoretischer Systematisierung« im Vergleich zu einem geschlossenen System allenfalls einen »second best type of theory« dar. Innerhalb eines solchen Bezugsrahmens werden Strukturen durch möglichst systematisch entwickelte Kategorien beschrieben und Strukturvariationen danach beurteilt, welche funktionale Bedeutung sie für das System als

20 Das gilt vielleicht am ehesten für die klassische Ökonomie, etwa das Walrassche Modell des Marktgleichgewichts; vgl. Seligman 1962, S. 376-377.
21 Parsons 1951, S. 20.

Ganzes gewinnen, bzw. danach, welche motivationalen Prozesse dazu dienen, ein bestehendes Strukturgeflecht zu erhalten, oder dahin wirken, ein Strukturmuster in ein anderes zu transformieren.[22] Da die Begriffe »Struktur«, »Funktion« und »motivationaler Prozeß« nicht auseinander ableitbar sind, muß das Handlungssystem, wie es Parsons charakterisiert, als ein relativ offenes Gleichgewichtssystem betrachtet werden.[23]

In welchem Umfang man ein Gleichgewichtssystem als relativ geschlossenes oder offenes System darstellen soll, hängt von verschiedenen Erwägungen ab: Im Interesse formaler Adäquatheit sollte ein System soweit wie möglich als ein geschlossenes betrachtet werden; läßt man es offen, leidet es an theoretischer Unbestimmtheit. Ist keine hinreichend präzise Modellsprache vorhanden, kann es nicht mit Gewinn als geschlossen dargestellt werden. Sind hingegen angemessene mathematische Beschreibungstechniken vorhanden – etwa ein System simultaner Gleichungen –, kann es als geschlossenes System dargestellt werden. Solange die Variablen, Relationen und Parameter mit Hilfe vagerer Begriffe beschrieben werden müssen – etwa der Alltagssprache –, ist es wahrscheinlich, daß die Terme sich überlappen, so daß der genaue Charakter des Systems nicht erkannt werden kann. Wenn das empirische Wissen, aufgrund dessen ein bestimmtes System als von Außeneinflüssen unberührt eingeschätzt wird, inadäquat ist, kann die Schließung des Systems zur Ableitung falscher empirischer Hypothesen führen. Man wird zur Bestimmung des jeweiligen Schließungs- oder Öffnungsgrades eines Gleichgewichtssystems einen Kompromiß zwischen diesen verschiedenartigen Gesichtspunkten eingehen müssen.

22 Vgl. Parsons 1951, S. 20-22.
23 Gershenkron 1962, S. 55, Fußnote 6 hat an Parsons kritisiert, daß dieser über das Handlungssystem in Gleichgewichtsbegriffen spricht. »The Parsonian system is presented as a social-equilibrium system, thus evoking comparisons with the general-equilibrium concept in economics. But time and again it appears that the concept of equilibrium is extended so far as to become coterminous with that of organized society; what, then, is actually discussed is not so much a set of equilibrium conditions as a set of minimum conditions of social existence, which would mean that most important and most variegated social processes might take place without any change in the basic variables that enter into the system.«

(b) Ein zweites Kriterium zur Klassifikation von Gleichgewichtstypen berücksichtigt, ob das System in *allgemeinen* oder *partiellen Begriffen* präsentiert wird. In der Wirtschaftswissenschaft behandelt das allgemeine Gleichgewichtsmodell mit Hilfe hochgradig komplexer Gleichungssysteme die gesamte Ökonomie[24], während ein partielles Gleichgewichtsmodell nur isolierte Aspekte der Wirtschaft untersucht – etwa die Konsumentennachfrage nach einem Gut. In diesem zuletzt genannten Fall werden die übrigen Elemente der Ökonomie als »gegebene Daten« behandelt, die zur besseren Analyse des ausgegrenzten Aspekts konstant gesetzt werden. In Soziologie und Anthropologie werden die meisten Untersuchungen der Beziehungen zwischen verschiedenen Typen der Sozialstruktur, etwa zwischen religiösen und ökonomischen Strukturen, in Annäherung an die Bedingungen einer partiellen Gleichgewichtsanalyse vorgenommen, das heißt, *als ob* die übrigen gesellschaftlichen Strukturen fixe Daten darstellten und den untersuchten Zusammenhang nicht behelligten. Meines Wissens kennt die Sozialwissenschaft keine rigorose Formulierung allgemeiner Gleichgewichtsbedingungen für eine Gesamtgesellschaft. Darüber hinaus dürfte unstrittig sein, daß jeder Versuch einer solchen Formulierung wenig fruchtbar sein wird, solange sich kein weiteres Wissen über spezifische institutionelle Beziehungen angesammelt hat – ein Wissen, das auf begrenzteren, an Partial-Gleichgewichtsmodellen orientierten Analysen beruht.[25]

(c) Ein drittes Kriterium orientiert sich an dem Grad, in dem die »gegebenen Daten« tatsächlich als »gegeben« betrachtet werden können, und entsprechend daran, bis zu welchem spezifischen Umfang die Variablenwerte determiniert sind. Wenn man den externen Daten einen spezifischen Wert zuschreiben kann, lassen sich die Werte der internen Variablen genauer vorhersagen. In diesem Fall beschreiben wir ein Gleichgewichtssystem als *spezifisch*. Wenn man andererseits seinen verschiedenartigen externen Daten

24 Aus der Perspektive einer gleichgewichtigen Gesamtgesellschaft, die neben der Ökonomie weitere Subsysteme umgreift, ist freilich selbst dieses »allgemeine« Gleichgewicht ein »partielles«, womit die Relativität dieses Begriffspaars unterstrichen ist.

25 Kuenne 1963, S. 22-39 argumentiert, daß allgemeine Gleichgewichtsbetrachtungen müßig sind, solange sie nicht zu Partialmodellen vereinfacht werden.

eine ganze Reihe möglicher Ausprägungen zuschreibt, wird auch der Zustand des untersuchten Systems entsprechend variieren, und genauere Vorhersagen werden sich verbieten. In diesem Fall bezeichnen wir ein Gleichgewichtssystem als *unspezifisch*.

(d) Ein viertes Kriterium zur Unterscheidung von Gleichgewichtssystemen stellt die systematische Berücksichtigung der *Zeit* dar. Solange das System nur als eine Resultante der Kräfte aufgefaßt wird, die sich aus den Beziehungen zwischen den gegebenen Daten und den Modellvariablen ergibt, handelt es sich um ein *statisches* Gleichgewichtssystem. Zeit spielt in einem statischen Gleichgewichtszustand keine Rolle. Wenn man hingegegen unterstellt, daß sich das System in der Zeit bewegt, und die Aufmerksamkeit der kontinuierlichen Interaktion zwischen den Daten und den Variablen zuwendet, aus denen ein festgelegter Zeitpfad resultiert, so haben wir ein *dynamisches* Gleichgewichtssystem vor uns. Einen intermediären Typus einer Gleichgewichtsanalyse stellt die *komparativ statische* Analyse dar, in der das System zu verschiedenen Zeitpunkten beschrieben wird, die aber die Mechanismen unbeachtet läßt, die den Übergang zwischen den verschiedenen Zeitpunkten hervorrufen.

(e) Eine fünfte Art, ein Gleichgewichtssystem zu klassifizieren, kehrt den typischen *Pfad* hervor, den die Outputs des Systems beschreiten. Genau besehen eignet sich diese Methode nur für dynamische Systeme, da in diesem Fall deren zeitliche Bewegung unterstellt ist. Eines der vertrautesten dynamischen Gleichgewichte stellt das *stabile* oder *homöostatische* Gleichgewicht dar. Das kennzeichnende Merkmal eines stabilen Systems besteht darin, daß bestimmte Mechanismen das System für den Fall, daß irgendwelche Einflüsse die Beziehungen zwischen den Variablen stören, zu seinem ursprünglichen Zustand zurückführen.[26]

(f) Ein weiterer Gleichgewichtstypus entsteht, wenn man den Zeitpfad in verschiedener Hinsicht als einen *beweglichen* betrachtet. Als Beispiel eines beweglichen Gleichgewichts kann das Modell eines Handelszyklus gelten, in dessen Verlauf das Einkommen gemäß einem mehr oder minder gut definierten Prinzip fluktuiert.[27] Ein anderes Beispiel wäre das Modell einer Ökono-

---

26 Eine klassische Analyse solcher homöostatischer Prozesse hat Cannon 1939 vorgelegt.

27 Man sollte an dieser Stelle beachten, daß der Unterschied zwischen

mie, in der die Produktion stetig und kontinuierlich steigt, die Beziehungen zwischen Population, Investition und Sparen indessen gleich bleiben. Kombiniert man diese beiden Beispiele, könnte man zu der Annahme gelangen, die Ökonomie wachse mit einer bestimmten Rate, unterliege aber zugleich einer diesem Wachstumspfad folgenden zyklischen Fluktuation.[28]

(g) *Instabile* Gleichgewichtssysteme sollten sinnvollerweise in zwei Teiltypen zerlegt werden. Im ersten Fall treten wilde Fluktuationen des System-Outputs auf, ohne daß sich die Prinzipien ändern, die die Beziehungen zwischen den Variablen und Daten strukturieren. Ein anderer Typus liegt vor, wenn sich das Gleichgewichtssystem selbst, das heißt, wenn sich die *Art* der Beziehung zwischen Daten und Variablen qualitativ verändert oder gar zusammenbricht und durch eine neue Form des Gleichgewichts ersetzt wird. Beispiele für diesen zweiten Typus sind der Tod eines Organismus, eine vorübergehende psychotische Regression oder die Überwältigung einer bestehenden sozialen Ordnung durch eine Revolution. Ob ein System in diesem zweiten Sinn als instabil eingestuft wird, hängt teilweise vom Allgemeinheitsniveau der Begriffe ab, mit denen die Beziehungen zwischen Daten und Variablen gekennzeichnet werden. So kann beispielsweise eine postrevolutionäre Gesellschaft durchaus mit Hilfe derselben Beziehungen beschrieben werden wie eine vorrevolutionäre, wenn man sich auf einem sehr allgemeinen begrifflichen Niveau bewegt; aber für viele andere Zwecke ist es fruchtbar, Modelle zu verwenden, welche die diskontinuierliche Bewegung von einem qualitativ unterschiedlichen Gleichgewichtstypus zu einem anderen erfassen.

Mit Hilfe dieser Klassifikationskriterien kann man eine Vielzahl

einem stabilen und einem zyklischen Gleichgewicht nicht immer klar ist und manche Bewegungen in einigen Fällen auf beide Arten beschrieben werden können. Die oben benutzte Illustration des Zusammenhangs zwischen Korruption, Steuersätzen und Amtswechsel kann insoweit als ein Zyklus beschrieben werden, als die Bewegung von dessen Output einem regelmäßigen Auf und Ab folgt; aber man kann ihn auch als einen stabilen auffassen, weil die involvierten Mechanismen dazu tendieren, zwischen den verschiedenen Variablen ein Gleichgewicht herzustellen.

28 In vielen Modellen wird der Pfad des sich bewegenden Outputs mit Hilfe mathematischer Funktionen, etwa einer Sinus-Kurve, beschrieben.

von Gleichgewichtssystemen konstruieren. Man sollte indessen betonen, das keiner dieser Typen den übrigen von vornherein überlegen ist, daß vielmehr die Wahl eines Modells mit Blick auf den analytischen Zweck und das vorliegende wissenschaftliche Problem vorgenommen wird. Die Akzeptierbarkeit eines Gleichgewichtsmodells richtet sich nach seiner Fähigkeit, den Veränderungen eines definierten empirischen Phänomens gerecht zu werden, nach seiner internen Konsistenz und der Sparsamkeit seiner Formulierungen. Kurz: Die Kriterien zur Konstruktion von Gleichgewichtsmodellen unterscheiden sich nicht von denen, die wir zur Konstruktion von Theorien sozialen Wandels benutzt haben; tatsächlich kennzeichnen Gleichgewichtsprinzipien nichts weiter als einen von verschiedenen Wegen zur Formulierung von Wandlungstheorien.

2.6 Verknüpfungen von unterschiedlichen Gleichgewichtsmodellen

Wenn es gelingt, verschiedene Wandlungstheorien mit Hilfe von Gleichgewichtsprinzipien zu reformulieren, dann können wir sie insoweit leichter miteinander vergleichen, als sie nunmehr in einer gemeinsamen Sprache beschrieben vorliegen. Freilich hat eine Inventarisierung der begrifflichen Beziehungen zwischen verschiedenen Theorien noch kaum begonnen.[29] Aber selbst wenn sie in einer gemeinsamen Sprache formuliert wären, präsentierten die verschiedenen Gleichgewichtssysteme nur eine disparate Liste von Wandlungsformen. Entsprechend ist es notwendig, die verschiedenen Gleichgewichtstypen genauer miteinander in Verbindung zu setzen.

Im wesentlichen besteht diese Aufgabe in einer Auffächerung dessen, was sich wandelt, in Einheiten, die in den Begriffen der verschiedenen Gleichgewichtsmodelle beschrieben und, deren Logik folgend, miteinander in Beziehungen gesetzt werden können. Diese Aufgabe ist schwierig, weil der Fluß der Geschichte »unkontrolliert« zu sein scheint und weil in jeder historischen

---

29 Smelser hat einen Schritt in diese Richtung auf den Seiten 221-265 der hier auszugsweise übersetzten Schrift vorgelegt, der der Betrachtung wert sein sollte (Anmerkung der Herausgeber).

Epoche der Eindruck vorherrscht, dieses Fließen sei ubiquitär und alles wandle sich gleichzeitig. Formal gesehen scheint dieser Umstand von einem Forscher zu verlangen, er müsse die Unterschiede zwischen gegebenen (und daher unverrückbaren) Daten und Variablen auflösen und Gesellschaft als ein völlig offenes (und daher begrifflich unbearbeitbares) Gleichgewichtssystem behandeln. Dann aber entsteht das folgende Dilemma: Wie ist es möglich, die offenbar unvermeidliche theoretische Unbestimmtheit historischer Wandlungsanalysen anzuerkennen und *zugleich* unser Denken über den Wandel in wissenschaftlich bestimmter Weise zu ordnen?

Um dieses Dilemma zu lösen, wird es zunächst notwendig sein, mit dem Zeitbegriff zurechtzukommen. Damit ist die Aufgabe angesprochen, dem Wandel einen Anfangspunkt, eine Reihe von Zwischenphasen und einen Endpunkt zuzuweisen und damit eine Anzahl von Fixpunkten zu gewinnen, um die herum das Wechselspiel der Variablen analysiert werden kann. Diese Phasenunterteilung ist aus mehreren Gründen willkürlich. Zum einen werden Anzahl, Länge und inhaltliche Beschreibung der verschiedenen Stadien in Abhängigkeit von dem betreffenden Wandlungsresultat variieren. Gleichwohl ist jeder Theoretiker gezwungen, *irgendeine* Anfangs-, Zwischen- und Endphase zu konstruieren. Des weiteren sind diese Phasen tatsächlich empirisch nicht identifizierbar, weil sie der Unterstellung nach ganz abrupt beginnen und enden, um der nächsten Platz zu machen. Faktisch aber fließen sie unterschiedlos ineinander. Die Etablierung von Phasen friert demnach den kontinuierlichen historischen Prozeß völlig künstlich ein. Zum dritten endet jeder Versuch, den Phasen absolute zeitliche Einheiten zuzuordnen, etwa Tage, Wochen, Monate oder Jahre, in willkürlichen Festlegungen, weil ihre mangelnde empirische Greifbarkeit keine derartige Präzision erlaubt. Bisweilen wird man sich mit einer relativ unbestimmten »Vorher/nachher-Charakterisierung« zufriedengeben müssen.

Worin liegt die theoretische Bedeutung dieser Unterteilung einer gegebenen Episode sozialen Wandels in einzelne Phasen? Nehmen wir an, wir wählten als Ausgangspunkt unserer Wandlungsanalyse irgendeinen Wandlungsanstoß – einen Krieg, eine Depression, einen Gruppenkonflikt, eine Masseneinwanderung oder was auch immer. Während dieser Eingangsphase wollen wir die Breite der Reaktion auf den entsprechenden Impetus abschätzen – die Veränderung der Moral, die Bildung neuer Gruppen, verschiedenartige konstruktive Bemühungen usf. Diese Reaktionen stellen das Resultat der Anfangsphase dar. Mehr noch, diese anfängliche Phase kann in Gleichgewichtsbegriffen charakterisiert werden: als unabhängige Variable dient der Wandlungsimpetus selbst; die Verhaltensreaktionen stellen die abhängigen Variablen dar; und die »gegebenen Daten«, welche die Beziehungen zwischen den unabhängigen Variablen konditionieren, finden sich in dem strukturellen Zustand der untersuchten sozialen Einheit, bevor der Impetus in Erscheinung getreten war. Diese »gegebenen Daten« umfassen deren Ressourcen, ihre institutionelle Struktur und kulturellen Werte usf. Das Ergebnis der Anfangsphase ist entsprechend durch die Art und Weise determiniert, in der die Variablen und vorgegebenen Daten miteinander interagieren.

Nachdem wir eine Reihe von konditionierten Vorhersagen über die kurzfristigen Reaktionen auf einen Wandlungsimpetus während der Anfangsphase entwickelt haben, können nach Beendigung dieser Phase die mittlerweile veränderten Strukturaspekte der untersuchten sozialen Einheit beschrieben werden: ihre Sozialstruktur, ihr Konfliktniveau, ihre Kulturwerte, die Moral der Bevölkerung usf. Diese Beschreibungen, die man als Ergebnis der Anfangsphase betrachten kann, *werden nun zu den gegebenen Daten für die nachfolgende Phase*, wie zuvor der interne Zustand der Einheit vor Auftreten des Wandlungsanstoßes gegebenes Datum für die Analyse des Anfangsstadiums gewesen war. Die nachfolgende Phase mag andere Ereignisse aufweisen als die Anfangsphase, etwa das Wachstum neuer Organisationen, das Auftreten neuer Einheiten der Sozialstruktur, das Aufkommen neuer Werte usf. Die Variablen, die diese Ergebnisse nach sich ziehen, werden die üblichen soziologischen Variablen sein, wie die Höhe der sozialen Desintegration, der Umfang der Ressourcen, die Fähigkeit des sozialen Systems, diese zu mobilisieren und den Wandel zu lenken usf. Die Ausprägung dieser Variablen zu Beginn der Nachfolgephase ist indessen ebenso wie das Ausmaß der Restriktionen, innerhalb deren sie operieren, von der Anfangsphase ererbt worden. Auf diese Weise beeinflussen die »gegebenen Daten« die Prozesse der zweiten Phase. Kennt der Forscher diese Variablen, Relationen und Parameter der nachfolgenden Phase, dann ist er in der Lage, eine Reihe bedingter Vorhersagen über deren Resultate zu formulieren.

Weiterhin mag sich das für diese Nachfolgephase charakteristische Gleichgewichtsprinzip von dem der Anfangsphase unterscheiden. So durchlief die japanische Gesellschaft gegen Ende des Zweiten Weltkriegs einen kurzzeitigen Zerfall ihrer Moral und Sozialorganisation, den man am besten als eine Art *sozialen Kollaps* versteht bzw., in Begriffen der Gleichgewichtsanalyse, als ein instabiles dynamisches Gleichgewicht, das einem neuen, primitiveren sozialorganisatorischen Typus Platz machte. Diesen Zustand erbte die japanische Gesellschaft über das Kriegsende hinaus. Wenn man indessen eine längerfristige Perspektive einnimmt, erwuchs aus dieser Erbschaft ein neuer Wandlungsimpetus und eine Reihe neuer Wandlungsrestriktionen. Teils wegen dieses Erbes, teils wegen des massiven Einsatzes von neuartigen ökonomischen und politischen Ressourcen erfuhr die japanische Gesellschaft eine Erneuerung, die man – unter Langzeitgesichtspunkten – am besten mit Hilfe eines Gleichgewichtsmodells beschreibt, das soziales Wachstum und soziale Differenzierung analysieren kann. Eine übergreifende Wandlungsepisode mag entsprechend sehr wohl den Eindruck eines gestaffelten »Gleichgewichts innerhalb des Gleichgewichts« erwecken, und darüber hinaus können sich die »inneren« oder »phaseninternen« Gleichgewichtsmodelle sowohl untereinander als auch von den Gleichgewichtsmodellen unterscheiden, welche die gesamte Wandlungsepisode umfassen.

Diese Formulierung enthält eine Art kumulatives oder Verzweigungs-Modell sukzessiver Wandlungsresultate, wobei die Ergebnisse der einen Phase auf die der nachfolgenden einwirken; die Resultate der einen Phase können zur Bedingung der nächsten werden. Zusätzlich – das ist wichtig – stellt sich *innerhalb* jeder Phase auch das Problem, mit einer Vielzahl von Variablen fertigzuwerden. Tatsächlich wird sich Wandel in jeder Phase auf vielen (biologischen, psychologischen, sozialen und kulturellen) Ebenen bemerkbar machen, und viele Aspekte auf ein und derselben Ebene können davon betroffen sein (so etwa innerhalb der vielgestaltigen institutionellen Aspekte der sozialen Ebene der edukatorische, ökonomische, familiale Aspekt). Naheliegenderweise ist es unmöglich, Modelle zu konstruieren, die sich allen diesen gleichzeitig in Bewegung befindlichen Aspekten und Ebenen widmen. Einige dieser Wandlungen müssen im Kontext der jeweiligen Analyse zwangsläufig als »gegeben« behandelt werden. Dies geschieht mit dem Ziel, die Beschreibungen und Erklärungen sozialen Wandels handlicher zu gestalten.

Fassen wir zusammen. Meine Lösung des angesprochenen Dilemmas zwischen der augenscheinlichen Unvermeidbarkeit theoretischer Unbestimmtheit und der evidenten Erwünschtheit wissenschaftlicher Erklärungen sieht so aus, daß man sozialen Wandel am besten als eine komplizierte Abfolge verschiedenartiger Gleichgewichtsprozesse analysieren sollte; welcher der dargestellten Prozeßtypen dominiert, wird einesteils davon abhängen, welche Phase der Wandlungssequenz wir betrachten wollen, und anderenteils von der Interaktion der betreffenden Variablen innerhalb der betreffenden Phase. Darüber hinaus können die verschiedenen Gleichgewichtsprozesse so miteinander verbunden werden, daß die Parameter und Variablen innerhalb jeder Phase und zwischen ihnen systematisch ineinander transformiert werden. Mit dieser Überlegung versuche ich der doppelten Gefahr zu entgehen, entweder deterministische, aber simplifizierte Erklärungen zu liefern oder aber völlig unbestimmte und damit wissenschaftlich wertlose Aussagen zu formulieren.

Literatur

Brinton, C. (1958), *The Anatomy of Revolution*, New York.

Cannon, W. B. (1939), *The Wisdom of the Body*, New York.

Dawson, C. A./W. E. Gettys (1929), *An Introduction to Sociology*, New York.

Gershenkron, A. (1962), »Social Attitudes, Entrepreneurship, and Economic Development«, in: ders., *Economic Backwardness in Historical Perspective: A Book of Essays*, Cambridge Mass.

Jaeger, G./P. Selznick (1964), »A Normative Theory of Culture«, *American Sociological Review* 29, S. 653-669.

Kuenne, R. E. (1963), *The Theory of General Economic Equilibrium*, Princeton.

Parsons, T. (1951), *The Social System*, New York.

Seligman, B. B. (1962), *Main Currents in Modern Economics: Economic Thought Since 1870*, New York.

Smelser, N. J. (1959), *Social Change in the Industrial Revolution. An Application of Theory to the Lancashire Cotton Industry 1770-1840*, London.

- (1963), *Theory of Collective Behavior*, New York; deutsch: *Theorie des kollektiven Verhaltens*, Köln 1972.
- (1968), *Essays in Sociological Explanation*, Englewood Cliffs, N. J.
- (1976), *Comparative Methods in the Social Sciences*, Englewood Cliffs, N. J.

Weber, M. (^{3}1968), *Gesammelte Aufsätze zur Wissenschaftslehre*, Tübingen.

Gudmund Hernes
Prozeß und struktureller Wandel

Theorien strukturellen Wandels finden ihr Hauptthema in der Frage, wie die Menschen auf Bedingungen reagieren, die sie selber schaffen, und wie sie diese Bedingungen ihrerseits verändern, indem sie dies tun. Indessen widmet sich nur ein relativ geringer Teil der von zeitgenössischen Soziologen durchgeführten Studien dem gesamten Zyklus. Dafür gibt es verschiedenartige Gründe. Des öfteren erweist sich eine prozeßbegleitende Datenerhebung als undurchführbar, oder sie verbietet sich aus Karrieregründen. Daten, die aus anderen Quellen stammen, besitzen oftmals Mängel – zum Beispiel eignen sie sich nur zu Aggregats- oder Trendanalysen, da die Daten normalerweise nur als Randverteilungen zur Verfügung stehen. Demgegenüber ist die Survey-Technik gut entwickelt und wird von vielen kompetent verwendet, und wir neigen dazu, bei dem zu bleiben, was wir beherrschen, statt uns mit inadäquaten Mitteln in unvertrauten Bereichen zu bewegen. Indessen ist die Survey-Forschung in vielen Fällen zu einer Art »aggregierter Sozialpsychologie« geworden, und wenn sie sich darauf beschränkt, »individuelle Charakteristika aufzuzählen, behandelt sie das Individuum, als wäre es von seiner Umwelt losgelöst und damit als eine Abstraktion« (Boudon 1971, S. 48). Diese Sachlage ist vielleicht noch verschlimmert worden durch eine ideologische und professionelle Abneigung gegen das Werk von Karl Marx, das die umfassendste Theorie des sozialen Wandels enthält.

Der vorliegende Aufsatz beschäftigt sich nicht mit einer bestimmten Theorie des sozialen Wandels, sondern mit den logischen Bedingungen einer jeden solchen Theorie und mit strategischen Überlegungen, die deren Konstruktion zugrunde liegen. Oder, anders ausgedrückt: Wir behandeln die Eigenschaften, die Wandlungsmodelle besitzen müssen. Bei deren Analyse beziehe ich mich auf theoretische Verfahren, Untersuchungsanordnungen und Modelle, die in anderen Disziplinen benutzt werden, vor allem in der Populationstheorie, der Ökologie und in der Ökonomie. Dies ist zur Klärung der Logik von Wandlungstheorien ebenso hilfreich, wie es organismische Analogien zur Erhellung der Logik der funktionalen Analyse sind, da Organismen selbstregulative Systeme darstellen (Merton 1957b, Hernes 1971).

Theorien sozialen Wandels sollten drei Erfordernisse erfüllen. Erstens sollten wir dazu in der Lage sein, denselben basalen Ansatz zur Untersuchung sowohl von Konstanz als auch von Wandel zu nutzen. Dies impliziert, daß eine stabile Struktur als ein Prozeß zu betrachten ist, der sich in einem (aktuellen) Gleichgewicht befindet; und es bedeutet gleichzeitig, daß die Theorie eine Erklärung dafür enthalten muß, weshalb die prozeßbestimmenden Parameter selbst regeneriert werden oder sich jedenfalls nicht verändern. Dies hat auch terminologische Implikationen, da es in diesem Fall natürlich ist, von der »Reproduktion einer Struktur« zu sprechen, was *unter anderem* meint, daß das untersuchte System die Bedingungen seines eigenen Erhalts wiederherstellt. Kurz gesagt: Struktureller Wandel muß beschrieben werden unter Hinweis auf Prozesse, die Wandel hervorbringen; strukturelle Stabilität muß beschrieben werden unter Verweis auf Prozesse, die nicht nur die Stabilität erhalten, sondern darüber hinaus den stabilitätserhaltenden Prozeß selbst.

Zweitens sollten wir die endogenen Quellen des Wandels in unser Systemmodell einbauen. Der Wandel sozialer Systeme mag von außen induziert werden, aber das gilt nicht für alle Umgestaltungen (vgl. Elster 1971).[1] Mehr noch, wenn ein System eine Anleihe

1 Darauf hat auch die Strukturanalyse eine Zeitlang hingewiesen; zu einem jüngeren Überblick vgl. Merton 1975. In verschiedenen seiner Werke hat Nisbet eine gegenläufige Sichtweise vertreten und gegen die Behauptung argumentiert, daß struktureller Wandel immanente Quellen haben könnte. »Es gibt keinerlei Hinweis darauf, daß Krisen sich innerhalb von Institutionen von selbst ausbilden oder ausschließlich das Ergebnis immanenter Faktoren sein könnten, unabhängig davon, wie ›explosiv‹ der Gebrauch seit langem verwendeter Metaphern sie in unseren Augen erscheinen läßt« (Nisbet 1972, S. 34). An anderer Stelle desselben Textes indessen faßt er seine Position in moderatere Worte, wenn er zum Beispiel sagt, daß nur wenige der wesentlichen Wandlungen der Menschheitsgeschichte ausschließlich aus externen Ereignissen verstanden werden könnten (S. 30). Im vorliegenden Fall sind sowohl der Systembezug wie die Systemgrenzen problematisch. Aber ich will diesen Punkt an dieser Stelle nicht weiterverfolgen, sondern nur wiederholen, daß es logisch unmöglich ist, daß alle Wandlungen in einem System oder des Systems in allen Fällen exogen erzeugt werden.

bei einer anderen Kultur macht, sollten wir deren Adoption nach dem selben Muster erklären, so als sei sie eine eigene Erfindung. Die Quellen des Wandels sollten durch die Theorie in dem Sinne endogenisiert sein, daß die Effekte von Handlungen die Voraussetzungen weiterer Handlungen liefern oder verändern.

Und endlich sollte man beachten, daß Wandel durch individuelle Akteure vermittelt ist. Entsprechend müssen Theorien des strukturellen Wandels zeigen, wie Makrovariablen individuelle Motive und Entscheidungen beeinflussen und wie diese Entscheidungen ihrerseits die Makrovariablen verändern. Dieser Punkt wird im folgenden Abschnitt ausgearbeitet.

Mikro- und Makroanalyse

Mikroanalysen beschäftigen sich in der Regel mit den Präferenzen, Einstellungen und Handlungen kleiner Entscheidungseinheiten wie Individuen, Haushalten oder Firmen. Bei Makroanalysen besteht die Aufgabe in der Untersuchung von Phänomenen, die nicht als Distributionseigenschaften von Individuen verstanden werden können, sondern als Durchschnitts- oder Aggregatwerte von Gruppen oder Populationen erscheinen (vgl. Carlsson 1968, S. 706). So können beispielsweise institutionelle Arrangements wie ein Rechtssystem nicht durch Eigenschaften charakterisiert werden, die sich als Teileigenschaften kleiner Entscheidungseinheiten auffassen ließen, während sich die für eine Gesamtpopulation errechneten Kriminalitäts- oder Selbstmordraten als recht zeitstabil erweisen. Man könnte sagen, daß Makrophänomene dem entsprechen, was Durkheim (1938) als »soziale Tatbestände« bezeichnete, die den Individuen als Externalitäten entgegentreten und die entweder infolge der Existenz von Sanktionen Zwang auf sie ausüben können oder anhand von Ereignisraten erkennbar sind, welche sich von jeder ihrer individuellen Manifestationen unterscheiden (Durkheim 1938, S. 3 ff.). Entsprechend enthalten Mikrotheorien, sofern sie als wesentliche Bestandteile von Theorien strukturellen Wandels gelten können, oftmals Makrophänomene als Restriktionen oder Anreize, und diese Makrophänomene sind generell die intendierten oder unintendierten Folgen von Aggregaten individueller Handlungen oder kollektiver Entscheidungen. In einer vollständigen Theorie des strukturellen

Wandels müssen sowohl die Mikro- wie die Makroebene als auch die Beziehungen zwischen diesen Ebenen berücksichtigt werden.

Es ist nützlich, den Versuch zu wagen, die wesentlichen Eigenschaften individueller Akteure auf der Mikroebene und die zentralen Populationseigenschaften auf der Makroebene aufzulisten. Ich werde deren Anzahl so gering wie nur möglich halten.

Von den Individuen wollen wir annehmen, daß sie als zweckgerichtete Akteure betrachtet werden können. Das heißt, daß sie über Mengen von Präferenzen oder Prioritäten verfügen; daß sie den besten oder doch zumindest den befriedigendsten Weg suchen, um ihre Ziele zu realisieren; daß sie dies im Rahmen einer beschränkten Rationalität tun, was gleichzusetzen ist mit der Tatsache, daß sie auf der Basis unsicherer Erwartungen und partiellen Wissens handeln; und daß ihre Handlungen »ergebniskontrolliert« sind, was heißt, daß der Akteur sein Verhalten in der Regel modifizieren wird, wenn das Ergebnis seines Handelns vom beabsichtigten Resultat abweicht. Zweckgerichtetes Handeln bedeutet aber auch, daß ein Akteur eine bessere Lösung seines Problems übernimmt, falls er zufälligerweise auf sie stoßen sollte. Die Präferenzen der Akteure sind in weiten Teilen durch ihre Sozialisation bestimmt, und jeder Handelnde verfügt über sozial festgelegte Kapazitäten wie Rechte, Fähigkeiten und Kompetenzen. Sowohl die Ziele, die die Menschen verfolgen, wie die Mittel, die ihnen dabei zur Verfügung stehen, sind durch ihre vergangene und derzeitige Stellung innerhalb der Sozialstruktur – das heißt durch ihre Biographie und ihre soziale Position – vorentschieden. Aber indem sie ihre Ziele verfolgen, können sie die Restriktionen, unter denen sie entscheiden, modifizieren: Handlungen können die Entscheidungsparameter verändern. Man kann dies auch so ausdrücken, daß die Pläne, welche die Individuen zu realisieren suchen, durch ihre zukunftsgerichteten Erwartungen und die Verteilung ihrer Möglichkeiten, durch ihre Interessen und ihre Kontrollmittel determiniert sind. Dies alles hängt von den vorausgehenden Handlungsresultaten ab und wird von Zeit zu Zeit revidiert, hauptsächlich als Resultat bisheriger Handlungen, sowohl der eigenen wie der Handlungen anderer.

Die Handlungen anderer Akteure sind dann von besonderer Bedeutung, wenn sie dazu dienlich sind, die eigenen Interessen zu erkennen, wenn man deren Strategie erlernen oder übernehmen

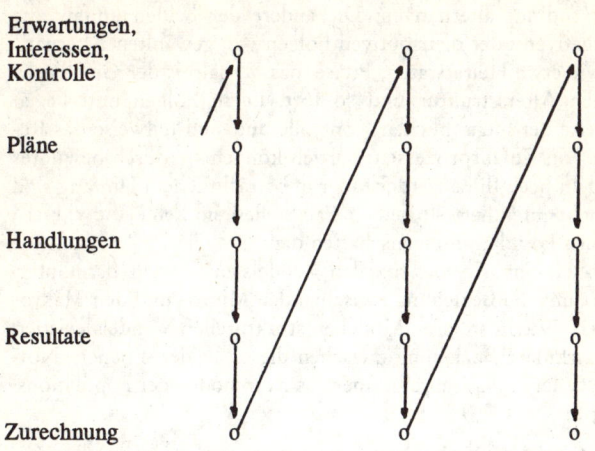

Figur 1: Zeitliche Interdependenzen aus der Sicht des Individuums

kann oder wenn Pläne der Mitakteure mit den eigenen unverträglich sind, so daß die faktischen Konsequenzen des eigenen Handelns von den geplanten Folgen abweichen und die eigenen Interessen vereitelt werden. Aus der Perspektive des Individuums kann dieser Prozeß wie in Figur 1 dargesellt werden.[2]

Die Makrostruktur hat zwei Mengen von Eigenschaften. Die eine enthält institutionelle oder kollektive Eigenschaften, wie die Belohnungsstruktur oder das Schichtungssystem, die Sprache, Rechtsregeln und die materiale Struktur in der Form von Werk-

2 Dieses Diagramm und die ihm zugrunde liegende Begriffsbildung wurden inspiriert durch Bentzel und Hansen (1954) und geht zurück auf die sogenannte Ungleichgewichtsmethode zur Periodenanalyse der Stockholm-Schule. Im Diagramm bedeutet *t* ein Zeitintervall; deshalb können die Beziehungen innerhalb einer Periode als Beziehungen in der Zeit betrachtet werden.

zeugen, Transportverfahren, verfügbaren Produkten usf. – kurz, diese Menge enthält die strukturellen Restriktionen der verfügbaren Handlungsalternativen. Die andere der beiden umfaßt die aggregativen oder distributiven Folgen von gewählten Alternativen wie etwa Heiratsraten, Preise, das Verhältnis der Geschlechter, die Altersstruktur und so fort. Diese Folgen unterliegen teilweise der menschlichen Kontrolle und sind teilweise das Resultat von Zufallsprozessen; partiell können sie durch bewußtes Handeln beeinflußt werden, aber in beträchtlichem Umfang sind sie nicht intendiert. In jedem Fall stellen sie keine Individual-, sondern Populationseigenschaften dar.[3]

Wenn wir Theorien des sozialen Wandels entwickeln, dann interessiert uns die Beziehung zwischen den Mikro- und den Makroebenen. Wie in anderen Modellen strukturellen Wandels existiert eine zirkuläre Beziehung zwischen diesen beiden Ebenen. Norman Ryder (1964) schreibt über das Kernmodell der Populationstheorie:

»Der Zirkel der formalen Analyse bewegt sich von (1) individuellen Zeugungsakten und Todesfällen zu (2) Kohortenprozessen von Fruchtbarkeit und Mortalität, von dort (3) zu Kohortenaltersstrukturen. Diese setzen sich um in (4) periodische Alterstrukturen, die sich verbinden mit dem Reproduktionsprozeß der betreffenden Kohorten, der (5) in Geburten und Todesfälle ausmündet, die ihrerseits die Größe der Bevölkerung verändern. Diese Analyseform behandelt das Problem der strukturellen Transformation als das Ergebnis von Prozessen, welche die betreffende Struktur gestalten und umgestalten. Insoweit befindet sie sich in Übereinstimmung mit der Tendenz der derzeitigen Wissenschaft, eher Ereignisse als Dinge, eher Prozesse als Zustände als die Letztbestandteile der realen Welt zu betrachten« (S. 449).[4]

Das basale Populationsmodell verwendet – als eine Art begriffli-

---

3 Man kann hinzufügen, daß die Aggregatwerte oder Raten zwar von allen Individuen abhängen, nicht aber von jedem einzelnen von ihnen. Diese in der Philosophie verbreitete Unterscheidung (vgl. den Artikel »Any and All« in der *Encyclopedia of Philosophy*) scheint Durkheim Schwierigkeiten bereitet zu haben und eine Quelle seiner Neigung zu sein, »soziale Tatbestände« zu reifizieren.

4 Ein ähnliches Argument trägt Coleman (1964, S. 459 f.) vor: »Strukturmaße kann man am besten unter Verwendung des Prozesses entwickeln, welcher der betreffenden Struktur zugrunde liegt. Denn wie bereits ge-

ches Kürzel – ein Menschenbild, dem zufolge Akteure sich als probabilistische Entscheider verhalten, statt sie als zweckorientierte Entscheider zu verstehen. Indessen wird eine vollständige Theorie die menschlichen Zwecke und Entscheidungsvoraussetzungen explizit in Rechnung stellen müssen. Deshalb müssen wir individuelle Ereignisse durch individuelle Entscheidungen und Kohortenprozesse durch soziale Prozesse ersetzen. Dann aber steht auch fest, daß die Makroebene infolge ihrer Belohnungsstruktur, ihrer Anreize und Restriktionen den Rahmen für individuelle Entscheidungen abgibt. Entsprechend müssen Theorien des strukturellen Wandels »die Art und Weise spezifizieren, in der Makrovariablen Einfluß auf individuelle Motivationen gewinnen« (Ryder 1964, S. 458). Beispiele dafür gibt es zuhauf: Das Strafrecht beeinflußt das persönliche Verhalten, die Scheidungsrate mag individuellen Entscheidungen als Prämisse dafür dienen, ob man selbst verheiratet bleibt oder nicht, vorhandene Straßen legen fest, wie und wohin man reist, usf. Oder in der Sprache der Industrieökonomik: Marktstrukturen (Anzahl der Anbieter und Käufer, Betriebsgrößen, Markteintrittsbarrieren, Kostenstrukturen etc.) berühren das Marktverhalten (Preisbildung, Produktstrategien, Taktiken im Umgang mit dem Recht usf.), und das betreffende Verhalten kann seinerseits die Marktstruktur verändern (vgl. Scherer 1970, S. 3 ff.).

Somit beeinflussen solche Parameter nicht nur die Entscheidungen der einzelnen Individuen; individuelle Entscheidungen verschieben auch die Entscheidungsparameter, indem sie Alternativen eröffnen oder unterbinden. Dies kann infolge einer Kumulation von Entscheidungen geschehen, etwa wenn die Mitglieder einer Kohorte heiraten und infolgedessen die Anzahl der verfügbaren Kandidaten für jene reduzieren, die noch nicht verheiratet sind (Hernes 1972). Oder die Verschiebung der Parameter kann auftreten als ein aggregiertes Resultat unabhängiger Entscheidun-

sagt, ... sollten Strukturmaße erhoben werden anhand der Quellen, aus denen die Struktur resultiert, oder mit Hilfe von Aspekten ihrer Konsequenzen. Der unterstellte Prozeß bietet unter der Voraussetzung, daß es sich dabei um einen Prozeß handelt, der mit der Erforschung dessen, wofür man das Maß benötigt, etwas zu tun hat, ein angemessenes Mittel dafür, die komplexe Struktur in einem Maß oder mehreren Maßen zusammenzufassen«.

gen. Im Schweinezyklus zum Beispiel modifiziert die Summe der individuellen Entscheidungen die Erwartungen: Ein hoher Schweinefleischpreis ermuntert die Bauern dazu, die Schweineproduktion zu erhöhen; diese Erhöhung vermindert zwangsläufig die Preise des nächsten Jahres und führt zur Reduktion der Schweinezucht, was wiederum die Preise für das folgende Jahr steigen läßt, usf. Oder die Akteure können sich selbst vermittels kollektiven Handelns oder gemeinsamen Entscheidens Begrenzungen auferlegen in der Absicht, ihre Wohlfahrt zu steigern. Präferenzen und Erwartungen können sich aufgrund ähnlicher Prozesse verändern.

Die wechselseitige Abhängigkeit individuellen Entscheidens und Handelns auf der einen Seite und der Makrovariablen oder Entscheidungsparameter auf der anderen, wird von Figur 2 illustriert. Die materiellen Bedingungen, die sozialen Restriktionen und kulturellen Normen generieren und induzieren die Interessen, welche die Mitglieder verschiedener Gruppen zu verfolgen trachten; aber in ihrem Bemühen, ihre Interessen zu realisieren, modifizieren sie die Sozialstruktur, ändern Kapazitäten, schaffen neue Interessen und revidieren Erwartungen. Gleichzeitig gibt es noch eine anders gelagerte Beziehung zwischen der Mikro- und der Makroebene. Wir machen allgemeine Annahmen über die Akteure: daß sie Präferenzen haben, über Ressourcen, Informationen und Kausaltheorien verfügen. Der aktuelle Inhalt dieser Kategorien indessen ist historisch geprägt, so daß die Akteure als reale Subjekte als eine Schnittmenge zwischen jenen allgemeinen Annahmen und den spezifischen sozialen und temporalen Bedingungen zu verstehen sind, unter denen sie handeln. In einer ähnlichen Weise können wir allgemeine Modelle von Makrophänomenen konstruieren, deren Anwendung natürlich ebenso historisch spezifiziert werden muß.

Eine Gruppe kann in der Verfolgung ihrer Interessen freilich nicht nur die Bedingungen der eigenen Existenz verändern, sondern auch die jeder anderen Gruppe, indem sie durch die Zerstörung oder die Schaffung von Handlungsalternativen neue Handlungsmöglichkeiten eröffnet oder neue Restriktionen aufbaut. Es ist wichtig zu registrieren, daß bezüglich der Fähigkeiten von Gruppen, sich wechselseitig veränderte Entscheidungsparameter vorzugeben, gewöhnlich Asymmetrien bestehen; das gilt in besonderem Maße für die Wahrscheinlichkeit, Konflikte auszulösen.

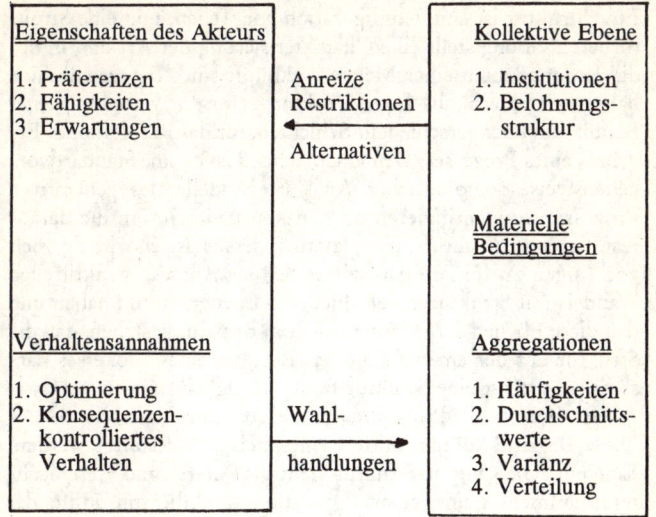

Mikroebene		Makroebene
Eigenschaften des Akteurs		**Kollektive Ebene**
1. Präferenzen	Anreize	1. Institutionen
2. Fähigkeiten	Restriktionen	2. Belohnungs-
3. Erwartungen		struktur
	Alternativen	
		Materielle Bedingungen
Verhaltensannahmen		**Aggregationen**
1. Optimierung	Wahl-	1. Häufigkeiten
2. Konsequenzen-		2. Durchschnitts-
kontrolliertes		werte
Verhalten	handlungen	3. Varianz
		4. Verteilung

Figur 2: Die Beziehungen zwischen Mikro- und Makroebene

Nachdem ich argumentiert habe, daß Theorien sozialen Wandels sowohl die Mikro- wie die Makroebene analysieren müssen, habe ich nunmehr klarer als bisher festzulegen, was ich unter »strukturellem Wandel« verstehe. Hernach wird es möglich sein, verschiedene Typen von Wandlungsprozessen zu identifizieren. Bei deren Illustration werden wir erneut auf die Wechselbeziehungen zwischen Mikro- und Makroebenenanalyse stoßen.

Struktur, Prozeß und Wandel

Eine Struktur ist eine Konfiguration von Teilen, und eine Strukturbeschreibung stellt eine Charakterisierung der Art dar, in der die Komponenten einer Menge verknüpft sind. Für gewöhnlich halten wir eine beobachtete Struktur, etwa die Verteilung einer Population über verschiedene Schichten, für das Resultat oder Ergebnis eines Prozesses. Dementsprechend ist es eine Standardvorgehensweise soziologischer Analyse, Modelle des generativen Prozesses zu identifizieren und zu konstruieren, um die daraus resultierende Struktur zu erklären. Indessen ist es wichtig, sich vor Augen zu führen, daß wir es bei der Analyse strukturellen Wandels mit Strukturen verschiedener Ebenen zu tun haben und daß diese Ebenen derart miteinander in Beziehung stehen, daß die Struktur auf der einen Ebene das Resultat eines Prozesses darstellt, der selbst eine Struktur besitzt. Folglich müssen wir zwischen »Output-Struktur« und »Prozeßstruktur« unterscheiden.

Diese Begriffe können mittels eines Beispiels erläutert werden. Eine einfache Output-Struktur stellt die Alters- und Geschlechterzusammensetzung einer Population dar, die mit Hilfe der Anteile dargestellt werden kann, denen entsprechend sich die Gesamtpopulation auf jede der genannten Kategorien verteilt. Aber diese Struktur ist das Ergebnis eines Prozesses von Geburten und Todesfällen, der durch eine Menge von Gleichungen spezifiziert werden kann, so daß die funktionale Form des Prozesses eine definite Struktur besitzt. Auch die Parameter dieses Prozesses verfügen unter der Voraussetzung, daß die altersspezifischen Fertilitäts- und Todesraten gegeben sind, über eine Struktur. Die Populationszusammensetzung kann sich ändern, selbst wenn die Fertilitäts- und Todesraten konstant bleiben. Entsprechend ist klar, daß der strukturelle Wandel dieser Zusammensetzung »verursacht wird durch eine Diskrepanz zwischen der bestehenden Struktur und dem Prozeß, der dafür verantwortlich ist, daß die Struktur geschaffen wird« (Ryder 1964, S. 461).

Somit scheint es nützlich zu sein, zwischen Strukturen auf dreierlei Ebenen zu unterscheiden. Die erste ist die *Output-Struktur* oder die Resultatsverteilung, wie sie sich etwa in einer Bevölkerungspyramide darstellt. Die zweite Struktur erhält man durch die Spezifikation der logischen Form des Prozesses, der diese Verteilung generiert, eine Struktur, die ich *Prozeßstruktur* nennen

Operatorstruktur		Output-Struktur
Funktionale Form	Parameterwerte	
Populationsmodell mit Überlebenswahrscheinlichkeiten und altersspezifischen Geburtenraten $N_t = \sum\limits_{x=0}^{\infty} N_0\, l_x\, m_x$	$[l_x] = ?$ $[m_x] = ?$	
Ansteckungsartige Diffusion $dN/dt = k_n\,(N-n)$	$k = ?$	 N ↑ Zeittrajektorie
Diffusion von einer konstanten Quelle ausgehend $dN/dt = c\,(N-n)$	$c = ?$	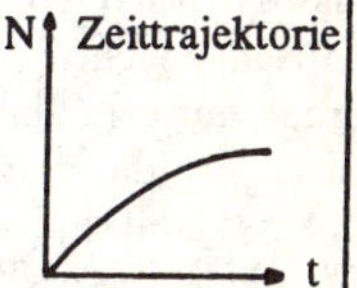 N ↑ Zeittrajektorie

Figur 3: Zwei Beispiele einer Operatorstruktur (zerlegt in Prozeßstruktur oder funktionale Form und Parameterstruktur) und einer Outputstruktur:
1. das Populationsmodell (N_t ist die Anzahl der Nachkommen, die durch eine einzige Generation N_0, die ihrerseits zu einem früheren Zeitpunkt geboren wurde, produziert wird; l_x ist die Überlebenswahrscheinlichkeit von der Geburt bis zum Alter x, und m_x stellt die altersspezifische Geburtsrate dar);
2. zwei Diffusionsmodelle mit unterschiedlicher funktionaler Form (k und c sind Diffusionsparameter, N bedeutet die Gesamtzahl potentieller Adoptoren, n die Anzahl derer, die zu einem gegebenen Zeitpunkt ein bestimmtes Item angenommen haben).

werde. Am einfachsten und kompaktesten kann man eine solche Prozeßstruktur mit Hilfe eines mathematischen Modells oder von Formeln zum Ausdruck bringen, die dessen funktionale Form wiedergeben, so etwa die Gleichungen für den Verlauf der Geburten und Todesfälle in einer Population. Freilich gibt es viele Prozeßstrukturen, wie etwa die Entstehung einer Zwangsneurose, die man nicht wird mathematisch ausdrücken können und für die es auch kaum eine präzise verbale Fassung geben wird. Endlich nehmen in konkreten Situationen die prozeßbestimmenden Parameter, etwa die altersspezifischen Geburts- und Todesraten, definite Werte an, und ihre Konfiguration wird eine bestimmte Konstanz besitzen. Es liegt entsprechend nahe, von einer *Parameterstruktur* zu sprechen. Die funktionale Form und die Parameterausprägungen eines Prozesses können auch als *Operator* bezeichnet werden und das, worauf dieser einwirkt, als Operand (vgl. Ashby 1963, S. 10). Zwei Beispiele der drei Ebenen finden sich in Figur 3.

Survey-Analysen geben gewöhnlich eine Augenblicksaufnahme einer Output-Struktur und werden oftmals vor dem Hintergrund der impliziten oder expliziten Annahme unternommen, daß sich das Gesamtsystem während des untersuchten Zeitraums in einem Gleichgewicht befindet. Wenn zum Beispiel eine Meinungsumfrage durchgeführt wird, so unterstellt man in analytischer Absicht, daß die relativen Umfänge der verschiedenen Meinungssegmente stabil sind, das heißt, daß sich Zu- und Abwanderungen die Waage halten und keine Nettozunahmen oder -abnahmen zu gewärtigen sind. Auf der Basis dieser Unterstellung können die relativen Kräfte, die auf die Individuen oder die prozeßleitenden Parameter (etwa die Meinungsänderungsraten) einwirken, geschätzt werden. Wenn ein Prozeß gleichgewichtig verläuft und die Output-Struktur entsprechend konstant ist, ist es gewöhnlich viel einfacher, die Parameter zu schätzen, als wenn die Output-Struktur durch den Operator verändert wird. In diesem letzteren Fall benötigt man Daten über verschiedene Zeitpunkte des betreffenden Prozeßverlaufs oder zusätzliche Annahmen, um die Prozeßstruktur zu identifizieren.[5]

Die zeitliche Trajektorie einer Output-Struktur mag sich auch dann verändern, wenn Prozeßstruktur und Parameterwerte un-

---

5 Zu einer gründlichen Diskussion des Strukturbegriffs vgl. Boudon 1971.

verändert bleiben. Lotka (1922) beispielsweise hat gezeigt, daß die Struktur einer Populationspyramide, die sich bei gegebener Alterszusammensetzung, Geschlechterverhältnisse etc. ausbildet, eine gleichgewichtige Form erreicht, die dadurch gekennzeichnet ist, daß der Bevölkerungsanteil in jeder der Kategorien für eine feststehende Menge von Geburts- und Todesraten fixiert ist und für den Fall, daß die Population gestört wird, in denselben Gleichgewichtszustand zurückkehrt. Ein anderes Beispiel findet sich in den gleichgewichtigen Umfängen sozialer Schichten, die aus einem einfachen Markov-Modell sozialer Mobilität folgen. Gleichgewichte können sich auch als die Folge optimierenden Verhaltens einstellen, etwa wenn sich die Anteile von Arbeitern, die entlang einer Produktionslinie differente Operationen durchführen, als Ergebnis von Versuch und Irrtum oder einer Analyse des Arbeitsflusses stabilisieren, was Marx (1965, Bd. 1, S. 376) das »eherne Gesetz der ... Proportionalität« nannte (anthropologische Beispiele entnehme man Barth 1966). In all diesen Fällen muß man unterstellen, daß dann, wenn Modelle als eine Beschreibung realer Situationen zu verstehen sind, ein zusätzliches Ergebnis des Prozesses darin besteht, daß er seinen eigenen Charakter und die Parameterwerte erhält.

Indessen muß sich die zeitliche Trajektorie nicht auf ein Gleichgewicht hin bewegen. Sie kann auch zur Extinktion drängen, wie es Marx beispielsweise für die Evolution der Kapitalistenklasse beschreibt. Oder sie mag, wie im Beispiel des Schweinezyklus, fluktuieren; in diesem Fall modifiziert das aggregierte Resultat der Handlungen, die im letzten Jahr vollzogen wurden, die Wahrscheinlichkeitsverteilung, mit der die Bauern ihr Handeln in diesem Jahr wiederholen, wobei jeder jetzt tut, was in der Situation des letzten Jahres für jeden einzelnen das Richtige gewesen wäre. In allen Fällen, stellt sich Wandel oder Stabilität einer Output-Struktur als Resultat einer Operation oder eines Prozesses ein, der eine spezifische Struktur besitzt. Sowohl Stabilität wie Wandel sind Prozeßergebnisse, die durch die dynamischen Verknüpfungen der Teilkomponenten eines Systems generiert werden.

Kurz gesagt, selbst wenn die Prozeßstruktur und die Parameterwerte als konstant unterstellt werden, besitzen wir ein wirksames Instrument zur Analyse der Output-Struktur, da das Prozeßmodell uns die Erklärung des Tatbestands erlaubt, wie das resultierende Strukturmuster generiert, erhalten, verändert oder zerstört wird. Die empirische Analyse strukturellen Wandels in den Sozialwissenschaften besteht vorzugsweise in der Untersuchung der Veränderung der Output-Struktur, vor dem Hintergrund einer konstanten Prozeßstruktur oder Operatorform und fixierter Parameterwerte. Die Theorienkonstruktion bzw. die Modellbildung beginnt gewöhnlich mit einer beobachteten Output-Struktur oder einer zeitlichen Trajektorie; darauf folgt die Suche nach einem Prozeß, der für das beobachtete Resultat verantwortlich gemacht werden kann, indem in der Regel alternative Formulierungen oder widerstreitende Theorien eliminiert werden.[6] Das Prozeßmodell, zu dem man auf diesem Wege endlich gelangt, kann oftmals dazu verwendet werden, konditionale Vorhersagen zu formulieren, beispielsweise wenn Ökonomen bei ihren Input-Output-Analysen die »technologische Matrix« dazu nutzen, die Auswirkungen abzuschätzen, welche die Nachfrage nach Endprodukten in einer Industrie für die Gesamtheit der untersuchten Industrien hat.

Wenn die prozeßleitenden Parameterausprägungen zeitunabhängig sind, wird der betreffende Prozeß als ein stationärer betrachtet. Nichtstationär kann ein Prozeß auf verschiedene Weise werden. Zum Beispiel können sich die Parameterwerte in Abhängigkeit von der Zeit, aber unabhängig von dem Prozeß-Output verändern, wie in nichtstationären Markov-Modellen sozialer Mobilität angenommen wird. Parameterwerte können sich aber auch als Konsequenz des Wandels exogener Variablen verschieben.

Indessen kann das Resultat eines Prozesses auch dessen Struktur berühren, entweder indem es die Parameterwerte beeinflußt, so wenn etwa die zunehmende Dichte einer Population deren Todesrate steigert, oder indem das Prozeßresultat die funktionale Form des Prozesses in Mitleidenschaft zieht, wenn etwa die Dichtestegerung zu Auswanderungen, die es zuvor nicht gegeben hatte, oder zu anderen sozialen Innovationen führt. Deshalb müssen wir, um zu einem vollständigen Paradigma der Analyse struktureller Wandlungen zu gelangen, nicht nur der Veränderung der Parameterkonfiguration Rechnung tragen, sondern auch der Veränderung der Prozeßstruktur selbst. Und wir müssen im Prinzip

6 Vgl. zum Beispiel Stinchcombe 1968 und Lave und March 1975 zur Darlegung dieses Vorgehens.

in der Lage sein, derartige Wandlungen endogen zu erklären, das heißt mit Hilfe von Variablen, die bereits Bestandteil des Modells sind, und mit deren Interaktion. Zu diesem Zweck müssen wir zum einen eine Rückwirkungsschleife zwischen der Output-Struktur und den Parameterwerten bestimmen und zum anderen eine Feedback-Verknüpfung zwischen der Output-Struktur und der Operatorform. Erst dann sind wir in der Lage, zu erklären, auf welche Weise der generative Prozeß selbst verändert oder aufrechterhalten wird.

Selbstverständlich gibt es viele Beispiele dafür, wie die Konsequenzen eines Prozesses dessen Umbildung in die Wege leiten. So veränderte die Liberalisierung der Heiratsvorschriften und der Scheidungsgesetze nach der Russischen Revolution nicht nur die Menge der Heiraten und die Scheidungshäufigkeiten, sondern zog große Probleme bei der Versorgung von Abhängigen sowie eine Verknappung der Wohnungen nach sich, da jeder Geschiedene eine eigene Wohnung beanspruchte; deshalb wurden die Heiratsgesetze wieder geändert und das »bourgeoise« Familiensystem erneut eingeführt. Die Verweigerung des Wahlrechts führte in vielen Ländern zu revolutionären Bedrohungen, die die Herrschenden dazu bewogen, das Wahlrecht auszudehnen. Im England von 1846 veranlaßten die antizipierten Gewinne die Regierungspartei, sich gegen die Korngesetze zu stellen. Rücksichtsloser Wettbewerb bringt Firmen dazu, sich darauf zu einigen, diese Form des Wettbewerbs zu unterlassen, mit der Folge, daß sich die Struktur des Marktes verändert. Diese Beispiele illustrieren, daß wir danach fragen müssen, für wen diese Strukturen Vorteile oder Kosten bringen, wie die Struktur die Motive der Akteure beeinflußt, und wer, wenn überhaupt jemand, die Macht besitzt, den generativen Prozeß umzugestalten. Sie illustrieren darüber hinaus den Tatbestand, daß die Konsequenzen, die manche gerne modifizieren möchten, das Resultat entweder von kollektiven Entscheidungen oder aber von Aggregaten individueller Entscheidungen sein können (vgl. Stinchcombe 1968, S. 93 ff. über den »Marxschen Funktionalismus«).

Die Rückkopplung zwischen System-Output und den verschiedenartigen Parameterwerten bzw. die Bestimmung der Prozeßform, die ein endogenes Modell der Sozialstruktur notwendigerweise voraussetzt, kann in einer einfachen symbolischen Form dargestellt werden. Wenn wir die Verlaufstrajektorien einer Output-Struktur als Y_t notieren und als eine Funktion der Zeit T betrachten, die der Prozeß oder Operator der Form f bei Parameterwert a in Anspruch nimmt, und überdies einen Input x zur Zeit $(t-1)$ bestimmen, dann erhalten wir die Formel:

(1) $Y_t = T (f_a; x_{t-1})$.

(Diese und die nachfolgend eingeführten Symbole können auch Vektoren repräsentieren.) Die Parameterwerte können beeinflußt werden durch den Output Y_t in Form der Beziehung

(2) $a = g (Y_t)$.

Die Prozeßform ist gleichzeitig eine Funktion des Outputs:

(3) $f = h (Y_t)$.

Endlich kann der Input zur Zeit t teilweise auch bestimmt sein durch den Output zu einem früheren Zeitpunkt, was zum Beispiel dargestellt werden kann mit Hilfe der Formel:

(4) $x_t = q (Y_{t-1})$.

Entsprechend können die wechselseitigen Verbindungen zwischen den drei Strukturebenen in Figur 4 zusammengefaßt werden.

Man könnte sagen, daß diese Gleichungen ein komplexes hierarchisches Kontrollsystem darstellen, innerhalb dessen sich die Parameter und Parameterwerte in einer geschlossenen Schleife verändern. Verschiebt sich ein Parameter oder verändert sich ein Parameterwert, weil sich innerhalb der Struktur des Prozesses Veränderungen ergeben oder sich dessen Struktur selbst umgestaltet, dann kann aus menschlicher Perspektive oder für die eine oder andere Gruppe die Systemleistung mehr oder minder optimal sein. Zugleich zeigt die Figur an, wo wir exogene Wandlungsquellen lokalisieren können.

Typen von Wandlungsprozessen

Wenn man zugesteht, daß Wandel und Stabilität auf drei Ebenen vorkommen können, dann ist es möglich, eine Reihe von Fragen zu stellen und diese in der Form einer Guttman-Skala zu beantworten (vgl. Tabelle 1). Die vier Antwortkombinationen entspre-

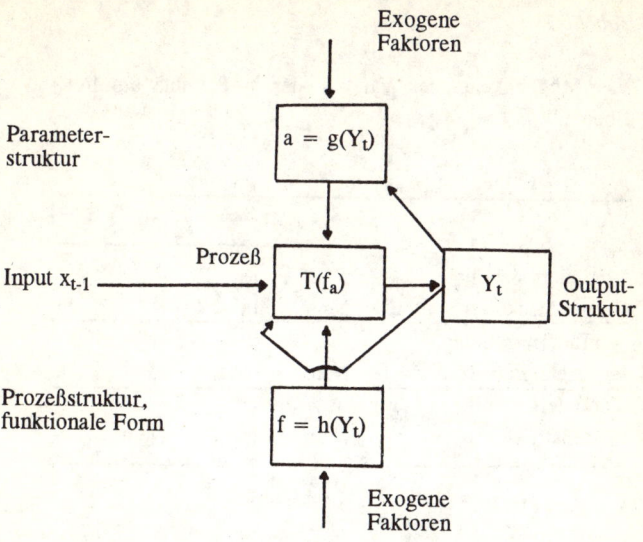

Figur 4: Die Beziehungen zwischen Input, Prozeßstruktur, Parameterstruktur und Output-Struktur

chen Prozessen auf der Makroebene, denen ich die folgende Bezeichnung geben werde: (1) einfache Reproduktion, (2) erweiterte Reproduktion, (3) Übergang und (4) Transformation. Die vier übrigen möglichen Kombinationen können als Variationen dieser vier Typen verstanden werden. Entsprechend werde ich nur diese kommentieren, will aber auch auf einige wichtige Sonderfälle eingehen.

Tabelle 1

Vier Möglichkeiten des Wandels oder der Stabilität auf drei
Ebenen

Frage	Typus			
	1	2	3	4
Verändert sich die Output-Struktur?	Nein	Ja	Ja	Ja
Verändern sich die Parameterwerte?	Nein	Nein	Ja	Ja
Verändert sich die Prozeßstruktur?	Nein	Nein	Nein	Ja

Einfache Reproduktion

Jede Produktion erfordert, daß die dabei verausgabten Mittel ersetzt werden müssen, damit der Prozeß fortgesetzt werden kann.
Marx verwendete den Begriff der »einfachen Reproduktion«, um
diesen Ersetzungsprozeß für den Fall zu beschreiben, daß er in
gleichem Umfang, das heißt mit einer Nullwachstumsrate verläuft
(Marx 1965, Bd. 1, S. 591 ff.). Um einen beständigen Output zu
gewährleisten, müssen indessen nicht nur Rohmaterialien und die
verschlissenen Maschinen ersetzt werden, sondern auch die Anzahl und das Talent der Arbeiter, anders ausgedrückt: die Arbeit
muß reproduziert werden. Wie Oskar Lange schreibt: »Der Produktionsprozeß, in dem die Produktionsmittel zur Gänze ersetzt
werden und in dem der Aufwand an menschlicher Arbeit konstant
ist (und bei dem es, wie wir oben unterstellt haben, keinen technischen Fortschritt gibt), wird als *Prozeß der einfachen Reproduktion* bezeichnet. Unter den Bedingungen einfacher Reproduktion expandiert eine Nationalökonomie nicht, das heißt, sie ist
stationär« (1969, S. 3). Indessen ging Marx' Begriff der einfachen
Reproduktion über diese Bestimmung hinaus; er stellte nicht nur

die Reproduktion von Gütern und Arbeit in den Vordergrund, sondern auch »die Reproduktion des kapitalistischen Charakters des gesamten Produktionsprozesses« (Marx 1965, Bd. 2, S. 391; vgl. Morishima 1973, Kapitel 9). Die Menschen reproduzieren nicht nur Produkte, sondern auch die Bedingungen, unter denen sie diese produzieren. Im Kontext der einfachen Reproduktion funktioniert demnach das System derart, daß sich nicht nur die Output-Struktur erhält, sondern daß auch die funktionale Form seiner Struktur und die Parameterwerte konstant bleiben. Das System produziert die Voraussetzungen seines eigenen Weiterbestands. Freilich verbleibt Marx nicht auf dieser abstrakten Ebene, sondern er verknüpft diesen Prozeß mit der individuellen Motivation und den Restriktionen, unter denen Entscheidungen getroffen werden, wenn er darauf hinweist, daß die strukturelle Selbsterhaltung auf den täglichen Konsum angewiesen ist, was in einer Geldökonomie Bezahlungen und damit Lohnarbeit nötig macht; und es ist gerade die Lohnarbeit, die jene Restriktionen ihrerseits aufrechterhält.

Ein Beispiel einfacher Reproduktion finden wir auch im Modell einer stabilen Bevölkerung, deren Verteilung sich über verschiedene Alters- und Geschlechter-Kategorien nicht verschiebt und die bei konstanten altersspezifischen Fertilitäts- und Todesraten als Resultat eines Prozesses von Geburten und Todesfällen zustande kommt. Die stabile Verteilung definiert einen Gleichgewichtszustand, der »eine latente Neigung des durch die Parameter charakterisierten Prozesses« zum Ausdruck bringt (Ryder 1964, S. 456), denn deren Werte bestimmen den Prozeßverlauf, solange die Parameterwerte konstant bleiben. Indessen bleiben in diesem Modell die Ursachen der Parameterstabilität zumeist eher implizit, als daß sie explizit benannt würden.

Ein besseres Beispiel findet sich in Bhaduris Studie über die landwirtschaftliche Rückständigkeit unter semifeudalen Verhältnissen, weil sie ganz deutlich macht, wie die sozialen Beziehungen durch die Anreize und Restriktionen, die sie den Handlungen der einzelnen Akteure vorgeben, reproduziert werden (vgl. Bhaduri 1973). Die am wenigsten privilegierten westbengalischen Pächter, die ihre Pacht durch Abgabe eines Teils ihrer Ernte entrichten, *Kishans* genannt, besitzen im Grunde genommen kein Land; sie erzeugen nur wenig bzw. gar kein Produktionskapital und sind typischerweise nur während eines Produktionszyklusses vor Entpachtungen sicher. Die *Kishans* verfügen über einen Anreiz, eigenständig – ohne Überwachung – zu arbeiten, denn sie haben einen legalen Anspruch auf Teile ihrer Ernte. Indessen befinden sie sich in einem beständigen Zustand der Überschuldung, weil sie ihre Zinszahlungen zur Erntezeit tätigen, und dies zu Zinssätzen, die sie zwingen, auch vor der nächsten Ernte zu borgen. Gleichzeitig ist es der Landbesitzer, der die Konsumtionskredite vergibt, so daß jeder *Kishan* genau bei dem borgt, von dem er sein Land gepachtet hat. Ohne seine Schulden zu begleichen, kann er nicht wegziehen, was seine Bewegungsfreiheit einschränkt, und er hat außerhalb dieser Beziehung zu seinem Landlord keinen Kredit, was ihn zusätzlich zum Bleiben veranlaßt. Die Zinssätze sind wucherisch, da der *Kishan* aus Mangel an beleihbaren Gegenwerten keinen Zugang zu kommerziellen Banken gewinnen kann, so daß der Landbesitzer über ein Monopol verfügt und die Bedingungen diktieren kann, unter denen Anleihen vergeben werden können. Gleichzeitig hat der *Kishan* keinen Zugang zu Gütermärkten, der ihn in die Lage versetzen würde, seine Ernte dann zu veräußern, wenn die Preise hoch sind. Statt dessen ist er ein Opfer von Preisfluktuationen, da er sich sein Saatgut aus der letztjährigen Reisernte borgen muß, wenn die Reispreise hoch sind, und dazu angehalten ist, seine Anleihe nebst Zinsen nach der nächsten Reisernte zu begleichen, wenn die Preise niedrig sind. Jede Erhöhung seines Konsumtionsniveaus (etwa aufgrund religiöser Zeremonien, Eheschließungen usf.) stößt ihn noch tiefer in seine Verschuldung. Die Kernfrage ist nun, weshalb keine technologischen Innovationen in dieses System eingeführt werden und die ihm unterliegende Sozialbeziehung damit geändert wird. Bhaduri findet die Antwort in der Tatsache, daß ein doppeltes Ausbeutungssystem besteht – die gleichzeitige Auswirkung der Eigentumsrechte des Landeigners und der Existenz von Wucher, der dadurch erhalten bleibt, daß der *Kishan* regelmäßig gezwungen ist, Konsumtionskredite aufzunehmen. Der Erhalt dieses Systems erfordert allerdings, daß der dem *Kishan* jeweils zur Verfügung stehende Anteil an der Ernte hinter seinem Verbrauch zurückbleibt. Entsprechend wird jede technische Verbesserung, die die Produktivität steigert und seine Abhängigkeit von Verbrauchskrediten mindert, auch das auf Verschuldung basierende semifeudale System schwächen. Und entsprechend wird sich der Landeigner nicht ermutigt sehen, technologische Verbesserungen einzuführen, denn diese bringen ihm nur Gewinne, die durch die Verluste, die anfallen, wenn seine Konsumtionskredite abnehmen oder gar gänzlich versiegen, kaum aufgewogen werden. »In der Tat, unter bestimmten Bedingungen kann sich der semifeudale Landbesitzer in einer beinahe paradoxen Situation wiederfinden: Ganz rational (das heißt aus ökonomischen Erwägungen) sieht er sich zu *kleinen* Verbesserungen veranlaßt, ... die zwar die Verschuldung seiner Pächter erhalten, aber sein Gesamteinkommen schmälern, während er gleichzeitig entmutigt wird, *umfangreiche* Verbesserungen vorzunehmen, weil dies den *Kishan* aus seiner Dauerverschuldung befreien würde und die politische und ökonomische Kontrolle des Landbesitzers über ihn zerstören müßte, selbst wenn solche Neuerungen, rein ökonomisch betrachtet, durchaus profitabel wären« (Bhaduri 1973, S. 135 f.).[7] Allgemein gesprochen basiert jede einfache Reproduktion auf zirkulärer Kausalität (Myrdal 1958), wobei sich zwei oder mehr soziale Kräfte wechselseitig über die Zeit erhalten (wie etwa die Vorurteile der Weißen und der geringe Lebensstandard der Schwarzen), oder sie kann als das charakterisiert werden, was Stinchcombe als »historische Erklärung« bezeichnet, der entsprechend ein bestimmter Effekt in der nächsten Periode zur Ursache ebendesselben Effekts wird. Auch viele funktionalistischen Studien hatten Prozesse der einfachen Reproduktion zum Gegenstand. Man sollte dabei allerdings auf die Rolle achten, welche die Mikroannahmen über individuelle Motivationen in den oben geschilderten Erklärungen dieser Reproduktionsform spielen.

---

7 Bhaduri (1973, S. 136) fährt fort: »Diese Überlegung führt mich zu dem Argument, daß die semifeudalen Produktionsverhältnisse ein Hindernis für die Einführung einer verbesserten Technologie darstellen – einer Technologie, die zu einem höheren Output pro Kishan führen würde. Damit erhält auch Marxens allgemeine Idee eine präzise Form, wonach die Produktionsverhältnisse zur Fessel der weiteren Produktivkraftentwicklung werden können, und nach materialistischer Geschichtsinterpretation ist eine solche Situation reif für geschichtliche Veränderungen.«

Wenn die verbrauchten Produktionsmittel nicht zur Gänze ersetzt werden, wird der Output zurückgehen, und wir können von einer »schrumpfenden Reproduktion« sprechen. Wenn andererseits die Produktionsmittel und in gleichem Maße der Einsatz an Arbeit gesteigert werden, können wir von »erweiterter Reproduktion« reden (vgl. Lange 1969, S. 3 f.). Im allgemeinen können wir solche Bezeichnungen wählen, wenn sich die Output-Struktur verändert, die funktionale Form des den Output generierenden Prozesses aber ebenso unverändert bleibt, wie die Werte der Parameter unverändert bleiben. Und wir können so lange generell von »Reproduktion« sprechen, gleichviel ob von einfacher oder erweiterter, wie die Output-Struktur die Prozeßstruktur und die Parameter, die jene Output-Struktur generieren, erhält oder unverändert läßt. Man beachte indessen, daß eine stabile Funktionsform der Prozeßstruktur und konstante Parameter gleichwohl zu dramatischen Verschiebungen des zeitlichen Verlaufs des Outputs führen können. So kann beispielsweise die konstante, jeweils den gleichen Prozentsatz umfassende Zunahme einer Bevölkerung (ihr exponentielles Wachstum also) die Tragekapazität ihrer Umwelt überlasten, was zu einem »Zusammenbruch« der Population, einem drastischen Rückgang aufgrund des um sich greifenden Hungers führen wird – die Population hat sich als unfähig erwiesen, auf die näher rückenden Kapazitätsgrenzen ihrer Umwelt zu reagieren. Die erweiterte Reproduktion kann auch anhand zyklischer Fluktuationen der Output-Struktur illustriert werden, gleichviel ob diese Fluktuationen konstant, konvergent oder divergent verlaufen, wie sich bei ökonomischen Netzwerkmodellen oder bei ökologischen Modellen über die Beziehungen zwischen Räubern und Beuteopfern zeigt.

Übergang

»Übergang« wurde definiert als ein Wandel nicht nur der Output-Struktur, sondern auch der Parameterwerte. Ein Beispiel läßt sich in der Demographie finden: die »Theorie des demographischen Übergangs« behandelt ausschließlich Veränderungen der Parameterwertigkeiten und der Output-Struktur, nicht aber die Veränderung der Funktionsform eines generativen Prozesses. Diese Theorie eignet sich auch deshalb als gutes Beispiel, weil sie die Interdependenz der Analyse von Mikro- und Makroebenen innerhalb eines vollständigen Modells strukturellen Wandels belegt.

Auf der Makroebene kann die Theorie eine Interpretation der demographischen Veränderungen im Europa des letzten Jahrhunderts liefern. Sie beschreibt dabei drei Stadien in der Entwicklung des Fruchtbarkeits- und Mortalitätsniveaus. Das erste Stadium ist durch hohe Fruchtbarkeits- und Sterberaten gekennzeichnet, wobei die Fertilitätsrate durch die Wirksamkeit strenger geburtensichernder Normen hoch gehalten wurde, wohingegen die Sterbequoten nicht effektiv kontrolliert werden konnten. Im zweiten Stadium geraten die Sterberaten unter menschliche Kontrolle und werden gesenkt. Angesichts hoher Fertilität resultiert daraus ein rasches Bevölkerungswachstum. Im dritten Stadium beginnt mit einer Phasenverschiebung und als Konsequenz bewußter Intervention die Geburtenrate zu fallen, woraus ein neues Gleichgewicht resultiert, in dem sowohl Fertilitäts- wie Mortalitätsraten bewußt kontrolliert werden und beide niedrig sind.

Die in Form einer Bevölkerungspyramide erfaßte Output-Struktur ändert sich infolge dieser Veränderung der Überlebensraten oder Parameterstruktur ebenso; das heißt, die sich ergebende Alterszusammensetzung und das numerische Verhältnis der Geschlechter verschieben sich.[8]

Diese Darstellung der Veränderung der Makroebene eignet sich für deskriptive und vergleichende Zwecke, etwa zur Erforschung der Frage, inwieweit die Entwicklungsländer demselben Muster folgen. Aber diese Theorie des Wandels ist unvollständig, da sie nur festhält, *daß* sich die Überlebensraten verändert haben, nicht aber, *warum* dies der Fall ist. Diese Frage nach dem »Warum« kann in zwei Teilfragen zerlegt werden, von denen jede durch Annahmen darüber beantwortet werden muß, was auf der Mikroebene vor sich geht, in den Herzen und Köpfen der Leute. Wir müssen danach fragen, warum die Mortalitätsraten im aggregierten Gefolge der Handlungen von Individuen zurückgehen und

8 Es gibt verschiedene Formulierungen der Theorie des demographischen Übergangs; als eine jüngere und ausgezeichnete Fassung vgl. Teitelbaum 1975.

welche Ursachen die Familienpraktiken modifizieren, so daß die Geburtenrate sinkt.

Die Frage nach der Mortalität ist leichter zu beantworten. Wenn wir unterstellen, daß die Menschen danach streben, lange zu leben, und daß ihr Verhalten durch dessen Resultate kontrolliert wird, dann sollten wir folgern dürfen, daß jede vernünftige Vorgehensweise, die der Verlängerung des Lebens dient, ausprobiert wird. Alle funktionierenden Prozeduren und auch einige, von denen man dies nicht wird sagen können, werden übernommen (wie man in unseren Tagen etwa anhand der Tatsache zeigen kann, daß Leute zu rauchen aufhören, zu gesünderer Ernährung übergehen etc.). Den gewichtigsten Einfluß auf das Fallen der Sterberaten im letzten Jahrhundert hatten verbesserte öffentliche Gesundheitsfürsorge und in besonderem Maß die Veränderung der Ernährungsgewohnheiten (vgl. McKeown, Brown und Record 1972). Einige dieser Verbesserungen waren nicht das Ergebnis individueller Entscheidungen, sondern kollektiven Handelns. In jedem Fall aber wird der Rekurs auf das Eigeninteresse verwendet, um zu erklären, weshalb Menschen neue Praktiken adoptieren. Wir müssen aber auch erklären, weshalb Kleinkinder, die nicht für sich entscheiden können, geringere Mortalitätsraten aufweisen; dies kann man der Wertschätzung zuschreiben, den Kinder genossen. Kurz, wir unterstellen, daß die Leute unternehmen werden, was sie können, um ihr eigenes Leben und das ihrer Kinder zu verlängern, was für den Fall, daß sie dabei auf effektive Mittel stoßen, die Mortalitätsraten senken wird.

Der Abfall der Geburtenrate ist schwerer zu erklären (vgl. als Überblick über Theorien mit verschiedener Perspektive: Leibenstein 1974 und Namboodiri 1972). Auf der Ebene individueller Entscheidungen ist zu fragen, weshalb es Väter oder Mütter oder beide als lohnend empfanden, weniger Kinder zu zeugen, so daß die aggregierten Raten fielen. Zur Erklärung eines innerfamiliären Geburtenrückgangs muß man unterstellen, daß die Anzahl der empfangenen Kinder den Entscheidungen der Familie überlassen wird und daß solche Entscheidungen nicht als unmoralisch betrachtet werden.

Beispiele für solche Mikrotheorien sind etwa die folgenden:

(a) *Die Theorie der idealen Zahl.* Diese Theorie unterstellt den Wunsch der Eltern, daß die Anzahl der Kinder eine bestimmte Richtgrenze nicht überschreiten sollte. Wenn die Eltern bemerken, daß Kleinkinder weniger häufig sterben als zuvor, so daß mehr Kinder heranwachsen, dann müssen sie weniger Kinder zeugen, um die erwünschte Anzahl zu erreichen, und sie können die Heirat aufschieben, ohne zu riskieren, daß alle Kinder sterben, noch bevor ihre Fruchtbarkeitsperiode abgelaufen ist. Es ist wichtig festzuhalten, daß der Familienumfang die Zielgröße darstellt, nicht der Populationsumfang (das Ideal einer Nullwachstumspopulation ist eine rezente Erscheinung). Bogue (1969, S. 52) sagt:

»Die Theorie der demographischen Regulation basiert auf der Annahme, daß jede Gesellschaft eine Menge von Normen besitzt, die das Bevölkerungswachstum leitet. Diese Normen enthalten aber keine expliziten Meinungen über die erwünschte Bevölkerungsgröße oder die optimale Wachstumsrate. Vielmehr formulieren sie Meinungen bezüglich der Idealgröße einer kompletten Familie oder bezüglich der Anzahl von überlebenden Kindern, die ein Paar am Ende seiner reproduktiven Periode haben sollte. Die Idee einer kompletten Familiengröße drückt sich direkt in der Populationsgröße aus und stellt daher einen kulturellen Wert dar, der die ›demographische Kulturpolitik‹ einer Gesellschaft reflektiert. Jede Gesellschaft, deren durchschnittliche Mitglieder glauben, es sei gut oder wünschenswert, vier und mehr überlebende Kinder zu haben, wird entweder rasch wachsen oder muß eine hohe Sterblichkeit in Kauf nehmen. Eine Gesellschaft, deren Mitglieder sich darin einig sind, nicht mehr als zwei Kinder auszutragen, hat auf weiteres Wachstum verzichtet und erwartet eine geringe Mortalität.«

Kurz gesagt: Die Analyse muß sich auf die Beziehung zwischen den Entscheidungseinheiten auf der Mikroebene und der Anreizstruktur konzentrieren, angesichts derer diese Einheiten handeln.

(b) Die Grunderhaltungstheorie. Wenn die Familien groß und Land knapp ist, dann führt eine hohe Geburtsrate zu Armut, das heißt, das Bevölkerungswachstum wird die Tragekapazität übersteigen. Folglich werden Eltern versuchen, die Heirat jener Kinder hinauszuzögern, die Ansprüche auf ihr Land erheben können, aber die Heirat jener ermutigen, die keine solchen Ansprüche haben (zum Beispiel können Bauern versuchen, ihre Töchter bereits in jungem Alter zu verehelichen, die Heirat ihrer Söhne aber zurückzustellen, oder sie können versuchen, die Primogenitur zu institutionalisieren, um die Aufteilung des Landes bis zu dem Punkt, jenseits dessen niemand mehr davon leben kann, zu unterbinden etc.). Solche Überlegungen machen sichtbar, daß die ver-

folgten Strategien von den aktuellen Restriktionen abhängen werden, die von den Rechtsvorschriften und dem Eigentumssystem ausgehen.

(c) Die Kosten-Nutzen-Analyase des n-ten Kindes. Eltern verfügen über eine Richtgröße ihres Lebenstandards, den sie berücksichtigen, wenn sie den Nutzen oder Schaden eines zusätzlichen Kindes kalkulieren (das heißt, sie beachten die Wohnkosten, die Kosten der Ernährung, des Schulbesuchs oder die Opportunitätskosten, die etwa infolge des Wegfalls alternativer Verwendungsweisen ihres Einkommens oder der entgangenen Freuden, der Lasten der Geburt usf. entstehen). Die Resultate solcher Abwägungen mögen bei den verschiedenen sozialen Gruppierungen in systematischer Weise variieren.

(d) Die Lohnarbeitstheorie. Möglichkeiten des Arbeitsmarktes führen bei großen Familien zu Benachteiligungen, besonders für neolokale Familien und für Frauen. Andererseits bedeutet die Neolokalität der Familie aber auch, daß der Druck der Herkunftsfamilie, mehr Kinder zu haben, reduziert ist. Diese Theorie kann als Beispiel einer umfangreichen Klasse von Theorien betrachtet werden, die man »Theorien struktureller Inkompatibilität« nennen könnte. Weitere Beispiele finden sich in vielen Disziplinen: So etwa die Theorie, wonach eine große oder ausgedehnte Familie mit der Entwicklung der Industrie unvereinbar sei, weil dies Opportunitätskosten (bezüglich des Unterhalts und der Mobilität) nach sich zieht, weshalb diese beiden Formen der sozialen Organisation über längere Zeiten im selben Kontext nicht funktionieren können.

Im Zusammenhang mit diesen Theorien sollte mehreres beachtet werden. Zunächst macht jede dieser Mikrotheorien die Theorie des demographischen Übergangs zu einer logisch vollständigen Theorie des sozialen Wandels, denn jede von ihnen kann, zusammen mit den Theorien, die das Absinken der Sterberaten erklären, der Abfolge der drei Entwicklungsstadien gerecht werden. Mit ihrer Hilfe läßt sich die Kritik entkräften, der sich die Übergangstheorie ausgesetzt sah, nämlich daß sie keine Bewegungsprinzipien enthalte, die es erlauben würden, eine Ableitung der dritten Stufe aus der zweiten vorzunehmen, oder daß sie nicht plausibel machen könnten, »daß irgendein Stadium irgendeinem anderen folgt« (Loschky und Wilcox 1974, S. 215; vgl. auch Kammeyer und Skidmore 1975 sowie Loschky und Wilcox 1975). Sodann können diese Mikrotheorien wechselseitig füreinander einstehen oder alle zusammen entweder als Erklärungsalternativen betrachtet werden oder Teile der Varianz erklären. Sie sind sozusagen theoretische Module auf der Mikroebene. Gleichwohl besitzen diese spezifischen Mikrotheorien unterschiedliche empirische Implikationen. Zum Beispiel würden wir für den Fall, daß es gemeinsames Dorfeigentum (etwa in Form einer Allmende) gibt, nicht erwarten, daß der einzelne Bauer motiviert ist, seine Familie zu begrenzen oder die Eheschließung seiner Söhne aufzuschieben, wie er es tun wird, wenn er über Eigenland verfügt.[9]

Nachdem wir geklärt haben, warum Eheleute den Wunsch hegen, die Familiengröße zu beschränken, besteht die nächste Frage darin, welche Mittel sie zur Erreichung dieses Ziels wählen werden, wenn man von der Ermordung und Vernachlässigung der Kinder absieht. Davis und Blake (1956) haben 11 mögliche intervenierende Variablen aufgelistet, die jeden persönlichen oder kulturellen Faktor, der die Fruchtbarkeit beeinflußt, ihrerseits prägen; sie unterteilen diese Liste in drei Gruppen von Faktoren, die, der Reihe nach, den geschlechtlichen Verkehr, die Empfängnis, den Verlauf der Schwangerschaft und den Erfolg des Gebärens beeinflussen. In jeder konkreten Analyse muß geklärt werden, weshalb bestimmte Kombinationen von »Verkehrsvariablen«, »Empfängnisvariablen« und »Gebärvariablen« usf. gewählt wurden.

Dieses ausführliche Beispiel sollte demonstrieren und unterstreichen, wie notwendig jede vollständige Theorie strukturellen Wandels zugleich auf die Berücksichtigung und die Analyse der Mikro- und Makroebenen angewiesen ist. Dabei sollte man nicht übersehen, daß Verschiebungen der Parameterwerte auf der Makroebene in mehrfacher Weise erklärt werden können: erstens durch den Hinweis auf konstante Präferenzen bei gleichzeitig sich verändernden Restriktionen (zum Beispiel durch den konstanten Wunsch nach einem langen Leben, von dem ein selektiver Einfluß darauf ausgeht, was man ißt, oder durch den Wunsch nach einer Obergrenze der Kindeszahl, der auch dann konstant bleibt, wenn

---

9 Man wird sicher nicht ungerecht sein, wenn man anmerkt, daß es zu wenige Untersuchungen über die demographischen Effekte solcher sozialstrukturell vermittelten Restriktionen und Anreize gibt, wenngleich einige vorgelegt wurden (zum Beispiel Mueller 1972; Sklar 1974).

die Mortalität abnimmt); sodann aber können Veränderungen der Parameterwerte auch erklärt werden durch sich verändernde Präferenzen (zum Beispiel durch veränderte Meinungen bezüglich der Idealgröße einer vollständigen Familie) oder endlich durch die gleichlaufende Veränderung von Präferenzen und Restriktionen (zum Beispiel durch den Wunsch nach einer kleineren Familie im Gefolge der Entstehung eines mobilitätsfreundlichen Arbeitsmarktes, ein Wunsch, der durch neue Möglichkeiten der Geburtenkontrolle einfach zu realisieren ist). Veränderungen der Präferenzen selbst müssen desgleichen erklärt werden (wie dies beispielsweise Ökonomen tun, wenn sie argumentieren, daß ein Einkommenszuwachs zu veränderten Konsumpräferenzen führt, die sich selbst dann erhalten, wenn das Einkommen auf sein ursprüngliches Niveau absinkt. Zu einer technischen Diskussion siehe von Weizsäcker 1971).

Transformation

Der Begriff der »Transformation« meint die Veränderung der funktionalen Form der Prozeßstruktur oder des Operators, was generell zu einer Veränderung der Output-Struktur und deren zeitlichen Trajektorie führt.

Ein einfaches Beispiel einer solchen Transformation ist die Ablösung eines Prozesses »ansteckender Diffusion« (bei der die Adaptionsrate sowohl von jenen abhängt, die eine Innovation bereits übernommen haben, als auch von denen, für die dies noch nicht gilt, das heißt k $(N\text{-}n)$ / n, wobei N die Anzahl der potentiellen Adaptoren einer Innovation bezeichnet, n jene, die sie adoptiert haben, und k den Parameter) durch einen Diffusionsprozeß, der konstant von einer Quelle ausgeht (wobei die Adaptionsrate nur von denen bestimmt wird, die eine bestimmte Innovation noch nicht übernommen haben; das heißt, es gilt c $(N\text{-}n)$, wobei c den Parameter bezeichnet; vgl. oben, Figur 3). Eine solche Transformation findet sich in einer Untersuchung über die Verbreitung neuer Medikamente (Coleman, Katz und Menzel 1966). Zur Beschreibung der sich abspielenden Prozesse wurden Ärzte, die in Diffusionsnetze integriert waren, von solchen unterschieden, für die dies nicht galt. Es ließ sich feststellen, daß die Diffusion der Arzneimittel nur in den ersten Monaten nach ihrem Auftauchen auf dem Markt nach dem Muster eines Ansteckungsprozesses verlief und von der ersten Ärztegruppe getragen wurde, während sie späterhin nach dem Muster des zweitgenannten Diffusionsprozesses verlief, an dem vornehmlich die zweite Gruppe beteiligt war. Demnach änderte sich die Natur des Prozesses im Verlauf der Diffusion, wobei die ansteckungsartige Diffusion anfangs dominierte, dann aber rasch verschwand. Auf der individuellen Ebene wurde dies mit dem Rückgang an Unsicherheit erklärt; die Netzwerkbeziehungen unter Berufskollegen waren in einer frühen Phase höchst wichtig, solange objektive Kenntnisse über die Wirkungen der Medikamente zumeist fehlten und die Ärzte die dringlichsten Informationen und Bestätigungen von ihren Kollegen erhielten.

Ein weiteres Beispiel einer Transformation wäre Ronald Dores Analyse der japanischen Landreform (Dore 1959). In vieler Hinsicht ist sie komplementär zu Bhaduris Studie über die Rückständigkeit der Landwirtschaft unter semifeudalen Bedingungen. Auch Dores Arbeit konzentriert sich auf Renten und Zinsen, die von Ackerbaufamilien aufgebracht werden; sie geht aber weiter und beschreibt, welche Voraussetzungen erfüllt sein mußten, damit eine Landreform in Gang gesetzt werden konnte. Dabei untersuchte der Autor insbesondere, auf welchem Weg die Funktionsweise der überkommenen Ordnung geändert werden mußte, um die Budgets der Bauern auszugleichen; das heißt, unter welchen Umständen die Produktivität stieg (durch die Einführung von Dünger), die Zinssätze sanken (infolge des Zugangs der Bauern zu Banken), sich das Preisniveau stabilisierte (als Konsequenz der Unterstützung der Regierung, die aufrechterhalten wurde, weil sich die Regierung kompetitiven Wahlen zu stellen hatte) und unangemessen hohe Konsumausgaben gesenkt werden konnten (durch die Veränderung von Heiratsritualen). Zu Recht sagt Stinchcombe (1974a, S. 3) in seiner Analyse des Doreschen Arguments: »Die Überlebensfähigkeit der Landreform hängt vom Heiratsritual in japanischen Dörfern ab.«

Ein zusätzliches Beispiel findet sich in Scarlett Epsteins Studie über die Veränderungen, die sich aus der Einführung von Bewässerungstechniken in zwei indischen Dörfern ergaben (Epstein 1962). (Diese Bewässerungen gingen allerdings nicht auf die Initiative der Dörfer zurück, sondern auf den Einsatz der Regierung.) Ein interessanter Aspekt ihrer Untersuchung liegt darin,

daß sich die neuen Technologien und die veränderten Marktbe-
dingungen auf die ökonomischen Rollen und Beziehungen in den
beiden Dörfern ganz unterschiedlich auswirkten. Ein Dorf diver-
sifizierte sich und wurde enger in die regionale Ökonomie eingebunden; die überkommenen Beziehungen zwischen den höherge-
stellten Bauern und den Unberührbaren lösten sich auf. In dem
anderen Dorf indessen, Wangala, fand Epstein, daß die gesamte
Ökonomie zwar ein höheres Niveau erreichte, gleichwohl aber
zur Gänze agrikulturell blieb. Deshalb blieb auch die Beschäftigungsstruktur dieses Dorfes unverändert, da die Nachfrage nach
Tagelöhnern leicht innerhalb des Systems überkommener Beziehungen zu erfüllen war:

»Die geradlinige ökonomische Entwicklung in Wangala führte innerhalb der einheimischen Beschäftigungsstruktur zu keinen Inkompatibi-
litäten, zu keinem Bruch zwischen den neuen Wünschen und der alten
Lebensform ... Hätte die Bewässerung des Wangala-Landes eine Neu-
verteilung der ökonomischen Ressourcen zur Folge gehabt, so hätte dies
zweifellos zu einer Friktion in der traditionalen ökonomischen Organisation Anlaß gegeben und wäre auf deren Veränderung hinausgelaufen.
Statt diese aber umzustoßen, verstärkte die Bewässerung die bestehende
ökonomische Differenzierung noch, und die ökonomischen Beziehungen
konnten unverändert erhalten bleiben ... Von theoretischem Interesse ist
dabei ..., daß die ökonomische Entwicklung sich ohne jede Änderung der
ökonomischen Rollen und Beziehungen vollziehen kann, vorausgesetzt,
sie führt nicht zu einer Reallokation der Ressourcen oder zu einer
Ausweitung ökonomischer Beziehungen. Es ist keineswegs richtig, daß
die wirtschaftliche Entwicklung die ökonomische Struktur solcher
Gesellschaften unterminieren müßte; vielmehr vermag sie die vorhandenen ökonomischen Beziehungen sogar zu stärken« (Epstein 1962,
S. 316-318).

Als einzigen Teil der ökonomischen Struktur veränderte das Aufkommen von Bewässerungsverfahren die ökonomische Rolle der
Hausfrauen; es wurde zu einer Prestigeangelegenheit für die ver-
heirateten Männer, ihren Frauen bei der Kultivierung des Landes
behilflich zu sein. Auf der Mikroebene wurden die Unterschiede
zwischen den Dörfern unter Hinweis auf divergierende Präferenzen und Restriktionen erklärt, auf welche die technischen Umgestaltungen trafen.
Wenn wir technologische Wandlungen oder Veränderungen der
»Produktivkräfte« als einen Wandel der Prozeßstruktur betrach-

ten dürfen, dann gewinnt dieses Beispiel deshalb an Interesse, weil in ihm ein solcher Wandel die zentralen Aspekte der Output-Struktur nicht veränderte. In Anlehnung an einen Begriff aus der Topologie, der oftmals in der mathematischen Ökologie Verwendung findet, können wir ein entsprechendes System als »*strukturell* stabiles System« bezeichnen, wenn der basale Charakter seiner Output-Struktur auch nach der Umgestaltung der Prozeßstruktur derselbe bleibt.[10]

Sukzession und Dialektik

»Dialektik« ist einer der nebulösesten Begriffe der Sozialwissenschaften. Schneider (1971, S. 664) hat sieben verschiedenartige Bedeutungsaspekte dieses Begriffs identifiziert: »Diese haben zu tun mit (1) unerwarteten Handlungskonsequenzen, (2) der Verschiebung von Zielen, (3) Adaptionen, die, einmal vollzogen, weitere, effektivere Anpassungen verhindern, (4) Entwicklungen im Gefolge von Konflikten, (5) Phänomenen wie Widersprüchen, Paradoxa, Negationen, (6) besonders mit der ›widersprüchlichen Logik der Gefühle‹ und (7) der Auflösung von Konflikten durch eine Vereinigung der Gegensätze«. Zusätzlich mag man die eher »hegelianische« Auffassung der begrifflichen Entwicklung anführen, »die Extraktion von Begriffen (aus histo-

---

10 Man sollte hinzufügen, daß diese Formulierung weniger präzise als die mathematische Definition ist. Rosen (1970, S. 85) definiert »strukturelle Stabilität« in folgender Weise: »Die Dauerhaftigkeit des topologischen Charakters der Zeittrajektorie bei hinreichend kleinen Störungen der Bewegungsgleichungen des Systems stellt den Bereich dar, in dem wir Stabilität als ›strukturelle Stabilität‹ bezeichnen; wir sagen, ein System sei ›strukturell stabil‹, wenn sich die Topologie seiner Trajektorien bei Wirkung hinreichend kleiner Störungen erhält, auch wenn es in anderer Hinsicht strukturell instabil sein mag.« Er spricht zur Bezeichnung dieses Sachverhalts auch von »konditionaler Strukturstabilität«. Maynard Smith (1974, S. 11) schreibt: »Das durch die Originalgleichung beschriebene dynamische System wird als ›strukturell instabil‹ bezeichnet, weil die kleinste, in beliebige Richtung verlaufende Änderung der Gleichung die gesamte Topologie der Trajektorien innerhalb des Phasenraums verschiebt« (vgl. auch Thom 1969).

rischen Fakten), die der Realität näher kommen« (Stinchcombe 1974c, S. 31).[11] Begriffe dienen allerdings nicht nur dazu, die Realität widerzuspiegeln, sondern sind auch Instrumente, sie zu erkennen.

In diesem Abschnitt möchte ich eine besondere Transformation beschreiben, die einer Auslegungsart dessen, was der Begriff »dialektischer sozialer Wandel« meint, insofern entspricht, als in ihr mehrere der oben genannten Bedeutungskomponenten zusammenfließen. Einige soziale Prozesse können als zugleich destruktiv und produktiv oder, falls wir über endogenen Wandlungen sprechen, als selbstdestruktiv und selbstproduktiv beschrieben werden. Wenn wir Systemen die Fähigkeit zusprechen, sich zugleich selbst zu zerstören und mit neuen Systemen schwanger zu gehen, dann ist es möglich, die beiden Begriffe »ökologische Sukzession« und »dialektische Transformation« als logisch gleichwertig zu denken.

Der Begriff der »ökologischen Sukzession« wurde in der soziologischen Analyse, seit die »Chicagoer Schule« ihn der biologischen Ökologie entnahm (vgl. Park 1936), über Generationen hinweg zur Beschreibung einer geordneten Ablösung einer Population durch eine benachbarte oder zur Beschreibung der Landnutzung durch Nachfolgepopulationen benutzt (zu einem neueren Überblick zum Thema s. Aldrich 1975). Entsprechend wollen wir zunächst den biologischen Gebrauch des Begriffs näher betrachten.

Wenn ein System seine Ziele innerhalb eines bestimmten Bereichs von Umweltbedingungen erreichen kann, bezeichnen wir es als an diese Umwelt adaptiert. Indessen kann ein adaptives Verhalten ebendiese Bedingungen verändern, so daß das System in deren Rahmen nicht länger funktioniert.

In der Biologie wird die Tendenz einer »Spezies, ihre eigenen Umweltbedingungen außer Kraft zu setzen« und »Bedingungen zu schaffen, unter denen nachfolgende Spezies Wettbewerbsvorteile besitzen« (McNaughton und Wolff 1973, S. 345), als »ökologische Sukzession« bezeichnet. Gewöhnlich erreichen solche Prozesse einen Höhepunkt, auf dem Populationen mit gegen Null tendierenden Wachstumsraten irgendeine gleichgewichtige Größe erreichen, bei der sie zugleich ihre Umwelt oder die Bedingungen ihrer

11 Ein gutes Beispiel dieser Art von Analyse wird in St. Marcus' »Engels, Manchester and the Working Class« (1974, S. 45, 61, 66) beschrieben.

weiteren Existenz reproduzieren. Wie Garret Hardin (1969, S. 284) schreibt,

»ist es nicht nur zutreffend, daß Umwelten Organismen selektieren; Organismen schaffen neue selektive Umwelten. Doch die Bedingungen, die eine erfolgreiche Spezies herstellt, mögen deren weiteren Erfolg beenden. Fruchtsaft favorisiert Hefezellen mehr als jede andere Umwelt; aber wenn die Hefezellen wachsen, produzieren sie Alkohol, der ihr Wachstum begrenzt und letztlich einer neuen Spezies zum Durchbruch verhilft, den Weinessigbakterien.«

Ökologische Sukzession entspricht also einem Prozeß, in dessen Verlauf sein Output Übergänge und Transformationen eben der Prozeßstruktur verursacht, die diesen Output produziert, und damit in eine Sequenz differenter Output- und Prozeßstrukturen ausmündet. Auf dem Höhepunkt einer solchen Entwicklung erhält die Output-Struktur die sie produzierende Prozeßstruktur, oder anders: Der Prozeß reproduziert sich selbst. Dann mag es eine dominante Spezies geben; aber der Weg dorthin kann gekennzeichnet sein sowohl durch zunehmende Diversifikation infolge der Schaffung und gleichzeitigen Stabilisierung neuer Nischen als auch durch reduzierte Vielfalt, wie im Falle von Erosionen oder des Wachstums von Wüsten.

Die Logik eines solchen Prozesses kann mit Hilfe von Differentialgleichungen oder von Diagrammen erfaßt werden. Wenn man beispielsweise unterstellt, daß das Wachstum einer Spezies sich proportional verhält zum Umfang der Spezies, auf die sie folgt, und umgekehrt proportional zum eigenen Umfang, dann kann die daraus resultierende Transformationskette durch eine Reihe simultaner Differentialgleichungen der folgenden Form dargestellt werden:

$$dS_j \,/\, dt = k_{j-1} \, S_{j-1} - k_j \, S_j.$$

Dabei bezeichnet die linke Seite der Formel die Wachstumsrate der Spezies j. Zusätzlich müßten wir noch die Gleichungen bestimmen, die das System schließen (indem etwa die letzte der Gleichungen gleich Null gesetzt wird). Man vergleiche die graphische Darstellung eines solchen Systems bei McNaughton und Wolff (1973, S. 344). Indessen wird die einfachste Illustration der entsprechenden Prozeßlogik durch Figur 5 gegeben.

Diese Figur benutzt ein Pfeildiagramm, um die Kausalbeziehungen zwischen dem Aufstieg und Niedergang der Gruppe G_j und der Schaffung und Zerstörung der Umweltbedingungen oder der

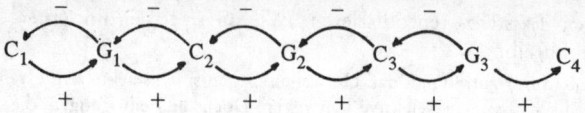

Figur 5: Einfache Darstellung der logischen Struktur eines dialektischen Prozesses (C_j stellen die sozialen Bedingungen dar; G_j stehen für soziale Gruppen).

sozialen Bedingungen C_j zum Ausdruck zu bringen. Vom individuellen Standpunkt aus betrachtet, bedeuten »Bedingungen« sowohl die Struktur der verfügbaren Alternativen als auch die Menge der Anreize und Restriktionen. Die Gruppe G_1 verändert zunächst ihre Umweltbedingungen C_1. Dies hat für die eigene Reproduktion abträgliche Effekte, zugleich aber tragen die veränderten Umweltbedingungen zum Wachstum einer anderen Gruppe G_2 bei, die ihrerseits die eigene Umwelt, C_2, unbewohnbar macht; die dadurch veränderten Bedingungen sind dem Wachstum einer weiteren Gruppe G_3 förderlich, usf. Solche Effekte können auch über einige Entfernung auftreten, etwa wenn G_1 durch C_2 statt durch C_1 aversiv beeinflußt wird.

Das am besten bekannte sozialwissenschaftliche Beispiel für eine Situation, innerhalb deren soziale Gruppen Bedingungen schaffen für neue Gruppen und dabei gleichzeitig die eigenen Existenzbedingungen untergraben, ist Marx' Historischer Materialismus. Soziale Klassen schaffen sukzessive Bedingungen, die neue Klassen bevorteilen und damit, auf lange Sicht gesehen, das eigene Überleben verhindern. Die prägnanteste Zusammenfassung dieses Arguments findet sich im *Kommunistischen Manifest* (Marx und Engels 1974), in dem Marx (S. 467) beschreibt, wie die Produktions- und Verkehrsmittel, auf deren Grundlage sich die Bourgeoisie heranbildete, innerhalb der feudalen Gesellschaft erzeugt wurden; wie die feudale Produktionsorganisation in steigendem Maße in Widerspruch geriet zu den schon entwickelten Produktivkräften, deren weiterer Fortschritt schließlich hemmte und infolgedessen dazu verdammt war, gesprengt zu werden. Eine ähnliche Entwicklung findet unter dem Kapitalismus statt

(S. 467 f.): Indem die Bourgeoisie die Industrialisierung vorantreibt, stößt sie ganze Teile der herrschenden Klasse ins Proletariat und erzeugt damit zugleich wachsende Reichtümer, wachsende Armut und ein wachsendes Proletariat. Infolge der Konzentration der Industrie drängt sie das Proletariat zusammen, das sich in der Folge seiner Ausbeutung ebenso wie seiner Kraft bewußt wird und sich daraufhin zur Klasse zu formieren beginnt. »Die Waffen, womit die Bourgeoisie den Feudalismus zu Boden geschlagen hat, richten sich jetzt gegen die Bourgoisie selbst. Aber die Bourgoisie hat nicht nur die Waffen geschmiedet, die ihr den Tod bringen; sie hat auch die Männer erzeugt, die diese Waffen führen werden – die modernen Arbeiter, die Proletarier« (Marx und Engels 1974, S. 468). Die Logik dieser Erklärung gleicht also der einer ökologischen Sukzession: Spezielle Umstände oder Umwelten selegieren nicht nur soziale Gruppen, solche Gruppen schaffen auch neue, selektive Bedingungen, die ihr eigenes Weiterbestehen unterbinden und die Entstehung anderer Gruppen favorisieren. Ihre Handlungen sind zugleich produktiv und kontraproduktiv.[12]

Das Ergebnis des Marxschen Modells – Konflikt und Revolution – wird von den Kapitalisten weder geplant noch erwünscht. Aber indem sie sich individuell anpassen, behindern sie unwissentlich ihre effektivere Anpassung als gesamte Klasse. Sie befinden sich in der paradoxen Situation, sich – erzwungen durch die selbst erzeugte Sozialstruktur – in einer Weise verhalten zu müssen, die sich, obwohl sie dem einzelnen Vorteile verschafft, für alle als nachteilig erweist und die den eigenen Untergang ebenso herbeiführt wie den der selbst geschaffenen Sozialstruktur. Der endgültige Zusammenbruch verdankt sich dem neuen Bewußtsein des expandierenden Proletariats, und das heißt neuen Vorstellungen, die sich zu beidem eignen: dazu, die Wirklichkeit zu verstehen und die Bourgoisie zu entmachten. Während die Veränderung *innerhalb* des kapitalistischen Systems das nicht-intendierte Gesamtresultat individuellen Handelns ist, verdankt sich die Veränderung *des* Systems einem kollektiven Handeln, das in dreierlei

---

12 Der Leser wird sich daran erinnern, daß die Theorie des demographischen Übergangs kritisiert wurde, weil sie keine Bewegungsprinzipien und damit keine inhärente Begründung dafür enthielt, weshalb die drei Stadien aufeinander folgen sollten. Marxens Theorie der Entwicklung der Industriegesellschaften sollte Bewegungskräfte in diesem Sinne benennen.

Hinsicht revolutionär ist: Es ist neuartig, es formiert und verbreitet das Verständnis dafür, auf welchem Wege die vorhandenen Bedingungen oder die derzeitige Prozeßstruktur überwunden werden können, und es ersetzt dementsprechend den unintendierten Wandel durch die bewußte historische Transformation.

Natürlich gibt es auch andere Autoren, die dasselbe basale Paradigma verwendet haben, um sozialen Wandel zu beschreiben. Während Marx den »ökologischen Höhepunkt« der menschlichen Geschichte im Vorhandensein einer selbstreproduktiven klassenlosen Gesellschaft erblickt, beschreibt Milovan Djilas (1957) mit dem Aufkommen einer neuen, nachrevolutionären Klasse einen anderen dialektischen Prozeß. Die soziale Wurzel der neuen Klasse liegt im Proletariat, für das sie zur Durchsetzung der Industrialisierung administrative Funktionen erfüllt. Sie ist durch das Proletariat zur Macht gekommen, aber sie geht dazu über, diese Macht zu monopolisieren und gegen das Proletariat zu wenden. »In diesem Falle entstand aus den ausgebeuteten Klassen eine neue ausbeuterische und herrschende Klasse« (Djilas 1957, S. 38 ff.).[13]

Derartige Prozesse können »dialektisch« genannt werden, wobei man im Auge behalten sollte, daß auf dem betreffenden Aggregatniveau die Beschreibungslogik im wesentlichen dieselbe ist, ob Hefezellen oder Kapitalisten beschrieben werden, die beide unwissentlich ihren eigenen Untergang betreiben.

Indessen besteht, wie Toulmin (1974, S. 32) es ausdrückt, »ein wesentlicher Unterschied zwischen den intentionalen (teleologischen) Aktivitäten menschlicher Wesen und den mechanischen, selbstkorrektiven (teleonomischen) biologischen Prozessen«. Im Rahmen soziologischer Wandlungsanalysen müssen wir deshalb fragen, weshalb es für zweckorientierte Akteure rational ist, sich angesichts gegebener Restriktionen in einer Weise zu verhalten, von der sich zeigt, daß sie ihren Untergang herbeiführt, oder wie sich eine kurzfristig orientierte Rationalität auf die lange Sicht als irrational erweisen kann.[14]

13 Die Logik der Djilasschen Analyse gleicht in vielem der des *Kommunistischen Manifestes*. Man könnte auch sagen, daß die chinesische Kulturrevolution der Djilasschen These eine empirische Stütze verleiht.
14 Die Begriffe »teleonomisch« und »teleologisch« wurden im Sinne von Monod (1971) gebraucht, wurden aber bereits früher eingeführt (vgl. Mayr 1982, S. 47-51).

Um eine vollständige dialektische Analyse durchzuführen, müssen wir deshalb zeigen können, daß derselbe Sachverhalt oder dieselben Bedingungen sowohl funktional als auch dysfunktional sein können; daß, mit anderen Worten, die durchaus zutreffende Antwort eines Systems auf eine bestimmte Herausforderung zugleich seine Auflösung zur Folge haben kann (vgl. Merton 1957b, Elster 1971). Die Output-Struktur kann zur Zerstörung der Prozeßstruktur und zur Ausbildung einer anderen Prozeßstruktur führen. Die dabei berücksichtigte Unterscheidung zwischen drei Strukturebenen ermöglicht es auch, marxistischen Begriffen wie »strukturelle Entsprechung«, »Basis und Überbau« etc. eine präzise Bedeutung zu verleihen.

Aber nicht nur aufeinanderfolgende soziale Klassen oder Gruppen können dem logischen Schema von Figur 5 folgend beschrieben werden. Es kann auch zur Darstellung der Art und Weise dienen, in der Gruppen, indem sie ihre Umwelt modifizieren, sich selbst umgestalten; wie Eigenschaften von Gruppenmitgliedern ihre zwischenmenschlichen Beziehungen in Mitleidenschaft ziehen und diese wiederum auf die Eigenschaften der Personen rückwirken, oder wie Persönlichkeitsmerkmale zu Handlungen führen, deren Resultate die Persönlichkeit verändern, etc.

Ein letzter Punkt sollte Beachtung finden. Die Gleichzeitigkeit der Zerstörung einer Prozeßstruktur und der Schaffung einer anderen erfordert von konkreten Analysen den Nachweis, in welcher Weise die Destruktion einer Prozeßstruktur die konstitutiven Elemente der nachfolgenden Prozeßstruktur erzeugt und wie die Beziehungen zwischen diesen Elementen aufgebaut werden. Marx schreibt (1965, Bd. 1, S. 743): »Die ökonomische Struktur der kapitalistischen Gesellschaft ist hervorgegangen aus der ökonomischen Struktur der feudalen Gesellschaft. Die Auflösung dieser hat die Elemente jener freigesetzt« (vgl. auch Balibar 1970, S. 279), und argumentiert im weiteren, daß diese Elemente zu einer neuen ökonomischen Ordnung verbunden wurden. Wiederum sehen wir die Wichtigkeit der Vermittlung des makroskopischen Strukturwandels durch Prozesse auf der Mikroebene. Und wiederum werden in solchen Analysen die Opportunitäten, denen die Akteure gegenüberstehen, und die Probleme, die sie zu lösen suchen, zum strategischen Punkt des theoretischen Zugriffs.

Problemgenerierende Strukturen

Bei der Beschreibung dialektischer Entwicklungen werden oft die Hegelschen Begrifflichkeiten von Antithese, Negation oder Aufhebung benutzt, aber der Inhalt dieser Begriffe ist unklar. Ich werde deshalb die Art und Weise, in der einige Prozeßstrukturen oder Operatoren Probleme generieren, mit Hilfe ebenjener Operationen beschreiben, die sie zulassen und die zu Modifikationen sowohl des Operators wie des Operanden führen. Auf diesem Wege sollte es auch möglich sein, die Hegelschen Begriffe, die der soziologischen Analyse durchaus nützlich sein können, mit einem präziseren Inhalt zu versehen.

Ein aufschlußreiches Beispiel findet sich in der Entwicklung der Zahlentheorie, die mit der folgenden, ganz kursorischen Geschichte beschrieben werden kann. Zu Beginn kannte man nur die natürlichen Zahlen und die Operationen Addition, Subtraktion, Multiplikation, Division und das Ziehen von Wurzeln. Zwei von vier abzuziehen, stellte keine Probleme dar, aber die umgekehrte Operation war sinnlos, bevor negative Zahlen und die elementaren Operationen, die mit ihnen vollzogen werden durften, definiert waren. Entsprechend schuf die für natürliche Zahlen ausgeführte Operation der »Subtraktion« ein Problem, dessen Lösung in einer Ausweitung der Operanden und deren Anwendungsfeldes bestand (das heißt in der Klärung der Bedeutung des Ausdrucks: (2−4)). Das Operieren mit natürlichen Zahlen führte somit zu deren »Negation« und die Synthese der beiden Zahlenarten zum Begriff der »ganzen Zahl«, die beide, natürliche wie negative Zahlen, umfaßte. Vier durch zwei zu teilen, verursachte kein Problem, die umgekehrte Operation aber so lange, bis Brüche definiert waren, auf die die elementaren Operationen angewendet werden konnten (zum Beispiel die Multiplikation von Brüchen, wobei allerdings die Division durch Null nicht erlaubt war). Somit also führte die Operation der »Division« in ihrer Anwendung auf ganze Zahlen zur Erweiterung des Zahlensystems und zur Zusammenfassung von ganzen Zahlen und Brüchen in der Menge der rationalen Zahlen. Das Ziehen der Wurzel aus vier ist unproblematisch, aber die Wurzel aus zwei verursachte ein Problem insoweit, als das Ergebnis weder eine ganze Zahl noch einen Bruch darstellte. Die Operation des Wurzelziehens aus rationalen Zahlen führte zur Entdeckung von irrationalen Zahlen,

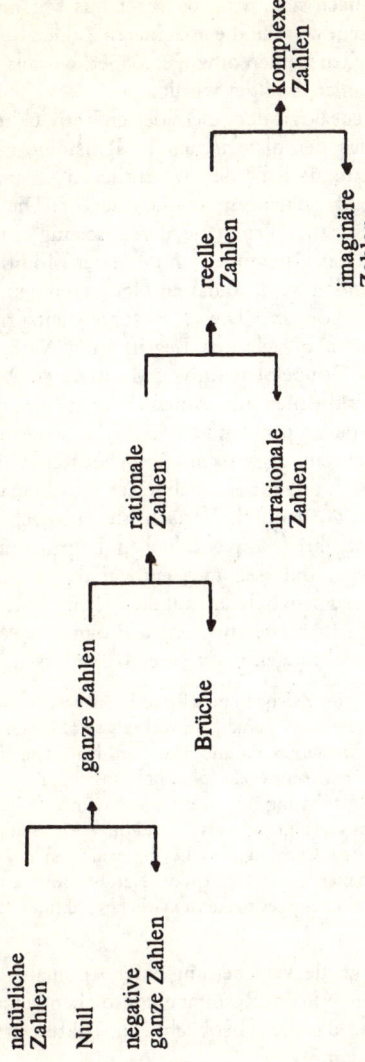

Figur 6: Die logische Struktur einer problemerzeugenden Struktur, illustriert anhand eines Zahlendiagramms.

die beide unter der Rubrik der »reellen Zahlen« zusammengefaßt wurden. Das Ziehen der Wurzel aus einer negativen reellen Zahl zog ein Problem nach sich, denn das Ergebnis war unbestimmt. Um dem abzuhelfen, wurden die imaginären Zahlen definiert und der Menge der reellen Zahlen hinzugerechnet, woraus die Menge der komplexen Zahlen gebildet wurde.

Figur 6 faßt die Genealogie der geschilderten Entwicklung zusammen, die allerdings der historischen Ereignisfolge nicht genau entspricht. Diese Figur hebt den wesentlichen Charakter einer problemgenerierenden Struktur deutlich hervor: Die zugelassenen Operationen schaffen Probleme, deren Lösung oftmals durch die Neudefinition der Operanden und in einer Modifikation der Operationen gefunden wird, so daß infolgedessen neue Elemente bearbeitet werden können. (Dieses Verfahren entspricht in bestimmter Weise dem Hegelschen Begriff des »Aufhebens« mit dessen berühmter Doppelbedeutung). Mit anderen Worten: Die Entstehung von Problemen gibt Anlaß zu Transformationen.

Eine andere Illustration problemgenerierender Strukturen finden wir in Kuhns Beschreibung wissenschaftlicher Revolutionen. Seiner Auffassung nach erlaubt ein etabliertes Paradigma der »normalen Wissenschaft«, dadurch Fortschritte zu machen, daß sie durch den Einsatz ihrer konventionellen Begriffe und Instrumente »Rätsel löst«. Indessen mag ein Paradigma auch Fragen zulassen, ja geradezu provozieren, auf die es keine Antwort bereit hält oder zu deren Beantwortung es zu Prognosen verleitet, die sich mit den Beobachtungen nicht vereinbaren lassen. Daher

»muß die Forschung im Zeichen eines Paradigmas besonders erfolgreich bei der Herbeiführung eines Paradigmawechsels sein. Einen solchen bewirken grundlegend neue Fakten und Theorien. Nachdem sie bei einem Spiel, das einem System von Regeln folgt, unbeabsichtigt erzeugt worden sind, verlangt ihre Rezipierung ein neues Regelsystem ... Das Assimilieren eines neuen Faktums verlangt mehr als eine additive Anpassung der Theorie, und solange diese Anpassung nicht abgeschlossen ist, solange die Wissenschaftler also nicht gelernt haben, die Natur anders zu sehen, ist die neue Tatsache gar kein richtiges wissenschaftliches Faktum« (Kuhn [2]1976, S. 65 f.).

Somit also verlangt die Verarbeitung einer Anomalie konzeptionelle Anpassungen, und das Resultat eines solchen Versuchs ist ein neues Paradigma, das den beobachteten Fakten erfolgreicher Rechnung tragen kann.

Es gibt noch einen weiteren interessanten Aspekt des Kuhnschen Modells. Kuhn vertritt die Auffassung, daß Paradigmen wandlungsresistent sind; eine Tatsache, die garantiert, daß sich die Wissenschaftler nicht durch kleine Unstimmigkeiten und Pannen ablenken lassen, »so daß die zum Paradigmawechsel führenden Anomalien die existierende Erkenntnis erst bis auf ihren Kern durchdringen müssen« (Kuhn ²1976, S. 77 f.).[15] Darüber hinaus weist Kuhn darauf hin, daß das Auftauchen eines neuen Paradigmas zu einer Art Schlacht führt um die Frage, unter welchen Umständen es akzeptiert werden sollte, und daß dieser »Wettbewerb zwischen Paradigmen nicht jene Art von Auseinandersetzung darstellt, die man durch Beweise beenden könnte«. So wird die Akzeptanz eines Paradigmas in weitem Umfang zu einer Frage der Macht und eines Bekehrungsprozesses, in dessen Verlauf sich die professionellen Orientierungen verschieben.

Andere soziale Prozesse können in der gleichen Weise betrachtet

---

15 Ein Beispiel für eine Anomalie der Sozialwissenschaften unserer Tage ist das neoklassische Konzept der »marginalen Arbeitsproduktivität«. »Obgleich ihre Antwort die Nützlichkeit des Begriffs der ›Grenzproduktivität‹ im Kern unterminiert, pflegen Ökonomen auf die Frage, wie sie sich das Vorhandensein von Arbeitslosigkeit erklären, oftmals zu sagen, daß mit dem Begriff der Grenzproduktivität eher eine Beschäftigungstheorie angesprochen ist als eine Verteilungstheorie. Sie tun dies deshalb, weil es in einer Welt des Wettbewerbs, in der jeder Produktivitätsfaktor seinem Grenzprodukt entsprechend bezahlt wird, theoretisch keine Arbeitslosigkeit geben kann. Wenn die Grenzproduktivität als Beschäftigungstheorie verstanden wird, dann kann man unterstellen, daß die Lohnraten irgendwie soziologisch bestimmt werden; dann aber werden die Faktoren so lange verwendet, bis ihr Grenzprodukt diesem soziologisch bestimmten Lohn oder Preis entspricht. Für die übrigen Faktoren bezahlt man entsprechend ihrer Grenzproduktivität, aber die Löhne oder Preise bestimmen diese Größe, nicht umgekehrt. In diesem Fall determiniert die Grenzproduktivität das Einkommen einer Gruppe, indem sie deren Nichtbeschäftigung beeinflußt. Trotz der Probleme, die mit dieser Idee der Grenzproduktivität verbunden sind, sind die Ökonomen nur sehr zögend bereit, den Begriff fallenzulassen, denn sie wissen nicht, wodurch sie ihn ersetzen sollten, da er für den umfangreichen theoretischen Apparat der Ökonomie wesentlich ist. Wenn man ihn fallenließe, müßte man sich von vielem in der Ökonomie verabschieden« (Thurow 1973, S. 71 f.).

werden. So führte etwa die Gründung von Organisationen anfangs zu schwierigen rechtlichen Problemen, da die meisten Gesetze sich auf natürliche Personen beziehen. Selbstverständlich hatten große soziale Einheiten wie Stämme, die römisch-katholische Kirche und die Universitäten schon über lange Zeiträume existiert, und die Begriffe, die sie als solche erfaßten, waren nicht neu. Aber mit dem Ausgang des Mittelalters tauchten nicht-überlieferte Rechtsbegriffe auf: »Neu war in der Tat der Gedanke, daß diese Gebilde das Recht hatten, sozusagen selbständig Rechtsgeschäfte abzuwickeln – das Recht, eigenständig darüber zu entscheiden, was sie besitzen, kaufen und verkaufen wollten« (Coleman 1979, S. 12). Man behalf sich mit einer begrifflichen Innovation, die sowohl natürliche Personen wie Organisationen unter ein und denselben Begriff der »juristischen Person« faßte und einer solchen das Recht zuschrieb, Beziehungen aufzunehmen oder aufzulösen, bindende Abmachungen einzugehen und ähnliches.

Bei der Analyse eines Operators oder einer Prozeßstruktur sollte man deshalb nicht nur fragen, welche Output-Struktur sie produzieren, sondern überdies danach, welche Probleme im Gefolge der Prozeßstruktur auftauchen. Wenn zwischen zwei Gemeinschaften Handel und Warenaustausch betrieben wird, dann entsteht infolge dieses Prozesses weit mehr als nur eine regelmäßige Transaktion. Wenn die Güter nicht teilbar sind, benötigt man einen Maßstab, um ihre Wertdifferenzen auszudrücken, und zwar eine Ware, die jeder zu diesem Zweck akzeptiert, wenn die Transaktionen nicht auf den direkten Austausch zwischen jenen beschränkt werden sollen, die das gerade verfügbare Gut nachfragen. Ein teilbares Tauschmedium kann dieses Problem lösen. Aber dieses Medium kann Folgeprobleme nach sich ziehen, wenn es nur schwer in Scheideeinheiten zu zerlegen oder zu addieren ist, wenn es verderblich ist, schwierig aufzubewahren oder von ungleicher Qualität, wenn seine Quantität schwankt usf. In gleicher Weise zieht jeder Handel Rechtsprobleme nach sich (Wer haftet für die Waren während ihres Transports? Wie können Versprechen in durchsetzbare Verträge überführt werden? Wie kann man dem verwendeten Geld einen raum- und zeitunabhängigen, einheitlichen Wert garantieren?) und Probleme der Standardisierung (ein Bedürfnis nach Kalendarien, die es ermöglichen, sich zu einer festlegbaren Zeit zu treffen oder zu liefern; ein Bedürfnis nach einheitlichen

Gewichten und Maßen, um sicherzustellen, daß man weiß, was man erhält, usf.). In diesen Fällen besteht das Problem nicht darin, intellektuelle Konsistenz herzustellen, sondern Erwartungen in geordneter Wechselseitigkeit zu stabilisieren. Auf der Mikroebene bestehen die Motive in dem Wunsch, Transaktionskosten und Risiken zu mindern; die Lösungen fanden sich in der Errichtung von Institutionen, in die mehr Vertrauen investiert werden kann als in fehlbare Menschen. Aber selbst dann, wenn mit der Zeit verbesserte Lösungen selegiert werden und Eingang finden in Traditionen und institutionelle Ordnungen, schaffen auch sie neue Probleme, die weitere Modifikationen erfordern, so etwa wenn sich aus der Errichtung von Märkten Umstände ergeben, die dazu nötigen, deren Umfang zu beschränken. Gleichzeitig sind in bestehenden Problemlösungen Investitionen gebunden (*sunk costs*), so daß es schwierig sein kann, sie zu verändern: In den USA stellt die Umstellung auf das metrische System eine enorme Aufgabe dar, und die Übernahme europäischer Voltmaße ist wegen der dafür erforderlichen Kapitalkosten undurchführbar.

Man beachte, daß dem, was man als eine Verbesserung oder als eine Problemlösung betrachtet, ein impliziter Standard zugrunde liegt. Problemgenerierende Strukturen gelten dann als verbessert, wenn sie zu größerer Konsistenz, größerer Effizienz, größerer Gleichheit, mehr Vorteilen, geringeren Kosten und ähnlichem führen. Indessen kann die Ursache des Problems auch darin liegen, daß sich ein solcher Standard oder die betreffende Referenzgruppe verändert (vgl. Merton 1957a).

Ein wesentliches Ergebnis dieser Überlegungen sollte sein, daß die Schlüsselfrage, die Theorien des strukturellen Wandels zu klären haben, oftmals darauf zielen wird, welche intellektuellen Probleme eine vorgegebene Ordnung oder ein vorliegendes soziales Arrangement stellen. So meint auch Marx, daß sich auf der Makroebene die theoretische Aufmerksamkeit auf die Probleme zu richten hat, die sich den Menschen stellen, wenn sie versuchen, ihr Leben im Rahmen unterschiedlicher institutioneller Regelungen zu führen, welche Strategien sie bei der Lösung dieser Probleme verfolgen und in welcher Weise sich diese Versuche in einer Änderung der institutionellen Ordnung niederschlagen.

Es ist wichtig zu sehen, daß solche Problemlösungen nicht dramatisch verlaufen müssen. In einer Studie über die Verwaltung eines Industriebetriebs bemüht sich Stinchcombe um den Nachweis, daß sich Routineverwaltung und Innovationen nicht radikal unterscheiden. Um in der Lage zu sein, ein Stahlwerk zu führen, müssen sich die Administratoren nach größeren und kleineren Innovationen umtun, die die Kontrolle der Routineproduktion erleichtern. Die problemgenerierende Struktur besteht im vorliegenden Fall in der hohen Interdependenz der Produktionsschritte einer Walzstraße, das heißt darin, daß jede Unterbrechung in einem Teil der Stahlfabrik die gesamte Produktion paralysieren kann. Aus diesem Grund kann man »die Routineprobleme der Stahlrohrproduktion nur durch Innovationen lösen« (Stinchcombe 1974b, S. 30). Die von Stinchcombe verfolgte Forschungsstrategie stammt von Weber: Er betrachtet »Rationalität« als eine graduelle Variable und als Eigenschaft eines Systems, und weniger als ein individuelles psychologisches Merkmal. Die wichtigste Frage lautet unter dieser Voraussetzung: Welche strukturellen und normativen Vorkehrungen schirmen das ökonomische und administrative Handeln vor irrationalen Einflüssen ab, und mit welcher Effektivität gelingt ihnen dies? Indessen, wie oben betont, besitzt das Problem der Rationalität auch in dem Sinn eine systemische Komponente, daß verschiedenartige soziale Arrangements unterschiedliche Probleme schaffen, durch deren Lösung verändert werden und daraufhin neue Probleme erzeugen. Die Art, wie Aktivitäten organisiert werden, berührt die Häufigkeit, mit der etwas als problematisch eingestuft wird. Generell gilt, daß Störungen in einer Teilkomponente sich um so nachteiliger auf andere Elemente eines Systems auswirken werden, je höher der Grad wechselseitiger Abhängigkeit ist. Oder in einer anderen Sprache ausgedrückt: Das Wesen der Prozeßstruktur – besonders der Grad ihrer Verknüpftheit mit anderen Strukturen – bestimmt das Ausmaß, in dem ihr Output auf der Mikroebene als problemauslösend bewertet wird, oder das Ausmaß, in dem individuelle Anpassungen, wenn sie gehäuft auftreten, zu Problemen führen.

Es ist deshalb informativ, sich zwei polare Fälle systemischer Interdependenz näher anzusehen: lose verknüpfte Systeme und überintegrierte Systeme.

Lose verknüpfte Systeme

Bislang habe ich zumeist einfache Prozesse beschrieben – eine Prozeßstruktur, die eine spezifische Output-Struktur erzeugt, zwei interagierende Systeme oder eine Reihe von Prozeßstrukturen, die einander ablösen. Man muß nicht eigens betonen, daß viele Prozeßstrukturen zugleich wirksam sind und sich deshalb in ihren Operationen wechselseitig überlagern. Maurice Godelier schreibt (1972, S. 99): »Zwischen eine Ursache und eine Wirkung schieben sich immer alle die bekannten und unbekannten Eigenschaften einer oder mehrerer Strukturen. Es ist diese strukturale Kausalität, die einem Ereignis alle seine Dimensionen verschafft, seien sie bewußt oder unbewußt, und die alle seine Effekte erklärt, seien sie intentional oder nicht.« Aber die Rückwirkungen und Verzweigungen eines Ereignisses werden auch durch das Ausmaß bestimmt, in dem ein übergreifendes System hierarchisch oder aus zerlegbaren Teilen aufgebaut ist, das heißt durch den Umfang, in dem die Interaktionen eher innerhalb von Subsystemen verlaufen als zwischen ihnen, was es den jeweiligen Subsystemen erlaubt, relativ unbehelligt von den Details des internen Funktionierens der anderen zu operieren.

Eine wichtige Eigenschaft hierarchischer Systeme besteht darin, daß die Subsysteme oder Subroutinen ohne nachhaltige Wirkung für die anderen geändert werden können. Das Ausmaß, in dem sie sich wechselseitig beeinflussen, wird erfaßt durch den Grad ihrer Verkopplung, der von der Aktivität der Variablen abhängt, die ihnen gemeinsam sind. Relativ unabhängig sind zwei Systeme voneinander, wenn sie nur über wenige gemeinsame Variablen verfügen oder wenn der Einfluß, den die gemeinsamen Variablen ausüben, im Vergleich mit anderen Wirkgrößen schwach ist.

»Man kann eine solche Situation sinnvollerweise als ›lose Kopplung‹ bezeichnen und darüber hinaus von der ›Persistenz eines Systems A gegenüber einem anderen System B‹ sprechen, insoweit System A von System B unabhängig ist. Diese Begrifflichkeiten können dazu dienen, die Aufmerksamkeit auf den Tatbestand zu lenken, daß sich die Stabilität eines Systems nicht nur der unmittelbaren Kompensation der Inputs verdankt, denen es ausgesetzt ist, sondern bisweilen auch dem Mangel an Kommunikation« (Glassman 1973, S. 84).

Dies hat verschiedene wichtige Implikationen für die Analyse strukturellen Wandels. Zunächst kann jedes Teilsystem modifiziert oder transformiert werden, ohne die anderen Teilsysteme zu verändern, und selbst lokal stabil bleiben, während die anderen sich einem Wandel unterziehen müssen, weil die Erschütterung innerhalb einer seiner Komponenten sich nicht über das Gesamtsystem verbreitet. Das heißt, struktureller Wandel mag sich endogen in unterschiedlichen Subsystemen vollziehen, ohne daß dies große Rückwirkungen für die Nachbarsysteme haben müßte. Zum zweiten gilt, daß sich Systeme, infolge ihrer relativen interaktiven Unberührtheit, selbst reproduzieren und dennoch neue Verbindungen untereinander eingehen können. Da sie lose miteinander gekoppelt sind, können sie als Elemente zu neuen Gesamtheiten gruppiert, aber auch gestört oder geändert werden, ohne das Gesamtsystem zu gefährden, dessen Teil sie darstellen. Ein Abschnitt aus einem alten anthropologischen Text mag diesen Sachverhalt illustrieren:

»Unter dieser einfachen Form ... haben die Einwohner des Landes seit unvordenklichen Zeiten gelebt. Die Grenzen der Dorfgebiete wurden nur selten geändert; und obgleich die Dörfer wiederholt durch Krieg, Hungersnot und Seuchen heimgesucht, ja verwüstet wurden, haben derselbe Name, dieselben Grenzen, dieselben Interessen und dieselben Familien sich durch Generationen fortgesetzt. Die Einwohner ließen sich durch den Zusammenbruch und die Teilung von Königreichen nicht anfechten; solange das Dorf ungeteilt bleibt, ist es ihnen gleichgültig, an welche Macht es abgetreten wird oder welchem Herrscher es zufällt. Seine innere Wirtschaft bleibt unverändert« (Raffles 1817, Bd. 1, S. 285, zitiert nach Marx 1965, Bd. 1, S. 379).

Mit anderen Worten, lose gekoppelte Systeme können die Reproduktionen ihrer Teile mit der Transformation des Ganzen kombinieren oder auch die Transformation der Teile mit der Reproduktion des Ganzen. Anhand lose gekoppelter Systeme kann man auch leicht zeigen, wie aus der Zerstörung einer integralen Prozeßstruktur die konstitutiven Teile einer anderen hervorgehen.
Der Wandel in den Teilen eines lose gekoppelten Systems entspricht der Adaption in der Biologie. Ein wichtiger Aspekt dieser Form des Wandels besteht genau darin, daß »einige Anpassungen zuverlässig blockiert werden, während andere stattfinden« (Glassman 1973, S. 86), oder daß »partielle Erfolge konserviert und akkumuliert werden können« (Ashby 1966, S. 152). Auf genau diese Weise kann beschrieben werden, wie sich natürliche, teleonomische Systeme mit der Zeit durch Selektion immer besser

anpassen. Man kann argumentieren, daß Lernen am Erfolg für teleologische Systeme das gleiche leistet wie die Selektion für teleonomische Systeme. (Zu Modellen sozialer Selektion siehe Alchian 1950, Winter 1964-65, Farrell 1970). Indessen gibt es auch wichtige Unterschiede zwischen Lernen und Selektion, die vornehmlich darin bestehen, daß Lernen in Form ganz dramatischer konzeptueller Verbesserungen stattfinden kann – wie etwa durch die oben erwähnten wissenschaftlichen Revolutionen illustriert wird – und daß rationale Akteure, die ein lokales Optimum erreicht haben, dieses auch wieder verlassen können, um ein noch höher liegendes zu erreichen, was im Rahmen der natürlichen Selektion höchst unwahrscheinlich ist.

Entsprechend können wir bei der Analyse des Strukturwandels lose gekoppelter Systeme in Einzelschritten vorgehen. Indessen sollte man darauf achten, daß die Unabhängigkeit der Teilkomponenten vorübergehender Natur sein kann, so daß der Zeitraum, innerhalb dessen man die Koppelung bewerten möchte, eine kritische Größe darstellen mag. So argumentiert Marx, daß über die kurze Zeit die »Produktionsverhältnisse« (oder, grob gesprochen, die soziale Organisation) nur lose mit den »Produktivkräften« (oder, grob gesagt, mit der Technologie) gekoppelt sind. Aber »über längere Zeit kann der wechselseitige Einfluß der Subsysteme aufeinander stärker sein, als es innerhalb eines gegebenen kurzen Zeitintervalls scheinen mag« (Glassman 1973, S. 85), zum Beispiel dann, wenn sich dessen Effekte akkumulieren. Und genau darauf hat Marx bei der Behandlung der wechselseitigen Dynamik von Technologie und sozialer Organisation hingewiesen: In dem Umfang, in dem eine relativ fixierte Sozialstruktur zunehmend hinter einer sich entwickelnden Technologie zurückbleibt, bildet sich ein revolutionäres Potential aus. Anders ausgedrückt: Die differenten Veränderungsraten schaffen eine »strukturelle Inkompatibilität«, das heißt durch Individuen vermittelte Makroprobleme, die gelöst werden müssen. Modelle wie dieses »sind in einem echten Sinne dynamischer Natur: die Ursachen werden unter Hinweis auf die Wandlungen definiert, die sie hervorbringen« (Coleman 1964, S. 106).

Überintegration und Katastrophe

Systeminterne Veränderungen können den Kopplungsgrad von Systemen mit der Zeit verschieben. Im Gefolge erweiterter Reproduktion, von Übergängen oder Transformationen der Teile, kann sich das Gesamtsystem in höherem Maße integrieren. Eine Integration kann sich durch Lernen einstellen, indem man einen Ökonomisierungseffekt dadurch erreicht, daß man bestimmte Vorkehrungen mehrerer Funktionen erfüllen läßt (Merton 1957b).

Erhöhte Integration kann zwei ganz verschiedene Folgen haben. Zunächst ist es möglich, daß ein Sozialsystem infolge einer engeren Verkopplung seiner Komponenten gegenüber Wandlungen resistenter wird. Wenn eine zunehmende Anzahl von Elementen multiple Funktionen erfüllt, wird es schwerer, ein Subsystem zu verändern, ohne auch die anderen zu modifizieren. In der Tat nähert sich die Gesellschaftsbeschreibung, welche die klassischen Funktionalisten geben, diesem Typus der totalen Integration. Auch die interne Verknüpftheit und die Wandlungsresistenz eines wissenschaftlichen Paradigmas gleicht dieser Form der Integration weitgehend. Dies bedeutet, daß die fortschreitenden Bindungen der Subsysteme aneinander zu einer »Überintegration« in dem Sinne führen können, daß eine erwünschte Veränderung innerhalb eines Subsystems, um praktikabel zu sein, zu viele gleichlaufende Veränderungen anderer Subsysteme erfordern würde.[16]

16 Betrachtungen zur Flexibilität und Rigidität sozialer Systeme haben eine lange Tradition in der soziologischen Analyse. Im vorliegenden Fall wurde der Begriff der »Überintegration« von dem Biologen Richard Levins (1968) geborgt, der (S. 108) schreibt: »Unter konstanten makroskopischen Bedingungen gibt es eine Tendenz zu einer gesteigerten Integration verschiedener Funktionen in der Form einer konvexen Fitness-Menge. Dies kann aufgrund einer Selektion von kostenreduzierenden Merkmalen geschehen, indem derselben Variablen verschiedene Aufgaben zugewiesen werden. Darüber hinaus kann der Tatbestand, daß ein bestimmtes Merkmal mehr oder minder konstant vorhanden ist, als Signal dazu dienen, neue Prozesse einzuleiten. Auf diese Weise wird eine vorhandene Eigenschaft in mehrfacher Hinsicht notwendig. Daraus ergibt sich die Möglichkeit, daß ein Organismus nach langer Zeit und in einer unveränderten Umwelt in dem Sinne über-integriert sein kann, daß eine bestimmte Veränderung, die in bestimmter Hinsicht vorteilhaft sein könnte, zu viele gleichlaufende Umgestaltungen erfordern würde, um sich durchsetzen zu können«.

Zweitens setzt die steigende Komplexität, die das System in gewisser Hinsicht stabiler und wandlungsresistenter macht, dieses System in anderen Hinsichten Katastrophen aus, genau so, wie Anomalien, die zu Veränderungen eines Paradigmas führen, das bestehende Wissen in dessen Grundfesten erschüttern. Ein sehr aufschlußreiches anthropologisches Beispiel einer Katastrophe finden wir in Lauriston Sharps »Steel Axes for Stone-Age Australians« von 1952. Sharp zeigt, daß die traditionellen Steinäxte mit fast jedem Aspekt des Lebens der Yir Yoront-Gruppe verkoppelt waren: mit dem Reproduktionssystem durch die Geschicklichkeit, die ihre Herstellung erforderte, und durch die Tatsache, daß diese Steinäxte das weitaus wichtigste Instrument bei der Nahrungsbeschaffung darstellten; mit den Beziehungen zu Nachbargruppen wegen ihrer Rolle für den intertribalen Handel; mit dem Autoritätssystem, da Frauen und junge Männer sich die Äxte von den erwachsenen Männern ausleihen mußten; und mit der Kultur aufgrund der sprachlichen Wendungen, Gefühle, Werte, Zeremonien und Symbole, die mit ihrer Nutzung verbunden waren. Als Missionare damit begannen, ohne Unterschiede und in großen Mengen Stahläxte zu verteilen, wurden sie ohne Widerstand übernommen, da ihre Handhabung keine technischen Schwierigkeiten aufwarf. Es versteht sich von selbst, daß die Einführung dieser Stahläxte tiefgreifende Wirkungen hatte, die alles, von den Handels- und Autoritätsbeziehungen bis zur psychischen Verfassung und zum Identitätsgefühl, in Mitleidenschaft zogen. Etwas ähnliches kann man sich ausmalen, wenn die Ökonomien der Industrieländer auf Öl verzichten müßten.

Eine systeminterne Zunahme an Komplexität, Multifunktionalität und Konnektivität mag demnach nicht nur zu größerer Stabiltiät führen, sondern auch zu einem umfangreicheren Potential an katastrophenartigem Wandel. Deshalb muß man bei der Analyse strukturellen Wandels nicht nur auf die »strukturelle Inkompatibilität« achten, sondern auch erforschen, ob das betreffende System anfänglich auf der Basis integrierter und wechselseitig angepaßter Prozeßstrukturen funktioniert, die sich bei ihrer Reproduktion gegenseitig stützen, da eine solche Interdependenz das Risiko steigert, daß das System als Ganzes nachhaltigen Erschütterungen oder Transformationen anheimfällt.

Schlußfolgerungen

Ich habe in dieser Arbeit die Auffassung vertreten, daß es nützlich sein könnte, bei der Analyse strukturellen Wandels drei Strukturebenen zu unterscheiden: Output-Struktur, Parameterstruktur und Prozeßstruktur, was uns dazu in die Lage versetzen sollte, vier basale Typen von Wandlungsprozessen zu identifizieren: einfache Reproduktion, erweiterte Reproduktion, Übergänge und Transformation. Einige wichtige Spezialfälle wie etwa dialektischer Wandel, Überintegration und Katastrophe können auf diese Weise ebenfalls identifiziert werden. Mit Hilfe dieses basalen Begriffsgerüsts kann man deshalb zugleich Konstanz und Wandel beschreiben und endogenen Wandlungsursachen gerecht werden.

Sicherlich wird man bei konkreten Analysen oftmals mit ineinander verschachtelten Prozessen konfrontiert sein, so daß eine Reihe von Strukturen in einer anderen eingebettet ist. Angesichts dessen mag man versucht sein, von »Tiefenstruktur« zu sprechen, aber solche Begriffe erweitern in ihrer popularisierten Form eher den Jargon als die theoretische Einsicht. Entsprechend wird es selbst in diesen komplexeren Fällen wahrscheinlich das beste sein, bei den oben eingeführten basalen Unterscheidungen zu bleiben.

Betont wurde auch die Notwendigkeit, Mikro- und Makroanalyse miteinander zu verbinden. Gleichgültig, ob wir uns mit Konstanzphänomenen oder mit Wandlungen beschäftigen, wir müssen immer danach fragen, wie sie aus menschlichen Motivationen resultieren, auch dann, wenn die tatsächlichen Ergebnisse von den intendierten abweichen. Veränderungen innerhalb oder von Prozeß- und Output-Strukturen können sich absichtsgeleitet vollziehen oder als die unintendierte Konsequenz zweckvollen Handelns, infolge aggregierter individueller oder kollektiver Entscheidungen, durch die Kumulation von Gewinnen wie von Kosten. Entsprechend sind Faktoren, die tendenziell den Output, die Parameter und die Prozesse der Makroebene verändern oder stabilisieren, von besonderem Interesse. Obwohl dieser Frage im vorliegenden Kontext nicht nachgegangen werden konnte, weisen die oben verwendeten Beispiele doch in zwei Richtungen, die zu erforschen sinnvoll sein könnte: Man sollte untersuchen, wie makrostrukturell vermittelte Lernprozesse verlaufen und wie sich strukturelle Unverträglichkeiten auswirken.

Wir haben gesehen, daß die Sterberaten sinken, wenn mit der Zeit bessere Praktiken der Gesundheitsfürsorge, der Ernährung usw. selegiert werden, oder daß die Stahlaxt sich gegenüber Steinäxten leicht durchsetzt. Wenn dieselbe Aufgabe immer wieder zu bewältigen ist und entsprechend dieselben Probleme wiederholt auftreten, dann kann auf die Dauer eine Selektion besserer Lösungen stattfinden. Ein solches »Lernen am Erfolg« wird deshalb von zentraler Bedeutung sein, wenn wir die Faktoren verstehen wollen, die darauf gerichtet sind, Makroparameter zu stabilisieren oder zu ändern. Aber erlernte Lösungen können unvorhergesehene Nebenfolgen haben, wie im Fall der steinzeitlichen Australier, oder die Lösungen verschiedener Probleme können wechselseitig unverträglich sein, so daß sich Akteure in paradoxen Situationen verfangen, wie Bhaduris semifeudale Landbesitzer. Darüber hinaus können Akteure einander ausschließende Zwecke verfolgen oder ihrem Eigeninteresse unwissentlich in einer Weise nachgehen, die sich als für alle schädigend erweist, wie Marxens Kapitalisten. Solche Vorstellungen werden bisweilen mit dem Begriff der »Widersprüchlichkeit« in Verbindung gebracht, aber es gibt noch weitere Konnotationen. Um sie in konkreten Analysen nützlich anwenden zu können, muß man den unterschiedlichen Bedeutungsaspekten, die mit solchen Begriffen wie »Lernen am Erfolg« oder »Widerspruch« verbunden sind, einen präzisen Gehalt geben. Wenn man die Faktoren analysieren möchte, die dazu tendieren, Strukturen und Prozeßresultate auf der Makroebene zu stabilisieren oder zu verändern, dann gehört die Identifikation solcher Bedeutungsaspekte zu den ersten Aufgaben eines entsprechenden Forschungsprogramms – das seinen Ausgang auf der Mikroebene zu nehmen hätte.

Literatur

Alchian, A. (1950), »Uncertainty, Evolution and Economic Theory«, in: *Journal of Political Economy* 58, S. 211-221.

Aldrich, H. (1975), »Ecological Succession in Racially Changing Neighborhoods: A Review of the Literature«, in: *Urban Affairs Quarterly* 10, S. 327-348.

Ashby, W. R. (1963), *An Introduction to Cybernetics*, New York; deutsch: *Einführung in die Kybernetik*, Frankfurt am Main 1974.

- (1966), *Design for a Brain*, London.
Balibar, E. (1970), »On the Basic Concepts of Historical Materialism«, in: L. Althusser/E. Balibar, *Reading Capital*, London, S. 199-309; deutsch: »Über die Grundbegriffe des historischen Materialismus«, in: L. Althusser/E. Balibar, *Das Kapital lesen*, Reinbek bei Hamburg 1972, S. 268-414.
Barth, F. (1966), »Models of Social Organization«, *Occasional Paper* 23, London.
Bentzel, R./B. Hansen (1954), »On Recursiveness and Interdependency in Economic Models«, in: *Review of Economic Studies* 22, S. 153-168.
Bhaduri, A. (1973), »A Study of Agricultural Backwardness under Semi-Feudalism«, in: *Economic Journal* 83, S. 120-137.
Bogue, D. J. (1969), *Principles of Demography*, New York.
Boudon, R. (1971), *The Uses of Structuralism*, London.
Carlsson, G. (1968), »Change, Growth, and Irreversibility«, in: *American Journal of Sociology* 73, S. 706-714.
Coleman, J. S. (1964), *Introduction to Mathematical Sociology*, New York.
- (1979), *Macht und Gesellschaftsstruktur*, Tübingen.
Coleman, J. S./E. Katz/H. Menzel (1966), *Medical Innovation: A Diffusion Study*, New York.
Davis, K./J. Blake (1956), »Social Structure and Fertility: An Analytical Framework«, in: *Economic Development and Cultural Change* 4, S. 221-235.
Djilas, M. (1957), *The New Class: An Analysis of the Communist System*, New York; deutsch: *Die neue Klasse. Eine Analyse des kommunistischen Systems*, München 1957.
Dore, R. (1959), *Land Reform in Japan*, New York.
Durkheim, É. (1938), *The Rules of Sociological Method*, New York; deutsch: *Die Regeln der soziologischen Methode*, Frankfurt 1984.
Elster, J. (1971), *Nytt syn pa oekonomisk historie*, Oslo.
Epstein, T. S. (1962), *Economic Development and Social Change in South India*, Manchester.
Farrell, M. J. (1970), »Some Elementary Selection Processes in Economics«, in: *Review of Economic Studies* 37, S. 305-19.
Glassman, R. B. (1973), »Persistence and Loose Coupling in Living Systems«, in: *Behavioral Science* 18, S. 83-98.
Godelier, M. (1972), *Rationality and Irrationality in Economics*, London; deutsch: *Rationalität und Irrationalität in der Ökonomie*, Frankfurt am Main/Wien 1972.
Hardin, G. (1969), »The Cybernetics of Competition: A Biologist's View of Society«, in: P. Shephard/D. McKinley, *The Subversive Science: Essays towards an Ecology of Man*, Boston, S. 275-95
Hernes, G. (1971), »The Logic of Functional Analysis«, vervielfältigtes Typoskript, Bergen.

– (1972), »The Process of Entry into First Marriage«, in: *American Sociological Review* 37, S. 173-82.

Kammeyer, K. C. W./A. Skidmore (1975), »Comment on D. Lorschky
and W. Wilcox's ›Demographic Transition: A Forcing Model‹«, in: *Demography* 12, S. 343-49.

Kuhn, T. S. (²1976), *Die Struktur wissenschaftlicher Revolutionen*, zweite,
revidierte und um das Postskript von 1969 ergänzte Auflage, Frankfurt
am Main.

Lange, O. (1969), *Theory of Reproduction and Accumulation*, New York.

Lave, C. A./J. G. March (1975), *An Introduction to Models in the Social
Sciences*, New York.

Leibenstein, H. (1974), »An Interpretation of the Economic Theory of
Fertility«, in: *Journal of Economic Literature* 12 (2), S. 457-479.

Levins, R. (1968), *Evolution in Changing Environments: Some Theoretical
Explorations*, New York.

Loschky, D. J./W. C. Wilcox (1974), »Demographic Transition: A Forcing
Model«, in: *Demography* 11, S. 215-225.

Loschky, D. J./W. C. Wilcox (1975), »Reply to Kammeyer and Skidmore«, in: *Demography* 12, S. 351-360.

Lotka, A. J. (1922), »The Stability of the Normal Age Distribution«, *Proceedings of the National Academy of Sciences* 8, S. 339.

McKeown, T./R.G. Brown/R.G. Record (1972), »An Interpretation of
the Modern Rise of Population in Europe«, in: *Population Studies* 26, S.
345-382.

McNaughton, S.J./L.L. Wolff (1973), *General Ecology*, New York.

Marcus, S. (1974), *Engels, Manchester and the Working Class*, New York.

Marx, K. (1965), *Das Kapital. Kritik der politischen Ökonomie*, Bd. 1, in:
K. Marx/F. Engels, *Werke*, Bd. 23, Berlin.

– (1965), *Das Kapital. Kritik der politischen Ökonomie*, Bd. 2, in: K.
Marx/F. Engels, *Werke*, Bd. 24, Berlin.

Marx, K./F. Engels (1974), *Manifest der Kommunistischen Partei*, in: K.
Marx/F. Engels, *Werke*, Bd. 4, Berlin, S. 461-493.

Maynard Smith, J. (1974), *Models in Ecology*, Cambridge.

Mayr, E. (1982), *The Growth of Biological Thought. Diversity, Evolution,
and Inheritance*, Cambridge/London.

Merton, R. K. (1957a), »Contributions to the Theory of Reference Group
Behavior« (zusammen mit A. Rossi), in: *Social Theory and Social Structure*, Glencoe, Ill., S. 225-280.

– (1957b), »Manifest and Latent Functions«, in: ders., *Social Theory and
Social Structure*, Glencoe, Ill.

– (1975), »Structural Analysis in Sociology«, in: P. M. Blau (Hg.), *Approaches to the Study of Social Structure*, New York, S. 21-52.

Monod, J. (1971), *Zufall und Notwendigkeit. Philosophische Fragen der
modernen Biologie*, München.

Morishima, M. (1973), *Marx's Economics: A Dual Theory of Value and Growth*, Cambridge.

Mueller, E. (1972), »Economic Motives for Family Limitation: A Study Conducted in Taiwan«, in: *Population Studies* 26, S. 383-403.

Myrdal, G. (1958), »The Principle of Circular and Cumulative Causation«, in: R. N. Anshen (Hg.), *Rich Lands and Poor: The Road to World Prosperity*, New York, S. 11-22.

Namboodiri, N. K. (1972), »The Integrative Potential of a Fertility Model: An Analytical Test«, in: *Population Studies* 26, S. 465-486.

Nisbet, R. A. (Hg.) (1972), *Social Change*, New York.

Park, R. (1936), »Succession: An Ecological Concept«, in: *American Sociological Review* 1, S. 171-179.

Raffles, T. S. (1817), *The History of Java*, 2 Bde., London.

Rosen, R. (1970), *Dynamical Systems Theory in Biology*. Bd. 1: *Stability Theory and Its Applications*, New York.

Ryder, N. B. (1964), »Notes on the Concept of a Population«, in: *American Journal of Sociology* 69, S. 447-463.

Scherer, F. M. (1970), *Industrial Market Structure and Economic Performance*, Chicago.

Schneider, L. (1971), »Dialectics in Sociology«, in: *American Sociological Review* 36, S. 667-678.

Sharp, L. (1952), »Steel Axes for Stone-Age Australians«, in: *Human Organization* 11, S. 17-22.

Sklar, J. L. (1974), »The Role of Marriage Behavior in the Demographic Transition: The Case of Eastern Europe around 1900«, in: *Population Studies* 28, S. 231-247.

Stinchcombe, A. L. (1968), *Constructing Social Theories*, New York.

– (1974a), »Analogy and Generality in Trotsky and Tocqueville«, vervielfältigtes Typoskript, Berkeley.

– (1974b), *Creating Efficient Industrial Administrations*, New York.

– (1974c), »Subsystem Concepts in Ronald Dore and David Granick«, vervielfältigtes Typoskript, Berkeley.

Teitelbaum, M. S. (1975), »Relevance of Demographic Transition Theory for Developing Countries«, in: *Science* 188, S. 420-425.

Thom, R. (1969), »Topological Models in Biology«, in: *Topology* 8, S. 313-335.

Thurow, L. (1973), »Toward a Definition of Economic Justice«, in: *Public Interest* 35, S. 66-81.

Toulmin, S. (1974), »A Biology of Russian Dolls«, in: *New York Review of Books*, 18. Juli, S. 30-32.

Weizsäcker, C. C. von (1971), »Notes on Endogenous Change of Tastes«, in: *Journal of Economic Theory* 3, S. 345-372.

Winter, S. (1964-65), »Economic ›Natural Selection‹ and the Theory of the Firm«, in: *Yale Economic Essays* 4, S. 225-272.

Renate Mayntz
Zum Status der Theorie sozialer Differenzierung als Theorie sozialen Wandels

Die Prämisse der folgenden Überlegungen, nämlich daß die Theorie sozialer Differenzierung eine Theorie sozialen Wandels ist, mag nicht von jedem widerspruchslos akzeptiert werden; Boudon etwa nennt die Modelle sozialer Differenzierung von Parsons und Smelser metatheoretisch (Boudon 1984, S. 215). Dennoch soll hier nicht die Frage diskutiert werden, ob es sich bei der sogenannten Theorie sozialer Differenzierung (die in Wirklichkeit keine Einheit darstellt) überhaupt um eine Theorie – und zwar speziell um eine Theorie sozialen Wandels – handelt oder ob die Differenzierungstheorie lediglich ein analytischer Rahmen zur gesellschaftlichen Strukturbeschreibung ist. Die hier zu erörternde Frage lautet vielmehr: Wenn für die Theorie sozialer Differenzierung beansprucht wird, daß sie eine Theorie sozialen Wandels ist – wie erfüllt sie dann diesen Anspruch?[1]

Dabei ist von vornherein einzuräumen, daß die Differenzierungstheorie, auch nach ihrem eigenen Anspruch, lediglich *einen* – wenngleich vermeintlich zentralen – Aspekt gesellschaftlicher Entwicklung thematisiert. Das konstatiert nicht nur Parsons (vgl. 1975, S. 39-43); auch Eisenstadt (1964, S. 378) betont, daß nicht aller sozialer Wandel auf der Dimension sozialer Differenzierung stattfindet. Sozial- und kulturanthropologische Theorien etwa akzentuieren andere Aspekte, wenn sie die Aufmerksamkeit auf Institutionenwandel, die Artefaktentwicklung und sich verändernde Weltbilder lenken. Unbeschadet möglicher Zusammenhänge zwischen diesen verschiedenen Dimensionen sozialen Wandels konzentriert sich die Differenzierungstheorie auf einen prominenten *Struktur*aspekt und ist insofern eine Theorie des *Strukturwandels in sozialen Systemen.* Dabei wird Struktur noch einmal aus einer ganz spezifischen Perspektive betrachtet, nämlich unter dem Gesichtspunkt der Ähnlichkeit oder Unterschiedlich-

---

1 Die nachfolgenden Ausführungen stützen sich inhaltlich über weite Strecken auf die sehr viel ausführlichere kritische Darstellung der Theorie sozialer Differenzierung in Mayntz 1988.

keit von Elementen eines Ganzen. Erst kürzlich wieder wies Stichweh darauf hin, daß schon bei den (später von Spencer aufgegriffenen) Differenzierungsvorstellungen der Biologie des frühen 19. Jahrhunderts die Idee eines Übergangs von Homogenität zu Heterogenität zentral war (Stichweh 1988, S. 11), und zwar im Sinne von zunehmender Spezialisierung und Arbeitsteilung. Wenn man trotz dieser ausgesprochen selektiven Perspektive die Differenzierungstheorie für eine, wenn nicht sogar die umfassendste soziologische Theorie gesellschaftlicher Entwicklung hält, dann ließe sich das nur mit der Generalität dieser abstrahierten Strukturdimension oder aber mit der – zu belegenden – These begründen, daß alle wesentlichen gesellschaftlichen Wandlungsvorgänge mit Veränderungen auf dieser Strukturdimension verknüpft sind.

Als analytisches Raster zur Beantwortung der Frage, welche Art von Theorie sozialen Wandels die Theorie sozialer Differenzierung darstellt, können die von Boudon (1983) unterschiedenen viereinhalb (sic!) Theorietypen dienen. Boudons Typen lassen sich dabei in zwei Kategorien zusammenfassen:

1. Theorien, die die *Art* des sozialen Wandels generalisierend feststellen; hierher gehören sowohl allgemeine inhaltliche Richtungsaussagen wie auch die Formulierung sogenannter historischer Gesetze in Form einer universal gültigen Folge von Entwicklungsphasen oder Formationen.

2. Theorien, die generelle *Erklärungen* für sozialen Wandel anbieten; hierher gehören sowohl Aussagen über zentrale Mechanismen (zum Beispiel Diffusion, Paradigmenwechsel) oder Triebkräfte (Technik, Werte, materielle Interessen) des sozialen Wandels wie auch generalisierende Aussagen nach dem Schema »Wenn X, dann Y«, die spezifische Voraussetzungen mit spezifischen Folgen verknüpfen.

Boudon betont, daß jeder Theorietyp nur als Modell zu verstehen ist; die verschiedenen Typen schließen sich deshalb in der Anwendung auf einen Gegenstand nicht wechselseitig aus. Dasselbe gilt offensichtlich für komplexe Theorien, die zu allen in der Typologie angesprochenen Aspekten Aussagen enthalten können. Diese Feststellung gilt auf jeden Fall für die Theorie sozialer Differenzierung, wie im folgenden zu zeigen ist.

In praktisch allen ihren Varianten enthält die Theorie sozialer Differenzierung zunächst Aussagen, die in die erste der beiden eben unterschiedenen Kategorien von Theorien sozialen Wandels fallen.[2] Zentral ist dabei die Vorstellung, daß im Verlauf des Differenzierungsprozesses unterschiedliche Differenzierungskriterien dominant werden. Besonders geläufig ist die Phasenfolge segmentäre – stratifikatorische – funktionelle Differenzierung; mit der letzteren ist dabei heute, anders als noch bei Durkheim, weniger die berufliche Arbeitsteilung als vielmehr das Entstehen funktioneller Teilsysteme gemeint. Außerdem gilt der Prozeß der sozialen Differenzierung als im großen historischen Überblick gerichtet; das heißt, trotz allfälliger Entdifferenzierungserscheinungen, die immer wieder auftreten, nimmt langfristig der Grad der Differenzierung zu bzw. wächst infolge von Differenzierungsprozessen die gesellschaftliche Komplexität.

In neueren differenzierungstheoretischen Beiträgen, in denen die Herausbildung funktioneller Teilsysteme und deren Folgen im Vordergrund stehen, finden sich ebenfalls Aussagen dieser Art. Die Vorstellung einer Abfolge von Entwicklungsphasen bezieht sich hier auf die Ausdifferenzierung, die auf der Ebene der einzelnen, durch einen spezifischen Sinn abgegrenzten Handlung oder Handlungssituation beginnt, von da zur Herausbildung spezieller Funktionsrollen führt und schließlich auf dem Wege über die Entwicklung formaler Organisationen zur Ausdifferenzierung gesellschaftsweiter Funktionssysteme. Zwar wird nicht angenommen, daß es sich hier um ein universales Entwicklungsschema handelt; die Ausdifferenzierung kann auf jeder Stufe stehenbleiben – aber die späteren Stufen können nur auf dem Weg über die früheren erreicht werden. Daneben wird oft eine Tendenz zur Verselbständigung von Teilsystemen behauptet, was sich sowohl als Behauptung einer Entwicklungs*richtung* wie auch als (letzte) *Phase* im Prozeß der Ausdifferenzierung verstehen läßt. Bei Willke (1987) wird diese Richtungsfeststellung generalisiert: die gesellschaftliche Evolution läuft ihm zufolge von Quasisystemen zu selbstregulierenden autopoietischen Systemen.

Keine dieser generalisierenden Aussagen ist unwidersprochen ge-

2 Das dominante Paradigma sozialer Differenzierung wird von der Systemtheorie angeboten; hier reicht der Bogen von Spencer über Parsons und Smelser zu Luhmann. Daneben gibt es eine Reihe eher handlungstheoretischer Ansätze; Rueschemeyer und Eisenstadt können diese Richtung exemplifizieren. Vgl. Mayntz 1988.

blieben. Beim Modell der Abfolge von Differenzierungsformen gibt es nicht nur verschiedene Meinungen über die Zahl der zu unterscheidenden Formen (Durkheim etwa kannte nur die Formen segmentär und arbeitsteilig, Luhmann nennt zusätzlich neben der stratifikatorischen noch die Differenzierung in Zentrum und Peripherie); es wird zum Beispiel auch in Frage gestellt, daß in der modernen Gesellschaft tatsächlich die funktionelle Differenzierung dominant ist (so von Hondrich 1987). Ohne die kritischen Argumente hier im einzelnen aufzuführen oder gar ihre Stichhaltigkeit zu erörtern, laufen sie doch insgesamt auf die Relativierung von generalisierenden Phasen- und insbesondere Richtungsbehauptungen hinaus. Die Abfolge der Differenzierungsformen und die zunehmende Differenzierung/Komplexität bzw. Ausdifferenzierung und Verselbständigung funktioneller Teilsysteme sind *kontingente* Entwicklungen; die konkrete strukturelle Beschaffenheit bestimmter historischer Sozialsysteme verlangt damit nach einer kausal-genetischen Erklärung.

Je nach dem verwendeten Theoriebegriff könnte man grundsätzlich bestreiten, daß die Behauptung einer generellen Entwicklungsrichtung bzw. einer universellen Phasenfolge den Status einer Theorie besitzt, wenn sie gleichsam unbedingt, das heißt nicht in Verbindung mit der Angabe von Ursachen geschieht. Umgekehrt braucht eine Theorie der zweiten der oben unterschiedenen Kategorien, eine Theorie also, die Aussagen über Triebkräfte, Mechanismen oder Kausalbeziehungen macht, welche sozialem Wandel zugrunde liegen, durchaus nicht mit Aussagen über feststehende Entwicklungsrichtungen oder Phasenabfolgen verbunden zu sein. Das gilt auch für die Theorie sozialer Differenzierung, die in der Tat eine Reihe von Aussagen über Entwicklungs*faktoren* enthält, ohne daß diese immer eine bestimmte Entwicklungsrichtung oder Phasenfolge begründen könnten oder auch nur zu begründen beanspruchten.

Die *erklärenden* Aussagen soziologischer Systemtheoretiker, des *mainstream* der Differenzierungstheorie, sind eher Beiträge zu den Stichworten Triebkräfte und Mechanismen als Aussagen, die auf höchster Generalisierungsebene bestimmte abhängige und unabhängige Variablen verknüpfen. Was die Triebkräfte des Differenzierungsprozesses angeht, so stehen – bis zu Parsons und seinen Schülern – Systemimperative, funktionelle Erfordernisse oder nicht-negierbare Bezugsprobleme im Vordergrund. In der

Luhmannschen Variante der Systemtheorie spielen Definitionsprozesse, das heißt Veränderungen im Bereich gesellschaftlicher Semantik, eine zentrale Rolle; das ist verständlich, ja zwangsläufig, wenn »Sinn« als Konstitutionskriterium gesellschaftlicher Teilsysteme gilt. Allerdings ist die Erklärungskraft dieser hypothetischen Triebkräfte der sozialen Differenzierung durchaus fragwürdig und vielfach bezweifelt worden. Während das Argumentieren mit funktionellen Imperativen u. ä. dabei der Gefahr des funktionalistischen Fehlschlusses unterliegt, fragt es sich bei Veränderungen im Bereich gesellschaftlicher Semantik, ob sie tatsächlich sozialstrukturelle Differenzierung (also zum Beispiel die Bildung neuer Rollen) *begründen* oder diese nicht doch nur nachzeichnen, also eher ein Epiphänomen statt Triebkraft der Entwicklung sind.

Davon ganz abgesehen, läßt sich der gegen funktionelle Imperative als zentrale Triebkraft sozialer Differenzierung gerichtete Einwand der axiomatischen Setzung auch gegen die Art und Weise richten, in der Systemtheoretiker mit »Sinn« als Konstitutionskriterium und als Stimulus für den Strukturwandel sozialer Systeme operieren. Der Sinn, die spezielle Logik bestimmter Typen von Handlungen, Rollen oder ganzen Funktionssystemen erscheint dabei nämlich genauso axiomatisch, wie es in anderen Theorievarianten die funktionellen Imperative sind. Argumentiert man dagegen kausal-genetisch statt sozusagen essentialistisch, dann kann der spezielle Sinn bestimmter Handlungen usw. nur *in sozialen Definitionsprozessen* begründet werden. Das aber verweist auf die Notwendigkeit einer Rückbindung derartiger Erklärungen an soziales Handeln und damit an das Tun und Lassen konkreter Akteure.

In dem Augenblick, in dem man eine solche Rückbindung von Sinn an Akteure vornimmt, kommen auch die in akteurtheoretischen Ansätzen der Analyse gesellschaftlichen Wandels zentralen Triebkräfte – ökonomische Interessen, Herrschaftsinteressen und vielleicht noch Technik – als Erklärungsfaktoren zur Geltung. Eine angemessene empirische Analyse von Differenzierungsvorgängen setzt denn auch für Rueschemeyer (1986, S. 52) voraus, daß man das interessegeleitete Handeln mächtiger Akteure als wesentlichen, wenn auch nicht einzigen Faktor berücksichtigt. Das heißt natürlich auch für Rueschemeyer nicht, daß jede stattfindende Differenzierung zielgenau die Interessen identifizierbarer

Akteure verwirklicht; vielmehr ergeben sich neue Differenzierungen oft aus komplexen Interessenverflechtungen, wobei das Resultat der aufeinander einwirkenden Handlungsstrategien der Akteure so von keinem der Beteiligten beabsichtigt sein mußte.

Die ökonomischen Interessen, die – neben Herrschaftsinteressen – in akteurtheoretisch orientierten Ansätzen zur Erklärung von Differenzierungsvorgängen dienen, lassen sich abstrakt als Konkurrenz und Nachfrage – und zwar kaufkräftige oder Marktnachfrage – bestimmen. Derartige Erklärungen haben eine lange Tradition. Schon für Durkheim war funktionelle Differenzierung das Resultat der bei erhöhtem Bevölkerungsdruck wachsenden Konkurrenz; die Spezialisierung fungiert dabei gleichsam als Angebotsstrategie (Durkheim 1977, S. 306-312). Der Konkurrenzmechanismus wird immer dann wirksam, wenn die Zahl der in einem Bereich tätigen Leistungsanbieter bei konstanter Nachfrage stark wächst. Die dann einsetzenden Spezialisierungsprozesse lassen sich bei den freien Berufen (zum Beispiel Vervielfältigung von Facharztkategorien) ebenso beobachten wie in der Wirtschaft. Komplementär zur Angebotskonkurrenz als endogenem Differenzierungsfaktor wirken sich verändernde Anforderungen der Umwelt als exogene Triebkraft aus. Dabei kann sowohl das Auftreten neuer wie unter Umständen auch die Steigerung einer bestehenden Nachfrage das Entstehen weiterer Spezialisierungen fördern. Umweltanforderungen, und zwar speziell das Verlangen des sich ausdifferenzierenden politischen Systems nach Ausbildungsleistungen, haben zum Beispiel das Entstehen spezieller Bildungsinstitutionen bzw. einen entsprechenden Wandel der Universität im 16.-18. Jahrhundert bedingt (Stichweh 1988b). Auch bei den Herrschaftsinteressen als Triebkraft der Differenzierung läßt sich eine endogene und eine exogene Prozeßvariante unterscheiden; während Machtkämpfe im System mit der Folge sich ausbildender Hierarchien zu den ersteren gehören, gehören die regelnden Eingriffe des politischen Systems in andere gesellschaftliche Teilsysteme zu den letzteren.

Was mit diesen Bemerkungen eher angedeutet wurde als ausführlich begründet werden konnte, ist die Feststellung, daß die Aussagen der Differenzierungstheorie zur *Art* sozialen Wandels in der systemtheoretischen Variante dieser Theorie keine überzeugende Ergänzung durch *erklärende* Aussagen zu den Triebkräften sozialer Differenzierung finden. Kausal-genetische Erklärungen kon-

kreter Differenzierungsvorgänge werden dagegen von handlungstheoretischen Ansätzen geboten, die jedoch ihrerseits nicht
beanspruchen, damit universale Richtungsfeststellungen zu begründen. Eine im erklärenden Teil handlungstheoretisch erweiterte Differenzierungstheorie lenkt die Aufmerksamkeit vielmehr
auf kontingente historische Entwicklungen. Nur wenn man den
gesellschaftliche Funktionssysteme konstituierenden Sinn als eine
durch soziale Definitionsprozesse bestimmte, empirische Variable
auffaßt, läßt sich zum Beispiel erkennen, daß hinter der Formel
von der zunehmenden Ausdifferenzierung funktioneller Teilsysteme eine folgenreiche Veränderung in der *Art* gesellschaftlicher
Teilsysteme steht. Dann wird zum Beispiel sichtbar, daß das politische System nicht nur ausdifferenziert, also unter anderem von
religiösen Bezügen getrennt wurde, sondern daß in diesem Prozeß
zugleich eine Umstellung des spezifischen Sinns von Herrschaftsausübung auf Leistung stattgefunden hat.[3]

Nun arbeitet gerade die systemtheoretische Analyse der sozialen
Differenzierung nicht nur mit allgemeinen Triebkräften, wie zum
Beispiel funktionellen Imperativen, sondern verweist zusätzlich
auf einen wichtigen Mechanismus – die auf dem Zusammenspiel
von Variation und Selektion beruhende Evolution. Während bei
Parsons der Verweis auf den Evolutionsmechanismus dabei noch
mit einer Richtungsbehauptung (»adaptive upgrading«) verbunden war (Parsons 1971, S. 115-117), ist für Luhmann das Ergebnis
der Evolution nicht determiniert (Luhmann 1981).

Allerdings führt die Übernahme von Schlüsselbegriffen aus der
biologischen Evolutionstheorie ohne eine systematische Erörte-

---

3 »Der spezielle Sinn historischer Frühformen des politischen Teilsystems
läßt sich sehr viel besser als (gesellschaftsweite) Herrschaftsausübung
denn als Produktion einer besonderen Leistung [wie etwa der Herstellung kollektiv verbindlicher Entscheidung; R.M.] beschreiben, obwohl
politische Herrschaft immer schon als solche anerkannte Leistungen
etwa in der Verteidigung nach außen und der Friedenssicherung nach
innen erbracht hat. Erst im Laufe der historischen Entwicklung ist der
Leistungsaspekt politischer Systeme immer weiter in den Vordergrund
getreten. Dem Staat ist ausdrücklich die Erfüllung eines ständig wachsenden Katalogs von Aufgaben für die Gesellschaft zugewiesen worden,
wofür dem zum Bürger gewordenen Herrschaftsunterworfenen als
Steuerzahler die Gegenleistung aufgemacht wird« (Mayntz 1988,
S. 38 f.).

rung, ob die für eine Übertragung auf soziale Prozesse nötige Isomorphie gegeben ist, theoretisch kaum weiter. Tatsächlich ist das biologische Evolutionskonzept, das mit Zufallsvariation und gerichteter Selektion operiert und daraus eine (trans-spezifisch) gerichtete Entwicklung ableitet, auf soziale Differenzierung nicht übertragbar, weil zentrale Prämissen dieses Konzepts im sozialen Bereich nicht erfüllt sind.

Das wird von soziologischen Systemtheoretikern in bestimmten Hinsichten auch gesehen und sogar ausdrücklich berücksichtigt. So ist die Variation im sozialen Bereich, wie auch immer ihre Elemente definiert werden, nicht nur zufallsgesteuert, sondern oft gerichtet. Außerdem fehlt im sozialen Bereich die enge Kopplung zwischen Merkmalsdeterminanten (Genen) und Träger (Organismus); die Merkmale bleiben nach der Übertragung nicht konstant, und der Phänotyp ist mit dem »Genotyp« noch wesentlich lockerer verbunden als im Bereich nicht-humanen organischen Lebens. Infolgedessen ist der Übertragungsmechanismus im sozialen Bereich ein grundsätzlich anderer als dort, wo er auf Vererbung beruht, die von den Gesetzen der Genetik gesteuert wird. Bei der gesellschaftlichen Evolution spielen Lernprozesse bei der Transmission von Merkmalen die zentrale Rolle; deswegen findet Übertragung nicht nur in der Generationenfolge, sondern auch horizontal statt und ist in ihrem Wirkungskreis nicht durch verwandtschaftliche Bedingungen beschränkt.[4]

Es erscheint folgerichtig, wenn angesichts dieser Besonderheiten »sozialer Vererbung« Luhmann (1981; vgl. auch Luhmann 1975), aber auch der ihm hier folgende Lau (1981) den Ansatzpunkt selektiver Prozesse in den Vorgang der Transmission verlagern, wo die – variable – Akzeptanz darüber entscheidet, ob die Übertragung einer Merkmalsdeterminante gelingt. Dementsprechend werden unter dem Stichwort Selektion die Medien abgehandelt, die die Übertragung sichern sollen. Damit wird jedoch der zweite zentrale Baustein des biologischen Evolutionsparadigmas, die *von der Umwelt ausgehende* Selektion, praktisch eliminiert. Das liegt für eine systemtheoretische Perspektive, in der Interessen als Triebkraft und damit auch der Konkurrenzmechanismus keine zentrale Rolle spielen, auch durchaus nahe, denn schließlich ba-

4 Eine ausführlichere Darstellung findet sich in Mayntz 1990, S. 33-43; dort auch Hinweise auf die Literatur.

siert die Umweltselektion in der biologischen Evolution auf der Existenz eines permanenten Mißverhältnisses von Bevölkerung und Ressourcen (= Summe der Lebenschancen), was zu einer ständigen Ausscheidungskonkurrenz führt. Die systemtheoretische Perspektive auf soziale Differenzierung eignet sich damit in doppelter Hinsicht nicht dazu, die Voraussetzungen für das Wirksamwerden der Umweltselektion genauer zu betrachten: zum einen wegen der generellen Vernachlässigung von Konkurrenz als Antriebskraft, zum anderen wegen der begrifflichen Verlagerung von Selektion in die Übertragungsprozesse hinein, die diesen zentralen (vor allem die Richtung erklärenden!) Teil der biologischen Evolutionstheorie für die Soziologie praktisch inaktiviert.

Ein handlungstheoretischer Ansatz erlaubt auch in diesem Punkt, das theoretische Defizit auszugleichen. Umweltselektion wird auch im sozialen Bereich überall dort wirksam, wo – wie auf atomistischen Märkten – Ausscheidungskonkurrenz stattfindet. Es ist daher nicht verwunderlich, daß die Umweltselektion in der populationsökologische Konzepte verwendenden Organisationssoziologie ebenso wie bei der evolutionstheoretischen Erklärung wirtschaftlichen Wandels eine zentrale Rolle spielt (Hannan/Freeman 1976; Nelson/Winter 1982). In beiden Fällen ist Konkurrenz, und damit wirtschaftliches Interesse, als Triebkraft der Entwicklung zentral.

Die Erklärungskraft von Umweltselektion aufgrund von Ressourcenknappheit und Ausscheidungskonkurrenz für die soziale Entwicklung ist allerdings auf Bereiche beschränkt, in denen tatsächlich so etwas wie »Marktprozesse« strukturbestimmend sind. Nun fragt es sich schon in der Biologie, wieviel von der beobachtbaren Veränderung von Populationsmerkmalen die »natürliche Auslese« angesichts der inzwischen durchaus anerkannten Beeinflussung des Genpools durch Faktoren, die außerhalb des strikten Vererbungsmechanismus liegen, wirklich erklären kann. In der Gesellschaft, wo es nicht nur ein Gegenstück zu der aktiven Nischensuche gibt, die auch in der Natur ein Faktor der Diversifizierung und Veränderung von Gattungen ist, sondern wo wir unsere Umwelt, die verfügbare Ressourcenbasis, gezielt zu verändern und zu erweitern vermögen[5], kann die »natürliche Auslese«

---

5 Tiere können sich durch Anpassung vorhandene, bisher für sie aber nicht nutzbare Ressourcen erschließen; *homo faber* allein kann das Res-

als ein völlig außengesteuerter Prozeß noch weniger erklären. *Gerade aus handlungstheoretischer Perspektive* wird sichtbar, daß in menschlichen Gesellschaften neben Konkurrenz auch die absichtliche Konkurrenz*beschränkung* strukturprägend wirkt. Die Bändigung des Krieges aller gegen alle durch den Hobbesschen Leviathan ist geradezu das Kennzeichen der menschlichen Gesellschaft. Neben der legitimen Herrschaft wirken auch andere Arten absichtsvoller Handlungskoordination – die Bildung von Organisationen zur kollektiven Interessenvertretung, die Monopolbildung zur Sicherung von Gewinnchancen und anderes mehr – als strukturstabilisierende Prozesse einer »natürlichen Auslese« entgegen. Das Evolutionsparadigma reicht daher, auch wenn es handlungstheoretisch, das heißt um den Konkurrenzmechanismus erweitert wird, grundsätzlich nicht aus, die Entwicklung sozialer Strukturen zureichend zu erklären. Soziale Strukturentwicklung ist vielmehr immer das Ergebnis eines Zusammenspiels von spontaner Strukturbildung durch evolutive Prozesse bzw. durch Selbstorganisation (im eigentlichen Verständnis des naturwissenschaftlichen Paradigmas; vgl. Mayntz 1990) und Organisation.

Ein solches Zusammenwirken von Markt- und Steuerungsprozessen läßt sich vorzüglich etwa am Beispiel der Strukturentwicklung im Sektor der außeruniversitären, staatlich finanzierten Forschung in der Bundesrepublik Deutschland aufzeigen. Wie in der Studie von Hohn/Schimank (1990) im einzelnen nachgewiesen wird, hat eine zunehmende Nachfrage sowohl das Wachstum des Sektors insgesamt wie auch das Auftreten auf bestimmte Forschungstypen spezialisierter Einrichtungen begünstigt; strukturprägend hat dann jedoch vor allem die Art gewirkt, in der Domänenkonflikte und der Bund-Länder-Konflikt um forschungspolitische Kompetenzen schrittweise gelöst und in Vereinbarungen wie unter anderem der »Rahmenvereinbarung Forschungsförderung« geregelt worden ist. Ein ähnliches Zusammenwirken von Eigendynamik und Steuerung, von Markt und Politik hat auch die Entwicklung des Schulwesens (Archer 1984) und von Infrastruktursystemen der modernen Telekommunikation (zum Beispiel Schneider 1989) geprägt.

sourcenangebot als solches verändern, zum Beispiel indem er neue Pflanzensorten züchtet und Wüste bewässert.

Für eine kausal-genetische Erklärung von Strukturentwicklungen nicht nur, aber auch auf der Dimension sozialer Differenzierung reicht mithin die bloße – handlungstheoretische – Erweiterung des systemtheoretischen Differenzierungsparadigmas nicht aus. Schließlich haben wir es sowohl bei konkurrenzgesteuerten Evolutionsprozessen wie bei der gewollten Handlungskoordination durch Hierarchie oder Verhandlung mit Akteuren zu tun – im einen Fall mit dem nur über die Outcome-Interdependenz verbundenen Handeln von Individuen, die lediglich Quasigruppen bilden, im anderen Fall mit dem strategischen Handeln vertikal oder horizontal verbundener und interagierender (oft korporativer) Akteure. Für eine zureichende Erklärung sozialer Strukturentwicklung kommt es darauf an, die jeweilige Besonderheit dieser Prozeßtypen und ihre Interferenz, ihre wechselseitige Verflochtenheit herauszuarbeiten und damit analytisch über den Evolutionsmechanismus hinauszugehen. Ganz unabhängig davon, ob man die Aussagen der Differenzierungstheorie zur *Art* sozialen Wandels akzeptiert oder zurückweist, sind mithin zumindest bei ihrer am besten ausgearbeiteten, systemtheoretischen Variante die *kausalen* Aussagen substantiell unzureichend, um realen Strukturwandel erklären zu können.

Literatur

Archer, M.S. (1984), *Social Origins of Educational Systems*, London.

Boudon, R. (1983), »Individual Action and Social Change: a No-theory of Social Change«, in: *British Journal of Sociology* 34, S. 1-18.

– (1984), *La Place du Désordre*, Paris.

Durkheim, E. (1977), *Über die Teilung der sozialen Arbeit*, Frankfurt am Main.

Eisenstadt, S. N. (1964), »Social Change, Differentiation, and Evolution«, in: *American Sociological Review* 29, S. 375-386.

Hannan, M. T./J. Freeman (1976), »The Population Ecology of Organizations«, in: *American Journal of Sociology* 82, S. 929-964 (in diesem Band, S. 291-339).

Hohn, H. W./U. Schimank (1990), *Konflikte und Gleichgewichte im Forschungssystem: Akteurkonstellationen und Entwicklungspfade in der staatlich finanzierten außeruniversitären Forschung*, Frankfurt am Main.

Hondrich, K. O. (1987), »Die andere Seite sozialer Differenzierung«, in: H. Haferkamp/M. Schmid (Hg.), *Sinn, Kommunikation und soziale Differenzierung. Beiträge zu Luhmanns Theorie sozialer Systeme*, Frankfurt am Main, S. 275-303.

Lau, Ch. (1981), *Gesellschaftliche Evolution als kollektiver Lernprozeß. Zur allgemeinen Theorie soziokultureller Wandlungsprozesse*, Berlin.

Luhmann, N. (1975), »Evolution und Geschichte«, in: ders., *Soziologische Aufklärung*, Band 2, Opladen, S. 150-169.

– (1981), »Geschichte als Prozeß und die Theorie soziokultureller Evolution«, in: ders., *Soziologische Aufklärung*, Band 3, Opladen, S. 178-197.

Mayntz, R. (1988), »Funktionelle Teilsysteme in der Theorie sozialer Differenzierung«, in: dies. u. a., *Differenzierung und Verselbständigung. Zur Entwicklung gesellschaftlicher Teilsysteme*, Frankfurt am Main, S. 11-44.

– (1990), »The Influence of Natural Science Theories on Contemporary Social Science«, in: *MPIFG Discussion Paper 90/7*.

Nelson, R. R./S. G. Winter (1982), *An Evolutionary Theory of Economic Change*, Cambridge, Mass.

Parsons, T. (1971), »Comparative Studies and Evolutionary Change«, in: Vallier, I. (Hg.), *Comparative Methods in Sociology*, Berkeley, California, S. 97-139.

– (1975), *Gesellschaften*, Frankfurt am Main.

Rueschemeyer, D. (1986), *Power and the Division of Labour*, Cambridge.

Schneider, V. (1989), *Technikentwicklung zwischen Politik und Markt. Der Fall Bildschirmtext*, Frankfurt am Main.

Stichweh, R. (1988), »Soziologische Differenzierungstheorie als Theorie sozialen Wandels«. Beitrag für die Tagung »Sozialer Wandel im hohen und späten Mittelalter«, Bielefeld (ZIF) 1988.

– (1988), »Differenzierung des Wissenschaftssystems«, in: R. Mayntz u. a., *Differenzierung und Verselbständigung. Zur Entwicklung gesellschaftlicher Teilsysteme*, Frankfurt am Main, S. 45-116.

Willke, H. (1987), *Systemtheorie*, 2. Auflage, Stuttgart/New York.

Anthony Giddens
Strukturation und sozialer Wandel

1. Zeit und Wandel

Bei der Darstellung des Verhältnisses von Struktur und Handeln habe ich die These vertreten, daß mit dem Begriff der »Strukturation« Temporalität zum zentralen Bestandteil der Sozialtheorie wird und daß eine solche Begrifflichkeit mit den Dichotomien von synchron/diachron und statisch/dynamisch bricht, die dem überkommenen Funktionalismus und Strukturalismus zugrunde lagen.[1] Natürlich wäre es falsch zu behaupten, diese Denktraditionen hätten sich nicht mit der Zeit befaßt; im allgemeinen aber tendierte besonders der Funktionalismus dazu, Zeit mit dem Diachronischen oder Dynamischen gleichzusetzen, und entsprechend repräsentierte die synchrone Analyse eine »zeitlose Momentaufnahme« der Gesellschaft. *Umgekehrt wurde Zeit folgerichtig mit »sozialem Wandel« identifiziert.*

Der Gleichsetzung von Zeit und Wandel steht die Ineinssetzung von »Zeitlosigkeit« und sozialer Stabilität gegenüber und damit die Überzeugung, die die meisten Strömungen des sozialtheoretischen Funktionalismus implizit oder explizit teilten, daß statische Analysen die Quellen der Stabilität zu erfassen erlauben, während man die dynamische Analyse dazu benötigt, die Quellen des Wandels in sozialen Systemen zu verstehen. Diese Idee war geradezu Bestandteil der Methode der funktionalistischen Anthropologie von Radcliffe-Brown und Malinowski sowie deren Anhängern: Da wir die Vergangenheit vieler kleiner, isolierter Gesellschaften nicht kennen, können wir sie nicht dynamisch untersuchen, weshalb uns der Wandel, den sie durchlaufen haben, unzugänglich ist. Aber indem wir ihre Gegenwart untersuchen, können wir entdekken, was sie zusammenhält; wir können die Bedingungen ihrer Stabilität bezeichnen, indem wir auf die Faktoren verweisen, die ihnen ihre Kohäsion verschaffen.

Daß diese Gleichung von »statisch« und »stabil« unhaltbar ist, kann man auf zweifache Weise zeigen, wobei in beiden Fällen

1 Vgl. Giddens 1979, Kapitel 2.

einsichtig wird, daß der funktionalistische Ansatz auf die Berücksichtigung der Zeit, genau besehen, gar nicht verzichten kann. Zunächst besteht die praktische Schwierigkeit, daß eine »statische« Analyse tatsächlich gar nicht durchgeführt werden kann; jede Untersuchung sozialen Handelns vollzieht sich ebenso in der Zeit wie das dabei untersuchte Handeln selbst. Angesichts dessen haben die Anthropologen in der Tat in Anschluß an Lévi-Strauss eine eigene Version einer »umkehrbaren Zeit«[2] entwickelt, als ob damit der Einfluß der Zeitlichkeit des sozialen Geschehens neutralisiert wäre. Zwar wird als Forschungsprinzip empfohlen, der Anthropologe solle seine Gesellschaft zumindest ein Jahr lang untersuchen, da auf diese Weise Material über den gesamten Jahreszyklus des sozialen Lebens gewonnen werden könne.[3] Obgleich Zeit damit auf der Ebene praktischer Forschungserfordernisse berücksichtigt wird, gilt dies infolge der Auffassung über die »umkehrbare Zeit« nicht für das theoretische Schema selbst, das diese Forschungen anleitet. Zum zweiten verdeckt die theoretische Gleichsetzung von Statik und Stabilität ein Zeitelement, das nicht übersehen werden darf. Man *kann nicht* von der Zeit abstrahieren, wenn man von »sozialer Stabilität« spricht, da »Stabilität« Kontinuität in der Zeit bedeutet. Eine stabile soziale Ordnung hängt nachgerade davon ab, daß sich Gegenwart und Vergangenheit gleichen.[4]

Das strukturalistische Denken hat dem Verhältnis von Zeitlichkeit, Geschichte und der Dichotomie von synchron/diachron weit mehr Aufmerksamkeit geschenkt als der Funktionalismus.[5] In seiner Auseinandersetzung mit Sartre kommt Lévi-Strauss auf einige bemerkenswerte Punkte zu sprechen. Zum einen steht er Sartres Auffassung von der Geschichte als eines »Codes« reserviert gegenüber; und zum anderen besteht er auf einer Reihe von funda-

---

2 Gemeint ist der Tatbestand, daß die sozialen Tatsachen, für die sich die Ethnologie interessiert, nichts über ihre Geschichte und Herkunft verraten; vgl. Levi-Strauss 1967, S. 310 und öfter. (Anmerkung der Herausgeber).

3 Vgl. den Kommentar bei Gluckman 1965.

4 Vgl. Gellner 1964, S. 19: »Wie kann man, wie dies einige Anthropologen zu tun scheinen, im selben Atemzug sagen, daß die Vergangenheit einer Stammesgesellschaft unbekannt sei und daß man wisse, daß sie stabil ist?«

5 Vgl. aber Bellah 1959.

mentalen Kontrasten, die zwischen kleinen, relativ »unwandelbaren« und entwickelteren – den kalten und warmen – Gesellschaften bestehen und die sich auf die Problematik von Zeit und Geschichte beziehen. Nun hat Sartre in bestimmtem Sinne durchaus recht, wenn er von einem »Code« der Geschichte spricht, aber auch Lévi-Strauss ist zuzustimmen, wenn er darauf besteht, daß es sich dabei nicht um einen Code wie jeden anderen handeln kann. Denn »Geschichte«, verstanden als eine Interpretation oder eine Analyse der Vergangenheit, setzt die Anwendung eines bestimmten begrifflichen Apparats voraus, während »Geschichte« als temporales Geschehen unvermeidlicherweise allen sozialen Formationen zugrunde liegt. Zur Debatte steht demnach weder die reine Zeit oder Geschichte als solche, sondern deren *Historizität*, das heißt das »Bewußtsein«, daß dem sozialen Leben bestimmter Gesellschaften eine »progressive Bewegung« eigen ist, vor allem dem postfeudalen Westen, wo dieses Bewußtsein aktiv gestaltet wird, um sozialen Wandel in Gang zu setzen. Lévi-Strauss hat sicher recht, wenn er die Bedeutung dieser Historizität und der verschiedenartigen Geschichtskonzeptionen, die mit ihr verbunden wurden, betont und mit der »umkehrbaren Zeit« traditionaler Kulturen kontrastiert. Aber dieser Begriff der »umkehrbaren Zeit« ist, genau besehen, eine Fehlbezeichnung[6]; Lévi-Strauss behandelt ja nicht die wirkliche »Zeit«, sondern »sozialen Wandel« bzw. den Tatbestand, daß den von ihm untersuchten Gesellschaften ein solcher Wandel weitgehend unbekannt ist. Auch hier treffen wir also auf eine Gleichsetzung von »Zeit« und »sozialem Wandel«, die sich allerdings von der des Funktionalismus unterscheidet. In allen Gesellschaften verläuft die Zeit sequentiell, aber in traditionsbeherrschten Gesellschaften verbinden sich die Prozesse sozialer Reproduktion mit ganz anderen Vorstellungen über Vergangenheit, Gegenwart und Zukunft als in zeitgenössischen Industriegesellschaften.

Tradition stellt die »einfachste« und unschuldigste Reproduktionsweise dar. Man kann sich Tradition in ihrer elementarsten Form vorstellen als »eine unendliche Folge wiederholter Handlungen, die jedesmal mit der Vorstellung vollzogen werden, daß sie in gleicher Weise auch zuvor vollzogen worden sind; der Vollzug einer Handlung wird durch das Wissen bzw. die Vermutung

6 Vgl. Barnes 1971.

① = Historiographie

autorisiert, daß sie, wenngleich auf ganz verschiedene Weise, schon immer so gestaltet war«.[7] Die Auflösung einer Tradition beginnt augenblicklich dort, wo man sie *als* eine solche erkennt; ihren größten Einfluß hat sie hingegen so lange, wie sie unbefragt als die Art und Weise betrachtet wird, wie die Dinge sind und wie sie getan werden sollten. Sondert man aber bestimmte Praktiken als »Tradition« aus, so wird sie gerade dadurch unterhöhlt, daß man erkennt, daß diese Praktiken auch auf andere Weise legitimiert werden können. Das Aufkommen des Lesens und besonders der massenhafte Gebrauch von Schrifterzeugnissen modifiziert Traditionen in erhöhtem Umfang. Solange sich diese Fertigkeiten auf eine Elite beschränken, müssen sie eine Tradition nicht zersetzen, denn ihre Monopolisierung durch wenige kann dazu dienen, die in den »klassischen Schriften« enthaltenen Doktrinen zu sanktionieren. Wir sollten aber dem oben zitierten Autor zustimmen, wenn er behauptet, daß »eine literarische Tradition niemals eine reine Tradition ist, denn die Nutzung des geschriebenen Wortes hängt nicht allein von der Überlieferung und ihrer unterstellten Wahrheit ab. Als dauerhaftes materielles Objekt ist es von jeder mündlichen Überlieferung unabhängig und schafft neue Muster der sozialen Zeit; es spricht auf direktem Wege zu entfernten Generationen«.[8]

Wenn die Tradition aber keine »einfache soziale Reproduktion« mehr erlaubt und nicht länger ausschließlich von »Überlieferung und ihrer unterstellten Wahrheit« abhängt, ist der Weg frei für »Interpretationen«. Die Entstehung der Schrift fällt in einem fundamentalen Sinne zusammen mit Auslegungskunst, und Geschichtsschreibung und führt darüber hinaus zum Ideologieproblem, sowohl im Bereich des intellektuellen Wissens wie des politischen Handelns. »Hermeneutische Fragen«, verstanden als Konfrontation zwischen konfligierenden Deutungen der überlieferten Schriften, sind in allen wichtigen Weltreligionen aufgetreten. Das Vordringen jener nachfeudalen, westlichen »Historizität« verdankt sich allerdings einer einzigartigen Verbindung von Hermeneutik und Geschichtsschreibung. Sie entstand als wesentlicher Teil der aufklärerischen Traditionskritik, denn die Aufklärer beschränkten sich nicht auf die Interpretation der Vergangenheit,

7 Pocock 1972.
8 Ebd., S. 255.

sondern stellten das Prinzip der Tradition als solches in Frage und damit die Autorität, die die Vergangenheit über die Gegenwart ausübt.[9]

Es bedarf keiner besonderen Phantasie, sich auszumalen, daß die Entwicklung der Schrift zur Entstehung des »linearen Zeitbewußtseins« führte, das späterhin im Westen zur Grundlage jener »Historizität« des sozialen Lebens wurde. Schrift erlaubt den Kontakt mit »entfernten Generationen«, und darüber hinaus ermutigt ihre lineare Form vielleicht die Idee einer dahinfließenden Zeit, die fortschreitend »von« einem Punkt ausgehend »hin zu« einem anderen führt. Wahrscheinlich sollte man vernünftigerweise sagen, daß, wie dies auch für die »Tradition« gilt, in traditionalen Kulturen die »Zeit« nicht als eine eigenständige »Bewußtseinsdimension« unterschieden wird; die Zeitlichkeit des sozialen Lebens drückt sich in dem Ineinanderfließen von Vergangenheit und Gegenwart aus, das durch eine Tradition gestützt wird, die den zyklischen Charakter des sozialen Handelns hervorkehrt. Sobald Zeit als ein eigenständiges, unterscheidbares Phänomen erkenntlich wird, das überdies quantifizierbar ist, wird sie natürlich auch als eine knappe und ausbeutbare Ressource verstanden.[10] Marx hat darauf hingewiesen, daß diese Sichtweise den modernen Kapitalismus kennzeichne. Die Umwandlung von Arbeitskraft in eine Ware hängt von der Quantifizierung der Arbeitszeit und der Schaffung eines eindeutig definierten »Arbeitstags« ab.

2. Zeit-Raum-Relationen

Ich habe auf den Fehler hingewiesen, Zeit und sozialen Wandel in eins zu setzen, und möchte vor diesem Hintergrund nunmehr die Bedeutung der Zeit für die Konstitution sozialer Systeme näher untersuchen. In diesem Zusammenhang möchte ich darüber hinaus behaupten, *daß die meisten Sozialtheorien es nicht nur versäumt haben, die Zeitlichkeit des sozialen Handelns ernst genug zu nehmen, sondern auch dessen räumliche Eigenheiten übersehen*

9 Vgl. zu einer konservativen Analyse der Entwicklung der Hermeneutik und einer Kritik an der Aufklärung: Gadamer ²1965; zur Schrift und Kultur vgl. besonders Goody 1977, Ricœur 1971.
10 Vgl. Moore 1963, Gurvitch 1964.

haben. Auf den ersten Blick scheint nichts banaler und überflüssiger zu sein als der Hinweis, daß sich soziales Handeln in Zeit und Raum vollzieht. Indessen stehen weder Zeit noch Raum im Zentrum der Sozialtheorie; allenfalls werden diese Faktoren als »Umwelt« behandelt, in der sich soziales Handeln vollzieht. Was die Zeit betrifft, so verdankt sich diese Einschätzung dem Einfluß der Synchron/diachron-Unterscheidung: Die Gleichsetzung von Zeit und Wandel hat zur Folge, daß Zeit als eine Art »Grenze« stabiler Sozialordnungen betrachtet wird, in jedem Fall aber als ein Phänomen geringerer Wichtigkeit.[11] Die Nichtbeachtung des Raums in der Sozialtheorie erklärt sich anders; wahrscheinlich sind Soziologen ängstlich bemüht, alle Hinweise auf einen geographischen Determinismus in ihren Werken zu tilgen. Die Übernahme des Begriffs »Ökologie« in die Sozialwissenschaften hat an diesem Sachverhalt wenig geändert, da damit der Verwechslung räumlicher Charakteristika mit anderen Eigenschaften der physikalischen Welt, die das soziale Leben beeinflussen mögen, Vorschub geleistet und die Tendenz verstärkt wird, räumliche Eigenheiten des sozialen Handelns als deren »Umwelt« zu verstehen, statt darin ihre wesentliche Voraussetzung zu sehen.

An anderer Stelle habe ich davon gesprochen, daß soziale Systeme als Interaktionssysteme betrachtet werden können, und einige ihrer Systemeigenschaften diskutiert.[12] Im vorliegenden Zusammenhang muß ich allerdings auf einige Merkmale solcher Interaktionen zu sprechen kommen, die dort nur oberflächlich behandelt wurden. Die meisten sozialwissenschaftlichen Schulen, allen voran der Funktionalismus, haben die zeitliche Verortung von Interaktionen vernachlässigt, weil sie sich innerhalb der Synchron-

11 Vgl. jedoch Shils 1975, S. xiii: »Die Zeit erlaubt nicht nur einen heuristischen Vergleich zwischen verschiedenen (gesellschaftlichen) Zuständen zu unterschiedlichen Momenten; sie ist zugleich eine konstitutive Eigenschaft der Gesellschaft. Man kann ›Gesellschaft‹ nur als ein System verstehen, das zu verschiedenen Zeitpunkten unterschiedliche Zustände animmt. Gesellschaft gibt ihre charakteristischen Eigenheiten nicht in einem einzigen Moment preis, sondern nur in verschiedenen Phasen, wobei sie in verschiedenen Augenblicken und zu aufeinander folgenden Zeiten eine verschiedenartige, wenn auch verwandte Gestalt annimmt.«
12 Vgl. Giddens 1977, S. 76 ff.

diachron-Dichotomie bewegten.[13] Das Synchronbild des Sozial-systems überbetont die soziale Reproduktion oder hält sie jeden-falls für gesichert; die andere Seite der Gleichsetzung von Zeit und Wandel läuft, wie gesagt, auf die Identifikation von Atemporalität oder Statik und Stabilität hinaus. Wenn derart orientierte Sozial-theoretiker Interaktionssysteme als »Muster« bezeichnen, dann haben sie, oftmals ganz vage, eine Art »Momentaufnahme« der Interaktionsbeziehungen im Sinn. Damit begehen sie denselben Fehler wie jene, die eine »statische Stabilität« voraussetzen: Eine solche »Momentaufnahme« ließe gar kein Muster erkennen, weil *alle Interaktionsmuster zeitlich strukturiert sind*; nur wenn man sie *in der Zeit* analysiert, weisen sie überhaupt ein »Muster« auf. Das wird vielleicht am deutlichsten im direkten Kontakt zwischen Akteuren. Gleichviel, was die Beschäftigung der Ethnomethodo-logen mit dem »turn-taking« in Konversationen im einzelnen erbracht haben mag oder nicht, einen wichtigen Punkt hat sie beleuchtet: die Serialität der Tätigkeiten der Beteiligten.[14] Es ist keinesfalls eine triviale oder offensichtliche Eigenart von Konver-sationen, daß in der Regel nur eine Person spricht, oder jedenfalls war dies den meisten Sozialanalytikern keineswegs klar. Die eth-nomethodologischen Untersuchungen dieser »Wechselrede« oder des »turn-taking« erscheinen nur deshalb trivial zu sein, weil die betreffenden Autoren nicht den Implikationen ihrer Entdeckung nachgegangen sind und sie nicht auf breiter Front mit der Tem-poralität und sozialen Reproduktion in Verbindung gebracht haben. Indessen haben die ethnomethodologischen Konversa-tionsforschungen einen wichtigen Beitrag zu der Einsicht gelei-stet, daß das »Gesprächsmanagement« der Akteure den zeitlichen Ablauf einer Konversation zu deren Organisation sehr routiniert nutzt.[15]

Die gewöhnlich gezogene Linie zwischen soziologischen »Mi-kro-« und »Makrostudien« erhellt den zentralen Unterschied zwischen direkten »Face-to-face«-Interaktionen und anderen Formen interaktiver Beziehungen nicht. Der Begriff »face-to-face« enthält indessen einen wichtigen Hinweis auf die räumliche Positionierung des Körpers in sozialen Interaktionen. Gewöhn-

13 Vgl. ebd., S. 96 ff.
14 Vgl. Sacks/Schegloff 1974.
15 Vgl. Garfinkel 1967.

lich steht für Akteure, die sich gegenübertreten, das Gesicht des anderen im Zentrum der Aufmerksamkeit und wird als ausdrucksstärkster Teil des Körpers ständig danach kontrolliert, ob der andere sein Tun und Reden ernst meint. Freilich läuft nicht jede Interaktion, die zwischen Anwesenden stattfindet, als »Face-to-face«-Interaktion ab; so mögen einige Formen des Massenhandelns eine Ausnahme darstellen. Aber die meisten solcher Beispiele haben keine gesonderte Bedeutung, und es ist erstaunlich, in welchem Maß selbst bei Massenzusammenkünften der Begriff »face-to-face« seine Verbindlichkeit behält. In Versammlungen, Vorlesungen, Konzerten usf. ist das Publikum fast immer so ausgerichtet, daß alle zusammen das Gesicht des Vortragenden wahrnehmen.

Bei Face-to-face-Interaktionen stellt die Anwesenheit des anderen eine wichtige Informationsquelle dar, die zur wechselseitigen Ausrichtung der Begegnung benutzt werden kann. Die Unterscheidung zwischen mikro- und makrosoziologischen Analysen stellt den Kontrast zwischen Kleingruppen und größeren Kollektivitäten oder Gemeinschaften heraus; die profundere Unterscheidung allerdings ist die zwischen *Face-to-face-Interaktionen und der Interaktion zwischen physisch (und oftmals auch zeitlich) Abwesenden.* Die räumliche und zeitliche Ausdehnung sozialer Systeme stellt eine ganz offensichtliche Eigenheit der übergreifenden Entwicklung menschlicher Gesellschaften dar. Wie oben bereits angedeutet, bedeutet die Erfindung der Schrift eine grundsätzliche zeitliche Ausdehnung der Interaktionen. Zwar umfaßt jede Tradition einer nichtliteraten Kultur eine beachtliche Summe kultureller Produkte vergangener Generationen; aber das Aufkommen von Texten erlaubt eine viel unmittelbarere Kommunikation mit der Vergangenheit, und dies in einer Form, die der Interaktion zwischen räumlich Anwesenden in bestimmter Weise ähnelt.[16] Verglichen mit der gemeinsamen Anwesenheit in direkten Interaktionen freilich, stellt sich der Zugang zur Vergangenheit mit Hilfe von Texten als distanzierte Interaktion dar. Die Entwicklung der Schrift erweitert diese Form der distanzierten Interaktion räumlich wie zeitlich erheblich. In schriftlosen Kulturen existieren in und zwischen Gruppen ausschließlich Face-to-face-Kontakte. Natürlich können unter solchen Umständen Akteure als

16 Vgl. Ricœur 1971.

Vermittler fungieren. Aber die Schrift verändert die Art der möglichen Transaktionen; ohne Vermittlung »spricht« ein Brief direkt zu seinem Empfänger. Man sollte beachten, daß die räumliche Erweiterung der Interaktion, die durch die Verschickung eines Briefs erfolgt, auch bedeutet, daß bei seinem Öffnen und Lesen der Absender zeitlich abwesend ist. Der Zeitabstand beim Austausch von Briefen ist offensichtlich viel größer als bei der Wechselrede in Konversationen; auf der anderen Seite besteht eine der auffallendsten Eigenarten moderner Kommunikationstechnologien darin, daß es nicht länger möglich ist, die zeitliche Abfolge medialer Kommunikation mit Hilfe räumlicher Distanzen zu strukturieren.[17]

Zeit, Raum und Wiederholungen sind eng miteinander verwoben. Alle bekannten Methoden der Zeitmessung und Zeitkalkulation beruhen auf Wiederholungen: der zyklische Umlauf der Sonne, die Zeiger einer Uhr, die Oszillationen eines Quarzkristalls usf.; und alle diese Verfahren beinhalten Bewegungen im Raum.[18] Es ist schwierig, ohne räumliche Metaphern über die Zeit zu sprechen, obgleich dies, falls Whorf recht hat, zum Teil mit der besonderen Charakteristik indoeuropäischer Sprachen zusammenhängt. In jedem Fall behauptet mein Argument eine enge Verbindung zwischen Zeit, Raum und dem sich wiederholenden Verlauf des sozialen Lebens. Der zyklische Charakter dieser Wiederholungen oder die soziale Reproduktion in traditionsregulierten Gesellschaften wird indirekt durch die Zeiterfahrung und deren Darstellung bestimmt. Diese zyklische Form der Zeiterfahrung geht

17 So stellt das Telefon die Unmittelbarkeit des Face-to-face-Kontakts über räumliche Distanzen hinweg wieder her, allerdings auf Kosten der sinnlichen Qualitäten der Kommunikation; dem Fernsehen und der Video-Kommunikation gelingt dies noch stärker. Die daraus resultierenden Veränderungen für die Bedeutungsvermittlung können, wie McLuhan (1962) vielleicht etwas übertrieben beschreibt, gleichwohl wichtige Fragen aufwerfen.

18 Whitman 1967, S. 71: »Es scheint so zu sein, daß man ohne vorgängigen Bezug auf eine räumliche Kongruenz auch dann nicht zu einem Standardbegriff der ›zeitlichen Dauer‹ gelangt, wenn die sich wiederholenden Kontrolleinheiten eines Uhrwerks mit höchster Genauigkeit erfaßt werden können. Tatsächlich gilt, daß die raum-zeitlichen Gesetze, die man kennen und anwenden muß, um so komplexer werden, je genauer die Uhr funktioniert.«

wahrscheinlich niemals verloren und erhält sich auch dort, wo ein »lineares Zeitbewußtsein« vorherrschend wird. Kalender und Uhren bauen ebenso Zyklen in die sequentielle Zeitabfolge gegenwärtiger Gesellschaften ein, wie die täglichen, wöchentlichen und jährlichen Perioden zyklische Aspekte ihrer spezifischen Sozialorganisation hervorkehren. Dasselbe gilt für die Lebensspanne der Individuen, die wir immer noch als »Lebenszyklus« bezeichnen.

Wie erwähnt, stellt die räumliche und zeitliche Erweiterung der sozialen Verkehrskreise eine allgemeine Eigenschaft der Sozialentwicklung dar: Die Zeitskalen sozialen Handelns werden durch die Veränderung der Kommunikationsdistanzen verschoben.[19] Man kann die Verknüpfung von Zeit und Raum anhand der Teilnahme sozialer Akteure an sozialen Aktivitäten ebenso erforschen wie anhand des gesellschaftlichen Transformationsniveaus an sich.[20] Die Zeitgeographie behandelt die zeit-räumliche »Choreographie« des individuellen Lebens innerhalb einer gegebenen Zeitperiode: über den Tag, eine Woche, ein Jahr oder das ganze Leben hinweg. So kann man beispielsweise die täglichen Routinetätigkeiten einer Person als einen Pfad durch den Zeit-Raum betrachten. Das heißt, die soziale Veränderung, die sich aus dem Tatbestand ergibt, daß jemand sein Haus verläßt, um zur Arbeit zu gehen, beinhaltet auch eine räumliche Bewegung. Soziale Interaktionen können aus diesem Blickwinkel als eine »Verkopplung« sich kreuzender Pfade bezeichnet werden oder, wie Hägerstrand sagt, als »Aktivitätsbündel«. Solche »Aktivitätsbündel« realisieren sich an bestimmten »Stationen« – in Gebäuden oder anderen Orten –, wo sich die Pfade zweier oder mehrerer Individuen berühren; die daraus resultierenden Begegnungen lösen sich wieder auf, sobald sich die Akteure räumlich und zeitlich entfernen, um an anderen Aktivitätsbündeln zu partizipieren. Das Interessante an dieser Konzeption sozialer Tätigkeit als »eines schwebenden Tanzes durch Raum und Zeit«[21] hängt nicht von der besonderen Formulierung Hägerstrands ab, gegen die mancher

---

19 Man vgl. Heideggers Ent-Fernung, die die Ferne zum Verschwinden bringt.
20 Vgl. zur Entwicklung von Zeit- und Raumbegriffen im Verlauf des Zusammenbruchs des Feudalismus Heller 1978, S. 170-196.
21 Pred 1977, S. 208.

Einwand möglich wäre; von allgemeiner Wichtigkeit ist aber, daß sie die *Bewegungskoordination* sozialer Aktivitäten in Raum und Zeit anspricht und als die Verkopplung einer Vielzahl von Pfaden oder Trajektorien verständlich macht. Derselbe Begriff kann auch auf viel weiter reichende Probleme des sozialen Wandels angewendet werden, denen ich mich später zuwenden werde; das heißt, auch der gesellschaftliche Wandel kann als eine Formation von Zeit-Raum-Pfaden verstanden werden. *Soziale Entwicklung impliziert charakteristischerweise räumliche und zeitliche Bewegung*, und die wichtigste davon ist derzeit die weltweite Expansion des westlichen Industriekapitalismus.

3. Räumliche Anwesenheit und Abwesenheit

Daß der Begriff der »Sozialstruktur«, wie er in der Sozialtheorie gewöhnlich verwendet wird, derart nachhaltig durch Raumbilder geprägt ist, mag neben der Befürchtung, sich einem unhaltbaren geographischen Determinismus anzuvertrauen, ein weiterer Grund dafür sein, weshalb die Wichtigkeit des Raums in der Sozialtheorie kaum hinreichend gewürdigt wurde. Wie wichtig er ist, kann man anhand der Klassentheorie leicht zeigen.

Ein zentrales Merkmal der Klassengesellschaft ist die räumliche Verteilung der Klassen. In einer reichlich ungenauen, aber gleichwohl soziologisch signifikanten Weise pflegen Klassen regional konzentriert zu sein. Solche Raumdifferenzierungen müssen in sozialtheoretischen Begriffen als »Zeit-Raum-Formationen« aufgefaßt werden. Das heißt, die *zeitliche* Sedimentation verschiedener regionaler »Klassenkulturen« muß als ein wichtiges Kennzeichen der räumlichen Verteilung der Klassen gelten, obgleich sich diese Klassenkulturen heutzutage durch die zeit- und raumüberwindenden Verkehrsformen teilweise auflösen.

Die konsequenzenreichste Verbindung von Klasse und Raum ist zugleich weitreichend und eng umgrenzt. Auf der einen Seite impliziert der Klassencharakter des Kapitalismus nationenübergreifende Systeme, die in Zentrum und Peripherie gegliedert sind; auf der anderen Seite wird die Klassenherrschaft in starkem Maß beeinflußt und reproduziert durch strukturierte Differenzen zwischen Stadt und Land und durch das Auseinanderfallen verschiedener Nachbarschaften innerhalb der Städte.[22] Nachbarschaftliche Segregation ist in kapitalistischen Gesellschaften kein gesteuerter Prozeß, sondern das Ergebnis des Klassenkampfes auf dem Wohnungsmarkt.[23] Gleichwohl ist die Regulierung des Raums ein Merkmal aller Gesellschaften. Nahezu alle Kollektivitäten besitzen einen *Operationsschauplatz*, der von dem anderer Gruppen räumlich abgesondert ist. »Schauplatz« ist dem Begriff des »Ortes«, der in der Sozialgeographie gebräuchlicher ist, vorzuziehen, weil er die räumliche Gebundenheit von Interaktionen hervorkehrt. Damit ist weniger ein räumlicher Parameter oder die physische Umwelt angesprochen, in der Interaktionen »vor sich gehen«, sondern der Tatbestand, daß die Akteure die räumliche Gebundenheit als einen Bestandteil ihrer Interaktion mobilisieren; sie nutzen die räumlichen und physikalischen Aspekte ihres Aktionsfeldes routinemäßig dazu, um ihre Kommunikation aufrechtzuerhalten, was für eine Theorie der Semantik nicht ohne Belang ist.[24]

Wenn wir den Begriff des »Schauplatzes« mit dem Einfluß zusammenbringen, den die physische bzw. die zeitliche An- und Abwesenheit auf die Interaktionen hat, dann können wir *kleine Gemeinschaften* als jene Interaktionsform bezeichnen, in der die Raum-Zeit-Abmessungen nur eine geringe Ausprägung besitzen; das heißt, der Schauplatz ist derart gestaltet, daß alle Interaktionen nur geringe Raum- und Zeitdistanzen zu überbrücken haben. In solchen »kleinförmigen« Interaktionen ist demnach nicht die bare physische Anwesenheit bei der unmittelbaren Interaktion ausschlaggebend, sondern die zeitliche und räumliche *Verfügbarkeit* der anderen auf dem Schauplatz.

Niemand hat diese Phänomene sinnfälliger analysiert als Goff-

---

22 Erst vor kurzem hat man damit begonnen, sich mit einiger Genauigkeit mit diesen Fragen zu beschäftigen; man vgl. vor allem die Schriften von Harvey und Castells.

23 Vgl. Rex/Moore 1967.

24 Zu diesen Aspekten gehört die Möglichkeit, den Schauplatz des Geschehens als Index dafür, was geschieht und geschehen sollte, zu lesen. Davon hängt seinerseits ab, welche Bedeutung der Akteur seinem Handeln (und Sprechen) beimißt, wobei sich Giddens gegen die Intentionstheorie der Bedeutung stellt, wie sie von Grice und anderen entwickelt wurde. Zu Details vgl. Giddens 1979, S. 84 f. (Anmerkung der Herausgeber).

man, der in allen seinen Schriften die Bedeutsamkeit von Raum und Zeit herausgestellt hat bzw. das, was er in seinem ersten Werk »Region« nannte.[25] Eine Region in seinem Sinne ist Teil dessen, was ich »Schauplatz« genannt habe, und stellt ab auf die verschiedenen Verfügbarkeitsbeschränkungen. Regionen unterscheiden sich danach, wie solche Ausgrenzungen oder Demarkationen zustande kommen und welche Anwesenheitsmerkmale sie »passieren lassen«.[26] Und überdies werden Regionen, so Goffman, in aller Regel mit Hilfe von Zeit-Raum-Beziehungen definiert.[27]

Goffmans Gegenüberstellung von sozialen Selbstdarstellungen, die sich teils auf der »Vorderbühne«, teils »hinter der Bühne« abspielen, ist von allergrößtem Interesse und wird in der Sozialtheorie ganz unberechtigterweise ignoriert. Die räumliche und soziale Trennung zwischen beiden Bereichen, wodurch möglicherweise kompromittierende Interaktionsmerkmale zurückgedrängt oder versteckt werden, kann in einleuchtender Weise mit dem praktischen Bewußtsein der Akteure und der Funktionsweise normativer Sanktionen verbunden werden. Das heißt, die Aufrechterhaltung der räumlichen Unterschiede zwischen »vorn« und »hinten« ist ein wichtiges Merkmal der reflexiven Kontrolle des Handelns im Rahmen diskursiver und praktischer Kompetenzen.

An verschiedenen Stellen habe ich Parsons' Theoreme über den von ihm unterstellten Zusammenhang zwischen der »Internalisierung von Werten« und normativen Zwängen kritisiert.[28] Meine Bemühungen waren dabei darauf gerichtet, die Wichtigkeit anderer Formen normativer Konformität herauszustellen, ohne dabei in die überflüssige Konfrontation zwischen »Konsens-« und »Konflikttheorie« zurückzufallen. Eine derartige alternative Konformitätsform besteht in der »pragmatischen Anerkennung« normativer Vorschriften (zum Beispiel murrendes Einverständnis, halb-zynische Einstellungen zu Normen, Distanzierung von Erwartungen durch Humor etc.) als »Fakten« der jeweiligen Handlungsumstände. Der Kontrast zwischen vorn und hinten kann

25 Vgl. Goffman 1959; zu den neueren Ansichten dieses Autors über einige damit zusammenhängende Fragen siehe Goffman 1974.
26 So kann eine dicke Glasscheibe in einem Aufnahmestudio zur akustischen, nicht aber zur visuellen Isolation genutzt werden.
27 So stellt die Trennung von »Wohn-« und »Schlafraum« auch eine Differenzierung danach dar, wann sie benutzt werden.
28 So etwa in Giddens 1976a, S. 19 und öfter.

zeigen helfen, wie eine derartige pragmatische Anerkennung durch die *Kontrolle des Schauplatzes* aufrechterhalten werden kann.

Die normative Bedeutung der genannten Differenzen von Interaktionsregionen wird von Goffman gut analysiert. Darstellungen auf der Vorderbühne sind typischerweise von der Intention begleitet, den Anschein zu erwecken, man wolle in Übereinstimmung mit den normativen Standards handeln, denen der betreffende Akteur, kommt er mit ihnen hinter der Bühne in Kontakt, indifferent oder am Ende feindlich gegenüberstehen mag. Die Existenz dieser Hintergrund/Vordergrund-Differenz läßt normalerweise auf eine weitgehende diskursive Durchdringung der betreffenden Institution schließen, innerhalb deren die betreffenden Distanzierungen vorgenommen werden. Man kann diesen Sachverhalt leicht mit der Klassentheorie oder der Theorie der Klassenherrschaft in Verbindung bringen. Fabrikarbeiter können zum Beispiel die räumliche Distanz ihres Arbeitsplatzes zum überwachenden Management oftmals in einen Hintergrundbereich umwandeln, der bei Anwesenheit des Managers oder eines Kontrolleurs sofort zum Vordergrund umgestaltet werden kann.[29] Dabei kann man durchaus davon ausgehen, daß beide Parteien die Situation mehr oder minder durchschauen. Für das Management heißt dies, daß seine Macht begrenzt ist, woraus sich ableiten läßt, daß derartige raum-soziale Interaktionen für den hintersinnigen Charakter der Kontrolle in solchen Organisationen von großer Bedeutung sind.

Nun ist ein Fabrikarbeitsplatz gewöhnlich räumlich getrennt vom »Büro« des Managers.[30] Aber selbstverständlich existieren ähnliche Möglichkeiten, eine räumliche Trennung in eine Region im

---

29 Goffman zitiert als Beispiel Archibald 1947, S. 159: »Es war amüsant, die plötzliche Veränderung zu beobachten, wenn es sich herumsprach, daß der Vorarbeiter an Deck oder auf der Werft war oder daß sich ein Aufseher näherte. Die Gruppenführer stürzten zu ihren Arbeitsgruppen und feuerten sie zu demonstrativer Tätigkeit an. ›Laßt euch nicht beim Herumsitzen erwischen!‹ war die allgemeine Ermahnung, und wo es eigentlich nichts zu tun gab, wurde eifrig ein Rohr gebogen und verschraubt oder ein bereits festsitzender Bolzen überflüssigerweise nochmals nachgezogen.«

30 Siehe Lockwood 1969 zu einer Diskussion dieser Fragen im weiteren Zusammenhang mit der Klassentheorie.

Goffmanschen Sinne zu transformieren, auch an anderen Schauplätzen innerhalb von Organisationen. Webers Charakterisierung der modernen Bürokratie als einer Amtshierarchie benutzt die Differenzierung nach räumlichen Aspekten ebenso wie die Differenzierung nach unterschiedlich ausgeprägter Autorität. Die räumliche Trennung von Amtsstuben erlaubt die Etablierung verschiedenartiger »Rückraumaktivitäten«, mit deren Hilfe die Weitergabe von Informationen nach oben kontrolliert werden kann und die dazu dienen, die Macht der höheren Ränge zu beschneiden.[31] Aber selbstverständlich ist der kontrollierte Gebrauch dieser Vorn/hinten-Unterscheidung nicht auf formal untergeordnete Positionen beschränkt. Die Fähigkeit, Schauplätze zu kontrollieren, gehört zu den hauptsächlichen Prärogativen der eigentlichen Macht: So mag ein Sitzungssaal eine ganz charakteristische Vorderbühne darstellen, auf der Aktivitäten für ein Publikum inszeniert werden, um ihm jeden Einblick in weit wichtigere Hintergrundsmanipulationen zu entziehen.

Raum und Anwesenheit in kleinen Gemeinschaften oder in Kollektiven, die Zeit-Raum-Differenzen nur über kurze Distanzen aufrechterhalten können, kommen in erster Linie mit Hilfe der physischen Eigenschaften und wahrnehmbaren Fähigkeiten menschlicher Organismen zum Ausdruck. Die Mittel, um die Verfügbarkeit über Anwesenheiten in großen Kollektivitäten zu gewährleisten, unterscheiden sich hiervon notwendigerweise. Die genannte Unterscheidung zwischen Vordergrund und Hintergrund scheint in erster Linie für die Sozialintegration zu gelten, wo der Schauplatz der direkten Kontrolle durch die reflexive Überwachung von Face-to-face-Interaktionen unterliegt. Aber etwas ähnliches kann auf weniger kalkulierte Weise auch in Städten geschehen, die in modernen Gesellschaften die wichtigsten intermediären Schauplätze darstellen zwischen den kurzfristigen, lokalen Anwesenheiten und der Zugehörigkeit zu einem Nationalstaat. So kann man beispielsweise versuchen, die Slums vor den »ehrbaren« Bewohnern der Stadt und deren Besuchern zu »verstecken«.

31 Vgl. Pahl/Winkler 1974.

4. Stabilität und Wandel:
Merton und Evans-Pritchard

Wenn man die Synchron/diachron-Dichotomie durch die Idee der zeitlichen Strukturation ersetzt, dann kann man erkennen, daß sich der Prozeß der sozialen Reproduktion jederzeit wandeln kann.[32] Aber damit kann man sich nicht zufriedengeben; man muß die Implikationen dieser These verfolgen. Jene Theoretiker, die die genannte Dichotomie verwendet haben, haben oftmals darauf bestanden, daß jede Analyse sozialer Stabilität *ipso facto* auch Wandlungsvorgängen gerecht wird. Allerdings bleibt das eine Binsenweisheit, solange man nicht zeigt, wie eine solche Analyse durchzuführen ist. In der Tat muß man die Unterscheidung von »synchron« und »diachron« fallen lassen, um aus der Gleichsetzung von Stabilitäts- und Wandlungsanalyse mehr zu machen als eine Banalität.

Im Verlauf seiner Verteidigung eines funktionalistischen Forschungsprogramms für die Sozialwissenschaften hat Robert K. Merton seine nunmehr berühmte Unterscheidung zwischen »manifesten« und »latenten Funktionen« eingeführt und argumentiert, man müsse über die ersten hinausgreifen, um die letzteren zu entdecken. Obgleich diese Unterscheidung nicht völlig unzweideutig ist[33], versuchte Merton die Zwecke oder Gründe, die Akteure für ihr Handeln haben, mit den Funktionen zu kontrastieren, die dieses Handeln, für die Akteure unerkennbar, erfüllt. Bei der Interpretation der latenten Funktionen eines sozialen Sachverhalts *unterscheiden sich die Gründe einer Gesellschaft oder ihre Bedürfnisse von den Zwecken oder Gründen der Akteure, die in bestimmter Weise handeln, und erweisen sich, streng betrachtet, sogar als die wichtigeren Faktoren*. Die von mir vertretene Theorie der Strukturation weiß nichts von »Gründen« oder »Bedürfnissen« einer Gesellschaft oder eines sozialen Systems. Der entscheidende Fehler des Funktionalismus besteht darin, die unintendierten oder unerwarteten Konsequenzen eines Handelns als eine Erklärung seines Vorhandenseins bzw. der Tatsache zu betrachten, daß es ständig wiederholt wird. Statt dessen ist richtig, daß der Tatbestand, daß ein bestimmter sozialer Sachverhalt oder eine

32 Vgl. Giddens 1979, S. 114 und öfter.
33 Vgl. ebd., S. 99 f.

soziale Praktik eine Rolle bei der Reproduktion eines umfassenderen sozialen Systems spielt – wobei dieser Sachverhalt weder der Absicht der Akteure entspricht, die dieser Praktik anhängen, noch ihnen oder sonst jemandem bekannt ist – *nicht erklären kann, weshalb er diese reproduktive Rolle spielt* und weshalb er immer wieder auftritt.[34]

Tatsächlich können wir die Mertonsche Unterscheidung umkehren. Obgleich die Sozialtheorie nicht umhinkommt, den Einfluß nichtintendierter Handlungskonsequenzen auf die Reproduktion sozialer Systeme zu erforschen, sind die einzigen »Funktionen« (oder »teleologischen« Resultate) von explanatorischer Bedeutung für die Analyse von Wandel und Stabilität in einer Gesellschaft jene, *die Merton »manifeste Funktionen« nannte*. Mit anderen Worten, teleologische Erklärungen der sozialen Reproduktion spielen nur dann eine Rolle für die Sozialanalyse, wenn die Gesellschaftsmitglieder aktiv und auf der Basis ihres Wissens um die Handlungskonsequenzen für die Reproduktion des Sozialsystems versuchen, projektierte Resultate zu erreichen, die für wahrgenommene »soziale Bedürfnisse« relevant sind.

Schauen wir uns Mertons Diskussion der latenten Funktionen und auch seine Illustration dafür ein wenig näher an: den Regentanz der Hopi. Die Unterscheidung zwischen »manifesten« und »latenten Funktionen«, so trägt Merton vor, »dient der soziologischen Analyse vieler Praktiken, die sich selbst dann erhalten, wenn ihr manifester Zweck nicht erreicht wird«. Traditionellerweise werden solche Phänomene, so Merton, zum reinen »Irrglauben« oder zum »irrationalen Überbleibsel« erklärt. Wenn ein bestimmtes soziales Handeln »seinen offensichtlichen Zweck« verfehlt, »so besteht eine Tendenz, sein Auftreten einem Mangel an Intelligenz, reiner Ignoranz, seinem ›Survival‹-Charakter oder der sogenannten ›Trägheit‹ zuzuschreiben«.[35] Auf das Regentanzbeispiel übertragen heißt dies, daß diejenigen, die an dem Hopi-Regen-Zeremoniell teilnehmen, daran glauben, daß damit Regen verursacht wird; wenn sie dieses Ziel nicht erreichen, gleichwohl mit der Zeremonie fortfahren, dann gelten sie als abergläubisch, ignorant oder irrational. Merton bestreitet, daß diese Bezeichnungen die Dauerhaftigkeit des Regentanz erklären können. Der

---

34 Elster 1978, S. 121 f. betont dies mit Nachdruck.
35 Merton 1964, S. 64.

Hinweis auf latente Funktionen aber kann ihn erklären: »Solange sich der Soziologe auf das Problem beschränkt, ob der Regentanz seine manifeste Funktion erfüllt, beschäftigt er sich genau besehen nur mit einem meteorologischen Problem; und jeder Meteorologe wird der These zustimmen, daß die Regenzeremonie keinen Regen hervorruft. Aber darum geht es nicht. Ein solches Argument zeigt allenfalls, daß die Zeremonie keinen technologischen Nutzen besitzt bzw. daß der Zweck der Zeremonie mit ihren aktuellen Konsequenzen nicht zusammenfällt ... (Aber) derartige Zeremonien mögen die latente Funktion erfüllen, die Gruppenidentität zu festigen, indem sie den zerstreut lebenden Gruppenmitgliedern eine Gelegenheit dazu verschaffen, sich zu gemeinsamem Tun zu versammeln. Durkheim hat unter anderen vor langer Zeit darauf hingewiesen, daß derartige Zeremonien ein Mittel dazu sind, ein kollektives Gefühl zum Ausdruck zu bringen, das sich bei näherer Analyse als die Grundlage der Gruppeneinheit erweist. Mit Hilfe der systematischen Verwendung des Begriffs der ›latenten Funktion‹ kann man zeigen, daß augenscheinlich irrationale Verhaltensweisen für die Gruppe eine positive Funktion haben können.«[36]

An dieser Passage ist mehreres beachtenswert. Zunächst braucht man sie nicht sehr genau zu lesen, um zu sehen, daß der Nachweis einer »latenten Funktion« der Hopi-Zeremonie ihre Dauerhaftigkeit tatsächlich überhaupt nicht erklärt.[37] Die These, daß die zeremonielle Versammlung der Gruppe dazu beiträgt, die Einheit der Gemeinschaft zu stärken, indem die Zeremonie kohärenzdienlichen Gefühlen Ausdruck verleiht, identifiziert *eine unbeabsichtigte Konsequenz* der zeremoniellen Tätigkeit; in keiner Weise erklärt sie, weshalb sie überdauert. Oder genauer gesagt, die These unterstellt allenfalls die Existenz eines »gesellschaftlichen Grundes« für die Zeremonie, der in den Beweggründen der Gruppenmitglieder nicht zum Ausdruck komme und überdies die Gesellschaft zu einer bestimmten Reaktion veranlasse. Die Gesellschaft hat demnach nicht nur Bedürfnisse, die befriedigt werden müssen, sondern verfügt auch über die Fähigkeit, funktional angemessene Reaktionsformen zu stimulieren oder aufrechtzuerhal-

---

36 Ebd., S. 64 f.
37 Die Einschränkung, daß latente Funktionen nicht immer entdeckt werden, spielt im vorliegenden Zusammenhang keine Rolle.

ten. Der einzige Weg, solche (latenten!) Annahmen zu vermeiden, besteht in einem Rückfall auf eine Art Prinzip des adaptiven Überlebens, dem zufolge jede überlebende Gesellschaft zwangsläufig ähnliche Versammlungen hat entwickeln müssen wie jenen Regentanz. Aber selbst wenn dies eine gültige Antwort wäre[38], so müßte klar sein, daß auch damit nicht erklärt wird, *wie es geschehen kann*, daß der Regentanz sich erhält. Denn weshalb sollten die Hopi eine derart »irrationale« Handlung wiederholen? Das heißt, Merton liegt mit seinem Hinweis, daß die Einordnung einer solchen Handlung als barer »Aberglaube« oder als »Überbleibsel« eine recht armselige Erklärung darstellt, richtiger, als er ahnt.

Zum zweiten beruht die Plausibilität seiner Analyse darauf, daß Merton zwei getrennte Sachverhalte vermengt. So hält er die Bedeutung *unintendierter Handlungskonsequenzen* und die *Rationalität von Überzeugungen und Handlungen* nicht auseinander. Offensichtlich setzte Mertons Diagnose latente Funktionen, die, wie ich gezeigt habe, die Annahme »gesellschaftlicher Gründe« implizieren, mit dem gleich, was er »augenscheinlich irrationale Verhaltensmuster« nennt. Den Fehler dieser Gleichsetzung sieht man, wenn man seine Diskussion der manifesten und latenten Funktionen mit der ganz ähnlichen, gleichfalls berühmten Untersuchung Evans-Pritchards über Hexen und Orakel bei den Azande vergleicht, die indessen die Rationalität von Überzeugungen zum Gegenstand hat.[39] Merton stellt bei der Untersuchung des Hopi-Regentanzes dieselbe Frage wie Evans-Pritchard bei der Analyse der Azande-Hexerei: Weshalb nehmen Akteure wiederholt an Tätigkeiten teil, obgleich wir wissen, daß die damit verbundenen Überzeugungen falsch sind? Allerdings weisen die Antworten beider Theoretiker interessante Differenzen auf. Während Merton seine Frage als Soziologe stellt, der hinter die manifesten Zwecke und Beweggründe des Hopischen Regentanzes blicken möchte, deutet Evans-Pritchard seinen Fall eher aus der Perspektive eines »westlichen Beobachters«, der sich für die Beziehungen zwischen Überzeugungen und Handlungen einer fremden Kultur interessiert. Und während Merton versucht, eine Antwort durch den Hinweis auf latente Funktionen zu formulie-

38 Vgl. Giddens 1977, S. 111 f.
39 Siehe Evans-Pritchard 1950 und Wilson 1970 zu zahlreichen weiteren Beiträgen zu dieser Frage.

ren, indem er die Existenz »gesellschaftlicher Gründe« postuliert, wo sich die Gründe der Akteure als fehlerhaft erweisen, sucht Evans-Pritchard eine Antwort genau in den Beweggründen der Akteure, indem er sich bemüht nachzuweisen, daß diese in der Tat überhaupt nicht »irrational« sind.

Nun enthält die Debatte über die Rationalität von Überzeugungen äußerst schwierige Probleme, die aber glücklicherweise für den hier herausgestellten Zusammenhang ohne Belang sind. Beide, Merton wie Evans-Pritchard, haben recht, wenn sie solche groben Erklärungen wie »Aberglaube« und »Überbleibsel« zurückweisen. Indessen ist Mertons Argument, auch wenn man in Rechnung stellt, daß er die Bedeutung nichtintendierter Handlungskonsequenzen zutreffend betont, dem von Evans-Pritchard in entscheidender Weise unterlegen. Denn Merton zeigt tatsächlich nicht, weshalb die Regen-Zeremonie überdauert, während Evans-Pritchard zeigt, was falsch ist an der Rede vom »Aberglauben« bzw. vom »irrationalen Überleben« der Azande-Hexerei, indem er nachweist, daß die Azande innerhalb ihres traditionsüberlieferten Glaubenssystems durchaus gute Gründe für ihr jeweiliges Handeln haben. Es ist bedauerlich, daß die soziologische Relevanz seiner Analyse durch die weitreichenden philosophischen Debatten, die sie ausgelöst hat, überschattet wurde, denn sie eignet sich weit besser als Mertons Diagnose der latenten Funktionen der Regen-Zeremonie zum Verständnis stabiler sozialer Reproduktion. Wie ich bereits sagte, müssen wir Mertons Standpunkt umkehren: Bevor wir die Regelhaftigkeiten nichtintendierter Handlungskonsequenzen nachzeichnen, müssen wir untersuchen, wie die Handlungen selbst reproduziert werden, was eher in Anlehnung an Evans-Pritchard geschehen sollte. Damit ist die Wichtigkeit nichtintendierter Handlungskonsequenzen für die soziale Reproduktion nicht geleugnet; wir müssen nur wissen, daß die Übertragung solcher Konsequenzen in »Funktionen« illegitim ist und zur Erklärung der Aufrechterhaltung bestimmter Praktiken nichts beiträgt. Dabei sollte man beachten, daß Mertons Diskussion der Hopi-Zeremonie, auch wenn wir zugestehen, daß sie sehr kurz geraten ist, keine der Bedingungen beachtet, die mit der *Teilnahme* der Akteure an dem Ritual etwas zu tun haben. Zwar spricht er vom »Zweck« des Regentanzes, nämlich Regen zu erzeugen, der sodann als irrational zurückgewiesen wird, weil die dahinter stehenden Überzeugungen falsch sind. Aber jeder Hinweis darauf, daß die Gründe oder Zwecke, die die Hopi selbst mit ihrer wiederholten Teilnahme an der Zeremonie verbinden, mit der »offiziellen Sichtweise« oder dem »öffentlichen Vordergrund« nicht notwendigerweise identisch sein müssen, unterbleibt. Dabei können auch die Mitglieder traditioneller Kulturen ihren eigenen Handlungen gegenüber durchaus eine skeptische Haltung einnehmen. Auch sollten wir nicht unterstellen, daß die sozialintegrativen Folgen derartiger Zeremonien nur von dem Sozialanalytiker entdeckt werden könnten. Vielmehr ist es im Gegenteil wahrscheinlicher, daß religiöse Führer und vielleicht sogar Laienmitglieder diese Folgen oftmals bereits durchschaut und bewußt kultiviert haben.

5. Sozialer Wandel und die Theorie der Strukturation

Es hat wenig Sinn, nach einer übergreifenden Theorie der Stabilität und des Wandels in sozialen Systemen Ausschau zu halten, solange die Bedingungen der sozialen Reproduktion verschiedener Gesellschaftstypen derart variieren. Ich werde mich im nächsten Abschnitt auf das Problem der Analyse sozialen Wandels in fortgeschrittenen Industriegesellschaften konzentrieren. In diesem Abschnitt möchte ich nur einige allgemeine Betrachtungen vortragen, die es erlauben, die Probleme des Wandels mit den Begriffen »Struktur« und »Handlungsfähigkeit« in Verbindung zu bringen, und die an die Mertonsche Unterscheidung von manifesten und latenten Funktionen anschließen.

Es ist wichtig zu sehen, daß Mertons Schwierigkeiten nicht nur in seinem Begriff der »latenten Funktion« liegen, sondern auch darin, daß er die »manifesten Funktionen« nur wenig beachtet. Tatsächlich sagt er wenig genug darüber, was manifeste Funktionen eigentlich sind, wenn er sie mit den Zwecken in eins setzt, die bestimmte soziale Objekte oder Praktiken haben. In seinem Bemühen, sich »im Rücken« jener zu plazieren, die sich auf die von ihm untersuchten Aktivitäten einlassen, kümmert sich Merton kaum darum, was die Dauerhaftigkeit einer sozialen Praktik mit dem zu tun hat, was ich als die »Rationalisierung des Handelns« bezeichnen möchte. Deshalb ist im Vergleich dazu Evans-Pritchards Analyse so einleuchtend. Seine Analyse macht die Notwendigkeit plausibel, zur Erklärung überdauernder institutioneller Formen die Rationalisierung des Handelns *in situ* zu begreifen. Demgegenüber aber vernachlässigt Evans-Pritchard die Bedeutsamkeit nicht-intendierter Handlungskonsequenzen, die mit einer Beteiligung an bestimmten Praktiken verbunden sind, für den übergreifenden gesellschaftlichen Zusammenhang, dessen Bestandteil sie darstellen.

Diese Überlegungen legen nahe, daß wir zur Interpretation der Beziehungen zwischen sozialer Reproduktion, Stabilität und Wandel beide Analysen miteinander verbinden sollten. Dabei müssen wir in einem ersten Schritt zeigen, wie bestimmte Praktiken durch ihre Rationalisierung sich reproduzieren, das heißt, wie die wiederholte Teilnahme der Akteure an Institutionen, die sie in ihren und durch ihre Praktiken reproduzieren, ihrerseits deren Reproduktion gewährleistet. Dabei muß man notwendigerweise ein Theorem berücksichtigen, das ich an anderer Stelle aufgegriffen habe, und dem zufolge alle sozialen Akteure eine Menge darüber wissen, was sie im Rahmen von Interaktionen tun, wobei zugleich gilt, daß sie viele der Bedingungen und Konsequenzen ihres Handelns, die dessen Verlauf gleichwohl beeinflussen, nicht kennen.[40] Deshalb müssen wir neben dem Wissen der Akteure die Konsequenzen ihres Handelns erforschen, die sich den Intentionen der Akteure zwar entziehen, aber gleichzeitig für die Reproduktion ihrer Praktiken verantwortlich sind, wobei wir unterstellen, daß in diesem Zusammenhang Prozesse eine Rolle spielen, die diese Praktiken mit den umfassenderen Eigenheiten des sozialen Systems verbinden. Diese Systeme können auf drei Ebenen untersucht werden: (1) auf der Ebene homöostatischer kausaler Rückwirkungen, (2) auf der Ebene feedback-vermittelter Selbstregulationen und (3) auf der Ebene selbstreflexiver Regulationen.[41] Auf dieser dritten Ebene der reflexiven Selbstregulation kann man eine direkte Verbindung zur Rationalisierung bestimmter Praktiken herstellen, da das Handeln in diesem Fall durch die Kenntnis der Wirksamkeit von Rückkopplungsprinzipien geleitet ist. Auf diese Weise kann auch Mertons »manifeste Funktion« am angemessensten verstanden werden, denn in ihr tritt der intentionale Charak-

---

40 Vgl. Giddens 1979, S. 71 f., 248 ff. und öfter; Giddens 1984, S. 3 f., 21 ff., 90 ff., 281 ff. und öfter.
41 Vgl. Giddens 1979, S. 69 ff.

ter des Handelns bzw. die reflexive Kontrolle, die ein Wissen um die systemreproduktiven Folgen des Handelns mit umfaßt, am deutlichsten zutage. Dabei ist es wichtig, darauf hinzuweisen, daß vieles davon abhängt, *wer über dieses Wissen verfügt*; das klärt die Mertonsche Diskussion nicht, weil sie unbeachtet läßt, *für wen* bestimmte »manifeste Funktionen« manifest sind. Wenn im Falle religiöser Zeremonien diejenigen, die hauptamtlich mit ihrer Durchführung betraut sind, über deren latente Funktionen eher Bescheid wissen als die Laien, dann wird man unschwer erkennen, daß dadurch die Macht der zeremoniellen Führer über die übrigen Beteiligten gestärkt wird.

6. Reproduktion und Routinisierung

In diesem Abschnitt konzentriere ich mich auf die soziale Reproduktion von Praktiken. Ich sagte, daß die Rationalisierung von Handlungen ein universelles Merkmal menschlicher Interaktion darstellt. Diese Rationalisierung vollzieht sich im Rahmen der Dualität der Struktur, vermittels deren die rekursive Ordnung des sozialen Lebens erreicht wird, wobei diese Dualität dadurch zustande kommt, daß die Akteure im Rahmen bestehender Strukturen ihre Interaktionen generieren und genau dadurch das Medium zu deren Reproduktion aufrechterhalten.[42] Das eigentliche »Ordnungsproblem« besteht darin, wie diese Dualität der Struktur im sozialen Leben funktioniert, mithin darin, wie sich im Gefolge der alltäglichen sozialen Handlungen die *Kontinuität der Handlungsform* erhält. »Kontinuität« ist tatsächlich ein nützlicherer Begriff zur Untersuchung des Verhältnisses zwischen gesellschaftlicher Stabilität und Wandel als Begriffe wie »Persistenz«, denn Kontinuität besteht auch während der radikalsten und fundamentalsten Phasen sozialer Transformation – außer in dem Grenzfall, daß alle Mitglieder einer Gesellschaft physisch ausgerottet werden. Nur vor dem Hintergrund solcher Kontinuitäten haben Begriffe wie »Revolution« sowohl für die beteiligten Akteure wie für ihre Beobachter einen Sinn. Daß der Begriff der »Diskontinuität« in den

---

42 Zu den Einzelheiten dieser Auffassung siehe Giddens 1979, S. 77 ff., 255 ff. und öfter; Giddens 1984, S. 25 ff. und passim (Anmerkung der Herausgeber).

Sozialwissenschaften und der Philosophie derzeit für so wichtig gehalten wird, sollte nicht darüber hinwegsehen lassen, daß diese Diskontinuierlichkeiten nur vor dem Hintergrund von Kontinuität deutlich werden. Zum Teil stellt die derzeitige Popularität von Diskontinuitätsbegriffen zwar eine willkommene Reaktion auf ein »progressistisches« Evolutionsverständnis dar, auf der anderen Seite aber operieren manche von ihnen immer noch vor dem Hintergrund einer statischen Sichtweise, zu deren Kritik sie ursprünglich konzipiert worden waren. Wenn wir den zeitlichen Charakter aller sozialen Aktivität angemessen erfassen, werden wir bemerken, daß »Stabilität/Wandel« und »Kontinuität/Diskontinuität« gar nicht in einen Gegensatz gebracht werden können. Soziale Systeme existieren nur infolge ihrer kontinuierlichen Strukturation im Verlauf der Zeit; entsprechend benötigt die Sozialanalyse keinen Begriff der Ent-Strukturation.

Für Parsons und viele seiner Gegner besteht das »Problem der Ordnung« weitgehend in einem Problem der Normbeachtung bzw. darin, wie die Akteure dazu bewogen werden, den normativen Forderungen ihrer Mitgliedsgruppen nachzukommen. Wenn man das »Ordnungsproblem« indessen in der Herstellung von Kontinuität durch Diskontinuität sieht, dann eröffnet sich der Sozialtheorie eine vertiefte Problemsicht und, so mein Argument, eine Sichtweise der Beziehung zwischen Motivation und Normen, die sich von der Parsonsschen fruchtbar unterscheidet.

Bourdieu hat von einem Standpunkt aus, der meinem in bestimmter Weise ähnelt, die Ansichten von Parsons und Althusser als verschiedenartige Versionen eines »Objektivismus« kritisiert. Er beschreibt das, was ich als »Dualität der Struktur« bezeichne, in folgender Weise: Wir müssen sehen, so Bourdieu, daß

»objektive Strukturen ihrerseits das Produkt historischer Praxis darstellen und durch diese historische Praxis beständig reproduziert und transformiert werden, deren reproduktives Prinzip seinerseits das Produkt eben jener Strukturen ist, die sie kontinuierlich zu reproduzieren tendieren.«[43]

Kurz gesagt: Das soziale Leben ist wesentlich *rekursiv*. Anstelle der Parsonsschen Verbindung zwischen Wertstandards und Motivation führt Bourdieu seinen Begriff des *Habitus* ein, wodurch er die Gewohnheiten bezeichnet, die in einer Gruppe von Akteuren oder einer Gemeinschaft Beachtung finden.

43 Bourdieu 1977, S. 83.

Dieser Hinweis scheint mir vielversprechend zu sein und dem Parsonsschen Standpunkt in bestimmter Weise beinahe zu widersprechen. »Habitus« oder »Konvention« beziehen sich auf Tätigkeiten oder Aspekte davon, die *relativ unmotiviert* sind. Während Parsons' Sichtweise des »Ordnungsproblems« davon ausgeht, daß die zentralsten Handlungen in einer Gemeinschaft oder Gesellschaft zugleich die am strengsten motivierten sind – etwa infolge der Internalisierung von Werten als motivationaler Komponente der Persönlichkeit –, möchte ich eher das Gegenteil vorschlagen. Das heißt, viele der am tiefsten sedimentierten Elemente des Sozialverhaltens sind nicht als handlungsgenerierende Motive aufzufassen, sondern kognitiv verankert, was nicht heißt, daß sie bewußt bzw. »diskursiv verfügbar« wären; und *ihre Kontinuität wird durch die soziale Reproduktion selbst gesichert.* Das klingt zwar tautologisch, ist es aber bei näherer Betrachtung nicht.

Die wechselseitige Verständlichkeit von Handlungen und Diskurs, die mit Hilfe der Sprache erreicht wird, stellt vielleicht die grundlegendste Bedingung für die Aufrechterhaltung von Interaktionen dar. Aber die Reproduktion der Sprache ihrerseits, als Bedingung und Ergebnis der Produktion von Sprechakten, ist selbst nichts Motiviertes. Man muß dieses Argument richtig verstehen: Das Sprechen einer Sprache und damit deren Reproduktion ist selbstverständlich nicht ohne Bezug zu den Wünschen des Sprechers und in Teilen ein Medium zu deren Erfüllung. Jeder, der eine Sprache spricht, hat ein Interesse an ihrer Reproduktion; aber deren Sicherstellung ist in der Regel kein Motiv der Sprachbenutzer. (Das mag allenfalls dann so sein, wenn die Bewahrung einer vom Aussterben bedrohten Sprache zum Anliegen einer bestimmten Gruppe wird.)

Wenn man sich diesem Standpunkt anschließt, dann besitzen Routinen einen herausragenden Platz in der Reproduktion sozialer Praktiken. Routinehandlungen sind Handlungen, die durchtränkt sind von einem Gefühl der Selbstverständlichkeit[44]; das heißt, sie stellen Handlungen dar, in denen die Interaktionsteilnehmer Ethno-Methoden latent akzeptieren, auch wenn sie den Einsatz hochgradig reflexiver Aufmerksamkeit erfordern, um die Interaktion über die Zeit hin zu generieren. Die Beziehung zwi-

---

44 Sie sind, wie Giddens mit den symbolischen Interaktionisten sagt, »taken for granted« (Anmerkung der Herausgeber).

schen Routinen und Motivation entspricht dem, was ich über den Zusammenhang zwischen Routinen und »kritischen Situationen« gesagt habe.[45] In dem hier unterstellten Akteurmodell suchen Akteure in ihrem Sicherheitssystem zu bleiben, das während der ersten Lebensjahre aufgebaut wird und weitgehend unbewußt funktioniert. Zu diesem ursprünglichen Sicherheitssystem gehört die Bewältigung von Spannungen, mit deren Hilfe sich das Kind zur sozialen Welt hin »öffnet« und dabei eine Ich-Identität ausbildet. Dabei mag einsichtig sein, daß diese Formen der Spannungsbewältigung, die im Prinzip auf eine Reduktion und Kontrolle von Angst hinauslaufen, dann am wirksamsten sind, wenn ein Individuum das erfährt, was Laing als »ontologische Sicherheit« bezeichnet. Diese Mechanismen der Angstbewältigung sind dann am erfolgreichsten, wenn sie mit höchst geringer Störung der reflexiven Handlungskontrolle des betreffenden Akteurs funktionieren. Dabei kann man unterstellen, daß diese ontologische Sicherheit von dem impliziten Glauben an die vorhandenen Konventionen abhängt. Zu diesen gehören die Codes der Bedeutungszuschreibung ebenso wie die Formen normativer Regulation, vermittels deren infolge der Dualität der Struktur die Reproduktion des sozialen Lebens bewerkstelligt wird. In den meisten Fällen gründet diese ontologische Sicherheit im wechselseitigen Wissen darüber, daß eine Interaktion »unproblematisch« ist, bzw. darin, daß die Akteure sie weitgehend für gesichert ansehen können.

Weshalb diese enge Beziehung zwischen der Aufrechterhaltung der ontologischen Sicherheit und dem Routinecharakter des sozialen Lebens besteht, ist nicht schwierig einzusehen. Wo Routine vorherrscht, verbindet die Rationalisierung des Handelns das basale Sicherheitssystem des Akteurs leicht mit den existierenden Konventionen, auf die man sich innerhalb einer Interaktion als gemeinsame Wissensbestände beziehen kann. Deshalb auch sind Akteure kaum dazu in der Lage oder auch nur gewillt, die Frage zu beantworten, aus welchen Gründen sie sich den üblichen Konventionen gemäß verhalten.

45 Vgl. Giddens 1979, S. 123-128, wo er darauf verweist, daß Erwartungen zusammenbrechen und Ängste aufkommen können, was die Akteure dazu bewegt, sich nach alternativen Handlungssicherheiten umzusehen (Anmerkung der Herausgeber).

Wenn Routinen derart wichtig sind für die Kontinuität der sozialen Reproduktion, dann können wir versuchen, die Quellen und das Wesen des sozialen Wandels in industrialisierten Gesellschaften in den Bedingungen zu erblicken, die dazu führen, daß der routinisierte Verlauf sozialer Interaktionen behindert oder aufgelöst wird. Routinen sind am stärksten, wenn sie durch Tradition sanktioniert oder geheiligt werden und solange die soziale Reproduktion dem fiktiven Muster einer »reversiblen Zeit« folgt. Obgleich der Begriff »traditionale Gesellschaft« oftmals sehr allgemein zur Bezeichnung jeder Gesellschaft benutzt wird, die nicht als durchgehend industrialisiert gilt, so ist der Zugriff der Tradition in kleineren, isolierteren Gesellschaften wahrscheinlich am festesten, das heißt in jenen Typen von Gesellschaften, die von dieser Welt fast völlig verschwunden sind.[46]

Freilich findet Wandel auch in Gesellschaften statt, die dem unerbittlichsten Zugriff der Tradition unterworfen sind. Allerdings scheint Wandel in diesem Falle nur auf zwei Wegen möglich zu sein: Einmal als *inkrementeller* Wandel, der sich als unintendiertes Resultat der sozialen Reproduktion selbst einstellt. Der vielleicht typischste Wandel dieser Form ist der Sprachwandel. Jeder einzelne Sprechakt stellt eine potentielle Modifikation der Sprache dar, und zugleich reproduziert sich die Sprache eben durch ihren Gebrauch. Dieses Beispiel zeigt, daß man in allen Gesellschaftsformationen mit derartigen Veränderungen rechnen muß. Obgleich die Mutationsrate der westlichen Sprachen seit dem achtzehnten Jahrhundert, insbesondere durch die Verbreitung absichtlich geprägter Neologismen, ohne Beispiel ist[47], finden linguistische Verschiebungen der grundlegenden Sprachstruktur zumeist nur langsam statt. Abgesehen von diesem kaum wahrnehmbaren Wandel kann man vermuten, daß sich alle weiteren Wandlungsquellen in kalten, von der Tradition bestimmten Gesellschaften externen Einflüssen verdanken, die auf eine Entroutinisierung hinauslaufen. Zu diesen externen Faktoren können etwa einschneidende ökologische Veränderungen, Naturkatastrophen

---

46 Der Begriff »traditionale Gesellschaft« ist dann mißverständlich, wenn er dazu beiträgt, zu übersehen, daß auch in den höchst mobilen und fluiden zeitgenössischen Gesellschaften der Einfluß der Tradition sich nicht völlig auflöst.

47 Vgl. Williams 1976.

oder die Entstehung von Abhängigkeitsbeziehungen bzw. Konflikten zwischen Gesellschaften unterschiedlicher kultureller Ausstattung gehören.

Bislang habe ich den Begriff »Entroutinisierung« ohne Klärung seiner Bedeutung verwendet. Unter »Entroutinisierung« verstehe ich jeden Einfluß, der darauf gerichtet ist, den selbstverständlichen Charakter alltäglicher Interaktion zu konterkarieren. Routine ist eng verbunden mit der Tradition in dem Sinne, daß diese die Kontinuität von Praktiken über die Zeit hin stützt. Jeder Einfluß, der diese überkommenen Praktiken korrodiert oder in Frage stellt, trägt wahrscheinlich dazu bei, daß die Wandlungsgeschwindigkeit zunimmt. Aber wir können – jedenfalls analytisch – drei Arten von Umständen unterscheiden, angesichts deren die tradierten Praktiken unterminiert werden. Sie lassen sich dem Umfang nach ordnen, in dem sie zur Steigerung des Wandels beitragen. Zunächst sind da jene bereits oben erwähnten Umstände, die von außen auf »kalte« Gesellschaften einwirken. Weder die Wucht von Naturereignissen noch der Zusammenstoß mit anderen, gleichartigen Gesellschaften stellt weite Bereiche der Überlieferung in Frage; eher werden bestimmte traditionale Praktiken durch andere ersetzt, das heißt, daß diese Einflüsse keine Unterminierung von Traditionalität als solcher zur Folge haben, sondern allenfalls die Verdrängung einer Tradition durch eine andere. Dies gilt nicht für den zweiten Fall. Hier beobachten wir etwa das Aufkommen auseinanderlaufender »Interpretationen« bestehender Normen – auf die Bedeutung der Schrift für diesen Vorgang wurde bereits aufmerksam gemacht. Das Aufeinanderprallen divergierender Traditionsausdeutungen stellt in Teilen die Macht der Überlieferung als solche in Frage. Zwar tendiert auch in diesem Fall eine Tradition dazu, eine andere zu ersetzen, aber hierin liegt offensichtlich ein grundlegender Anstoß für die Entstehung sozialer Bewegungen, die Träger eines nachdrücklichen Veränderungspotentials werden können.

Der dritte Typus von Wandlungsbedingungen, der vor allem dem modernen Westen eigen ist, bestreitet den Legitimationscharakter jeder Tradition und stellt in diesem Sinne die fundamentalste Quelle der Entroutinisierung dar. Damit ist nicht nur eine »Entzauberung der Welt« im Weberschen Sinne gemeint, wenngleich diese zur Auflösung der herrschenden Überlieferung manches beitragen wird; seinen besten Ausdruck findet der genannte Traditionsverlust im Aufkommen der »Historizität«, verstanden als eine Art historischen Bewußtseins, das aktiv darauf aus ist, soziale Institutionen aufzubrechen und zu transformieren. Unabhängig davon, wie sich dieser Prozeß im einzelnen abspielte, kann kein Zweifel aufkommen, daß der Triumph der so verstandenen Historizität die Entstehung des modernen Kapitalismus begleitet hat.[48] Das Zeitalter des Kapitalismus ist durch zwei vorherrschende Kollektivitätsformen gekennzeichnet: durch die »legal-rationale« *Organisation* und *säkulare soziale Bewegungen*. Wenn wir »Organisation« einer spezifischen technischen Verwendungsweise vorbehalten wollen, dann kann der Begriff dazu benutzt werden, Kollektivitäten zu bezeichnen, die entweder infolge bewußter sozialer Innovation entstanden sind oder deren Form durch solche Bemühungen in hohem Maße beeinflußt wurde. Webers Begriff der »Routinisierung«, den er bei seiner Analyse sowohl der *traditionalen Herrschaft* als auch der Bürokratie verwendet, kann in dieser Hinsicht ganz in die Irre führen. Denn obwohl die bürokratische Regulierung unleugbar eine wesentliche Form der Handlungsroutinisierung zeitgenössischer Gesellschaften darstellt, kann ein solches Begriffsverständnis dazu beitragen, daß man, verglichen mit eher traditionalen Gruppen oder Gemeinschaften, den Umfang verkennt, in dem selbst hochgradig bürokratisierte Organisationen ständig innovatorisch tätig sind. Einen ähnlichen Kommentar muß sich Webers Auffassung über das Wesen charismatischer Bewegungen gefallen lassen. Denn obgleich der Webersche Begriff des »Charismas« das Entroutinisierungspotential sozialer Bewegungen angemessen wiedergibt, ist er zur Aufhellung der Unterschiede zwischen den sozialen Bewegungen, die für die zweite der oben benannten Entroutinisierungsformen typisch sind, und ihrem zeitgenössischen Typus nicht besonders hilfreich.

---

48 Zu einer ganz anderen Sichtweise und einem andersartigen Gebrauch des Begriffs »Historizität« siehe Touraine 1977.

7. Zur Kritik von Entfaltungsmodellen
sozialen Wandels

Jeder Versuch, die Parameter des Wandels moderner Gesellschaften zu erfassen, muß – wie oben angedeutet – die zentrale Bedeutung der Raum-Zeit-Dimensionen sozialer Systeme berücksichtigen. Historizität und Entroutinisierung sind deren wesentliche Elemente. Das Bewußtsein, daß die Geschichte eher einem progressiven Wandel folgt, als auf die Reaktualisierung einer Tradition hinzusteuern, und daß Transformationsprozesse sich an raum-zeitlich weit entfernten »Vorbildern« orientieren können, verändert die allgemeinen Reproduktionsbedingungen zeitgenössischer Gesellschaften in grundlegender Weise. Wie E. H. Carr sagt: »Ein Grund dafür, daß sich die Geschichte nicht wiederholt, liegt darin, daß die ›dramatis personae‹ der zweiten Vorstellung das *dénouement* der ersten bereits kennen«[49] oder, wie Marx sich ausdrückte, weil jene, die sich weigern, aus der Geschichte zu lernen, indem sie sie wiederholen, eine Tragödie in eine Farce verwandeln.

Vor dem Hintergrund dieser Überlegungen möchte ich das bislang vorherrschende Wandlungsverständnis in den Sozialwissenschaften mit einigen Kommentaren versehen. Wie ich andernorts gezeigt habe[50], ist dieses Verständnis typischerweise durch seine Entstehungsbedingungen nachdrücklich beeinflußt worden, das heißt durch die politischen und ökonomischen Transformationen, welche die westeuropäischen Gesellschaften vom späten achtzehnten bis zum frühen zwanzigsten Jahrhundert erfahren haben. Sowohl der klassische Marxismus wie sein Widerpart im neunzehnten Jahrhundert, die Theorie der industriellen Gesellschaft, wie ich sie bezeichne, sind durch diese europäische Erfahrung beeinflußt worden, die indessen für die Wandlungsprozesse unserer Tage kaum noch von Belang ist. Während des neunzehnten und zwanzigsten Jahrhunderts schienen politische und ökonomische Revolutionen eng miteinander verknüpft zu sein, wobei die ökonomische Entwicklung die politischen Veränderungen anregte. Die massenhafte Abwanderung der Bevölkerung aus agrarischen Gebieten in die Städte schien sich als ein fortschreitender

49 Carr 1969, S. 88.
50 Vgl. Giddens 1977a, S. 14 ff.; Giddens 1976.

Prozeß innerhalb bereits etablierter Nationalstaaten zu vollziehen. Sowohl die Marxschen Schriften wie die Arbeiten vieler Evolutionstheoretiker haben es versäumt, die Bedeutsamkeit des Staates für die ökonomische Entwicklung und die Wichtigkeit der militärischen Macht als Zwangsmacht richtig einzuschätzen, und konzentrierten sich beide auf endogene Wandlungsprozesse. Marx allerdings schätzte die welthistorische Bedeutung des westlichen Kapitalismus, seinen ruhelosen Expansionsdrang und seinen zerstörerischen Einfluß auf fremde Kulturen richtig ein, weshalb er wenigstens teilweise auf Abstand zu dem zu gehen wußte, was ich das »Entfaltungsmodell« des sozialen Wandels nenne. Ein solches Modell wird dadurch definiert, daß es sozialen Wandel auffaßt als das *schrittweise Auftauchen von Merkmalen, die einem spezifischen Gesellschaftstypus angeblich seit seinen Anfängen innewohnen*. Diese Vorstellung tritt besonders bei denen klar zutage, die sich sozialen Wandel in Analogie zu biologischen Prozessen denken und das »Reifen« einer Gesellschaft mit dem Wachstum eines Organismus gleichsetzen. Im zeitgenössischen Funktionalismus, in dem direkte biologische Analogien außer Mode geraten sind, firmiert das führende Entfaltungsmodell unter der Bezeichnung »Differenzierung von Funktionen«; das heißt, man stellt sich sozialen Wandel als eine fortschreitende funktionale Differenzierung von Institutionen vor. Im Unterschied zu Marx und dessen Nachfolgern tendieren solche Vorstellungen dazu, die Sozialentwicklung als einen einheitlichen Prozeß zu verstehen, in dessen Verlauf sich die Ausdifferenzierung von Institutionen nach dem Muster eines wachsenden Körpers vollzieht.

Wenn man dieses Entfaltungsmodell zurückweist, so bedeutet dies nicht, wie etwa Nisbet argumentiert[51], daß man überhaupt nicht mehr von »Entwicklung« sprechen könnte. Noch bedeutet es, daß man alle wesentlichen Wandlungen moderner Gesellschaften, wie Nisbet in Anschluß an Teggart vorschlägt, nur auf den Einfluß »externer Ereignisse« zurückführen könne. Das gilt viel eher für Gesellschaften, deren soziale Reproduktion durch Traditionen beherrscht wird, obgleich wir auch hier langsamen, inkre-

---

51 Vgl. Nisbets Kritik an den Wachstumsmetaphern, die er verbunden sieht mit »immanenter Verursachung, Kontinuität, Differenzierung, Notwendigkeit und Uniformität sozialer Entwicklung«; vgl. Nisbet 1969, S. 251 und passim.

mentellen Wandel erkennen können. Keinesfalls aber gilt diese These für jene Gesellschaften, die über ein fortgeschrittenes Geschichtsbewußtsein verfügen und umfangreiche Entroutinisierungen erlebt haben. Der Industriekapitalismus entwurzelt und absorbiert nicht nur andersartige Sozialformationen, sondern operiert auf der Basis ständiger ökonomischer Umgestaltung und technologischer Innovation, die mit Sicherheit im Zentrum jener von Marx identifizierten »ruhelosen Expansion« liegen, als deren Ursprung er die Notwendigkeit der Kapitalakkumulation diagnostizierte. Es ist richtig, daß Entfaltungsmodelle endogene Wandlungsursachen betonen, aber auch die von Nisbet hervorgehobenen »externen« Theorien behandeln die Gesellschaften, auf die diese »externen Faktoren« einwirken, in hintersinniger Weise als geschlossene Einheiten und lassen die Quellen unerwähnt, aus denen sich jene so nachdrücklich betonten »externen Einflüsse« speisen. Dabei übersieht Nisbet besonders, daß die Ereignisse und Episoden, die er beispielhaft erwähnt – »Invasionen, Wanderungen, neue Handelswege, Kriege, Forschungsreisen« – offensichtlich desgleichen »endogen« sind, wenn wir sie aus der Perspektive jener Gesellschaften analysieren, in denen sie ihren Ausgang nehmen.

Diese begrifflichen Unbestimmtheiten entstammen wahrscheinlich zwei Quellen. Zum einen der Tendenz, Gesellschaften als einheitliche Ganzheiten zu betrachten. Darin und in ihrer Neigung, sie als geschlossene Gesellschaften zu verstehen, gleichen exogene Theorien den Entfaltungsmodellen, von denen sie sich in anderer Hinsicht durchaus unterscheiden.[52] Wenn wir hingegen sehen, daß Gesellschaften sich aus Gruppen zusammensetzen, zwischen denen Autonomie- bzw. Abhängigkeitsbeziehungen bestehen, die sich in unterschiedlichen Konflikten und Spannungen niederschlagen, dann sehen wir zugleich, daß »innerhalb« solcher Gesellschaften ganz ähnliche Scheidelinien auftreten wie zwischen ihnen. Zum anderen drückt sich in der genannten begrifflichen Unbestimmtheit aus, worauf ich bereits hingewiesen habe: die Unfähigkeit, die zentrale Bedeutung des Raums angemessen zu theoretisieren. Die Worte »innen« und »außen« sprechen offensichtlich räumliche Aspekte an, werden in der Literatur aber nur in sehr vagem Sinn verwendet bzw. metaphorischer, als

52 Vgl. zu einer relevanten Diskussion dieser Fragen Martins 1974.

dies sein müßte. Alle oben von Nisbet zitierten Episoden implizieren Übergänge im physikalischen Raum; die Eindringlinge kommen in einem unmittelbaren Sinne von »außerhalb« der Gesellschaften, die sie belästigen. Entsprechend laufen derartige Episoden immer darauf hinaus, daß sich Gruppen von »hier« nach »dort« in Bewegung setzen. Wenn wir diese räumlichen Merkmale solcher »externen Einflüsse« in Rechnung stellen, werden wir uns wahrscheinlich nicht allein auf deren »Endresultat« konzentrieren, sondern sie – um einen Ausdruck Hägerstrands zu übernehmen – als »Raum-Zeit-Pfade von Kollektivitäten« ansehen.

Dieser zweite Punkt impliziert vielleicht noch einen wichtigeren Aspekt, wenigstens für die zeitgenössische Welt. Ich meine die Bedeutsamkeit der Kontrolle des Raums in Form eines festen, umgrenzten Territoriums durch den Nationalstaat. Es ist überdeutlich, daß für viele Soziologen »Gesellschaft« mit dem Nationalstaat zusammenfällt. Das ist insoweit gerechtfertigt und verschafft damit auch der Rede vom »Innen« und »Außen« einer Gesellschaft einen Sinn, als sich die Territorialgrenzen und die administrative Zentralisierung in der Tat decken. Industriegesellschaften sind keine einheitlichen Ganzheiten im Sinne des Entfaltungsmodells, aber sie besitzen definitive Grenzen, die innerhalb ihres nationalstaatlichen politisch-militärischen Systems sowohl den sozialen wie den physischen Gesellschaftsraum zur Deckung bringen.[53]

8. Sozialer Wandel
in zeitgenössischen Gesellschaften

Eine zufriedenstellende Behandlung des zeitgenössischen sozialen Wandels muß die folgenden vier Faktoren berücksichtigen[54]:
1. *Autonomie- und Abhängigkeitsbeziehungen zwischen Gesellschaften oder Nationalstaaten*. Dies ist eine abstrakte Formulierung dessen, was meiner Auffassung nach für alle Sozialsysteme charakteristisch ist, daß sie nämlich Machtbeziehungen kennen.

53 Das ist nur ein Anwendungsfall eines allgemeineren Theorems, wonach sich in räumlichen Differenzierungen Machtdifferentiale niederschlagen.
54 Vgl. Giddens 1977a, S. 19 f.

Wenn wir die Territorialität des Nationalstaats als die bedeutsamste Trennungslinie zwischen internen und externen Wandlungsquellen ansehen, sollte unschwer zu erkennen sein, daß es auch Autonomie- und Abhängigkeitsbeziehungen gibt, die sich seinem Zugriff entziehen; das heißt Kollektivitäten, die nominal innerhalb eines einzelnen Staates operieren, sind vielleicht in viel nachhaltigerer Weise in zwischenstaatlichen Netzwerken integriert.[55]

Auf konkreterer Ebene müssen derartige Autonomie- und Abhängigkeitsbeziehungen zwischen Nationalstaaten im Kontext der sich ausbildenden kapitalistischen Weltökonomie verstanden werden. In meinem Buch *Die Klassenstruktur fortgeschrittener Gesellschaften*[56] habe ich darauf verwiesen, daß die Klassenstruktur industriekapitalistischer Gesellschaften ein bestimmtes, im einzelnen ganz verschieden gestaltetes Verhältnis zwischen Ökonomie und Politik zum Ausdruck bringt, wobei basale Merkmale der ökonomischen Organisation von den Funktionen der Politik »abgekapselt« sind und umgekehrt. Ich denke, daß man diese »Insulationen« auch für die internationalen Beziehungen der modernen Weltökonomie nachweisen kann. Wallersteins Interpretation der Entstehung der europäischen Weltökonomie seit dem fünfzehnten Jahrhundert unterzieht sich der Mühe, diesen Nachweis zu führen. Die im Gefolge des sich ausweitenden westlichen Kapitalismus entstehende Weltökonomie, so Wallersteins Argument, unterscheidet sich in grundsätzlicher Weise von vergangenen Imperien. In diesen war die Beziehung zwischen den metropolitanischen Zentren und ihren unterworfenen Regionen eine politische, das heißt, die ökonomischen Beziehungen wurden durch eine steuereintreibende Bürokratie verwaltet. In der Weltökonomie haben die wesentlichen Beziehungen einen vornehmlich ökonomischen Charakter, während die politischen Entscheidungen auf die Gebiete beschränkt sind, in denen der Nationalstaat über ein Monopol der Rechtssprechung und der Machtmittel verfügt. »Die Ökonomie des Kapitalismus beruht auf der Tatsache, daß die ökonomischen Faktoren innerhalb eines Bereichs operieren, der größer ist als der, den jede einzelne politische Gesellschaft kontrollie-

55 Die wichtigsten Beziehungen dieser Art bestehen heute in den gigantischen transnationalen Korporationen.
56 Giddens 1973.

ren kann.«[57] Man kann diese These akzeptieren, ohne sich mit der gesamten Wallersteinschen Analyse anfreunden zu müssen, die wie Nisbets Theorie dazu neigt, den Einfluß übernational agierender Organisationen auf die Weltökonomie zu Lasten der »internen« Komponenten des kapitalistischen Akkumulationsprozesses überzubetonen.[58]

Man sollte hinzufügen, daß wir heute nicht allein in einer *Welt-Ökonomie* leben, sondern auch in einer *militärischen Welt-Ordnung*.[59]

2. Die ungleiche Entwicklung verschiedener Sektoren oder Regionen des sozialen Systems. Bei der Untersuchung dieses Problems kommt eine weitere Form eines zeit-räumlichen Entwicklungspfades ins Blickfeld, der sich sowohl innerhalb von Nationalstaaten als auch in den Beziehungen zwischen ihnen nachzeichnen läßt. Ich habe darauf hingewiesen, daß die Entfaltungsmodelle des sozialen Wandels die Erfahrungen der westeuropäischen Gesellschaften des neunzehnten Jahrhunderte rekapitulieren, besonders die Großbritanniens. Das gilt auch für Marx. Die Elemente eines solchen Modells, die man in seiner Theorie entdecken kann, so etwa die unaufhaltsame Entwicklung revolutionsauslösender Bedingungen infolge der Konzentration der Arbeitermassen in den Fabriken und städtischen Nachbarschaften, die relative Verelendung des immer größer werdenden Proletariats, die Bildung militanter Gewerkschaften und politischer Assoziationen, die am Ende die politische Macht übernehmen sollten, sind dem britischen Beispiel entnommen. Aber Marx verfügte noch über eine »zweite Revolutionstheorie«, die zwar mit seinem Hauptmodell verbunden, aber nur in zweideutiger Weise mit ihm in Einklang zu bringen ist[60] und die später durch Trotzki und Lenin erweitert wurde. Diese »zweite Theorie« enthält die Idee, daß die Bedingungen einer revolutionären Transformation in einem Zusammenspiel zwischen nachhinkenden und entwickelteren Teilen

57 Wallerstein 1974, S. 348.
58 Zu einer ähnlichen Kritik vgl. Brenner 1977.
59 Giddens ging noch davon aus, daß diese militärische Ordnung durch den Verweis auf die beiden Hegemonialblöcke unter der Führung der USA und UdSSR hinreichend beschrieben sei. Dies beginnt sich derzeit mit unabsehbaren Folgen zu ändern (Anmerkung der Herausgeber).
60 Vgl. Giddens 1973, S. 38-40.

einer Gesellschaft zu finden sein könnten, in jener explosiven Situation, die Marx im Deutschland der vierziger Jahre des letzten Jahrhunderts oder in Rußland etwa dreißig Jahre später vermutete. Zwar sind solche »Ungleichzeitigkeiten der Entwicklung« nicht auf solche dramatischen Fälle beschränkt; es ist aber sicher richtig, daß ein solcher Begriff jeder Erklärung politischer Revolutionen in der Neuzeit zugrunde liegt. Das gilt sowohl für die internen Entwicklungen des nationalen Staates als auch für die Konfrontation der fortgeschrittenen Industriegesellschaften mit der »dritten Welt«.

Jede dieser Entwicklungsungleichzeitigkeiten läßt sich in Form eines Raum-Zeit-Pfades ausdrücken, weil damit differentielle Wandlungsraten der politischen und ökonomischen Institutionen in verschieden lokalisierten Regionen angesprochen sind. Von »Regionen« zu sprechen scheint einem Allgemeinplatz gleichzukommen; aber ich habe bereits auf die Nützlichkeit dieses Begriffs zur Analyse von Face-to-face-Interaktionen hingewiesen, und man kann ihn auch in einem erweiterten Sinne verwenden. Man kann argumentieren, daß den zeitgenössischen Schismen und Kohäsionen drei basale Teilungen zugrunde liegen: *Klassen, ethnische Differenzierung und territoriale Ansprüche.* Jede dieser Trennungslinien tendiert dazu, sich raum-zeitlich zu regionalisieren. Daß dies für Klassenverhältnisse gilt, habe ich ausgeführt. Aber gesellschaftliche Teilregionen gewinnen oftmals auch eine ethnische oder kulturelle Bedeutung, die entweder quer zur Klassenteilung liegt oder diese verstärkt. Was die zwischenstaatlichen Beziehungen angeht, so zeigt sich der Einfluß unterschiedlicher regionaler Entwicklungsraten in dem Ausdruck »der Westen«, der – Japan einmal beiseite gelassen – immer noch mit dem Begriff »fortgeschrittener kapitalistischer Gesellschaften« gleichgesetzt werden kann. Die Vorherrschaft der Entfaltungsmodelle des sozialen Wandels spiegelt den Ethnozentrismus wider, der sich der politischen, militärischen und ökonomischen Dominanz des Westens über den Rest der Welt verdankt. Es ist bedeutsam, sich klarzumachen, daß die Idee, die Autonomie- und Abhängigkeitsbeziehungen mit der ungleichzeitigen Entwicklung verschiedener Regionen in Verbindung zu bringen, zum großen Teil in jenen Gebieten aufkam, die der Dominanz des Westens unterworfen waren. Einige dieser Überlegungen kamen mithin von der Peripherie und sind auch innerhalb der Sozialtheorie insgesamt peripher geblieben; aber man sollte sie ins Zentrum rücken. Der Begriff der »internen Kolonisierung«, den Casanova in die Debatte geworfen hat, ist viel kritisiert worden, aber mit richtigen Ergänzungen kann er, angewendet auf die Industriegesellschaften, erhellend wirken. Auch findet man den Zusammenhang zwischen Machtbeziehungen und ungleichzeitiger Entwicklung nicht nur im Verhältnis zwischen ökonomisch fortgeschrittenen und »unterentwickelten« Gesellschaften. Man denke an die Mittelmeerstaaten Spanien oder Griechenland. Solche Länder sind nicht in gebräuchlichem Sinne »unterentwickelt«, aber sie sind auch nicht derart durchindustrialisiert wie ihre nördlichen Nachbarn. Einige ihrer Merkmale verdanken sie der räumlichen Nähe zu den Metropolen des fortgeschrittenen Kapitalismus, die einen unvermittelten Einfluß auf sie ausüben, der bei fernerliegenden Gesellschaften entfällt.

3. Kritische Phasen radikalen Wandels, in deren Verlauf das bisherige Verhältnis der zentralen Institutionen transformiert wird, unabhängig davon, ob dabei politische Revolutionen eine Rolle spielen oder nicht. Dieser Punkt ist von methodischer und inhaltlicher Bedeutung. Sein methodischer Aspekt liegt darin, die Aufmerksamkeit auf die theoretische Wichtigkeit sogenannter »Episodenstudien« zu lenken, die sich auf relative kurzfristige Wandlungsequenzen konzentrieren, deren Langzeitwirkungen für die betreffende Gesellschaft oder Region indessen von Gewicht sind.[61] Es gibt vier Arten solcher Episoden, die sich in verschiedener Weise mischen, deren Deutung für die moderne Welt nicht übersehen werden kann: (a) rasche Industrialisierungsprozesse, die auf ganz unterschiedliche Weise in Gang gesetzt werden können; (b) politische Revolutionen, womit nicht nur das punktuelle Ereignis der Machtübernahme oder Machteroberung, sondern auch die vorrevolutionären »beschleunigenden Bedingungen« und die nachrevolutionäre Phase der politischen Reorganisation angesprochen sind; (c) Prozesse des institutionellen Verfalls oder Zusammenbruchs im Gefolge des Zusammenstoßes zwischen traditionalen Kulturen und dem ökonomischen Imperialismus der fortgeschrittenen Gesellschaften; (d) Prozesse des

---

61 Vgl. Gellner 1964, S. 4 ff.; an anderer Stelle spricht Giddens von »kritischen Schwellen« des Wandels; vgl. Giddens 1984, S. 241 (Anmerkung der Herausgeber).

institutionellen Verfalls oder Zusammenbruchs infolge eines Krieges.

Der Hinweis auf »kritische Phasen« des Wandels wirft aber auch eine inhaltliche Frage auf, die sich an die dichotome Gegenüberstellung von »traditional« und »modern« richtet, die für die Entfaltungsmodelle des sozialen Wandels charakteristisch sind. Solche dichotomen Begriffe hat das Denken des neunzehnten Jahrhunderts in den verschiedensten Formen gekannt: »Status« versus »Kontrakt«, »Gemeinschaft« versus »Gesellschaft« oder »mechanische« versus »organische Solidarität«. Und trotz zahlloser Kritiken hat sich ihr Einfluß bis ins zwanzigste Jahrhundert verlängert. Dabei war von besonders weitreichender Bedeutung, daß Parsons die Unterscheidung zwischen »Gemeinschaft« und »Gesellschaft« seinen »Mustervariablen« zugrunde legte und auf diese Weise eine Gegenüberstellung, die für die europäische Entwicklung des neunzehnten Jahrhunderts charakteristisch gewesen sein mag, zum vorgeblich universellen Merkmal aller menschlichen Gesellschaftsformationen machte.

Solche Dichotomien sind nicht notwendigerweise wertlos; falsch werden sie erst in Verbindung mit Entfaltungsmodellen und im Gefolge einiger Annahmen, die in solchen Modellen impliziert sind. Zwei davon, die eher im Hintergrund wirken, als daß sie explizit formuliert wären, sollte man besonders betrachten.[62] So wird unterstellt, daß die Art der gesellschaftlichen Institutionen vornehmlich durch das jeweils erreichte technische oder ökonomische Niveau einer Gesellschaft bestimmt wird und daß daher die ökonomisch am höchsten entwickelten Gesellschaften, gleichviel, wie man dieses Merkmal definiert und welche konkrete Gesellschaft diese Rolle eines »Vorreiters« spielt, den übrigen Gesellschaften schon jetzt ein Bild ihres zukünftigen Zustandes zeigen.

Nun haben die Kritiker solcher Dichotomien davon gesprochen, daß bestimmte Gesellschaften ganz eigenwillige Mischungen tradionaler und moderner Merkmale aufweisen können. Obgleich diese Bemerkung nützlich ist, weil sie wegführt von Entfaltungsmodellen und hin zu einem Verständnis der Bedeutung von Abhängigkeiten und ungleichzeitigen Entwicklungen, möchte ich anmerken, daß die Bedeutung »kritischer Phasen« des Wandels über sie hinausweist. Denn man könnte die These vertreten, daß

62 Vgl. Giddens 1973, S. 19-22 und passim.

in solchen »kritischen Phasen« eine sehr enge Verbindung von Institutionen entsteht, die weiterem Wandel widersteht. Eine Theorie der kritischen Phase kann demnach prinzipiell dazu benutzt werden, sowohl die allgemeinen Merkmale solcher »Episoden« zu erfassen als auch die Art und Weise, wie zwischen Gesellschaften Differenzen entstehen, die sich auf ähnlichem ökonomischem Niveau befinden.[63]

4. *Die Idee, daß einzelne Gesellschaften bei der Inszenierung des Wandels eine Art »Vorreiterrolle« übernehmen können, die ihnen allerdings spätere Veränderungen versperrt, während bislang »retardierte« Bereiche späterhin einen raschen Fortschritt erfahren.* Dies ist sicher eine Implikation der drei bislang genannten Punkte, und der erste Teil dieses Theorems kann sehr gut anhand des wechselhaften Schicksal Englands während der letzten einhundertfünfzig Jahre verstanden werden. England erlangte seine führende Stellung zwischen der Mitte und dem Ende des letzten Jahrhunderts, weil es die »erste Industriegesellschaft« war, die darüber hinaus in der Lage war, ihre weltweiten Kolonien auszubeuten. Heutzutage freilich, in der nachimperialen Epoche, behindert die Hinterlassenschaft der frühen Industrialisierung die Erreichung des erwünschten Ziels eines raschen ökonomischen Wachstums, wenigstens im Vergleich mit jenen Gesellschaften, deren Industrialisierung später und unter andersgearteten internen und externen Bedingungen einsetzte.[64]

Dieser »Vorreitereffekt« führt uns zurück zur »Historizität« von Gesellschaften, die zu zahllosen Entroutinisierungen Anlaß gibt, und damit zu der Einsicht, daß der konkrete Verlauf der Geschichte für die Moderne eine fundamentale Rolle spielt. Denn diese Wandlungsvorgänge, die durch die Vorreiterschaft bestimmter Bereiche in Gang gesetzt wurden, führen zu der Erkenntnis, daß sich einige Ereignisse der Vergangenheit nicht wiederholen dürfen, daß Gesellschaften nicht nur positiv besetzte Ziele erstreben sollten, sondern sich auch auf die Vermeidung historischer Möglichkeiten einzustellen haben.

63 Vgl. Giddens 1973, S. 21 ff., wo ich entsprechende chronische Differenzen des Klassenbewußtseins, des industriellen Konflikts und der Arbeiterbewegung in den USA, in England und Frankreich behandle.
64 Diese »Dialektik der Vorreiterrolle« gilt nicht nur für gesellschaftsweite Wandlungsepisoden, sondern auch im engeren Bereich einzelner technologischer Verfahren.

Literatur

Archibald, K. (1949), *Wartime Shipyard*, Berkeley.

Barnes, J. A. (1971), *Time Flies Like an Arrow*, Man 6.

Bellah, R. N. (1959), »Durkheim and History«, in: *American Sociological Review* 24, S. 447-451.

Bourdieu, P. (1977), *Outline of a Theory of Practice*, Cambridge; deutsch: *Entwurf einer Theorie der Praxis*, Frankfurt am Main 1976.

Brenner, R. (1977), »The Origins of Capitalist Development: A Critique of Neo-Smithian Marxism«, in: *New Left Review* 104, S. 25-92.

Carr, E.H. (1969), *A History of Soviet Russia*, Bd. 1, London.

Elster, J. (1978), *Logic and Society*, New York; deutsch: *Logik und Gesellschaft*, Frankfurt am Main 1981.

Evans-Pritchard, E. E. (1950), *Witchcraft, Oracles and Magic among the Azande*, Oxford; deutsch: *Hexerei, Orakel und Magie bei den Zande*, Frankfurt am Main 1978.

Gadamer, H.-G. (²1965), *Wahrheit und Methode*, Tübingen.

Garfinkel, H. (1967), *Studies in Ethnomethodology*, Englewood Cliffs, N.J.

Gellner, E. (1964), *Thought and Change*, London.

Giddens, A. (1973), *The Class Structure of the Advanced Societies*, London; deutsch: *Die Klassenstruktur fortgeschrittener Gesellschaften*, Frankfurt am Main 1979.

– (1976), »Classical Theory and the Origins of Modern Sociology«, in: *American Journal of Sociology* 81, S. 703-729.

– (1976a), *New Rules of Sociological Method. A Positive Critique of Interpretative Sociologies*, London; deutsch: *Interpretative Soziologie. Einführung und Kritik*, Frankfurt am Main/New York 1984.

– (1977), »Functionalism: Après la lutte«, in: ders., *Studies in Social and Poltical Theory*, London, S. 96-129.

– (1977a), »Introduction: Some Issues in the Social Sciences Today«, in: ders., *Studies in Social and Political Theory*, London, S. 9-28.

– (1979), *Central Problems in Social Theory. Action, Structure and Contradiction in Social Analysis*, London/Basingstoke.

– (1984), *The Constitution of Society. Outline of the Theory of Structuration*, Cambridge; deutsch: *Die Konstitution der Gesellschaft. Grundzüge einer Theorie der Strukturierung*, Frankfurt am Main/New York 1988.

Gluckman, M. (1965), *Politics, Law and Ritual in Tribal Society*, Oxford.

Goffman, E. (1959), *The Presentation of Self in Everyday Life*, New York.

– (1974), *Frame Analysis. An Essay on the Organization of Experience*, New York/Evanston/San Francisco/London; deutsch: *Rahmen-Analyse. Ein Versuch über die Organisation von Alltagserfahrungen*, Frankfurt am Main 1977.

Goody, J. (1977), *The Domestication of the Savage Mind*, Cambridge.

Gurvitch, G. (1964), *The Spectrum of Social Time*, Dordrecht.

Heller, A. (1978), *Renaissance Man*, London; deutsch: *Der Mensch der Renaissance*, Köln 1988.

Lévi-Strauss, C. (1967), *Strukturale Anthropologie*, Frankfurt am Main.

Lockwood, D. (1969), *The Black-coated Worker*, London.

Martins, H. (1974), »Time and Theory in Sociology«, in: J. Rex (Hg.), *Approaches to Sociology*, London, S. 246-294.

McLuhan, M. (1962), *The Gutenberg Galaxy*, Toronto.

Merton, R. K. (1964), *Social Theory and Social Structure*, Glencoe, Ill.

Moore, W. E. (1963), *Man, Time and Society*, New York.

Nisbet, R. A. (1969), *Social Change and History*, New York.

Pahl, R. E./J. T. Winkler (1974), »The Economic Elite: Theory and Practice«, in: P. Stanworth/A. Giddens (Hg.), *Elites and Power in British Society*, Cambridge.

Pocock, J. G. A. (1972), *Politics, Language and Time*, London.

Pred, A. (1977), »The Choreography of Existence: Comments on Hägerstrand's Time-Geography and its Usefulness«, in: *Economic Geography* 53.

Rex, J./R. Moore (1967), *Race, Community and Conflict*, London.

Ricœur, P. (1971), »The Model of the Text: Meaningful Action Considered as a Text«, in: *Social Research* 38, S. 529-562.

– (1974), *The Conflict of Interpretation*, Evanston.

Sacks, H. H./E. A. Schegloff (1974), »A Simplest Systematics for the Organization of Turn-taking in Conversation«, in: *Language* 50, S. 696-735.

Shils, E. (1975), *Center and Periphery. Essays in Macrosociology*, Chicago.

Touraine, A. (1977), *The Selfproduction of Society*, Chicago.

Wallerstein, I. (1974), *The Modern World System*, New York; deutsch: *Das moderne Weltsystem*, Frankfurt am Main 1986.

Whitman, M. (1967), *Philosophy of Space and Time*, London.

Williams, R. (1976), *Keywords*, London.

Wilson, B. (1970), *Rationality*, Oxford.

Margaret S. Archer
Morphogenese und kultureller Wandel

Einführung von Hans-Peter Müller

Seit jeher ist die Kulturtheorie die arme Verwandte der strukturellen Soziologie. Weder verfügt sie über den elaborierten Begriffsapparat der strukturellen Analyse, noch versucht sie, das Verhältnis von Kultur und Handeln differenziert zu erfassen, wie die Diskussion über Struktur und Handlungsvermögen zeigt. Der Kultur wird entsprechend jeweils zuviel oder zuwenig Einfluß auf das soziale Leben zugetraut, je nachdem, ob die Ideen oder Interessen als Triebkräfte sozialen Handelns angesehen oder beiseitegelassen werden. Gleichgültig, wie man diese »Henne-und-Ei«-Problematik zwischen Idealismus und Materialismus entscheidet, das Ergebnis ist stets eine reduktionistische Einebnung (»conflationism«) des Verhältnisses von Kultur und Handeln: Im Falle der sogenannten »downward conflation«, der reduktionistischen Einebnung von oben nach unten, wird Kultur in einem weiten und umfassenden Sinne verstanden und angenommen, daß sie Handeln bestimmt. Im Anschluß an die Anthropologie wird Kultur als objektive Logik (Pitirim Sorokin), als Wertsystem (Talcott Parsons) oder als Code (Claude Lévi-Strauss) begriffen, die vermittels symbolischer Orientierungen und Sozialisation Interaktionsprozesse steuern. Damit wird ein kultureller Konsens und ein direktionaler Einfluß von Kultur auf Handeln unterstellt, der eine eigenständige Analyse der Interaktionsebene überflüssig macht. Die Entstehung neuer Werte und Symbole bleibt infolgedessen ebenso unerklärt wie die empirisch konstatierbaren Spannungen, Widersprüche, Konflikte und Kämpfe von Gruppen um unterschiedliche kulturelle Wertideen.

Dem umgekehrten Trugschluß einer »upward conflation« oder der reduktionistischen Einebnung von unten nach oben sitzen die Vertreter der sogenannten »dominanten Ideologiethese« auf, die Kultur nur als »Hegemonie« (Antonio Gramsci) und »Ideologie der herrschenden Klasse« (Karl Marx und Friedrich Engels) auffassen können. Begreift man Ideen lediglich als verschleierte Interessen oder als »Widerspiegelung« der Klassenlage, geht der objektive Status der Kultur verloren, und die eigenständige Analyse der Ebene des kulturellen Systems wird überflüssig. Zudem bleibt jeder unmittelbare Einfluß kultureller Ideen auf soziales Handeln, der nicht dem Muster des manipulierten Konsenses folgt, in letzter Instanz unverständlich.

Als vermeintlicher Ausweg aus den beiden Epiphänomenalismus-Versionen hat sich jüngst die sogenannte »central conflation« oder wechselseitig reduktionistische Einebnung eingebürgert, die »Kultur als Praxis« faßt (Zygmunt Bauman) oder von einer »Dualität von Kultur« spricht (Anthony Giddens). Da sich die Ebene des kulturellen Systems und die Ebene der soziokulturellen Interaktion wechselseitig konstituieren, läßt sich der empirische Zusammenhang zwischen Kultur und Sozialgeschehen nicht länger analysieren, mit der unbeabsichtigten Folge, daß sich über eine eigenständige kulturelle Dynamik überhaupt nichts mehr aussagen läßt.

Will man den verschiedenen Spielarten des »Konflationismus« entgehen, die alle einem »Mythos der kulturellen Integration« aufsitzen, so gilt es das Verhältnis von Kultur und Handeln und das Verhältnis von kultureller Stabilität und kulturellem Wandel analytisch befriedigend zu konzeptualisieren. David Lockwood hatte die Distinktion von »System-« und »Sozialintegration«[1] eingeführt, um die geordneten oder konflikthaften Beziehungen zwischen den Teilen einer Sozialstruktur von den geordneten oder konflikthaften Beziehungen, die zwischen sozialen Gruppen bestehen können, zu unterscheiden, und angeregt, ihr Zusammenspiel zu analysieren. Überträgt man diese analytische Distinktion auf den kulturellen Bereich, so läßt sich zwischen der Ebene des »kulturellen Systems«, das heißt den logisch konsistenten und komplementären oder widersprüchlichen Beziehungen zwischen Ideen einerseits und der Ebene »soziokultureller Interaktion«, das heißt den kausal konsensuellen oder konflikthaften Beziehungen zwischen Akteuren andererseits, unterscheiden. Die anspruchsvolle Aufgabe besteht dann darin, die Schnittstelle (»interface«) zwischen Kultursystem und soziokultureller Interaktion theoretisch zu erfassen, um in deren Zusammenspiel die Bedingungen für Stabilität oder Wandel der Kultur zu lokalisieren. Will man die Vorzüge der Lockwoodschen Unterscheidung theoretisch ausschöpfen, bietet es sich an, Walter Buckleys morphogenetischem Ansatz[2] zu folgen. »Morphogenese« meint einen tiefgreifenden strukturellen Wandel, »Morphostase« hingegen Stabilität bzw. Reproduktion von Strukturen. Der Prozeßcharakter von Morphogenese und Morphostase kommt in der temporalen Sequenz eines sich selbst transformierenden Zyklus zum Ausdruck, in dessen Verlauf eine logisch eigengewichtige Kultur soziokulturelle Interaktionen zwischen Akteuren oder Gruppen bedingt, die ihrerseits einer Eigendynamik folgen und dabei die Voraussetzungen schaffen, unter denen sich wiederum das kulturelle System umgestaltet oder erhält, womit ein neuer Zyklus beginnen kann. Archer beschreibt diesen Zyklus als Folge von kultureller Konditionierung, soziokultureller Interaktion und kultureller Weiterentwicklung. Die Variable Zeit verknüpft dabei Vergangenheit, Gegenwart und Zukunft an der Schnittstelle

1 Vgl. Lockwood 1964, S. 370 ff.
2 Vgl. Buckley 1967.

von Kultursystem und soziokultureller Interaktion, das heißt, die kulturellen Bedingungen bilden den historischen Kontext von Ideen und Werten, und die aktuelle Antwort der Akteure auf die damit kulturell vorgegebene »Situationslogik« entscheidet mit über die zukünftige Stagnation oder Weiterentwicklung der Kultur.

Die Fragestellung: Die Bedingungen soziokultureller Interaktion

Aus diesen Überlegungen lassen sich vier Grundannahmen gewinnen:
(1) Zwischen den Komponenten des Kultursystems existieren logische Beziehungen; (2) das kulturelle System übt kausale Einflüsse auf die soziokulturelle Interaktionsebene aus; (3) zugleich existieren auf dieser soziokulturellen Ebene kausale Beziehungen zwischen Gruppen und individuellen Akteuren; (4) das Kultursystem wird auf der soziokulturellen Ebene weiterentwickelt, indem Akteure die im Kultursystem bestehenden logischen Beziehungen verändern bzw. neue Beziehungen einführen.

Diese Überlegungen werden von der These geleitet, daß das Kultursystem die soziokulturellen Beziehungen zwischen den Akteuren nicht etwa festlegt und determiniert, sondern daß diesen Beziehungen eine eigenständige Bedeutung zukommt; insbesondere sollte man von der Annahme absehen, daß die etwaige soziokulturelle Integration die Integration des Kultursystems widerspiegeln würde. Vielmehr unterliegt die soziokulturelle Integration einer Eigendynamik, die näher herausgearbeitet werden soll. Da ich an einer Erklärung von Wandel und Stabilität der Kultur interessiert bin, übergehe ich all die Fälle, in denen die soziokulturelle Ordnung mit der Ordnung des Kultursystems kovariiert, da unter diesem Umstand nicht davon ausgegangen werden kann, daß die soziokulturelle Ordnung einen unabhängigen Beitrag zu Wandel und Stabilität des Kultursystems leistet. Statt dessen werde ich mich auf die *Diskrepanzen* konzentrieren, die zwischen unterschiedlichen Integrationsgraden beider Ebenen bestehen können, und versuchen, die Gründe dafür ausfindig zu machen. Damit ist eine genaue Untersuchung der Frage verbunden, weshalb zum einen die soziokulturellen Beziehungen der Akteure entweder sehr viel geordneter oder aber auch ungeordneter sein können als das Kultursystem, das seinerseits von Widersprüchen heimgesucht wird, und weshalb zum anderen die soziokulturellen Beziehungen offensichtlich ungeordnet verlaufen, während das Kultursystem sich durch eine weitreichende interne Konsistenz auszeichnet. Bei der Untersuchung dieser Diskrepanzen lasse ich mich von der naheliegenden theoretischen These leiten, daß diese Unterschiede für die zukünftige Stabilität bzw. für den absehbaren Wandel der Kultur von ausschlaggebender Bedeutung sind, sofern überhaupt davon ausgegangen werden kann, daß das kulturelle System eine kennzeichnungsfähige Struktur besitzt. So besehen sollte dann auch verständlich sein, daß eine Vielzahl von soziokulturellen Vorkommnissen außer acht gelassen werden kann. Mit anderer Worten: Ich bin nicht daran interessiert, auch nur die maßgeblichen Kausalbeziehungen zu erfassen, die diese soziokulturellen Beziehungen charakterisieren, sondern konzentriere mich auf die soziokulturellen Interaktionen, die als *Mittelstück* eines dreiteiligen morphogenetischen Zyklus betrachtet werden können, der aus einer zeitlich geordneten Abfolge von kultureller Konditionierung → kultureller Interaktion → kultureller Weiterentwicklung besteht.[3]

Auch wenn man zugesteht, daß jede soziokulturelle Handlung sich innerhalb eines Kultursystems vollzieht und eben dadurch nachdrücklich geformt wird, ist bei Berücksichtigung dieser kulturellen Bedingungen und Einflüsse doch nur der erste Teil des gesamten Zyklus durchschritten. Das heißt, eine vollständige Behandlung der kulturellen Morphostase bzw. Morphogenese muß darüber hinaus die internen Beziehungen der soziokulturellen Ebene mitumfassen, die entscheidend dafür sind, was die relevanten Akteure »vor Ort« tun. Denn die soziokulturelle Homogenität oder Heterogenität, Konsens und Streit zwischen den Handelnden stellen nicht einfach einen Widerschein des Kultursystems bzw. dessen Zustandes dar, sondern in ihnen verkörpern sich strukturierte Antagonismen, die sich zum einen materiellen

---

3 Vgl. Buckley 1967, S. 58 f., wo es heißt: »›Morphostase‹ bezieht sich auf solche Prozesse eines komplexen System-Umwelt-Austausches, die auf eine Bewahrung der vorhandenen Form, Organisation und Zustände des Systems hinauslaufen. ›Morphogenese‹ hingegen bezeichnet jene Prozesse, die auf deren Weiterentwicklung oder Wandel hinwirken«. Zu einem ausgiebigen Gebrauch morphogenetischer Zyklen zur Erklärung strukturellen Wandels siehe Archer 1979.

Interessen verdanken und andererseits dem maßgeblichen menschlichen Vermögen, auf beliebige Umstände mit originellen Einfällen zu reagieren.

In letzter Instanz bedingen diese soziokulturellen Faktoren:

– wie die Akteure angesichts der Dringlichkeiten der situativen Logik reagieren, die ihnen das betreffende kulturelle System vorgibt;
– welche ihrer Reaktionen soziokulturell stabilisiert werden können; und
– welche der Komponenten, die im Gefolge soziokultureller Interaktion neu geschaffen und ins Kultursystem aufgenommen wurden, wiederum einen neuen Zyklus auslösen oder einen bereits durchlaufenen wiederholen.

Unterschiede der soziokulturellen Integration

Wie kann man also erklären, daß die kulturellen Beziehungen, die zwischen den Akteuren bestehen, oftmals geordneter oder auch konfliktbehafteter sind als die Beziehungen zwischen den Ideen, die innerhalb derselben Gesellschaft[4] und zur gleichen Zeit kursieren? Soziale Interaktionen bilden auf der soziokulturellen Ebene ein Geflecht kausaler Einflüsse, womit die Tatsache, daß Akteure durch die Ideen anderer beeinflußt werden, ebenso thematisiert ist, wie der Tatbestand, daß sie ihrerseits Mitakteuren Ideen aufdrängen oder deren Ideen in Frage stellen. Dies alles sind komplexe soziale Prozesse, und meine Aufgabe besteht darin, deren grundsätzliche Umrisse und Inhalte zu erklären. Ein entsprechender Versuch geht aus von den sozialen Gruppen mit ihren unterschiedlichen materiellen und ideellen Interessen und ihrer divergierenden Macht- und Ressourcenausstattung, wobei ich unterstelle, daß diese Gruppen zwischen dem Kultursystem und der Sozialstruktur lokalisiert sind und infolge dieser intermediären Stellung von beiden Faktorgruppen beeinflußt werden. Das Problem besteht nun darin, das Wechselspiel von Interessen, Macht

4 Zur Identifikation von logischen Beziehungen zwischen kulturellen Komponenten A und B verwende ich den Begriff »System«; wenn es um soziokulturelle Interaktion geht, greife ich auf den Begriff »Gesellschaft« zurück, um kausale Beziehungen zwischen Gruppen zu kennzeichnen.

und Ideen zu entwirren und dessen Verlaufsmuster zu erklären. *Mir scheint, daß die Erklärung des Tatbestands, daß die soziokulturellen Beziehungen der Akteure unabhängig vom Kultursystem variieren können, darin zu suchen ist, wie die soziale (oder sektionale) Verteilung ihrer Interessen und Machtansprüche im Einzelfall mit der Situationslogik zusammenpaßt, die das Kultursystem (oder eines seiner Subsysteme) nahelegt.*

Was die kulturelle Macht betrifft, so besteht die Grundfrage darin, *welche* Gruppe sie in Verfolgung ihrer Eigeninteressen einsetzt. Im weiteren werde ich mit »a« eine Gruppe bezeichnen, die einer bestimmten Theorie oder einem bestimmten Glauben anhängt, die ich mit »A« symbolisiere. Ich unterstelle zunächst, daß die Mitglieder dieser Gruppe genügend Macht akkumuliert haben, um mit Hilfe kultureller Manipulationen den Versuch zu unternehmen, die soziokulturellen Beziehungen, an denen sie interessiert sind, einer Ordnung zu unterwerfen. Natürlich läuft dies auf eine Idealisierung hinaus, denn nichts garantiert, daß die gegebene Sozialstruktur in allen Fällen den Protagonisten einer bestimmten Überzeugung und nicht ihren Gegnern die benötigte Macht zur Einflußnahme verschafft. Gleichwohl gewinne ich damit einen hilfreichen Ausgangspunkt für die beiden folgenden zentralen Annahmen:

(i) Tatsächlich ist es möglich, auch über lange Perioden hin, den Einsatz kultureller Macht für die Ordnung der sozial-kulturellen Beziehungen verantwortlich zu machen, wenn sie von den Interessenten an einem solchen »kulturellen Quietismus« erfolgreich eingesetzt wurde. Das gilt selbst dann, wenn das kulturelle System von Inkonsistenzen zerrissen ist. Dies ist die kurz- oder mittelfristige Konsequenz kultureller Macht.

(ii) Zugleich aber fördert deren Einsatz nachdrücklich die Konfrontationen mit vorhandenen Gegeninteressen bzw. deren Entstehung. Das heißt, auf lange Sicht hat die machtgesteuerte Sozialinteraktion sowohl für die soziokulturellen Beziehungen wie für das vorherrschende Kultursystem weitreichende nicht-intendierte Konsequenzen. Dies gilt selbst dann, wenn man unterstellen kann, daß die Macht anfänglich tatsächlich bei der Gruppe liegt, die den Versuch unternimmt, einen kulturellen Widerspruch *einzudämmen* bzw. die *wechselseitige Verträglichkeit* kultureller Komponenten aufrechtzuerhalten.

Die Anwendung von Macht zur Ideenmanipulation mit dem Ziel,

die bestehenden soziokulturellen Beziehungen konfliktfrei zu halten, ist immer wieder thematisiert worden, und verschiedene Theoretiker haben letzthin betont, daß es nützlich sein könnte, Steven Lukes dreidimensionalen Machtbegriff auf kulturelle Fragen anzuwenden.[5] Ich folge diesem Ratschlag, weise aber darauf hin, daß dasselbe methodologische Problem auftritt, auf das wir auch im strukturellen Bereich stoßen. So ist es ganz inadäquat, nur auf das Vorhandensein festgefügter (materieller oder ideeller) Interessen bestimmter Gruppen an der Verallgemeinerung ihrer Ideen oder an der Kontrolle von Ideen überhaupt hinzuweisen; vielmehr muß man die *Mechanismen* identifizieren, mit deren Hilfe kulturelle Macht ausgeübt wird. Dies stellt zwar eine kompliziertere Aufgabe dar, hat aber den Vorteil, (i) daß man sich nicht zu der fehlerhaften Folgerung hinreißen läßt, der Wunsch nach sozialer oder sektionaler Kontrolle sei hinreichend dafür, daß er in Erfüllung geht; (ii) daß man überdies beachtet, daß ungleiche Machtverteilungen, Mangel an Reziprozität bzw. das Aufkommen von Abhängigkeiten in sozialen Beziehungen nicht automatisch zu einer kulturellen Kontrolle führen müssen, wenn die dazu tauglichen Machtmittel nicht zum Einsatz kommen; und (iii) daß man endlich den falschen Glauben meidet, es verstehe sich von selbst, zu welchem Zweck die Macht ausgeübt wird; vielmehr kann Macht in verschiedene Strategien zerlegt werden, die ganz unterschiedlichen kulturellen Eindämmungsversuchen dienlich sein können. Auf diese Weise gewinnt man ein wichtiges Korrektiv zu der verbreiteten Annahme, daß das Ziel der Ideenkontrolle in allen Fällen die Verallgemeinerung der eigenen Ideen sei.

Ich will mich nun den verschiedenen Fällen zuwenden, in denen bedeutsame Diskrepanzen zwischen der Integration der soziokulturellen Beziehungen und der Ordnung des Kultursystems auftreten, um erstens zu untersuchen, wie Situationslogik, Macht und Interessen im jeweiligen Fall zusammenwirken, und um zweitens

5 Vgl. Lukes 1974. Zu dem betreffenden Vorschlag vgl. Merquior 1979, S. 15-23. Offenkundig läuft dieser Ansatz darauf hinaus, Macht als eine Relationseigenschaft zu behandeln und nicht als irgendeine Art »generalisierter Fähigkeit«. Im vorliegenden Zusammenhang muß ich darauf verzichten, zu zeigen, wie vergangene soziokulturelle Transaktionen die spezifische Machtverteilung hervorriefen, die zur Zeit zwischen Gruppen vorherrscht.

die Konsequenzen zu verfolgen, die sich aus den Differenzen verschiedener Ordnungs- und Unordnungsgrade beider Bereiche für die kulturelle Morphostase bzw. Morphogenese ergeben.

Unterschiede der soziokulturellen Beziehungen und Widersprüche im Kultursystem

Erster Fall: Die soziokulturelle Ebene ist geordneter als das kulturelle System

Im folgenden möchte ich Fälle untersuchen, in denen das vorherrschende soziokultuelle Leben durch die Wirrnisse des Kultursystems augenscheinlich unberührt bleibt. Sehr oft nähert man sich diesen Fällen mit der wenig aufschlußreichen Frage, wie es die Akteure fertigbringen, widersprüchliche Glaubenssätze zu tolerieren oder sogar selbst zu vertreten. Damit aber wählt man den falschen Ausgangspunkt, weil man sich auf die ganz fragwürdige Annahme einläßt, die betreffenden Widersprüche seien den Akteuren tatsächlich bewußt, woraufhin man am Ende zu der ebenso fragwürdigen Folgerung gelangt, sie verfügten über eine primitive Mentalität, verfolgten populäre Irrationalismen oder praktizierten eine nur ihnen eigene Logik.

Tatsächlich aber impliziert der Tatbestand, daß die soziokulturellen Beziehungen konfliktlos verlaufen, weder, daß die Akteure Widersprüche tolerieren noch daß sie mit den gegenläufigen Ideen vertraut wären. Wenn eine Widersprüchlichkeit allgemein bemerkt werden soll, muß sie auf der gesamten soziokulturellen Ebene sichtbar sein; um für zahlreiche Akteure von Belang zu sein, muß sie sich auf ihr jeweiliges Handeln auswirken. Anders gesagt: *Die Anwendung von Macht mit dem Ziel, die Sichtbarkeit eines Widerspruchs zu kontrollieren, gepaart mit einem Interesse, seinen Einfluß auf die Akteure zu minimieren, können zusammengenommen erklären, weshalb die soziokulturelle Ebene eine größere Ordnung als das betreffende Kultursystem aufweist.*

Das Hauptinteresse der Verteidiger einer Theorie oder eines Glaubensbekenntnisses *A* besteht darin, zu verhindern, daß der Widerspruch, von dem ihr Glauben heimgesucht wird, sich in Form einer soziokulturellen Kontroverse niederschlägt. Die tauglichste

Strategie dazu besteht darin, den Widerspruch selbst zu verbergen. Tatsächlich stellt eine solche Verheimlichungsstrategie geradezu eine Vorbedingung dafür dar, daß eine Gruppe *a* ihren Glauben *A* verteidigen kann, denn solange die in dem Widerspruch sichtbar werdende Alternative *B* dem Blick möglicher Anhänger nicht entzogen wird, bleibt *B* eine beständige Quelle der Versuchung, die soziokulturellen Beziehungen plural und konfrontationsreich umzugestalten. Solange *a* dies nicht wünscht, kann man nicht überrascht sein, daß die Gruppe die Strategie vorzieht, weite Bereiche der Bevölkerung im Unwissen über die vorhandenen Widersprüche zu belassen, statt sich daran zu machen, sie intensiv zu indoktrinieren. Ist die Situationslogik durch das Aufkommen von Widersprüchen bestimmt, so ist demnach die beste Politik die, diese Widersprüche gar nicht erst ins Bewußtsein der Akteure rücken zu lassen. Das meint Steven Lukes mit der »dritten Dimension der Macht«.[6] Denn jeder Versuch, statt dessen für eine weitreichende Universalisierung des inkonsistenten Glaubens zu sorgen, müßte darauf hinaus laufen, ein breites Publikum mit dessen Widersprüchen bekannt zu machen und in ihm am Ende in ganz kontraproduktiver Weise das Interesse zu wecken, sich mit den angesprochenen ideellen Schwierigkeiten zu beschäftigen, was leicht auf die Bildung einer Gegenideologie hinausläuft. Kann man dies durch »Eindämmungsstrategien« erfolgreich unterbinden, so kann dadurch das langandauernde Nebeneinander eines gering integrierten kulturellen Systems und einer hohen Sozialintegration erklärt werden. Kurz gesagt: Eindämmungsstrategien sind dafür verantwortlich, daß kultureller Wandel unterbleibt, obgleich das betreffende Kultursystem von Widersprüchen durchzogen ist.

Wollte man im vorliegenden Fall die erste der von Lukes aufge-

---

6 Lukes definiert diese »dritte Dimension« als die Fähigkeit der Machthaber, »bestimmte politische Fragen aus der Politik herauszulassen« (Lukes 1974, S. 24), also gar nicht erst zum Gegenstand der Entscheidungsnachfrage zu machen. Entsprechend besteht nach Lukes die »erste Machtdimension« darin, bindende Entscheidungen zu treffen und auch unter Konfliktbedingungen durchzusetzen, bisweilen auch durch »Gewalt«; die »zweite Dimension« liegt darin, der Nachfrage nach Entscheidungen nicht zu entsprechen, also eine »Politik des Nicht-Entscheidens« zu betreiben und auch diese durchzusetzen (vgl. Lukes 1974, S. 11 ff., 16 ff.).

führten Machtdimensionen berücksichtigen, so müßte von »kultureller Repression« die Rede sein. Ich spreche lieber von »autoritärer Eindämmung«, weil diese Strategie im allgemeinen darauf angelegt ist, *den Anteil von* B, *der in* A *Berücksichtigung findet (bzw. von der Gruppe* a *insgesamt bemerkt wird), zu limitieren.* Die Orthodoxie wird dadurch gestützt, daß man den Zugang zur Heterodoxie beschränkt. Diese Strategie findet ihren Ausdruck in einem Standardrepertoire von Repressionsmaßnahmen, das im religiösen, politischen oder akademischen Bereich gleichermaßen benützt wird: Selektive Zensur, Bücherverbote, die Brandmarkung von Häresien oder »Abweichlertum«. Auf diese Weise sollen geistige Kontaminationen verhindert werden. Um kontaminierte Elemente hingegen zu entfernen, greift man auf Sanktionen, erzwungene Widerrufe oder öffentliche Beichten und Selbstbeschuldigungen, Exkommunikation, Verschleppung und Einkerkerung zurück. Der Nettoertrag dieser Maßnahmen besteht im Erfolgsfall darin, Teile der *B*-Tradition zu unterdrücken, indem man deren Quellen zum Versiegen bringt, wobei unwichtig ist, ob es sich dabei um »Texte« oder »Dissidenten« handelt.

Allerdings hat diese Form der »autoritären Eindämmung« abweichender Ideen drei Begrenzungen, die aus der situativen Logik einer solchen Widerspruchsbeseitigung resultieren und die jeden Eindämmungsversuch, zumindest auf die Dauer, zunichte machen. Zunächst ist die Reichweite jeder Repressionsmaßnahme durch das Ausmaß begrenzt, in dem A von B abhängt: Man *kann nicht* alle Bestandteile von B verbrennen oder verbannen. Daraus ergibt sich auch das Dilemma, das Durkheim beschrieb: »Die Kirchenväter betonen die Gefahren, denen sich der Christ aussetzt, der sich ohne Maß mit profanen Studien beschäftigt. Sie ließen es an Ermahnungen nicht fehlen, solche Gelehrsamkeit auf ein Minimum zu beschränken. *Andererseits konnten sie darauf aber auch nicht verzichten. Gegen ihren Willen waren sie also gezwungen, sie nicht zu ächten.*«[7] Den Zugang zu solchen profanen Texten selektiv zu gestalten muß immer heißen, daß er einigen gestattet ist; aber wie kann garantiert werden, daß diese Auserlesenen den rechten Gebrauch von ihnen machen oder sie im richtigen Lichte

7 Durkheim 1977, S. 25. Übersetzung verändert. Hervorhebung von Margaret Archer.

interpretieren? Und selbst wenn dem so wäre oder tatsächlich so ist, was soll geschehen, wenn die »konventionale« Exegese zur Stützung von A die Berücksichtigung weiterer Teile des verbotenen Bestands B erforderlich macht? Solange eine solche Strategie gesellschaftlich wirksam sein soll, wird sie vermutlich gebieten, den erwartbaren Ertrag nicht durch selbstzerstörerische Verbote zu unterminieren; daraufhin aber wird der verfügbare Teil von B zunehmen.

Wenn dies indessen geschehen ist, wer stellt dann sicher, daß er im »richtigen Geiste« genutzt wird. Nichts – außer die »richtige Gesinnung« selbst, von der man annahm, daß sie sich als Ergebnis autoritativer Maßnahmen einstellen sollte, von der aber nunmehr erkennbar wird, daß man sie bereits haben müßte, um die Wirksamkeit von Eindämmungsmaßnahmen sicherzustellen.

Sodann sollte klar sein, daß keine autoritäre Verkündung eine Häresie als Element des Kultursystems zum Verschwinden bringen kann, wenn sie einmal entstanden ist. Das heißt, sie existiert nun einmal, und als Bestandteil der Kultur kann sie nicht sterben, allenfalls langsam unverständlich werden. Keine autoritäre Taktik kann ihr ihre Unsterblichkeit rauben. Das Verbrennen von Büchern ist nur ein ganz ritueller soziokultureller Vorgang: Die logische Eigenart der Kultur ist gegen »Fahrenheit 451« gefeit; Ideen werden jedes Autodafé geistig und sprachlich überleben, um hernach aufgezeichnet zu werden. Darüber hinaus taugen solche Taktiken gesellschaftlich wenig, denn das heimliche Hegen häretischen oder abweichenden Gedankenguts können sie nicht unterbinden; es wartet nur auf eine Schwächung der Autorität, um neuerlich aufzutauchen, wohingegen die aktive Verfolgung oder Säuberung Märtyrer schafft und insoweit kontraproduktiv wirkt, als damit sichtbar wird, daß es zur vorherrschenden Auffassung deutliche Alternativen gibt. Im Schatten derartiger Repressionen entstehen auf der soziokulturellen Ebene Schismen, und die Verbannung der Schismatiker bringt die Quelle des Schismas nicht zum Versiegen, sondern bereitet ihm nur einen neuen Nährboden.

Wenn die Aussichtslosigkeit solcher »autoritärer Eindämmungsversuche« erkannt wird, ist das Feld bereitet für eine andere Strategie, die darin besteht, den möglichen gefährlichen Kontakt zwischen Ideen durch bewußtes Nicht-Entscheiden zu unterbinden.[8] Während die erste Strategie darauf abstellt, den Teil von B, der den Vertretern von A zugänglich ist, zu beschränken, wirkt die zweite im Gegensinn und beschränkt die Menge der Anhänger von A, die sich Zugang zu B verschaffen können. Allgemeiner ausgedrückt zielt diese Form der »sektionalen« Eindämmung[9] darauf ab, die »Gläubigen« von B und dessen Gefahren fernzuhalten, besonders aber zu verhindern, daß jene sich mit dem Widerspruch diskursiv befassen, deren Interessen nicht auf der Linie der übrigen Gruppenmitglieder liegen. Eine derartige strategische Insulation kann die soziokulturelle Ordnung auch dort gewährleisten, wo Indoktrinationen Widerstand gegen die mißbräuchliche Nutzung der Lehrgewalt hervorrufen würden.

Alle diese Eindämmungsstrategien können Theorie- oder Glaubensauseinandersetzungen für Monate, Jahre oder Jahrhunderte unterbinden; aber als rein soziokulturelle Beiträge zur kulturellen Stabilität können sie nur in beschränktem Umfang eine Entlastung bieten. Repression und Segregation sind *nirgendwo* vollständig und jeder manipulierte Konsens wird erschüttert, sobald sich interner Zweifel mit externer Unglaubwürdigkeit verbindet.

Der fundamentale Mangel dieser Eindämmungsstrategien besteht darin, daß ihre Wirksamkeit auf die »Unterschicht« oder das »Fußvolk« der Glaubens- oder Theoriegemeinschaften beschränkt sind; das heißt, für die Elite der Orthodoxie selbst, die nach wie vor mit der Inkonsistenz ihres kulturellen Systems konfrontiert bleibt, tragen sie nicht weit. Die autoritäre Strategie wirft die Frage auf, wer die Kontrolleure kontrolliert, ohne sie beantworten zu können. Da die Elite uneingeschränkten Zugang zu B benötigt, um diesen Teil des Systems für andere aufzubereiten, sieht sie sich notwendig mit der vollen Kraft der logischen Widersprüchlichkeit konfrontiert, und nichts garantiert, daß ihre Immunität gegen die Gegenlehre ausreicht, um eine »Ansteckung« zu verhindern, oder daß sie den unstrittigen Teil der Überlieferung irrtumslos beurteilt. Aber auch die zweite Eindämmungsform nützt der orthodoxen Elite letztlich nichts. Die situationslogisch generierte Notlage

8 Durch diese Strategie kennzeichnet Lukes, wie oben (Fußnote 6) erwähnt, die »zweite Dimension der Macht«.

9 Archer spricht von »sectional containment«, weil die »Sektion« der Anhänger von A, die Zugang zu B haben, beschnitten wird (Anmerkung der Herausgeber).

bleibt bestehen, und wer kann sagen, daß ihr Glaube oder ihre theoretischen Überzeugungen angesichts solcher Probleme nicht zusammenbrechen? Der Einbruch der Außenwelt in die Welt des Glaubens, etwa in Form anderer Interessengruppen, die genau das zur Sprache bringen, was verborgen bleiben sollte, aber nicht hermetisch abgeschlossen bleiben kann[10], zeigt die Kraftlosigkeit dieser soziokulturellen Strategien für den Fall, daß Veränderungen der Sozialstruktur soziale Abhängigkeiten auflösen.

Das ist natürlich der Punkt, an dem die Verteidiger von A dazu gezwungen sind, sich dem Problem ihres Kultursystems zuzuwenden und damit zu beginnen, synkretistische Korrekturen vorzunehmen, wenn sie es nicht vorziehen, das Handtuch zu werfen. Ziel solcher Synkretismen ist es, die Einheitlichkeit des kulturellen Systems wiederherzustellen oder die Bedeutung der Differenzen zu mindern. Wenn auf diesem Wege eine kohärente synkretistische Formel gefunden wird, dann bedeutet dies, daß das betreffende Glaubens- oder Theoriesystem einen höheren Integrationsgrad erreicht, als er zu den Zeiten möglich war, in denen der Widerspruch verheimlicht und durch soziokulturelle Repressionsmaßnahmen bearbeitet worden war.

Zusammenfassend kann man sagen: Wenn die Machtverteilung zwischen den Gruppen und Interessen die Verteidiger von A begünstigt, so fördert dies den Einsatz von Repressionsmaßnahmen, wodurch sich die sozial-kulturelle Integration so lange erhöhen läßt, wie es gelingt, den geringen Integrationsgrad des Kultursystems selbst, der durch die unwiderrufliche Existenz des Widerspruchs dokumentiert wird, zu verbergen. Gleichwohl ist der Einsatz kultureller Macht mit der Absicht, auf manipulative Weise einen Zustand sozialer Ruhe herbeizuführen, nur ein zeitlich begrenztes Manöver. Das gilt selbst dann, wenn sich die Eindämmungsstrategie über lange Zeit als erfolgreich erweist.

Zu einem ganz anderen Ergebnis werden wir kommen, wenn wir unsere anfängliche Annahme über die Verteilung der Macht zugunsten der Gruppe a und deren Interessen fallenlassen.

10 Die Aristokratie der Renaissance, die drohend mit ihrer eigenen Version eines heidnischen Rationalismus aufwartet, ist dafür ein Beispiel.

Zweiter Fall: Die soziokulturelle Ebene ist weniger geordnet als das kulturelle System

Ich hatte behauptet, daß die Situationslogik, die zu einer Beseitigung des Widerspruchs drängt, zu korrektiven Synkretismen im Kultursystem Anlaß gibt, die mit dem Ziel durchgeführt werden, die Einheitlichkeit auf der soziokulturellen Ebene wiederherzustellen. Ein solches Vorgehen impliziert (i) die Ausarbeitung einer synkretistischen Formel und (ii) ihre soziokulturelle Akzeptanz als notwendige Voraussetzungen für eine erfolgreiche Vereinheitlichung der soziokulturellen Interaktionen. Keine dieser Bedingungen stellt sich automatisch und ohne unproblematische Begleiterscheinungen ein. Die Formel muß kulturell hergestellt und sozial durchgesetzt werden. Beides verlangt den menschlichen Akteuren ein gerüttelt Maß an Einsatz ab.

Genau wie die soziale Erzeugung von Ordnung hängt auch das Auftreten von sozialer Unordnung davon ab, wie die Ausgangsverteilung von Macht und Interessen mit der jeweiligen situativen Logik, die entsprechende Korrekturen erzwingt, zusammenpaßt. Wo die Zersplitterung der Interessen ausgeprägt ist, existiert ein Hang zur Unordnung, zu nacktem Gruppenantagonismus, den die Befürworter der Korrektur in Rechnung stellen müssen. Dort, wo die Ressourcenverteilung den Verteidigern von A keinen gesamtgesellschaftlichen oder bereichsspezifischen Vorteil verschafft, sind die antagonistischen Interessen jeder sozialen Kontrolle mit Hilfe von Eindämmungsstrategien entzogen. Damit erweist sich der Einsatz kultureller Macht zur Verheimlichung eines Widerspruchs jenen gegenüber als gänzlich unzureichend, deren Interessen und soziale Lage es ihnen erlaubt, sich autoritären Regulierungen zu entziehen und kontroverse Themen auf die Tagesordnung zu setzen. Kurz gesagt: Die beiden ersten Machtdimensionen sind der Opposition einfach nicht gewachsen, die beispielsweise von einer kosmopolitischen Aristokratie oder einer freischwebenden Intelligenz getragen wird. Das ist ein ernsthaftes Problem, weil in diesem Fall keine Eindämmungsstrategie einen abschließenden Erfolg versprechen kann, sondern alle Versuche darauf festgeschrieben sind, den kulturellen Widerspruch zu verbergen, während zugleich Gruppen existieren, die dazu in der Lage sind, ihn an die Öffentlichkeit zu tragen.

In der Tat ist dieser externe Druck durch alternative Gruppen einer der Faktoren, der zu synkretistischen Versuchen führt, jedenfalls viel eher als der innere Drang der orthodoxen Elite, die sich gerne weiterhin mit fragwürdigen Praktiken zufrieden geben würde. Indessen wirkt sich jede Zersplitterung der Interessen – gesamt- oder teilgesellschaftlich – derart aus, daß jene Gruppen, die andersgelagerte Anliegen verfolgen, jeder sozial-kulturellen Verankerung synkretistischer Formeln entgegenarbeiten. Ihrer antagonistischen Reaktion, ihrer fortwährenden Verunsicherung der soziokulturellen Beziehungen, ist es zu verdanken, daß die Protagonisten von A sich zu immer weiter entgegenkommenden synkretistischen Anpassungen gedrängt sehen, um die soziale Akzeptanz der Systemkorrekturen zu gewährleisten. Dieser Widerstand, der sich auf der soziokulturellen Ebene formiert, ist entsprechend Teil der Dynamik, die verhindert, daß die synkretistischen Anstrengungen nachlassen, bevor nicht B soweit umdefiniert ist, daß es mit A konsistent ist.

Dieser allgemeine Druck zur Vereinheitlichung des Kultursystems kann in dreierlei Weise abgefangen werden, wobei die Vertreter des orthodoxen Systems in jedem Falle dazu gedrängt werden, weitere beschwichtigende Korrekturen vorzunehmen. Dabei gilt, daß mit jeder dieser Gegenreaktionen die Unordnung des Kultursystems zunimmt und zugleich die Dringlichkeit steigt, eine Vereinheitlichung zustande zu bringen, oder anders: der steigenden Unordnung der soziokulturellen Beziehungen entspricht das heftiger werdende Aufeinanderprallen kultureller Ideen.

(1) *Fahnenflucht.* Das erste bedeutende Anzeichen dafür, daß die Vereinheitlichung nicht gelingen will, besteht in einer individuellen Reaktion: einzelne Akteure sind ernüchtert über A und neigen dazu, sich von den überkommenen Überzeugungen abzuwenden. Diese Neigung wird um so stärker, je länger die Entwicklung einer entsprechenden synkretistischen Formel dauert und je deutlicher sich der entsprechende Versuch als reine Kosmetik erweist, die erkennbarerweise nur dazu taugt, eine ernsthafte Anomalie kasuistisch zu übertünchen.

Eine der soziokulturellen Voraussetzungen für diese Reaktion ist, daß niemand dazu gezwungen wird, sich an dem synkretistischen Unternehmen zu beteiligen, so daß »Abwanderung« ständig möglich ist und in der Tat in dem Umfang zunimmt, in dem die Widersprüchlichkeit des Kultursystems deutlicher wird. Im wissenschaftlichen Bereich heißt dies, daß »die Schwierigkeiten eines Theorieprogramms viele einzelne Wissenschaftler dazu bringen, es ad acta zu legen oder sich gänzlich von ihm loszusagen, um sich statt dessen anderen Forschungsprogrammen zuzuwenden, deren derzeitige positive Heuristik einen leichteren Erfolg verspricht; die Wissenschaftsgeschichte läßt sich ohne ›Massenpsychologie‹ nicht vollständig verstehen«.[11] Die parallele Erscheinung im Bereich der Metaphysik besteht darin, daß entsprechende Rangeleien einzelne dazu bringen, sich dem Skeptizismus zu verschreiben.

Ein solches Desertieren ist zwar nur eine individuelle Reaktion; häufen sich solche Vorkommnisse aber, wirkt sich ein entsprechender Aggregateffekt auf beide Ebenen meiner Analyse aus. Zum einen kann das Ausmaß der Abwanderung derart ansteigen, daß der Sache der Befürworter des überkommenen Theorie- oder Glaubenssystems die Grundlage entzogen wird. In der Folge verschwindet ein einst bedeutsamer und vieldiskutierter Widerspruch langsam aus dem *mainstream* des Denkens. Wenn dies geschieht, werden notwendigerweise alle weiteren Vereinheitlichungsversuche für die Herstellung eines soziokulturellen Konsenses alleine deshalb bedeutungslos, weil der anfängliche Streitpunkt derart marginal geworden ist, daß die meisten Leute ihn aus den Augen verloren haben.

Im übrigen ist die Fahnenflucht vieler nicht nur ein Zeugnis ihrer Desillusionierung, sondern signalisiert zugleich, daß die betreffende Lehre ihr Monopol verloren hat oder doch zumindest an Prominenz einbüßt. Deserteure sollten dabei nicht nur in ihrer Rolle als Abwanderer gesehen werden. Denn ihr Abwandern bedeutet nicht nur, daß sie für ihren alten Glauben oder ihre ehemaligen Überzeugungen verloren sind; sondern zugleich stehen sie nunmehr als kollektive Anhänger anderer Weltanschauungen zur Verfügung, die mit den Lehren, die für ihre Enttäuschung verantwortlich zu machen sind, möglicherweise kaum etwas zu tun haben, die sie aber gleichwohl mit ihrem Scharfsinn sofort unterstützen können, den sie bei der Beseitigung der Schwierigkeiten ihrer ehemaligen Überzeugungen wirksam geschult haben.

11 Vgl. Lakatos 1970.

(2) Schismen und Sektiererei. Daß die angewendeten Eindämmungsstrategien offensichtlich scheitern und daraufhin eine zunehmende Unordnung droht, liefert den Anlaß für ein noch gewagteres synkretistisches Manöver – für eine durchgreifende Korrektur, einen tiefangelegten Umbau des kulturellen Systems, der nicht allein darauf angelegt ist, die sozialen Beziehungen zu kontrollieren, sondern sicherlich auch in der Erwartung vorgenommen wird, auf diesem Wege das kulturelle System erfolgreich vereinheitlichen zu können. Ironischerweise führen gerade diese radikalen Anpassungs- und Vereinheitlichungsversuche dazu, daß sich die Gläubigen nachhaltig zerstreiten. Oftmals werden jene Gruppen, die sich in Zeiten geistiger Not zusammengefunden hatten, nachgerade dann von Schismen heimgesucht, wenn sie versuchen, dieser Not Herr zu werden. Diese Schismen treten zutage, weil der eifrige Versuch, die Einheitlichkeit des Kultursystems wiederherzustellen, zu heftigen Binnenkämpfen führt, deren unbeabsichtigte Folge eine Steigerung soziokultureller Konflikte ist. Ein Lehrbuchbeispiel dafür ist das Wechselspiel zwischen reformatorischem und gegenreformatorischem Denken, das im Europa der Spätrenaissance zu einem langdauernden sektiererischen Konflikt führte, ohne daß es gelingen wollte, den verlorengegangenen Konsensus wieder herzustellen. Zwar waren beide Bewegungen in gleichem Maße darauf bedacht, die Wiedergeburt des klassischen Rationalismus zu verhindern[12], aber diese formale Ähnlichkeit konnte das tiefgreifende und gesellschaftlich hochbedeutsame Schisma, das ihre Auseinandersetzungen heraufbeschwor, nicht verhindern.

Ich will an dieser Stelle die Undurchsichtigkeiten theologischer Kontroversen und religionspolitischer Manöver nicht zu klären versuchen, sondern nur zwei Punkte herausgreifen, die für die Intensivierung soziokultureller Konflikte bedeutsam sind. Zum einen schlugen sich die aufkeimenden nationalistischen Interessen opportunistisch auf die Seite, deren theologische Überzeugungen den Aspirationen der Monarchien dienlich waren, und zerschlu-

---

12 So empfahl Luther einen irrationalen Glauben, der »der Vernunft den Hals umdreht und das Biest erwürgt«, während Ignatius von Loyola einen irrationalistischen Traditionalismus aufrechterhielt, der nahelegte, »allzeit bereit zu sein zu glauben, daß das, was uns als weiß erscheint, schwarz ist, sofern die hierarchische Kirche es so bestimmt«.

gen auf diese Weise die alte Einheit des Christentums. Darüber hinaus führte der Tatbestand, daß der Protestantismus die Festigung des religiösen Glaubens dem einzelnen überantwortete, zu einer Unterhöhlung der Tradition und gab nicht nur Anlaß zu solchen bekannten Abspaltungen wie der des Calvinismus, Pietismus, Sozianismus, Anabaptismus, Unitarismus, Puritanismus, Pantheismus und so weiter, sondern leistete einem Narzißmus kleinlicher sektiererischer Unterschiede Vorschub, der seinerseits zu fortschreitender sozialer Differenzierung ermunterte. Aber dies heißt nicht, daß diejenigen Nationen, die an ihren überkommenen Bindungen an Rom festhielten, dazu in der Lage gewesen wären, ihre soziokulturelle Einheit zu sichern. Die Häufigkeit, mit der die Jesuiten vertrieben und wieder zugelassen wurden, ist ein deutliches Anzeichen für die Kluft, die sich innerhalb der katholischen Kirche zwischen ultramontanen und gallikanischen Orden gebildet hatte und die die soziale Spaltung widerspiegelte und verschärfte.

Darüber hinaus sieht sich die christliche Kirche dadurch, daß die oben erwähnten religiösen Gruppierungen das Recht auf autoritative Auslegung ein und derselben Schrift, die in immer neuen landessprachlichen Übersetzungen erschien, in Anspruch nahmen, mit einem weiteren aufdringlichen Widerspruch konfrontiert, der sie noch heute mit Sorge erfüllt. Dadurch, daß die manifeste Einheit des religiösen Glaubens zerfällt, kann sie keine integrative Rolle in der Gesellschaft mehr spielen, mit der Konsequenz, daß sie als eine vereinheitlichende kulturelle Macht von der Bühne abtritt und ein Disput über die kulturelle Autorität Platz greift. Vordergründig hatten die Sekten abweichende Glaubensauffassungen davon befreit, als Häresie oder Heterodoxie verdächtigt zu werden, und damit die Abtrünnigen wenigstens auf ihrem Teilgebiet zu Autoritätsfiguren gemacht. Als unintendierte Folge davon, daß man das Urteil in religiösen Dingen als eine Privatangelegenheit definierte, der jede synkretistische Anpassung gestattet war, entstand indessen eine neue Generation von urteilsfähigen Menschen, die sich von der Religion abwandten, indem sie das ganze Unternehmen verdammten, und auf diese Weise die Gruppe der ursprünglichen Deserteure verstärkten.

(3) *Gegenströmungen.* Abwanderung und Schisma stellen beide positive Rückkopplungsschleifen dar. In dem Maße, in dem sich

die Parteien gegenseitig an die Gurgel fahren, kulminieren Abwanderung und Schismenbildung in einer nachhaltigen kulturellen Unordnung, was seinerseits zu gesteigerten soziokulturellen Konflikten führt. Das heißt, ein Deserteur verschwindet nicht notwendigerweise heimlich, still und leise; einige, die bislang dem Druck orthodoxer Mächte passiv ausgesetzt waren, nehmen sein Verschwinden zum Anlaß, jeden Vereinheitlichungsversuch, gleichviel, welche der zerstrittenen Parteien ihn favorisiert, als illegitim einzustufen. In diesem Fall können jene, die an einem solchen Schritt interessiert sind, die soziokulturelle Unordnung dazu nutzen, B zum endgültigen Durchbruch zu verhelfen. Das heißt, eine der nichtintendierten Folgen jeder synkretistischen Anpassung besteht darin, daß die widersprüchliche Komponente aus der Versenkung auftaucht, in die sie verbannt worden war, und den sich streitenden Parteien erst voll zu Bewußtsein kommt. Selbst wenn eine davon den Versuch unternimmt, für die bislang verdeckte Kulturkomponente B eine Umdeutung anzubieten – so wie etwa die Jesuiten den klassischen Humanismus neu verpackten, um ihn ihrer aristokratischen Klientel schmackhaft zu machen, und damit auf einen soziokulturellen Druck mit einer Umgestaltung des Ideensystems reagierten –, wird auf diesem Wege ihr Inhalt gerade bekannt gemacht und steht erst danach zur weiteren Verfügung. Sicherlich wird diese Verfügbarkeit im vorliegenden Fall dadurch eingeschränkt, daß B gefiltert, verzerrt und zensiert wurde. Gleichwohl sorgen Sektiererei und Schismen dafür, daß, gefaßt und dargeboten in ganz verschiedenen synkretistischen Formeln, *verschiedene* Teile von B *zugleich* zugänglich werden. Diejenigen, die sich gegen jede Korrektur wenden, können sich in ihrem Widerstand dagegen dadurch bestärken, daß sie sich nunmehr mit allen Einzelheiten von B bekannt machen. Zugleich erwerben sie die kognitiven Fähigkeiten, um dieser Gegenlehre zur weiteren Verbreitung zu verhelfen, da sie nur das Thema wechseln müssen, dem ihre argumentativen Feinsinnigkeiten bislang gedient hatten; so ist ja bekannt, wie die Formalia theologischer Disputationen von den weltlichen Universitätspraktiken übernommen wurden.

Wenn die Grenzbefestigungen, die das einheitliche Kultursystem einst umgeben hatten, einmal gefallen sind, können nur Machtungleichgewichte, die die oppositionellen Gruppen grundsätzlich benachteiligen, sie daran hindern, sich durch die Ausarbeitung der

Gegenlehre *B* Vorteile zu verschaffen. Auf diese Weise entsteht eine neue Kulturkomponente, ein uminstrumentiertes, modernisiertes *B*, das dazu geeignet ist, beliebigen neuen Interessen zu dienen. Geschieht dies, dann wird die anfängliche Unordnung der soziokulturellen Beziehungen, die Anlaß dazu war, nach kulturellen Anpassungen zu fahnden, durch ein kulturelles Schisma parallelisiert. Tatsächlich muß dabei die Gruppe, die dieses Schisma vollendet, nicht dieselbe sein, die den anfänglichen Versuch angeregt hatte, den aufkeimenden Widerspruch durch simple Eindämmungsstategien zu bekämpfen. Wichtig ist nur, daß die soziale Gruppe, die den kulturellen Wandel dadurch in Szene setzt, daß sie entlang der Bruchlinie, die das überkommene System durchzogen hatte, einen Graben zwischen der alten und der neuen Lehre aushebt, nicht durch einander überlappende und gegenseitig aufhebende Bindungen an andere Gruppen daran gehindert wird, dem alternativen Programm zum Durchbruch zu verhelfen. Der Erfolg aller Versuche, die Risse des überkommenen Kultursystems durch Synkretismen zu kitten, ist demnach abhängig vom Schicksal des sozialen Wandels, der ebendadurch ausgelöst wird. Die Dringlichkeit bestehender Widersprüche erzwingt korrektive Konzessionen, aber erst die zukünftige Entwicklung in der betreffenden Gesellschaft entscheidet darüber, ob diese Korrekturen ihr Ziel erreichen oder sich als Würgegriff für ihre geistigen Väter erweisen.

So wurde in Frankreich der Verzicht auf einfache Eindämmungsstrategien durch eine an Glaubensfragen desinteressierte, nur an Muße und Frivolität orientierte Aristokratie eingeleitet; und während Adel und Klerus eifrig damit beschäftigt waren, zur Erhaltung ihrer Standesprivilegien zusammenzurücken, unterstützte das Bürgertum den säkularen Rationalismus der Aufklärung, setzte ihn in den Provinzparlamenten durch, arbeitete ihn in Opposition zu allen Privilegien aus und bereitete auf diesem Weg die Revolution vor. Ich zitiere Frankreich als ein typisches Beispiel dafür, wie sich die sozialen Beziehungen zwischen dem Dritten Stand und seine privilegierten Opponenten destabilisieren, weil zwischen ihnen keine Reziprozität existierte, von der Gouldner annimmt, daß sie soziale und ideelle Konflikte gleichermaßen moderiert.[13] Vielmehr stellen die Angriffe der revolutionären Ver-

13 Vgl. Gouldner 1967.

sammlungen auf die katholische Kirche eine kulturelle Entsprechung genau der Bedingungen dar, die Lockwood für das Auftreten fundamentaler Strukturveränderungen verantwortlich macht, in deren Verlauf die soziale Desintegration die Systemdesintegration überlagert, das System damit zerbricht und Systemumwandlungen zum Durchbruch verhilft, die zuvor durch entsprechende Strategien hatten verhindert werden können.

Am Ende dieser Entwicklung hat der kulturelle Pluralismus über alle Bemühungen gesiegt, den dringlichen Widersprüchen zwischen den vorhandenen Ideen durch Korrekturversuche zu entgehen. Der Pluralismus setzt sich dabei nicht deshalb durch, weil die Protagonisten von A sich ergeben und das Feld räumen; sie kämpfen weiter, aber sie haben viele der Gläubigen für immer verloren und sehen sich beständig Ungläubigen gegenüber, die sie nicht gewinnen können. Und gerade aus deren Reihen rekrutieren sich jene, die nicht einfach ihren Glauben verloren haben und zu Zweiflern geworden sind, sondern zu aktiven Vertretern von Geneninteressen, die sich mit den Interessen der alten Elite nicht vereinbaren lassen.

Das Auftauchen von kompetitiven Widersprüchen

Wenn sich der Pluralimus infolge eines Gegenprogramms B etabliert hat und die Protagonisten von A sich dessen Vertretern gegenübersehen, befinden sie sich unter dem Einfluß gegenläufiger kultureller Situationslogiken, obgleich sie ihren soziokulturellen Antagonismus teilen. Der wesentliche Unterschied besteht darin, daß sich jene, die sich weiterhin dem überkommenen A verschrieben haben, immer noch damit beschäftigen, A zu korrigieren, weil sich dessen Spannung zu B keinesfalls gemindert hat; allenfalls sind sie noch abhängiger von B geworden, als sie es zuvor waren, denn das Spiel um die kulturelle Vorherrschaft ist härter geworden, und die Chance, es zu gewinnen, ist nicht gestiegen, obgleich es immer noch denselben Namen hat: »Synkretismus«. Bisweilen läuft es angesichts der nunmehr obwaltenden Sachlage nur auf einen gänzlich defensiven Synkretismus hinaus, der nichts anderes im Sinn hat, als A durch eine völlige Anpassung an B am Überleben zu halten. Im Unterschied dazu hat sich für die Gruppe, die nunmehr B verteidigt, im wörtlichen Sinn alle

Interdependenz aufgelöst; ihre kulturelle Position ist von jeder revidierten Version von *A* völlig unabhängig. Die neuen Proponenten von *B* können gänzlich davon Abstand nehmen, sich um eine Vereinheitlichung von *A* und *B* zu bemühen oder die bestehenden Differenzen herunterzuspielen; vielmehr stehen sie in einem unüberbrückbaren, ungebremsten *kulturellen Wettbewerb* mit den Anhängern von *A*, der sich auf der soziokulturellen Ebene als unverstellte Feindschaft niederschlägt. Mit anderen Worten: Aus der Unmöglichkeit, durch erfolgreiche Korrektur der Widersprüchlichkeiten eine synkretistische Einheit des überkommenen Kulturbestands herzustellen, resultiert ein ganz neuer Beitrag zur kulturellen Dynamik: die *konkurrierende Widersprüchlichkeit*.

Obgleich ein solcher kompetitiver Widerspruch sich auf der Ebene des Kultursystems einer unbestrittenen Existenz erfreut, sobald er voll ausformuliert wurde, bleibt er nur dann in sozialem Umlauf, wenn sich bestimmte Gruppen dafür engagieren, die aus ihm resultierenden Forderungen im Rahmen ihrer soziokulturellen Beziehungen immer wieder in Erinnerung zu rufen. Das neue, »modernisierte *B*« fällt (wenigstens anfänglich) nicht deshalb auf, weil andere Glaubenssysteme und Theorien von ihm abhängen und dessen Vertreter deshalb beständig, wenn auch unwillentlich und ungeflissentlich, auf es zu sprechen kommen. Das »neue *B*« gewinnt seine herausragende Bedeutung erst dann, wenn es ihm gelingt, soziokulturell Fuß zu fassen, indem es in der Folge immer mehr Anhänger für sich einnimmt, die von seinen Ideen abhängig sind.

Mehr noch, wenn die konkurrierende Widersprüchlichkeit infolge des wechselhaften Versuchs, den überkommenen Widerspruch zu korrigieren, auftritt, werden die Protagonisten der alten Lehre ihn sofort einebnen wollen, wenn keine Gruppe auftritt und sich seiner animmt. Die übriggebliebenen Vertreter von *A* haben jedes denkbare Interesse an einem solchen Vorgehen, das der niederschmetternden Aussicht darauf, sich zu guter Letzt doch ergeben zu müssen, begegnen oder das Einläuten der letzten Runde zumindest aufschieben könnte. Die vollständige Annäherung von *A* und *B* stellt eine Anpassungsweise dar, die ihnen zutiefst widerstrebt und gegen die sie sich mit allen soziokulturellen Mitteln zur Wehr zu setzen pflegen, obgleich sie zugleich fürchten, daß sie kaum vermieden werden kann, solange der Wettstreit ausschließlich mit Argumenten ausgetragen wird. Mit anderen Worten: Jede Intensivierung soziokultureller Konflikte zieht notwendigerweise und unabhängig vom erwartbaren Ergebnis einen konkurrierenden Widerspruch nach sich. Wer an der neuen Sache interessiert ist, muß sich auf die Hinterbeine stellen und für sie fechten; die anderen, deren traditionale Weltsicht infolgedessen gefährdet ist, müssen ihrerseits ihr Gewicht in die Waagschale werfen und gegen die Bedrohung ankämpfen.

Die obige Diskussion befaßte sich mit der *Herleitung* konkurrierender Widersprüche aus dem vergeblichen Versuch, die Risse des überkommenen kulturellen Systems zu kitten, denn darin dokumentiert sich ein vitaler morphogenetischer Mechanismus, vermittels dessen das kulturelle System umgearbeitet und ausgebaut wird. Allerdings stellt die dabei verfolgte Sequenz nicht die einzige Herkunftsquelle für konkurrierende Widersprüche dar. Wie im vorherigen Abschnitt, als wir davon absehen mußten, das Bestehen der soziokulturellen Ordnung zur Gänze dem Einsatz kultureller Macht zuzuschreiben, weil ein Teil der sozialen Integration offensichtlich auch auf die autonome Verfolgung unverbundener Interessen zurückgeht, können wir auch im vorliegenden Fall nicht davon ausgehen, daß die soziokulturellen Konflikte ausschließlich dem mangelhaften Einsatz kultureller Macht und der Unfähigkeit, Gegentheorien zu unterbinden, zuzurechnen wären. Erneut müssen wir dem wichtigen Tatbestand Rechnung tragen, daß autonome Akteure unabhängige, wenngleich widersprüchliche Ziele verfolgen und dabei die Vorräte des Kultursystems plündern, um ihre soziokulturellen Interessen voranzubringen.

Die eigentliche Bedeutung *kompetitiver Widersprüche als eines abgeleiteten Phänomens* liegt indessen darin, daß die Dynamik ihres Auftauchens selbstverstärkend verläuft. Mit anderen Worten, wir können darauf verzichten, unabhängige Quellen ideeller Variation zu postulieren oder pluralistische Interessen zu unterstellen, denn beides kann von den »Gläubigen« selbst hervorgebracht werden, solange sie sich den drängenden Widersprüchen ihres kulturellen Systems stellen und es beisammenzuhalten bzw. zu korrigieren versuchen. Dennoch haben wir wiederholt bemerken können, daß morphogenetische Prozesse durch sozial induzierte Wandlungen der materiellen Umstände oder durch Veränderungen des Ideenbestands beschleunigt wurden, so daß man auch externen Quellen kompetitiver Widersprüche Beachtung schenken sollte. Zuletzt liegt demnach die Bedeutsamkeit dieser Herleitung darin, daß die Morphogenese *unabhängig* davon stattfindet, ob sie durch materielle Bedingungen vorangetrieben wird, und *ohne Rücksicht darauf*, ob dabei unabhängige Ideen am Werk sind oder nicht.

Soziokulturelle Reaktionen
auf aufkeimende kompetitive Widersprüche

Alle Befürworter kompetitiver Widersprüche sehen sich Versuchen gegenüber, sie zum Schweigen zu bringen. Solche soziokulturellen Bemühungen erweisen sich indessen gerade infolge der kompetitiven Eigenart solcher Widersprüche als ineffektiv. Denn eine derartige Inkonsistenz wird sozial nur deshalb virulent, weil zumindest zwei Gruppen aktiv auf seine widersprüchlichen Komponenten aufmerksam machen. Aus der damit geschaffenen situativen Logik folgt, daß keine Gruppe alleine zu einer uneingeschränkten soziokulturellen Manipulation in der Lage ist, weil ihr jeweiliger Gegner jederzeit zurückschlagen wird.

Werden diejenigen, die an A festhalten möchten, mit einem Widerspruch konfrontiert, der sich einer gewissen Aufmerksamkeit erfreut, so werden sie zunächst darauf aus sein, die Opposition zu eliminieren. Aber obgleich die Zurückweisung unpassender, unbequemer, feindlicher oder bedrohlicher Ideen eine brauchbare persönliche Lösung sein mag, wird der Widerspruch als ein soziales Problem damit kaum beseitigt.

Trotzdem kann ein Teil dieser alltäglichen Grundsätze, mit deren Hilfe Individuen widersprüchliche Informationen verdrängen können, auch als soziale Diskreditierungsstrategie Verwendung finden. Indem ein Akteur bestimmte Ideen verächtlich macht, rechtfertigt er sich dafür, nichts weiter mit ihnen zu tun zu haben; damit schiebt er eines der sich widersprechenden Elemente dadurch beiseite, daß er dessen Haltbarkeit, Gültigkeit oder Wahrheit leugnet. Dieselbe Strategie der Verunglimpfung kann auch im Kollektiv genutzt werden, wenngleich dazu strengere Bedingungen benötigt werden. Unbestritten kann jeder für sich allein jeden anderen als einen Narren, Schlafwandler oder Scharlatan bezeichnen; aber es bedarf schon eines ausgeprägten Ungleichgewichts zwischen den Gegnern, um solche Urteile sozial durchzusetzen. Wenn solche Ungleichgewichtigkeiten indessen zur Regel werden, benutzt die jeweils sozial dominante Gruppe oft eine verfeinerte Version dieser Ablehnung-durch-Abwertung-Taktik.[14] So werden in ideologischen und wissenschaftlichen Kommunikationssystemen beispielsweise Ideen anderer Gruppen durch den verdeckten Einsatz von Macht unterdrückt, indem man diese Ideen als »primitiven Glauben«, »Folklore«, »Aberglauben«, »falsches Bewußtsein«, »Altweibergeschwätz«, »Pseudo-Wissenschaft« oder »abwegig« brandmarkt. Aus unserer Sicht besteht das eigentliche Problem dieser Taktik nicht darin, daß sie ineffektiv ist, sondern daß sie – ganz im Gegenteil – vor allem gegenüber den schwächsten Gruppen einen maximalen Ertrag bringt, deren soziale Lage es ihnen von vornherein verbietet, ihren Ideen einen hohen soziokulturellen Aufmerksamkeitswert zu verschaffen.

Man sollte die soziale Bedeutung dieser Taktik zwar nicht als gering einschätzen, aber im Grunde stellt sie nur ein Machtmittel dar, um potentielle Widersprüche von der sozialen Arena fernzuhalten[15]; keinesfalls ergibt sich daraus ein wirksames Mittel, um jene Probleme zu behandeln, die bereits für Aufsehen haben sorgen können. In solchen Fällen kann das Arsenal alltäglicher Abwehrstrategien nicht für »starke« Gegner umgerüstet werden, weil jeder derartige Versuch unweigerlich in ein abartiges Kreuzfeuer von Beschimpfungen ausmündet, das alle Anzeichen eines schwachbrüstigen Rituals gegenseitiger Verwünschungen aufweist. »Verächtlichmachung« taugt somit als eine wirksame Wettbewerbsstrategie nur gegenüber den schwächsten Mitbewerbern. Entsprechend sollte man derartige Diskreditierungen eher als Präventivstrategien denn als Konfliktstrategien im engeren Sinne einstufen und ihre Langzeitwirkung eher darin sehen, die Artikulation bestimmter Antithesen durch untergeordnete Interessen zu *unterbinden*. Wie im Falle struktureller Analysen sollte es sich herausstellen, daß auf lange Sicht die organisierte kulturelle »Fügsamkeit« für die soziokulturelle Integration wirksamer ist als die Zeiten, in denen sich das laute Geschrei der Kombattanten kaum beruhigen läßt.

Gleichwohl wird das Geschrei weitergehen, solange kontradiktorische Ideen öffentlich verhandelt und durch die auseinanderlau-

---

14 Vgl. Bourdieu/Passeron 1970.
15 Vgl. Schattschneider 1960, Lukes 1974, Kapitel 3 und 4.

fenden Interessen verschiedener Glaubensüberzeugungen am Leben erhalten werden. Das heißt aber, daß sich keine der beteiligten Gruppen ungestraft nur auf Taktiken stützen kann, die lediglich darauf abzielen, die anderen zu verunglimpfen. Man benötigt eine rauhere Strategie, wenn man alternative Interessen unterdrücken möchte. An diesem Punkt der Auseinandersetzung mag eine Ausflucht sehr wohl in der Anwendung von Gewalt liegen, die der »autoritären Eindämmung« auffälliger Widersprüche entspricht. In gewisser Hinsicht freilich läuft der Griff nach der Gewalt auf die Anerkennung der Unfähigkeit hinaus, die Existenz der unerwünschten Kulturelemente in Frage zu stellen, und auf das Eingeständnis, daß man statt dessen zu einem »epistemologischen Angriff« übergehen muß, der darauf abzielt, andere daran zu hindern, jene Unerwünschtheiten zu thematisieren. Das Ziel liegt dann nicht darin, die oppositionellen Ideen zu eliminieren, sondern deren Vertreter auszuradieren oder permanent zum Schweigen zu veranlassen. Im Extremfall bedeutet dies die Tötung der »Ungläubigen«, politische Säuberungen und ideologische Hexenjagden. Die weniger brutale Version dieses Verfahrens läuft darauf hinaus, Forschungsmittel vorzuenthalten, akademische oder öffentliche Berufungen zu verweigern, die Veröffentlichung in wissenschaftlichen Zeitschriften abzulehnen oder den Zutritt zu anerkannten Medien zu hintertreiben. Wiederum handelt es sich um eine rein soziokulturelle Lösung, die in letzter Instanz nichts dazu beiträgt, das kontradiktorische Element aus dem Kultursystem zu verdrängen.[16]

16 Eine aufschlußreiche Illustration dafür bietet der Streit zwischen Pasteur und Pouchet in der Mitte des neunzehnten Jahrhunderts über die Frage, ob Mikroorganismen, die für Verwesung, Gärung und Schimmelbildung verantwortlich sind, aus der Luft kommen, wie Pasteur meinte, oder sich in bestimmten Substanzen spontan ausbilden, wofür sich Pouchet stark machte. Nach verschiedenen ergebnislosen Experimenten und einer hitzigen öffentlichen Debatte bildete die *Académie des sciences* auf Bitten Pasteurs eine Kommission, die sich zu seinen Gunsten aussprach. Damit wurde die »Auffassung über die spontane Entstehung für einige Jahre, wenigstens in Frankreich, wirksam unterdrückt. Ein Jahrzehnt später jedoch unterbreitete der englische Arzt Bastian erneut und in extremer Form die These. Da Bastian sowohl bei Laien wie bei Wissenschaftlern Unterstützung fand, waren Pasteur und andere dazu gezwungen, weitere Forschungen anzustellen, in de-

Offensichtlich ist demnach die Anwendung soziokulturellen Zwangs keine wasserdichte Strategie, solange die Leute immer wieder und in vollem Umfang auf kompetitive Ideen stoßen, die sie reaktivieren können, sobald der autoritäre Druck nachläßt oder sie dazu in der Lage sind, ihn zu unterminieren. Der nachhaltigste Erfolg derartiger Zwangsmaßnahmen wird sich dann einstellen, wenn ein substantieller Machtunterschied zwischen den streitenden Gruppen besteht, aber derartige Maßnahmen werden den Wettbewerb zwischen den sich widersprechenden Ideen allenfalls *zeitweise* seiner *öffentlichen Aufmerksamkeit* berauben können. Wie die Existenz von Untergrundverlagen, die Zirkulation verbotener Bücher und das Auftauchen einer Dissidentenliteratur nachdrücklich zeigt, ist eine derartige soziokulturelle Strategie in der Tat nur selten durchschlagend; viel eher ist sie kontraproduktiv, da sie im Gegenzug die soziokulturellen Antagonismen intensiviert und das Engagement für abweichende Glaubensüberzeugungen stärkt – die Stärke des polnischen Katholizismus zur Zeit des kommunistischen Systems ist ein naheliegendes Beispiel für diesen Zusammenhang.

Unterschiede der soziokulturellen Beziehungen bei geordnetem Kultursystem

Wenn das Kultursystem einen hohen Ordnungsgrad aufweist, vollzieht sich die kulturelle Morphogenese unter ganz anderen Bedingungen. Für den Fall, daß das Kultursystem durch ein hohes Ausmaß an Komplementarität gekennzeichnet ist, liegt der auslösende Anlaß für kulturellen Wandel ausschließlich in einem erheblichen Integrationsverfall der soziokulturellen Beziehungen, denn in diesem Fall bestehen keine Spannungen im kulturellen System, die den Wandel antreiben könnten. Allerdings werden wir sehen, daß der hohe Komplementaritätsgrad des Kultursystems selbst dazu beiträgt, jene Interessendifferenzierungen hervorzubringen, die am Ende zur Auslösung der soziokulturellen Ordnung führen.

ren Verlauf viele neue Probleme ans Tageslicht traten und einige Probleme, die als gelöst galten, neu aufgenommen werden mußten« (Mulkay 1972, S. 15).

Daß eine hoch integrierte, komplementäre kulturelle Ordnung ebenso zum Auftreten von Oppositionen Anlaß gibt wie das Vorhandensein von Widersprüchen, liegt an deren hoher *Dichte*, die sich infolge der Bemühungen einstellt, die Wechselbeziehungen der Kulturkomponenten zu erforschen und zu systematisieren. Damit aber verhindert die Steigerung der Dichte einen ungehinderten Zugang zum kulturellen System mit der unabwendbaren Folge, daß sich auf der soziokulturellen Ebene Hierarchien ausbilden. Und diese Hierarchiebildung ihrerseits führt zur Ausdifferenzierung unterschiedlicher Interessenlagen, welche die anfängliche soziokulturelle Ordnung gefährden können. Mit anderen Worten: Dichte und Interessendifferenzierung setzen eine positive Rückkopplungsschleife in Gang, die auf eine Erhöhung des soziokulturellen Unordnungsniveaus hinwirkt.

Um zu verstehen, wie diese Selbstzerstörungssequenz funktioniert, müssen wir zunächst untersuchen, weshalb Dichtesteigerungen inegalitär wirken. Der Grund dafür liegt nicht in der Situationslogik des komplementären Kultursystems. Dessen Logik ist nicht auf die Beseitigung von Widersprüchen angewiesen, wie bislang diskutiert, sondern auf die ganz unumstrittene Reproduktion der Kultur und deren weite Verbreitung ausgerichtet; das heißt, nichts spricht dagegen, daß sich die Anhänger der betreffenden Kulturtradition intensiv mit ihr beschäftigen. Eine entsprechende »Ausbildung« mag demnach jedem offenstehen, sie ist aber entsetzlich aufwendig und lang, und sie wird um so länger, je dichter die Kultur wird. Folglich wächst sich die Dichte des Kultursystems zum Feind soziokultureller Gleichheit aus. Wer hat schon die Zeit und die Ressourcen, sich in den vollen Besitz der Kultur zu setzen? Offenbar nicht jeder; und je länger die Verdichtung der Kultur voranschreitet, desto geringer wird der Teil der Bevölkerung, der sich tatsächlich mit ihrer ganzen Fülle vertraut machen kann. Entsprechend entsteht als eine nicht-intendierte Konsequenz der Dichtezunahme eine soziokulturell selegierte Wissenshierarchie, was darauf hinausläuft, daß die soziokulturelle Integration, die davon abhängt, daß alle über ein gemeinsames Wissen verfügen, in dem Maß abnimmt, in dem das intergrationsförderliche Wissen zu kompliziert wird, um von allen weiterhin verstanden und aufgenommen zu werden. Der Endeffekt besteht in einer substantiellen Schwächung der soziokulturellen Integration.

Im Verlauf dieser Entwicklung entstehen drei deutlich voneinander geschiedene Interessengruppen: (1) Zunächst eine sozio-intellektuelle Elite, deren Vorrecht es ist, das Kultursystem in seiner ganzen Breite zu überblicken. Diese Elitenbildung steht in Abhängigkeit zur fortschreitenden Formalisierung und Institutionalisierung des Kultursystems, wobei die Formalisierung in die Distinktion zwischen Gebildeten und Ungebildeten ausmündet und die Institutionalisierung in die Unterscheidung zwischen Meister, deren Gesellen und dem laienhaften Rest. Diese Eliten sind die sozialen Nutznießer ihrer kulturellen Bildung und entwickeln konsequenterweise ein starkes Interesse daran, das Kulturganze gegen jede Simplifizierung oder Desintegration zu schützen; das heißt, ihre soziokulturellen Interessen stehen in völliger Übereinstimmung mit der protektionistischen Situationslogik. (2) Wenn nun infolge des fortschreitenden Ausbaus der Kultur deren weitere Systematisierung allenfalls noch auf geringfügige Ausschmückungen hinauslaufen kann, tritt eine weitere wichtige soziokulturelle Konsequenz zutage. Die kulturellen »Ehren« gehen unter diesen Umständen zuvörderst an die Gründerväter der Kultur bzw. an deren derzeitigen »Repräsentanten«, die sehr viel Zeit in die Reproduktion der heiligen Lehren investiert haben und sich infolgedessen als deren intellektuelle Nachfolger sehen. Für nachfolgende Generationen, auch für viele Gebildete, bleiben entsprechend allenfalls noch »Aufräumungsarbeiten« zu erledigen. Die Folge besteht damit in einer zunehmenden Reduktion der ideellen Belohnungen für jeden Kulturinteressierten, die er überdies erst spät in seiner Lebenskarriere erhalten wird. Anders gesagt: Die Konzentration der ideellen und materiellen Gewinne in den Händen einer hegemonialen Kulturelite, die sich typischerweise aus konservativen alten Männern zusammensetzt, bedeutet für die »Gebildeten« mehr und mehr, daß sie den Zustand ihres Landes oder ihres Tätigkeitbereichs als rigide, blamabel oder stagnierend einstufen. Aus ihrem Kreise entsteht eine Gruppe sozial marginalisierter, randständiger Denker, die sich auf erhebliche kulturelle Investitionen eingelassen haben, ohne beim derzeitigen Stand der Kultur auf hohe Rückzahlungen hoffen zu können, und die sich zugleich entmutigt sehen, zur Erhöhung ihrer Bezüge kulturelle Innovationen vorzunehmen.

(3) Diesen beiden Gruppen stehen die Massen gegenüber, die vom Vollbesitz der kulturellen Tradition ausgeschlossen bleiben, die die geringsten kulturellen Gewinne erhalten und denen infolgedessen die volle Kultur-Bürgerschaft vorenthalten wird. Daß sich daraus keine Störungen der soziokulturellen Beziehungen ergeben, ist vor allem der kulturellen Macht zu verdanken, die im Gefolge der Hierarchisierung des Kulturlebens gegen sie zum Einsatz gebracht wird.

Der Gebrauch kultureller Macht

Die Differenzierung der Interessen und Belohnungen schafft die Bedingungen, unter denen die Elite kulturelle Macht einsetzen kann, um die soziokulturelle Ordnung gegenüber den Massen und Randgruppen aufrechtzuerhalten. Gegenüber den Massen kommt jene Form kultureller Manipulation zum Einsatz, die ich »Naturalisierungsstrategie« nenne und die darauf hinausläuft, eine Voreingenommenheit für das bestehende Kultursystem zu erwecken und die Wünsche und Motive der Gesellschaftsmitglieder so zu formen, daß sie mit dem geordneten Kultursystem übereinstimmen, das die Elite protegieren möchte. Diese Strategie ist darauf angelegt, das vorhandene Kultursystem als die »natürliche Ordnung der Dinge« erscheinen zu lassen, von der glaubhaft gemacht wird, daß ihre absichtliche Störung unausweichlich Strafen nach sich zieht. Die Akzeptanz des Kultursystems wird weitgehend dadurch gesichert, daß Alternativen unausgesprochen bleiben, daß nur zugunsten einer natürlichen Ordnung argumentiert wird und alles andere als gefährliche Abweichung gilt, wodurch den Massen jedes Mittel genommen wird, ihren Dissens zum Ausdruck zu bringen. Es wäre allerdings falsch, diese passive Duldung mit aktiver Zustimmung zu verwechseln. Die soziokulturelle Ordnung ist nicht etwa das Produkt bindender, gemeinsam geteilter Ideen – sie ist eine Folge der Lehrmacht der Elite, deren Grundlage jederzeit zu erschüttern ist, wenn die Betroffenen ihre Wirkungsweise durchschauen.

Das gilt insbesondere für die marginalisierten Gruppen, denen gegenüber diese Taktik ineffektiv ist. Denn sie kennen ihre Kultur und sie wissen, daß sich ihre Rolle in ihr nicht auszahlt. Wenn die Elite nicht den Willen aufbringt, diese marginalen Gruppen an den kulturellen Belohungen generöser zu beteiligen und auch deren Einstellungen nicht beeinflussen kann, so kann sie nur versuchen, auf deren intellektuelles Umfeld Einfluß zu nehmen. Diese Form des Machteinsatzes hat den doppelten Zweck, den marginalen Gruppen jeden Zugang zu externen ideellen Alternativen zu versperren und jedem Anzeichen eines internen Versuchs, solche Alternativen auszuarbeiten, entgegenzutreten. Solange diese Rechnung aufgeht, mögen diese Gruppen zwar murren und sich sogar auf Widerstand einlassen, aber ihre Marginalität schadet dem kulturellen Systembestand in letzter Konsequenz nicht.

Demnach setzt die Hierarchie ihre Macht nach innen dazu ein, innovative Ideen zu sanktionieren und zu unterdrücken und gegen jede abweichende Interpretation des überkommen Kulturbestands einzuschreiten, die zum möglichen Kristallisationspunkt für Häresien oder Heterodoxien werden könnte. Solche unangemessenen Interpretationen werden für gewöhnlich durch Repressionen beantwortet, durch den Entzug von Ehren, durch Karrierebehinderung oder durch Ausschluß und Vertreibung. Das Auftauchen von Innovationsgelüsten bei den Massen hingegen wird eher durch die Machttechnik des »Nicht-Entscheidens« bedacht. Da diese Massen sich des kulturellen Argumentationsarsenals nur unzureichend bedienen und deshalb ihre Ideen nur falsch synthetisieren können, kann die Elite solche Versuche leicht dadurch sozial kontrollieren, daß sie sie als irrelevant abtut, öffentlich lächerlich macht oder auf andere Weise der weiteren Beachtung entzieht. Eine interessante Variante dieser Machttechnik taucht dort auf, wo die Massen die Auffassungen der Elite imitieren, um ihre eigene soziale Lage zu verbessern. Wenn die soziokulturellen Auswirkungen solcher Thesen nicht allzu tief reichen, kann die Elite dieser Form der »Glaubenstreue« dadurch gerecht werden, daß sie die kritischen Thesen stillschweigend übernimmt bzw. durch das bedenkt, was man gemeinhin als »repressive Toleranz« bezeichnet.

Wenn die geschilderten Machteinsätze nach innen erfolgreich sind, gewinnen »externe Quellen« ideeller Alternativen an Bedeutung. Um sich dagegen zur Wehr zu setzen, muß die Elite sich bemühen, jeden Austausch mit der Umwelt als einen illegitimen Übergriff auf den vorhandenen Kulturbestand zu definieren. Ihre dementsprechende Machtstrategie muß sich darauf ausrichten, die Grenzen des eigenen Kultursystems aufrechtzuerhalten und gegen externe Einflüsse zu *schließen*. Da der Zugang zu Variationsquellen, das heißt neuen Informationen, Signalen, Symbolen, Botschaften usf., für jede kulturelle Innovation ausschlaggebend ist, kann jede Macht, der es gelingt, den Import externer Varietäten zu unterbinden, den Status quo des Kultursystems wirksam schützen. Auf der anderen Seite entwickeln die marginalen Gruppen angesichts dessen, daß es solche externen Alternativen gibt, jedes nur denkbare Interesse, aus ihrem internen Gefängnis, in dem man ihnen jeden Zugang zu den erforderlichen wandlungsinduzierenden Ideen genommen hat, auszubrechen und zu autorisierten kulturellen Tätigkeiten zurückzukehren, da sie auf diese Weise Kenntnis von jenen neuen Ideen erhalten können, die ausgeschlossen werden sollen.

Zusammenfassend läßt sich sagen, daß in der Tat der erfolgreiche Einsatz kultureller Macht ein Kultursystem lange Zeit vor jedem Wandel schützen kann. Gleichwohl muß dies nicht heißen, daß damit zugleich das Problem der soziokulturellen Ordnung gelöst ist. Es existiert eine Reihe unzufriedener, marginaler Denker, die begierig sind, jede Gelegenheit zu ihrem Vorteil zu nutzen, und verstimmte Massen, die sich, ohne innere Überzeugung zu heucheln, bestenfalls ruhig verhalten. Dies bedeutet, daß infolge der Ausdifferenzierung unterschiedlicher soziokultureller Interessen Gruppen entstanden sind, die neuen kulturellen Ideen gegenüber höchst empfindlich sind und immer empfänglicher für Alternativen werden, je länger sie frustriert werden, je weiter ihre Belohnungen schwinden und in je umfangreicherem Maße sie Sanktionen und Restriktionen ausgesetzt sind. Allerdings wird sich an der Stabilität des Kultursystems erst dann etwas ändern, wenn irgendwelche alternativen Quellen der Systemvarietät zur Verfügung stehen.

Marginalität und Abwanderung

Kulturelle Morphogenese kommt im Rahmen kultureller Komplementarität nur dann *direkt* zustande, wenn die marginalisierten Gruppen in die Migration gehen. Die potentiellen Träger neuer Ideen, das heißt die gebildeten und zugleich frustrierten Opportunisten, müssen das Wagnis auf sich nehmen, zur Vergrößerung ihrer Belohnungen neue Varietätsquellen zu erschließen. Da diese

Quellen außerhalb der Grenze liegen, die durch die Macht der Elite künstlich aufrechterhalten wird, muß diese überschritten werden. Sie gehen willig, getrieben von ihren Interessen, und die Vertreter der Macht halten solche disruptiven Elemente nicht davor zurück, da sie daran glauben können, auf diese Weise die kulturelle Einheit bewahren und jede soziokulturelle Störung neutralisieren zu können. Die Abwanderer ihrerseits sind an der weiteren Ausschmückung ihrer Tradition nicht interessiert, sondern gegenüber neuen Ideen offen, besonders wenn diese, wenigstens teilweise, in ihren Kompetenzbereich fallen, und sie halten bewußt Ausschau nach neuen Kulturkomponenten, die ihren Interessen dienlich sind. Damit also ein neuartiges Kulturelement von ihnen aufgegriffen wird, muß es zum einen auffallend genug sein, um ihre Aufmerksamkeit zu erwecken, und zum anderen versprechen, ihren ideellen Interessen in einem hinreichenden Maße von Nutzen zu sein.

Mit anderen Worten: Der reine Kulturkontakt, der sich infolge von Abwanderungen einstellt, ist für kulturellen Wandel nicht hinreichend; er muß begleitet sein von einer bestimmten sozialkulturellen Motivation auf Seiten der Migranten. Eine Migration wirkt vor allem dann als Katalyse kulturellen Wandels, wenn die Abwanderer mit der kulturellen Entwicklung ihrer Herkunftsgesellschaften hochgradig unzufrieden waren. Diese Unzufriedenheit stellt kein reines subjektives Phänomen dar, sondern sie entsteht dann, wenn die vorhandenen Ressourcen nicht dazu ausreichen, einem bestimmten Gedankengang zu folgen, eine bestimmte Fertigkeit oder Technik zu vervollkommnen usf.; kurz gesagt, ein Abwanderer geht weg, um sich nach einer *komplementären* Anregung umzusehen, die ihm beim Ausbau seines Gedankensystems behilflich ist. Nur weil eine neuartige kulturelle Komponente mit bestehenden Ideen, Fertigkeiten, Interessen und Techniken logisch verträglich ist, kann sie dazu dienen, einen entsprechenden Typus des kulturellen Wandels in Gang zu setzen.

Zusammenfassung

Wir haben uns in diesem Kapitel mit dem Mittelteil des morphogenetischen Zyklus beschäftigt und dabei versucht, den Eigenbei-
trag abzuschätzen, den die soziokulturellen Interaktionen zu
Stabilität und Wandel der Kultur leisten. Dabei bin ich davon ausgegangen, daß soziale Akteure zwar durch die Vorgaben des
Kultursystems beschränkt werden, sie zugleich aber auch die
Freiheit besitzen, diese kulturellen Einflüsse zu verstärken oder
sich ihnen entgegenzustellen. Die Frage lautete daraufhin, was sie
mit welchen Konsequenzen zu tun pflegen.

Der entscheidende Faktor dafür, ob sie das vorhandene Kultursystem stützen oder sich gegen es auflehnen, besteht, wie wir
gesehen haben, darin, ob ihre Macht und ihre Interessen der kul-
turvermittelten Situationslogik, mit der sie sich konfrontiert sehen, entsprechen oder nicht. Mit anderen Worten: Wenn die
kulturelle Überlieferung, in die sich die Akteure eingebunden sehen, mit Inkonsistenzen belastet ist und deshalb repariert werden
muß, können sich die davon betroffenen Akteure aufgrund ihrer
Macht und ihrer Interessen dazu entschließen, die notwendigen
Korrekturen entweder vorzunehmen oder aber die vorhandenen
Widersprüche für die eigenen Belange auszunutzen. Wenn die Akteure andererseits mit wenig widersprüchlichen, konsistenten
Ideen zu tun haben, so können sie ihre Macht dafür einsetzen, den
kulturellen Zusammenhalt zu bewahren, sofern dies ihren Interessen entspricht, oder sich gegen die vorliegende kulturelle Konfiguration wenden.

Das heißt, die Schnittstelle zwischen Kultursystem und soziokulturellen Beziehungen stellte sich als der Ort heraus, an dem der
Druck in Richtung auf die Erhaltung oder Veränderung des Kultursystems am ehesten sichtbar wird und an dem sich die betroffenen Gruppen am wahrscheinlichsten gegenübertreten, um Wandel zu verhindern oder voranzutreiben. Solange die kulturell
Mächtigen sich darauf einlassen, den überkommenen Kulturbestand zu korrigieren oder zu protegieren, fördern sie in beiden
Fällen morphostatische Prozesse: Je effektiver sie ihre korrektive
oder protegierende Macht einsetzen, desto ausgeprägter und länger erhält sich die Kultur. Die oben getroffene Beobachtung ist
demnach durchaus zutreffend, daß in der Tat der Einsatz kultureller Macht durch diejenigen, die an »kulturellem Quietismus«

interessiert sind, für die langen Perioden soziokultureller Ordnung verantwortlich gemacht werden kann. Wenn sich demgegenüber die soziokulturellen Mächte und Interessen gegen die kulturelle Situationslogik wenden, dann kann die betreffende Kultur weder erfolgreich korrigiert noch auf Dauer vor Veränderungen geschützt werden. Vielmehr ruft der Einsatz kultureller Macht in diesem Fall auf längere Sicht gerade jene Kräfte auf den Plan, die sich ihr entgegenstellen, womit sich die weitere These bestätigt, daß die Anwendung kultureller Macht immer auch aktiv darauf hinwirkt, daß sich die soziokulturellen Interessen feindlich gegenübertreten oder am Ende sogar erst geschaffen werden.

Diese zweite These ist deshalb von besonderem Interesse, weil sie den Mechanismus erkennen läßt, der zu kulturellem Wandel führt, obgleich Akteure darauf hinwirken, die Stabilität der Kultur zu erhalten. Auf der einen Seite stellen die Versuche, Widersprüche zu reparieren, einen Anreiz zur Generierung kompetitiver Widersprüche dar, wobei Gruppen entstehen, die sich der gegenläufigen Elemente dieser Widersprüche annehmen und entsprechend um so nachhaltiger dagegen opponieren, den daraus resultierenden Antagonismus zu neutralisieren, je schärfer er sich im Verlauf der soziokulturellen Interaktionen konturiert und je näher infolgedessen Abwanderungen, Schismen und kulturelle Gegenentwürfe liegen. Auf der anderen Seite hat auch jede protektionistische Abschottung eines hochgradig geordneten Kultursystems gegen alle internen Innovationen und externen Einflüsse nur den gegenläufigen Effekt, daß sich die marginalen Gruppen auf ihrer Suche nach komplementären Innovationen zur Auswanderung gedrängt sehen, was mit dem Zusammenbruch jeder einheitlichen, stabilisierenden Kulturproduktion endet, sobald sie ihr kulturelles Kapital auf offeneren Märkten zu investieren beginnen.

Obgleich also das Kultursystem in beiden Fällen den Keim seiner eigenen Überwindung in sich trägt, entfaltet er sich letztlich erst im Verlauf langdauernder soziokultureller Prozesse.

Literatur

Archer, M. (1979), *Social Origins of Educational Systems*, London/ Beverly Hills.

Bourdieu, P./J.-C. Passeron (1970), *La Reproduction. Éléments pour une théorie du système d'enseignement*, Paris.

Buckley, W. (1967), *Sociology and Modern Systems Theory*, Englewood Cliffs, N.J.

Durkheim, É. (1977), *Die Entwicklung der Pädagogik. Zur Geschichte und Soziologie des gelehrten Unterrichts in Frankreich*, Weinheim/Basel.

Gouldner, A. W. (1967), »Reciprocity and Autonomy in Functional Theory«, in: N. J. Demerath/R. A. Peterson (Hg.), *System, Change and Conflict. A Reader on Contemporary Sociological Theory and the Debate over Functionalism*, New York/London, S. 141-169; deutsch: »Reziprozität und Autonomie im Funktionalismus«, in: ders., *Reziprozität und Autonomie. Ausgewählte Aufsätze*, Frankfurt am Main 1984.

Lakatos, I. (1970), »Falsification and the Methodology of Scientific Research Programmes«, in: I. Lakatos/A. Musgrave (Hg.), *Criticism and the Growth of Knowledge*, Cambridge, S. 91-195; deutsch: »Falsifikation und die Methodologie wissenschaftlicher Forschungsprogramme«, in: I. Lakatos/A. Musgrave (Hg.), *Kritik und Erkenntnisfortschritt*, Braunschweig/Wiesbaden 1972.

Lockwood, D. (1964), »Social Integration and System Integration«, in: G. K. Zollschan/ W. Hirsch (Hg.), *Explorations in Social Change*, Boston 1964, S. 370-383; deutsch: »Soziale Integration und Systemintegration«, in: W. Zapf (Hg.), *Theorien sozialen Wandels*, Köln/Berlin 1969, S. 124-137.

Lukes, S. (1974), *Power. A Radical View*, London/Basingstoke.

Merquior, J. G. (1979), *The Veil and the Mask*, London.

Mulkay, M. J. (1972), *The Social Process of Innovation*, London.

Schattschneider, E.E. (1960), *The Semi-Souvereign People. A Realist's View of Democracy in America*, New York.

Bernhard Giesen
Code und Situation

Das selektionstheoretische Programm
einer Analyse sozialen Wandels
– illustriert an der Genese
des deutschen Nationalbewußtseins[1]

1. Vorbemerkung

Theorien sozialen Wandels fällt es schwerer noch als anderen Bereichen der Forschung, ihre Beziehung zu jenem geschichtlichen Hintergrund unkenntlich zu machen, vor dem sie entstanden sind und dessen Grundstrukturen als Leitdifferenzen in ihnen fortleben. Dies im Falle der individualistischen Vertragstheorie, der klassischen Evolutionstheorie, der marxistischen Entwicklungstheorie oder der funktionalistischen Modernisierungstheorie auszuführen liegt nahe. Das Terrain ist weitgehend bekannt.[2] Fraglich ist hingegen, ob zeitgenössische Veränderungen der allgemeinen Theorielage und ob insbesondere jener Wandel des Geschichtsbewußtseins, der geläufig und gelegentlich auch allzu modisch als »condition postmoderne« beschrieben wird, ein Abrücken von klassischen Traditionen und eine Neuorientierung der Theorie sozialen Wandels anregen.

Im folgenden soll eine Theorie sozialen Wandels vertreten werden, die eine solche Umorientierung verspricht: Sie versucht, Anregungen so unterschiedlicher Paradigmen wie der konstruktivistischen Sozialtheorie, der Semiotik, der neuen Wissenssoziologie und der nachdarwinistischen Evolutionstheorie aufzunehmen, ist aber auch in der Lage, die Praxis einer historisch vergleichenden Makrosoziologie programmatisch zu stützen. Diese Theorie unterscheidet sich von klassischen Paradigmen sozialen Wandels zumindest in drei wichtigen Punkten:

1 Wichtige Hinweise und kritische Anmerkungen verdanke ich Kay Junge, Peter Fuchs, Christian Kritschgau und den Mitarbeitern des Forschungsprojektes »Nation als Publikum«.

2 Vgl. etwa Burrow ²1970, Smith 1973 oder Nisbet 1972.

1. Sie behandelt sozialen Wandel nicht mehr als vorübergehende Störung sozialer Ordnung oder als Turbulenz auf dem Wege zu den Strukturen einer idealen Gesellschaft, sondern als selbstverständlichen Normalfall der Analyse: Ordnung und Wandel tauschen damit die Plätze. Der archimedische Punkt einer sozialen Ordnung, von dem aus sich sozialer Wandel beobachten und erklären läßt, wird aufgegeben; statt dessen erscheint eher die Verfestigung von Strukturen als kontrastierender Sonderfall und das heißt als das erklärungsbedürftige Problem.

2. Diese Theorie trägt dadurch der Dezentrierung und dem situativen Relativismus des zeitgenössischen Bewußtseins explizit Rechnung. Im Unterschied zur klassischen Evolutionstheorie geht sie nicht von einer übergreifenden Ausrichtung des Wandels aus, der sich durch eine Serie von Strukturphotographien, das heißt durch allgemeine evolutionäre Stufenmodelle, schon hinreichend analysieren ließe. Im Unterschied zu kollektivistischen oder individualistischen Handlungstheorien erklärt sie sozialen Wandel jedoch auch nicht nur als wie immer verflochtenes und verzerrtes Resultat intentionaler Prozesse. Gerade die *situativen Bedingungen*, die dem Bewußtsein des Akteurs entgehen und die dennoch sein Handlungsresultat bestimmen, stehen im Mittelpunkt des selektionstheoretischen Paradigmas.[3] An die Stelle des klassischen subjekttheoretisch begründeten Gegensatzes von Individuum und Gesellschaft wird hier die Unterscheidung von *Code* und *Situation* gesetzt. Das selektionstheoretische Pro-

---

3 Vgl. Giesen 1980, Schmid 1982, Giesen 1991, Schmid/Wuketits (Hg.) 1987, Giesen 1987, S. 337-355; Giesen 1992, S. 172-185. Dieses selektionstheoretische Paradigma knüpft an neodarwinistische Ansätze in den Sozialwissenschaften an, wie sie von Campbell (1965, S. 19-49), Dawkins (1989) und Cavalli-Sforza/Feldman (1981) angeregt wurden. Während in der Anthropologie (vgl. Boyd/Richerson 1985, Durham 1991), der Soziobiologie (vgl. Wilson 1975, Hamilton 1964, S. 1-52), der Wissenschaftstheorie (vgl. etwa Popper 1972, Toulmin 1972, Vollmer [3]1981) und neuerdings der Organisationssoziologie (vgl. Hannan/Caroll 1992) und Ökonomie (Nelson/Winter 1982) von Darwin beeinflußte evolutionstheoretische Modelle einflußreich wurden, blieb diese Rezeption in der europäischen Soziologie zunächst sehr begrenzt. Erst in jüngerer Zeit tauchen verstärkt selektionstheoretische Modelle für die Soziologie auf, zumeist freilich mit bemerkenswerter Ignoranz gegenüber den schon früher vorgelegenen Ausarbeitungen dieser Modelle, vgl. etwa Burns/Dietz 1992, S. 259-283 (deutsch in diesem Band).

gramm übersieht dabei keineswegs den Umstand, daß Interaktionsprozesse von sozialen Akteuren getragen werden, aber es hält sich die Möglichkeit offen, gerade kollektive Akteure und kollektive Identität nicht mehr als unübersteigbare Gegebenheiten und Voraussetzungen der makrosoziologischen Analyse, sondern als Konstrukte zu behandeln. Damit wird eine Perspektive gewonnen, aus der sich der Wandel kollektiver Identität besonders scharf beobachten läßt. Wir werden im dritten Abschnitt dieser Arbeit darauf zurückkommen.

Wenn das selektionstheoretische Programm sich so von den subjektorientierten Modellen sozialen Wandels unterscheidet, so handelt es sich leicht den Vorwurf ein, das Spezifikum sozialen Wandels und der Geschichte im Unterschied zu materiellen Veränderungen zu verfehlen und auf naive naturalistische Annahmen zurückzufallen. Es wird im folgenden zu zeigen sein, daß diese Kritik nicht zutrifft und daß – im Gegenteil – gerade das selektionstheoretische Modell eine besonders klare Bestimmung dessen erlaubt, was das »Soziale« am sozialen Wandel ist.

Im nachfolgenden Abschnitt sollen zunächst die allgemeinen Annahmen des Modells und die sogenannte »Entkopplungsthese« vorgestellt werden. Der darauf folgende umreißt einen historischen Prozeß – die Genese des deutschen Nationalbewußtseins an der Wende vom 18. zum 19. Jahrhundert –, der dann im abschließenden Teil im Rahmen der eingangs vorgestellten These skizzenhaft analysiert und rekonstruiert wird.

2. Das selektionstheoretische Programm und die Entkopplungsthese

Allgemeiner Ausgangspunkt und Leitdifferenz des selektionstheoretischen Programms ist die Unterscheidung zwischen *Code*, *Prozeß* und *Situation*.

2.1 Codes

Codes lassen sich *strukturell* kennzeichnen als räumlich und zeitlich nicht gebundene Systeme von Zeichen, die Modelle der Welt konstruieren. Das bekannteste Beispiel eines Codes ist die Sprache; aber auch soziale Normen, kulturelle Rationalitätskriterien,

Utopien oder Mythen stellen solche Codes dar, die die chaotische Vielfalt der Welt ordnen und über die (in diesem Sinne code-konstituierte) Welt informieren.[4] Codes ermöglichen die Verknüpfung von Vielfalt zu Prozessen. *Funktional* lassen sich Codes als energiearme, aber informationsreiche »Programme« zur *Instruktion* von Prozessen beschreiben oder evolutionstheoretisch formuliert: Sie ermöglichen *Reproduktion*, das heißt die Anfertigung von mehr oder weniger genauen Kopien bestehender Einheiten.[5] Sie beziehen sich also niemals nur auf einen einzigen Prozeß oder auf die begrenzte Anzahl faktischer Prozesse, sondern haben tendenziell immer »Überschußbedeutung« für weitere, bislang nicht verwirklichte Prozesse. Ebensowenig wie eine Sprache sich durch eine begrenzte Anzahl an Sprechhandlungen kennzeichnen läßt, kann auch ein Code nicht auf eine bestimmte Anzahl von Prozessen, die durch ihn gesteuert wurden, reduziert werden.

Daraus ergibt sich gleichzeitig auch eine gewisse »Blindheit« des Codes für die Vielfalt der Prozesse und die unterschiedlichen Si-

4 Der Codebegriff hat allmählich eine gewisse Konjunktur in der soziologischen Theoriebildung erlangt. Dabei wird neben der linguistischen auch seine biologische Herkunft keineswegs mehr als abträglich betrachtet. Baudrillard (1983, S. 139) etwa bemüht den Codebegriff mit ausdrücklichem Hinweis auf Parallelen zwischen genetischem Code, sozialen Institutionen und Sprache; andere unverdächtige Zeugen sind Utilitaristen wie Wippler 1987, S. 228 ff., Parsonianer wie Münch (1982) oder Kultursoziologen wie Bourdieu (1982). Einen theoriekonstitutiven Gebrauch vom Codebegriff macht Niklas Luhmann. An diesem Begriff fällt die strenge Binarität auf; vgl. zu einer relativ frühen Definition Luhmann 1975, S. 33. Neuere Theorieentwicklungen bei Luhmann kombinieren dann den Beobachtungsbegriff, den Luhmann anhand der logischen Einsichten Browns 1971 entwickelte, mit dem Codebegriff; vgl. etwa Luhmann 1986, S. 266. Im Unterschied dazu vgl. Giesen 1991, S. 23 f. und Giesen 1993, S. 30 ff. Hier wird unter Berufung auf Lévi-Strauss und Peirce ein trichotomer Codebegriff vertreten, der die Grenze als einen dritten Bereich zwischen Innen und Außen versteht.

5 In diesem Sinne sprechen Autoren wie Axelrod (1984) oder Nelson/Winter (1982) auch von kopierbaren »Strategien«. Eine auch soziologisch interessante, aber bislang kaum wahrgenommene modelltheoretische Analyse der Evolution von Codes bilden die sogenannten »genetischen Algorithmen«. Im Rahmen dieser Modelle werden Codes ausdrücklich als Instruktionen für ein bestimmtes Verhalten begriffen; vgl. dazu Holland 1992 und zusammenfassend Holland 1992a.

tuationen, in denen sie sich abspielen. Gerade und erst durch dieses Ausblenden von Vielfalt, durch die Reduzierung von Komplexität, können Codes ihre Ordnungsleistungen erbringen und Gleichartigkeit zwischen verschiedenen Teilprozessen feststellen.

2.2 Prozesse

Im Unterschied zu Codes lassen sich *Prozesse* strukturell durch die Verarbeitung von Energie und durch eine stärkere Akzentuierung, einen intensiveren Ge- und Verbrauch von Zeitlichkeit kennzeichnen. Unter »Energie« müssen dabei nicht nur physikalische Energie, sondern auch Intentionalität, Motivation oder soziale Konfliktpotentiale verstanden werden. Das zeitliche Nacheinander bildet die elementare Ordnungsform von Prozessen. Während Codes wie Sprachen sozusagen zeitlose Gültigkeitsansprüche stellen, sind Prozesse wie Sprechhandlungen oder soziale Bewegungen durch eine zeitliche Dauer, einen Beginn und ein Ende zu beschreiben. Diese *zeitliche Struktur* von Prozessen verweist darauf, daß auf der Grundlage des Codes immer neue Prozesse in Gang gesetzt und *reproduziert* werden müssen, um dann wieder abgebrochen zu werden, zu zerfallen und in der chaotischen Vielfalt der Welt zu versickern. In *funktionaler* Hinsicht erscheinen Prozesse als Vorgänge des Kommunizierens, Mitteilens, Kopierens oder Interagierens, mit denen zwischen verschiedenen Einheiten Informationen übertragen bzw. Strukturen reproduziert werden. Mit Hilfe etwa des genetischen Codes lassen sich die Lebenszyklen vieler Organismen miteinander verknüpfen; Sprache ermöglicht die sinnvolle Verbindung der Sprechhandlungen von Personen; Normen schaffen eine soziale Koordination individueller Handlungen; historische Traditionen verbinden die Konstitution und Zerfallszyklen verschiedener sozialer Bewegungen. Umgekehrt reproduziert und aktualisiert sich der Code in Sprechhandlungen, sozialen Interaktionen und Bewegungen.

Damit rückt die zweite fundamentale Unterscheidung des allgemeinen Paradigmas ins Blickfeld: die Differenz zwischen System und Umwelt, zwischen Handlung und Handlungssituation, zwischen Tatsachen und Entscheidungen, zwischen dem praktischen Prozeß und den empirischen Bedingungen seines Gelingens und seiner Dauer. Ob der durch den Code informierte Prozeß auf Dauer gestellt sein wird und sich reproduzieren kann, wird nämlich von Bedingungen begrenzt, beschränkt und festgelegt, die weder auf der Ebene des Codes exakt und vollständig erfaßt noch durch den Prozeß selbst vollständig kontrolliert werden können. Wie fein differenziert der Code auch sein mag, er wird niemals in der Lage sein, die unendliche Komplexität der Welt zu erfassen; wie weitreichend Kontrolle und Planung der Handelnden auch reichen mögen, die Handlungssituation bleibt letztlich »dämonisch« kontingent[6] für sie. Irrtum über die Welt und Scheitern an der Welt können niemals ausgeschlossen werden. Sprachhandlungen können die Situation verfehlen, Handlungsmittel falsch gewählt, Institutionen den sozialen Beziehungen unangemessen sein.

Im Unterschied zu Prozessen sind situative Bedingungen nicht nur zeitlich, sondern auch *räumlich* definiert und strukturiert.[7] Das Vorhandensein bestimmter materieller Mittel oder die Anwe-

---

6 Den Ausdruck »dämonische Kontingenz« verdanke ich einem Gespräch mit Harold Garfinkel.

7 Der Situationsbegriff stellt die räumliche Diskussion in den Vordergrund, vgl. Arnold 1981, S. 299 und passim. Darauf verweist schon die Tatsache, daß Situation als eine der zehn aristotelischen Kategorien in etwa »sich befinden« meint (*keisthai* bzw. *situm esse*, vgl. Arnold 1981, S. 57). Ganz typisch definiert Goffman (1971, S. 29): »Mit dem Terminus ›Situation‹ bezeichnen wir diejenige räumliche Umgebung, und zwar in ihrem ganzen Umfang, welche jede in sie eintretende Person zum Mitglied der Versammlung macht«. Einen Überblick zur sozialwissenschaftlichen Diskussion des Situationsbegriffes liefern Hitzler/Honer 1984, S. 56-74. Aus ethnomethodologischer Perspektive hat McHugh (1968) den Situationsbegriff zu präzisieren versucht. Einen subjektzentrierten, Systemtheorie und Phänomenologie verquickenden Ansatz liefert Markowitz 1979. Zu einem Vorschlag, Situationen als empirische Erhebungseinheit zu behandeln, siehe Friedrichs 1974, S. 4-53.

senheit von Akteuren etwa erfordert nicht nur eine zeitliche, sondern auch eine räumliche Kennzeichnung, während Prozesse wie soziale Konflikte, soziale Bewegungen, öffentliche Debatten oder Gesetzgebungsvorgänge sich zwar zeitlich, nicht aber räumlich definieren lassen. Materielle Knappheit und persönliche Anwesenheit, Krankheit oder die vorhandenen Dinge der Welt sind hingegen nicht beliebig von einem Ort auf einen anderen übertragbar; sie existieren nur hier und jetzt, sind aber dafür auch unerbittlich und unübersehbar in ihrer Gegenwart.

Aus der *räumlichen* Bestimmtheit der *situativen Bedingungen* ergibt sich eine neue Dimension von *Differenzierung* und *Vielfalt*. Situative Bedingungen der Umwelt sind grundsätzlich vielfältiger als die Prozesse ihrer handlungsförmigen Bewältigung, und diese wiederum sind tendenziell vielfältiger als die symbolischen Codes, die weder der zeitlichen noch der räumlichen Differenzierung unterliegen. Funktionell lassen sich Situationen als Instanzen der *Selektion* für Prozesse und in der weiterer Folge auch für Codes kennzeichnen. Da Codes immer einen Überschuß an möglichen Bedeutungen transportieren und sich nicht raumzeitlich definieren lassen, erheben immer mehr Codes Geltungsansprüche für eine Situation, als im Interaktionsprozeß berücksichtigt werden können. Diese Konkurrenz der Codes wird durch situative Selektion entschieden. Für die selektionstheoretische Analyse sozialen Wandels bedeutet dies, daß die Konkurrenz alternativer Codes in historischen Situationen in den Mittelpunkt rückt. Soziale Bewegungen und Konflikte, Vergemeinschaftung und institutioneller Wandel werden demnach von Codes instruiert, die an die jeweils gegebene historische Situation der Akteure unterschiedlich angemessen oder »angepaßt« sind. Gut angepaßte Codes beschleunigen die Interaktionsprozesse und reduzieren die Komplexität der Situation erfolgreich, schlecht angepaßte lassen die Interaktion ins Stocken geraten, führen zu Verständigungsschwierigkeiten und erwecken zusätzlichen Koordinations- und Kommunikationsbedarf.[8] Aus diesen Unterschieden in der Ange-

---

8 Im Unterschied zur Theorie der Autopoiesis ist das Verhältnis von System und Situation hier keineswegs beliebig. Oder anders ausgedrückt: Im Rahmen der Theorie autopoietischer Systeme ist »Situation« eine Residualkategorie. Im hier vorgeschlagenen Theorierahmen hingegen kommt der Situation sogar eine doppelte Funktion zu: Situationen bilden nicht nur den entscheidenden Selektionsfaktor bei der Evolution

messenheit von Prozeß und Situation ergeben sich unterschiedliche Chancen zur Durchsetzung der Codes; Codes, die zu situationsangemessenen Prozessen führen, werden, solange eine gleichbleibende Situation vorausgesetzt werden kann, die weniger angemessenen verdrängen.[9] Solche Selektionsprozesse werden jedoch niemals zur dauerhaften Vorherrschaft eines Codes führen können. Einerseits sind die Situationen nicht stabil und gleichförmig, sondern variieren immer in gewissem Ausmaß. Andererseits sind auf der Prozeßebene immer neue Rekombinationen von Codeelementen möglich, die den Code selber verändern und neue Codevarianten in die Konkurrenz schicken.

2.4 Die Entkopplung von Code, Prozeß und Situation – oder: Das »Soziale« am sozialen Wandel

Eine solche evolutionäre Selektion kann jedoch erst dann in Gang kommen, wenn Code und Prozeß einerseits und die Situation andererseits voneinander in gewisser Weise, wenn auch nicht vollständig, unabhängig sind. Solange der Prozeß entweder streng durch die Situation determiniert oder rigide durch den Code kontrolliert ist, können sich weder der Prozeß der evolutionären Selektion und Reproduktion noch sozialer Wandel im engeren

von Codes, sondern sie liefern dem situativ jeweils aktuell benutzten Code auch die für diesen Code allein lesbaren situativen Informationen, um die Kommunikation situationsangemessen fortzusetzen. Es scheint sich um einen theoretischen Kurzschluß zu handeln, wenn aus dem heute wohl kaum mehr umstrittenen Umstand, daß die Situation selbst nicht den Gebrauch eines bestimmten Codes diktiert, gefolgert wird, der code-instruierte Kommunikationsprozeß müsse dann eben informationell geschlossen sein. Erst der Gebrauch eines bestimmten Codes macht eine Situation für die Kommunizierenden lesbar und erlaubt ihnen mit Hilfe der so situativ gewonnenen Informationen, ein Gespräch aufzunehmen oder fortzuführen.

9 Damit ist freilich keineswegs behauptet, daß Code, Prozeß und Situation sich gesellschaftsweit im Verhältnis perfekter Homologie befinden müßten. Interessant sind vor allem jene Situationen, in denen sich »situationsgegenläufige Codes« entwickeln können, die auf der Ebene der Kultur als Gegensatz zwischen diesseitiger und jenseitiger Ordnung auftreten können. Vgl. dazu die im folgenden entwickelte Entkopplungsthese.

Sinne entwickeln. Im Falle der strengen Situationsdetermination ergibt sich Handeln als spontane und naturale Reaktion aus der Situation.[10] Behavioristische Erklärungen sind hier angemessener als eine Theorie, die sozialen Wandel nachdrücklich von naturalem Wandel unterscheiden will. Diese Differenz deckt sich mit der Entkopplung von Prozeß und Situation. Erst wenn man sein Handeln im Hinblick auf die gleiche Situation variieren kann, wird Lernen möglich, erst wenn man zu einer Situation im Gespräch unterschiedlich Stellung beziehen oder sie zeitweise ganz vernachlässigen kann, wird symbolische Kommunikation möglich, und erst wenn soziale Bewegungen und Konflikte einen gewissen Möglichkeitsspielraum gegenüber der sozialstrukturellen Situation haben, kann Geschichte in Fahrt kommen. Die Autonomie der Handlungssubjekte und die Kontingenz sozialen Handelns sind damit nicht nur Voraussetzungen sozialen Wandels, sondern auch der evolutionären Selektion.[11]

Diese Kontingenz sozialen Handelns trifft dabei auf die selektiven Bedingungen der Situation. Sozialer Wandel läßt sich entsprechend nicht als bloße Geschichte handelnder Subjektivität analysieren, sondern wird durch strukturelle Bedingungen faktisch begrenzt und beschleunigt. Im Begriff des »sozialen Wandels« ist gerade diese Spannung zwischen dem geschichtlichen Prozeß und seiner faktischen Begrenzung angelegt.

Eine neue Stufe erreicht der evolutionäre Prozeß jedoch dann, wenn nicht nur Situation und Prozeß, sondern auch *Prozeß und Code* voneinander *entkoppelt* werden. In diesem Falle läßt sich nicht mehr die gleiche Situation unterschiedlich behandeln, sondern die gleiche Handlung durch unterschiedliche Codes interpretieren und instruieren.

Eine solche *Entkopplung von Code und Prozeß* kommt dann in Gang, wenn bestimmte institutionelle Arrangements Handlungsprozesse gleichsam zurückdrängen oder stillstellen, um die Vielfalt der Codes selber zum Thema zu machen und diese Vielfalt durch einen Metacode zu ordnen und zu systematisieren. Dies ist etwa dann der Fall, wenn Mönche sich dem Studium der heiligen

10 Dabei ist die Kennzeichnung »natural« cum grano salis zu begreifen.
11 Gegen einen strengen Umweltdeterminismus hat in der neueren soziologisch-evolutionstheoretischen Literatur insbesondere Hallpike (1986) überzeugend Stellung bezogen.

Schriften widmen, wenn Wissenschaftler Theorien über Theorien formulieren, wenn Schriftsteller Modelle des Romans konstruieren, wenn Rechtsgelehrte die Gesetze systematisieren oder wenn Sozialtheoretiker sozialen Wandel zum Thema machen.

Der Begriff des »sozialen Wandels« stellt so allerdings nicht nur eine Vielfalt faktischen Wandels, sondern auch die Vielfalt seiner möglichen Interpretationen in Rechnung. Genau dies markiert den Unterschied zwischen Geschichtsphilosophie und Theorie des sozialen Wandels: Geschichtsphilosophie versuchte die reale Vielfalt des Wandels durch *eine* übergreifende Interpretation, durch *einen* Metacode zu ordnen und zu vereinheitlichen. Die Theorie sozialen Wandels geht hingegen von der Vielfalt möglicher Codierungen und Selbstthematisierungen des Wandels aus. Der Wandel ist *sozial*, das heißt, er ist immer selbst schon Thema der Akteure, und diese unterschiedlichen Thematisierungen des Wandels *sind durch einen übergreifenden Code nicht zu vereinheitlichen, sondern in ihrer Vielfalt zu erhalten.*

Diese Offenheit gegenüber der Vielfalt von Selbstthematisierungen des Wandels wird damit zum entscheidenden Prüfstein für die Frage, ob ein theoretisches Modell das »Soziale« des sozialen Wandels angemessen erfassen kann. Im Unterschied zu marxistischen Entwicklungstheorien oder klassischen Evolutionstheorien geht das selektionstheoretische Programm explizit von einer solchen Offenheit aus, das heißt, es legt keinerlei Richtung des Wandels im voraus fest und macht gerade den Wandel der Codierungen zum Gegenstand der Analyse.

Diese Offenheit des selektionstheoretischen Programms für die Codierungen des Wandels ermöglicht einerseits den Abschied von der Geschichtsphilosophie, beläßt andererseits das Theoriemodell jedoch auch inhaltlich leer. Welcher Code sich durchsetzt, weiß man aufgrund des selektionstheoretischen Paradigmas nie vorher.

2.5 Evolutionäres Wachstum

Wenn die Vielfalt der Codierungsmöglichkeiten zum Thema gemacht wird, so verlieren Zeit und Raumbezüge ihre klare Kontur. *Man redet im Hinblick auf eine universelle, zeitlose und sozial unbestimmte Adresse*, persönliche Motive und Interessen werden durch eine spezifische Verpflichtung zum Universalismus ausgeblendet.[12] Weder die besonderen, in der Situation gegebenen Merkmale des Akteurs noch die derjenigen, an die er sich mit seiner Sprechhandlung adressiert, sollen in dem Sprechakt selber Berücksichtigung finden. In der universalistischen Einstellung des Wissenschaftlers zum Beispiel bleibt sein Publikum ohne Gesicht für ihn, und die Person des Wissenschaftlers selbst verschwindet für das Publikum hinter dem Gesprochenen. Diese anonyme Einstellung des universalistischen Sprechhandelns lenkt die Aufmerksamkeit von der Situation auf bestimmte Codestrukturen, die daraufhin selbst zum Gegenstand werden.[13]

Die Situation selbst begünstigt die Abkopplung des Codes von Prozeß und Situation. Wenn Codes unter diesen historisch und evolutionär unwahrscheinlichen Umständen nicht mehr »homolog« zur Situation ausfallen müssen, werden auch scharfe Gegensätze zwischen den Codestrukturen einerseits und den Situationsstrukturen andererseits möglich. Die in einer situativen Nische der Gesellschaft entwickelten und dieser Nische angepaßten Codierungen werden auch auf andere Situationen übertragen, denen sie nicht homolog sind, und beanspruchen tendenziell gesellschaftsweite Gültigkeit. Code und Situation können dann in einen fundamentalen Gegensatz geraten, der sich auf kultureller Ebene als Spannung zwischen der transzendentalen Ordnungsebene, die durch den Metacode konstituiert wird, und der irdisch-diesseitigen Ordnung zeigt, die für die Situation und das weltliche Handeln steht. Die Entkopplung des Codes fällt dann mit jenen »Achsenzeitentwicklungen« zusammen, die von Eisenstadt analysiert werden.[14]

Unter diesen Umständen werden neue und eigentümliche Verknüpfungsregeln erforderlich, die die Funktion der Zeigegesten oder der Turn-taking-Regeln in der direkten alltäglichen Interaktion übernehmen können. Solche Verknüpfungsregeln kann man in der Logik oder anderen methodischen Metacodes über die Beziehungen zwischen symbolischen Bedeutungen sehen. Sind diese erst einmal erfunden, eröffnen sich neue und eindrucksvolle Mög-

12 Vgl. Giesen 1993.
13 Daß eine Präferenz für Anonymität und Pseudonymität gerade in dem Zeitraum auffällt, mit dem wir uns hier beschäftigen, ist frappierend; vgl. dazu etwa Ter-Nedden 1988, S. 171-190. Material zu diesem Problem findet sich auch bei Martens 1968.
14 Vgl. Eisenstadt 1987.

lichkeiten zum evolutionären Wachstum symbolischer Codes. Widersprüche können aufgedeckt und gelöst, Folgerungen können gezogen und bestritten, Verallgemeinerungen und Spezifikationen vorgenommen und neue Differenzierungen auf alte angewandt werden. Für die Ebene der symbolischen Codes hat die klassische Vorstellung von evolutionärem Wachstum eine gewisse Plausibilität: Da Codes im wesentlichen zeitlose und raumlose Existenzformen haben, werden durch die Erfindung neuer Codeelemente und durch die Rekombination von alten Elementen keineswegs auch die alten Elemente verdrängt.[15] Anders als auf der Ebene raum-zeitlich gebundener Situationen, bei denen durch Wachstum immer auch Knappheit, Konkurrenz und Selektionsdruck entsteht, wird auf der symbolischen Ebene das Bestehende durch neu Hinzutretendes nicht unbedingt gefährdet. Neue Begriffe verdrängen die alten nicht auf der Ebene von Sprache, sondern auf der der Sprechhandlungen und der Dinge, die damit bezeichnet werden. Bei Codes ergeben sich interne Selektionen nicht aus dem Zwang zu zeitlicher Ordnung oder aus der Unmöglichkeit, daß dasselbe Ding sich gleichzeitig an mehreren Orten befindet, sondern allein aus dem Zwang zur strukturellen *Ordnung*, das heißt, ein neues Codeelement wird nur dann einem bestehenden Code nicht einverleibt, wenn es sich an keiner Stelle der Struktur anschließen oder anketten kann.[16] Offensichtlich ist dieser Selektionszwang zur symbolischen Strukturierung weitaus weniger scharf und exklusiv als der zeitliche Selektionszwang beim Handeln oder gar der raum-zeitliche bei materiellen Situationen. Diese Abschwächung von Selektionszwängen machen symbolische Codes besonders offen für Innovation und Wachstum. Sobald eine neue Theorie einmal aufgestellt, ein neues Heilsversprechen verkündet, eine neue Gesetzesauslegung vorgestellt, eine neue Melodie erfunden wurde und sie im Rahmen des herrschenden Codes »verstanden« werden können, tragen sie zum Wachstum des Codes und zur Steigerung seiner internen Variation und Differenzierung bei.

15 Vgl. Giesen, 1991, S. 168 ff.
16 Dieser Ausschluß von Anschlußmöglichkeiten läßt sich systemtheoretisch als »Differenzierung« und »Grenzziehung« formulieren. In der Tat handelt es sich bei der Entkopplung von Code und Prozeß auch immer um eine Ausdifferenzierung symbolischer Codes, die durch eigenlogische Prinzipien geordnet werden.

Man darf sich die Geschlossenheit und Autonomie symbolischer Codes freilich nicht als absolut, sondern nur als relativ vorstellen. Ebenso wie Handlungsprozesse immer auch von organisch-materiellen Prozessen begleitet sind und auf ihnen aufruhen, ist auch die Entfaltung symbolischer Variation auf minimale Handlungsprozesse angewiesen; wenn kein Wissenschaftler nachdenkt, fragt, bezweifelt, behauptet und vermutet, kommt auch das Erkenntniswachstum nicht in Gang. Von entscheidender Bedeutung ist jedoch, daß die rudimentären Sprechhandlungen des reflektierenden Wissenschaftlers kaum von der Situation, auch nicht von der zeitlichen Abfolge eines Interaktionsprozesses, sondern vor allem durch die Struktur des symbolischen Codes selbst gesteuert werden. Es sind nicht die Kontingenzen der Gesprächsinteraktion oder der Wechsel der Situation, sondern die Anwendung eines methodischen »Metacodes« auf eine Codestruktur, die Exegese der heiligen Schriften, die Kritik einer Theorie, die künstlerische Variation eines Themas oder die Systematisierung einer Gesetzesnorm, die den Prozeß universalistischer Reflexion bestimmen.

Das Code-Universum einer Gesellschaft gerät zu einer eigenständigen und auf diese Weise jenseitigen Ordnung, die im Gegensatz zur Welt und ihrer diesseitigen Ordnung tritt und Anspruch auf Verwirklichung bzw. auf Lösung der Spannung zwischen Diesseits und Jenseits, Sakralem und Säkularem, Code und Situation erhebt. Die Vermittlung und Interpretation dieser Spannung ist in der Regel Privileg und Funktion der desengagierten und kritischen Intellektuellen.[17] Ihre besondere Situation bestimmt damit das Ausmaß und die Ausformung des Entkopplungsprozesses.[18]

---

17 Der aufmerksame Leser wird die hier im Hintergrund stehende Auffassung registrieren, daß Engagement und Kritik im Gegensatz zu geläufigen Meinungen als einander entgegengesetzt begriffen werden. Vgl. Giesen 1991, S. 244 ff.

18 Vgl. Eisenstadt 1987, Bd. 1, S. 25 ff.; Eisenstadt/Graubard (Hg.) 1973; Shils 1982, S. 179-201; Shils 1980, S. 21-34; Lepsius 1990b, S. 273 ff.; Giesen 1993.

3. Die Fragestellung: Die Entstehung
der deutschen Kulturnation

Im folgenden soll die Entkopplung von Code, Prozeß und Situation an einem ideengeschichtlichen Beispiel rekonstruiert werden – der Genese des deutschen Nationalbewußtseins an der Wende vom 18. zum 19. Jahrhundert.[19] Der »deutsche Sonderweg« der Nationwerdung ist im Rahmen der vergleichenden historischen Makrosoziologie und der Geschichtswissenschaften ausführlich behandelt worden.[20] Dabei geriet die Frage nach dem Verhältnis von »Kulturnation« und »Staatsnation« schnell in den Blickpunkt der Forschung. Die deutsche Nation begründete sich – im Unterschied etwa zu Frankreich und England – im achtzehnten Jahrhundert über eine gemeinsame kulturelle Identität, die erst im Laufe des neunzehnten Jahrhunderts in einen Nationalstaat umgesetzt werden konnte.

Eine soziologische Analyse dieses Prozesses der Nationwerdung kann nun nicht davon ausgehen, daß Nationen als transhistorische Entitäten schon von immer her eine gleichsam schlafende Existenz besitzen, die dann im Nationalstaat gleichsam zu sich selber findet. Aus selektionstheoretischer Perspektive erscheint »Nationalität« vielmehr als ein spezifischer *Code* der *Inklusion* und *Vergemeinschaftung*, der grundsätzlich in Konkurrenz zu anderen Inklusionscodes steht und der sich für Vergemeinschaftungsprozesse in bestimmten historischen Situationen als angemessener als

---

19 Als einschlägige ältere Arbeiten zum Thema »Nationalismus« und »Nationenbildung« seien genannt: Deutsch 1966, Deutsch 1969, Eisenstadt/Rokkan (Hg.) 1973; Gellner 1964, S. 147-178; Conze 1964, S. 1-16; Geertz 1973, S. 234-254. Als eine Auswahl neuerer Arbeiten zum Themenbereich »Nation« und »Nationalismus« seien genannt: Nairn u. a. (Hg.) 1978; Hechter 1985, S. 17-26; Gellner 1983, Giddens 1985, Anderson [2]1991, Hobsbawm 1991, Jeismann 1992, Brubaker 1992, Giesen (Hg.) 1991. Aus dem deutschen Sprachraum ist hier insbesondere auch auf die Arbeiten von M. Rainer Lepsius hinzuweisen; er ist vermutlich der einzige Soziologe, der sich bereits lange und kontinuierlich mit diesem Problembereich auseinandergesetzt hat. Vgl. Lepsius 1990, S. 232-246; Lepsius 1990a, S. 247-255; Lepsius 1993.
20 Vgl. Meinecke 1908, Plessner 1959, Kohn 1965, Dahrendorf 1965, Elias 1989, Münch 1986, Eder 1985, Giesen 1993.

andere erweist.[21] *Regionale Herkunft, Stand, Konfession* oder die Entgegensetzung von *Aufklärung* und *Tradition* sind solche Alternativen der Inklusion oder der kollektiven Inklusionscodes, mit denen am Vorabend der Moderne die Grenzen von Gemeinschaftlichkeit konstruiert und Dritte als Fremde zumindest teilweise von Kommunikation und Interaktion ausgeschlossen werden konnten. Gerade bei der Verflüssigung sozialer Beziehungen und der Beschleunigung des Wandels im Modernisierungsprozeß gewinnt die Konstruktion von Grenzen zwischen Innen und Außen und von stabilen Grundlagen der Identität eine besondere Dringlichkeit. Im Gegenzug zur funktionalen Differenzierung erweist sich die Integration moderner Gesellschaften über eine kollektive – und das heißt zunächst vor allem nationale – Identität als ein zentrales, wenngleich auch von der soziologischen Theorie häufig vernachlässigtes Bezugsproblem.[22]

Im Mittelpunkt einer selektionstheoretischen Analyse der Nationwerdung steht daher die Suche nach jenen *soziokulturellen Situationen*, die im Laufe des achtzehnten Jahrhunderts die soziale Reproduktion der Gemeinschaftlichkeit von »Stand« und »Konfession« – den Inklusionscodes, die die frühe Neuzeit beherrschten – auf »Nationalität« umstellten. Der Endpunkt dieses tiefgreifenden Wandels der Inklusionscodes wird in Deutschland durch die Fichteschen *Reden an die deutsche Nation* und die Idee der »Deutschen Sendung« in den ersten beiden Jahrzehnten des neunzehnten Jahrhunderts gebildet. Der literarisch ausgearbeitete *Volksbegriff* der Romantik bereitete so den Boden für eine nationale Bewegung, die über die Befreiungskriege hinaus zu einem zentralen Motiv der Politik in Deutschland wurde.[23]

21 Zu dem insbesondere durch Parsons geprägten Begriff der »Inklusion« vgl. Alexander 1980, S. 5-28, leicht verändert auch in Alexander 1988, S. 78-106.

22 Vgl. aber Giesen 1993; Hondrich 1992, S. 350-366; Hahn 1993, S. 193-203.

23 Freilich sind der im folgenden analysierte aufklärerische Patriotismus und der romantische Volksbegriff keineswegs die einzigen Inklusionscodes, mit denen sich die nationale Identität der Deutschen konstruieren läßt. Im neunzehnten Jahrhundert traten noch der demokratisch revolutionäre Volksbegriff der Vormärz-Intellektuellen, der realpolitische Reichsnationalismus der borussischen Historiker und schließlich die völkisch-rassischen Codierungen des Deutschen der Jahrhundert-

In der Mitte des achtzehnten Jahrhunderts war ein solch durchgestalteter und emphatisch aufgeladener Begriff der deutschen Nation noch nicht gebräuchlich. Seine Stelle nahm der Begriff des »*Patrioten*« ein. Auch er war von moralischer Emphase getragen, ging aber noch eine enge semantische Verbindung mit Elementen ein, die später im romantischen Begriff der Nation nicht mehr zu finden waren. Als »Patriot« bezeichnete sich insbesondere in der zweiten Hälfte des achtzehnten Jahrhunderts der aufgeklärte kosmopolitische Bürger, der in Verantwortung gegenüber dem Gemeinwesen und nach Maßgabe der Vernunft handelte. Dieser kosmopolitische Patriotismus schließt eng an den Inklusionscode der Aufklärung an. In anderen Zusammenhängen nimmt der Begriff des Patrioten pietistische Elemente in sich auf und lehnt sich deutlich an den konfessionellen Code an, der die frühe Neuzeit bestimmte. Noch früher, zu Beginn des achtzehnten Jahrhunderts, trat der Patriotismuscode als bürgerliche Tugendlehre auf. Als Patriot konnte der gelten, der arbeitsam und gesetzestreu seine Interessen verfolgte und seinen individuellen Nutzen mehrte.[24] Hier sind Verbindungen zu bürgerlichen Standescodes schwer zu übersehen. In jedem Fall läßt sich der Patriotismus als entwicklungsgeschichtliche Übergangsform rekonstruieren, die einerseits an vorhandene Inklusionscodes anschloß, andererseits den Boden für den romantischen Nationenbegriff vorbereitete.

Der Begriff der Nationen selber war in der frühen Neuzeit noch nicht emphatisch-moralisch aufgeladen. Er erscheint zumeist im Plural (die *nationes*), wurde zu Beschreibungszwecken benutzt, wenn Fremde zu sortieren waren, und auf der Ebene der Lexika und Enzyklopädien als Unterschiede der Völker und Nationen festgehalten und reproduziert.

Diese Skizze ließe sich zu einer Begriffsgeschichte des Nationen- und Patriotenbegriffs im achtzehnten Jahrhundert ausbauen und verfeinern. Auch detaillierte Rekonstruktionen der Abfolge von Codes geben jedoch noch keine Auskunft über die historischen Bedingungen, die die Verbreitung bestimmter Codes begünstigen

wende hinzu. Vgl. dazu Giesen 1993; Giesen/Junge 1991, S. 255-303; Giesen/Junge 1994, S. 21-32; Giesen/Junge/Kritschgau 1994 (im Erscheinen).

24 Vgl. zum Beispiel Kluckhohn 1925, Vierhaus 1987, Schmitt-Sasse 1987, Giesen 1993.

oder behindern. Eine selektionstheoretische Analyse wird die Bedingungen für den Wandel dieser Inklusionscodes (a) in Veränderungen der *Interaktionsbeziehungen*, die gemeinschaftlich abgesichert werden müssen, (b) im Wandel der *sozialstrukturellen* und *lebenspraktischen* Situation der *Trägerschichten* und (c) im Wandel der *Kommunikationsformen* selbst suchen müssen. Diese Bedingungen lassen sich in *drei Szenarios* idealtypisch verdichten. Sie sollen im folgenden kurz skizziert werden. Besonderes Augenmerk gilt dabei der Entkopplung von Situation, Prozeß und Code im Rahmen der einzelnen Szenarios.

4. Die selektionstheoretische Analyse

4.1 Die Begegnung mit dem Fremden

Auf einer elementaren Ebene ergibt sich Vergemeinschaftung »selbstverständlich« aus der gemeinsamen Interaktionsgeschichte mit Anwesenden. Die vergangene Erfahrung und das Wissen um künftige Interaktionen mit denselben Personen stellt einen Vertrauensvorschuß für die gegenwärtige Situation zur Verfügung; man kennt das Gegenüber und weiß, daß man im Falle der Vertrauensenttäuschung in künftigen Situationen »zurückschlagen« kann. Dabei wird eine annähernd egalitäre Beziehung zueinander vorausgesetzt. Vertrauen und Gemeinschaftlichkeit setzen auch der Reichweite von Interaktionen Grenzen: Mit Unbekannten und Fremden verhandelt man nicht.[25]
Diese elementare und selbstverständliche Abgrenzung ändert sich dann, wenn Situationen auftreten, in denen einerseits *unbekannte Personen anwesend* sind und andererseits eine elementare Bereitschaft zur Verhandlung und zum *friedlichen Nebeneinander* unabdingbar ist, ohne daß eine starke *Autorität* verfügbar ist, die diesen Frieden garantieren könnte. Dies ist etwa bei ausgedehnten Reisen und Wanderungen, bei Kreuzzügen und Wallfahrten, in Universitäten und bei Konzilen der Fall. Man begegnet hier Fremden und Unbekannten und kann diese Differenzerfahrung nicht durch völligen Ausschluß von Kommunikation und Kooperation verarbeiten; die Fremden müssen in der Situation zumin-

25 Vgl. Giesen 1993, S. 86 ff.

dest geduldet werden, und eine elementare Koordination ist nicht zu vermeiden, wenn die Situation nicht selbst zerstört werden soll.[26] Da die Anwesenheit der Fremden allein durch den »*Zufall der Situation*« bedingt ist und keine übergeordneten Hierarchien diese Beziehung bestimmen, begegnet man sich zunächst einmal unter *Gleichheitsannahmen*. Typischerweise sind es Angehörige des Adels, des Klerus oder intellektueller Eliten, die unter diesen egalitären Annahmen aufeinandertreffen. Dennoch ist eine die Situation überdauernde sozialstrukturelle Kennzeichnung hier noch unangemessen. Es ist allein die Situation der Begegnung mit dem Fremden, die unleugbare Nähe des Fremden, die bewältigt werden muß. Dies kann durch strukturelle Codes über die Unterschiede der *Völker und Nationen* geschehen. Solche Codes bilden die situativ gebundene Differenzerfahrung ab und koppeln die Interaktionsprozesse noch eng an diese Differenzerfahrung; Fremde sind ganz offensichtlich anders als man selbst, und man trägt dieser »natürlichen« Differenz durch selbstverständliches Mißtrauen und Zurückhaltung Rechnung. Die unleugbare Nähe des Fremden muß behandelt und durch Distanz kompensiert werden. So wird der Nationencode jenseits der direkten Erfahrung des Fremden nur zur distanzierenden Erinnerung konkreter Begegnungen mit dem Fremden benutzt. Im vertrauten Kreis der eigenen Gemeinschaft kann man sich Erleichterung von der spannungsvollen Begegnung mit dem Fremden verschaffen, indem man über ihn lacht. Das Fremde ist lächerlich, und die Klassifikation der Nationen und Völker wird unter diesen Bedingungen leicht zu einer Sammlung von Karikaturen.

Ein von der Situationsstruktur deutlich abgelöster Interaktionsprozeß ist hier nicht erkennbar; die nationale Differenz ergibt sich unmittelbar aus der Situation, bedarf keiner kommunikativen Bekräftigung und wird in »selbstverständliche« Reaktionen der Distanzierung umgesetzt. Code, Prozeß und Situation sind hier noch eng aneinander gekoppelt. Von der Situation selbst geht noch kein Druck aus, die Kommunikationsprozesse und den

26 Der Topos wird später reflexiv aufgenommen in der Dialektik von Fremder-Fremdling/Heimat-Vaterland etc.; vgl. dazu und wieder bezogen auf den von uns behandelten Zeitraum: Kausch 1967, S. 285-304. Diesen Topos greift auch von Thadden 1989 auf. Vgl. als Beispiel für die Einarbeitung dieses Motivs in pathetisch-patriotische Zusammenhänge Iffland 1792, S. 41-63.

Code über die Grenzen der Situation auf Dauer zu stellen und zu stabilisieren.

4.2 Die Vergemeinschaftung des unbekannten Anderen

4.21 Anonymität und der Ausschluß des Dritten

Eine gänzlich andere Situation entsteht dann, wenn Interaktionsbeziehungen sich weder auf die persönliche Bekanntheit noch auf die Anwesenheit des Gegenübers verlassen können, wenn also die gemeinsame Interaktionsgeschichte und der Bezug auf das Gegebene der Situation nicht mehr verfügbar sind, um Verständigung zu sichern. Nicht die Anwesenheit der Fremden in der Situation, sondern die Nichtanwesenheit der unbekannten Adressaten von Kommunikation bildet hier das Ausgangsproblem. Solche *anonymen Interaktions- und Kommunikationssituationen* nehmen im Prozeß der Modernisierung stark zu; Gesetzgebung und Verwaltung, wissenschaftliche Forschung, Versicherung und Vermarktung wenden sich nicht an persönlich Bekannte und Anwesende, sondern an ein prinzipiell unüberschaubares und unbekanntes Publikum. Handeln in diesen »modernen« Situationen muß auch dann systematisch weitreichende und vielfältige Folgen in Rechnung stellen, wenn es angesichts eines bestimmten Gegenübers zwischen Käufer und Verkäufer, Beamten und Antragsteller, Wissenschaftler und Auftraggeber stattfindet. Diese Einstellung auf die Nicht-Anwesenheit Dritter, auf ein anonymes gesichtsloses Publikum, ist in vielen modernen Interaktionsformen so stark, daß auch die Anwesenden und persönlich Bekannten so behandelt werden sollen, *als wenn* sie Teil dieses anonymen Publikums wären: Recht soll »ohne Ansehen der Person« gelten, Geld »riecht nicht« und »Wissenschaft« soll »objektiv« sein. Persönliche, lokale oder ständische Kriterien dürfen weder bei der Auswahl der Interaktionspartner noch bei der Handlungsentscheidung selbst eine Rolle spielen. Jeder kann grundsätzlich mit jedem unter Gleichheitsannahmen verhandeln. Ausweitung des Handels und Monetarisierung, Ausbau der staatlichen Verwaltung und Verrechtlichung, wissenschaftlicher Fortschritt und die Anfänge der modernen Öffentlichkeit konnten nur im Rahmen einer *anonymen universalistischen* Einstellung, oberhalb der Ebene persönlicher Anwesenheit und lokaler Situiertheit, jenen dynamischen Verlauf nehmen, der in die moderne Gesellschaft hineinführte.

Diese Ausweitung der Anzahl möglicher Interaktionspartner und das Fehlen »selbstverständlicher« Garantien lassen die Notwendigkeit einer Vergemeinschaftungsgrundlage vor allem in modernen Situationen besonders scharf hervortreten. Auch und gerade in der Moderne setzt Interaktion ein Mindestmaß an Gemeinschaftlichkeit voraus, um Restrisiken durch einen diffusen Vertrauensvorschuß aus dem Blickfeld zu nehmen. Interaktion muß so vollzogen werden können, *als ob* eine solche gemeinschaftliche Grundlage gerade mit dem aktuellen Interaktionspartner vorhanden wäre: Dem Adressaten kann man, im Gegensatz zu vielen anderen Dritten, trauen.

Eine solche abstrakte Begründung von Gemeinschaftlichkeit durch Ausschluß von Dritten kann aber eben nicht mehr auf vorhandene lebensweltliche Fundamente zurückgreifen. Die Verflüssigung und Homogenisierung der persönlichen Identitäten im Prozeß der Modernisierung erfordern im Gegenzug besondere Inklusionscodes, mit deren Hilfe Gemeinschaftlichkeit auch unter Unbekannten verfertigt und reproduziert werden kann. Der ständische Code reichte hierfür schon im achtzehnten Jahrhundert kaum mehr aus, da Interaktionen immer weniger Rücksicht auf Standesgrenzen nehmen konnten: Adelige verkauften und verpachteten ihre Güter an Bürgerliche, Bürgerliche kauften Adelstitel, Bauern erwarben bürgerliche Freiheiten etc. Auch der Inklusionscode des aufklärerischen Kosmopolitismus erweist sich in seiner ungebrochenen Form als unangemessen. War der ständische Code zu eng, so war der Kosmopolitismuscode zu weit; er nahm wenig Rücksicht auf die weiterhin bestehenden Barrieren politischer und ökonomischer Interaktion zwischen den Staaten. Darüber hinaus stand der Kosmopolitismus bei der bürgerlichen Modernisierungselite zunächst noch im Verdacht, ein Merkmal aristokratischer Lebensart zu sein.

An dieser Stelle empfiehlt es sich, das Auflösungsvermögen des selektionstheoretischen Programms für eine genauere Analyse der *sozialstrukturellen* Situation jener Gruppen in Anspruch zu nehmen, die *Träger* des *Modernisierungsprozesses* im Deutschland des achtzehnten Jahrhunderts waren und bei denen wir die oben skizzierte Verdichtung universalistischer Einstellungen vermuten können.[27] Die Kontinuität einer sozialstrukturellen Lage und der damit verbundenen lebenspraktischen Probleme stellen ein situationsübergreifendes Fundament, auf dem sich weitreichende Interaktions- und Kommunikationsprozesse entwickeln können. Die Gesellschaft der deutschen Aufklärung wurde von einer *Bildungselite* bestimmt, die in deutlichem Gegensatz zum traditionellen lokalen Bürgertum stand. Sie setzte sich aus höheren Beamten und Militärs, aus Bergwerks- und Forstfachleuten, Professoren und Unternehmern in neuen staatlich geförderten Branchen zusammen. Die Angehörigen dieser Modernisierungselite waren nicht selten Immigranten und entstammten nur in Ausnahmefällen dem lokal ansässigen Bürgertum. Man war in der Regel durch staatliche Planung und Beschluß in eine bestimmte Stadt geraten und blieb dort zumeist ein Fremder, der nur schwer in der Gesellschaft der alteingesessenen Stadtbürger Wurzeln schlagen konnte. Andererseits waren sehr viele Angehörige dieser Modernisierungselite durch Verbeamtung oder Privilegierung mit der aufgeklärten Staatsanstalt verbunden. Insbesondere der aufgeklärte Absolutismus Friedrichs II. bot Anlaß zu emphatischer Identifikation, die dieser selbst jedoch ablehnte. Das deutsche aufgeklärte Bürgertum konnte nie zwischen sich und den Königshof jene Distanz legen, die für die französische Aufklärung kennzeichnend war. Es war staatsnah und gewann seine zweckrationalen Orientierungen nicht aus der Partikularität bürgerlichen Erwerbssinns, sondern aus der Praxis von Verwaltung, Wissenschaft und Rechtsprechung; das Handelsbürgertum war nur schwach vertreten.[28] In dieser Situation ließ sich über den Inklu-

27 Siehe zu beispielhaften universalhistorischen Analysen der Ausdifferenzierung und Funktion solcher Trägerschichten insbesondere Eisenstadt 1982 sowie Bendix 1978.
28 In dieser Hinsicht ergab sich freilich kein Unterschied zu Frankreich.

sionscode des ständischen Bürgertums kaum eine kollektive Identität gewinnen. Gefragt war vielmehr ein Inklusionscode, der gerade die sozialstrukturelle Differenz zum eingesessenen, zünftigen Bürgertum und die Nähe zur aufgeklärten Staatsanstalt betonte und der darüber hinaus die Teilnehmer an einem räumlich weitgespannten Kommunikationsnetz verbinden konnte.

4.23 Kommunikationsrevolution, Emphase und Moral

Ein solches weitgespanntes und verdichtetes *Kommunikationsnetz* entstand in der sogenannten *Leserevolution* des 18. Jahrhunderts.[29] Im Verlauf von wenigen Jahrzehnten stieg die Zahl der Zeitschriften und ihre Auflagen dramatisch; am Vorabend der Französischen Revolution erreicht die Gesamtauflage der vorwiegend norddeutschen Presse die Zahl von 300 000. Ein vergleichsweise großer Anteil der Leser war gleichzeitig auch Gelegenheitsschriftsteller, und die Rezeption des Gelesenen wurde durch die Institution des Lesevereins verstärkt. Diese *Lesevereine* verbreiteten sich insbesondere in der zweiten Hälfte des achtzehnten Jahrhunderts sehr schnell in Norddeutschland und bildeten die wichtigste Form der Geselligkeit für das aufgeklärte Bürgertum der Städte.

Im Unterschied zur reinen höfischen Geselligkeit, aber auch zur Mitgliedschaft in zweckrationalen Organisationen stellte der Verein[30] die Interaktion auf gemeinsame Überzeugung und *Moral*. Im Gespräch und in den Vereinsaktivitäten waren die rechtschaffene Gesinnung und das Engagement für Gemeinwohl und Vernunft

29 Aus einer mittlerweile ausgedehnten Forschung dazu können wir nur einen kleinen Querschnitt präsentieren; vgl. Dann 1981, S. 9-28; Dann 1978, S. 115-131; Engelsing 1984; zu Vorformen vgl. Schmitt 1987, Gruenter (Hg.) 1977, Prüsener 1972.
30 Die Sozialgeschichte des Vereins hat bislang noch keine hinreichende theoretische Bearbeitung gefunden. Siehe aber zu Versuchen, Andeutungen, theoretischen Vorspielen und zur Einordnung der Sozialform Verein in den Kontext der Ausdifferenzierung des Bürgertums im Überblick: van Dülmen 1986; Welke 1981, S. 29-53; Tenbruck 1989, S. 215-226; Dann (Hg.) 1984; Hardtwig 1984, S. 11-50 und auch François (Hg.) 1986. Ausgesprochen gewinnbringend lesen sich aber auch heute noch weit ältere Texte, insbesondere Garve 1981, S. 279-288.

ständig unter Beweis zu stellen. Ohne externen Handlungsdruck und praktische Beschränkungen zentrierte und steigerte sich die Kommunikation in bezug auf die *moralische Konstruktion* des Gemeinwohls.[31]

Dieses Wachstum einer moralisch orientierten öffentlichen Kommunikation wurde im Deutschland des achtzehnten Jahrhunderts kaum durch eine staatliche *Zensur* behindert.[32] Die deutschen Fürsten standen dem Ideal des aufgeklärten Absolutismus näher als etwa der französische König; staatliche Zensurmaßnahmen blieben darüber hinaus in der zersplitterten staatlichen Struktur Deutschlands relativ wirkungslos. Zwar konnten die im eigenen Hoheitsgebiet erscheinenden Publikationen zensiert werden, aber alles, was jenseits der Grenzen gedruckt und über die Grenze versandt wurde, blieb von der Zensur ausgenommen. Man schrieb also unbehindert für ein großes Publikum *jenseits* der kleinstaatlichen Grenzen. Ein an staatlichen Herrschaftsbereichen orientierter Inklusionscode wurde diesem ausgeweiteten Publikum der Aufklärungsgesellschaft nicht mehr gerecht.

An dieses Publikum adressierte man sich als »Deutsche Patrioten«. Der Patriotismusbegriff stellte eine Möglichkeit zur Vergemeinschaftung des unbekannten Publikums jenseits staatlicher und ständischer Einschränkungen dar. Die ausgeweiteten Interaktionskontakte und Kommunikationsnetze der Aufklärungsgesellschaft wurden durch den Patriotismus auf eine gemeinschaftliche Grundlage gestellt; diese Gemeinschaftlichkeit konnte einerseits an traditionelle Inklusionscodes wie Konfession und Stand anknüpfen, stellte andererseits aber auch den *moralischen Rationalismus* des aufgeklärten Bürgertums in den Mittelpunkt. Patriot war man nicht durch Herkunft oder Abstammung, durch natürliche Gleichheit also, sondern durch Gesinnung und Vernunft. In der *moralischen Emphase des aufgeklärten Patriotismus* zeigt sich eine grundlegende Differenz zu der bloß situativ gestützten Unterscheidung des Vertrauten und Fremden. *Die patriotische Moral verfertigt und bekräftigt eine Gemeinschaftlichkeit, die durch die*

---

31 Die deutschen Vereine gleichen in dieser Hinsicht den französischen »sociétés de pensée«. Dort hatte jedes Mitglied seine konkrete Besonderheit zugunsten eines abstrakten Bezugs zur Welt der Ideen aufzugeben; vgl. Furet 1980, Cochin 1988, Schleich 1988, S. 55 f.

32 Vgl. zu dem, was von dieser partikularismusbedingten Liberalität aber dann doch ausgeschlossen wird, Houben 1965.

Situation keineswegs gegeben ist. Je weniger Gemeinschaftlichkeit durch die Situation auf selbstverständliche Weise gesichert und gestützt wird, je unbekannter und unsichtbarer der Adressat ist, desto nachdrücklicher muß der moralische Appell ausfallen, um dennoch Vertrauen schaffen zu können. *Situative und prozessurale Garantien der Gemeinschaft treten hier auseinander.* Auf die Situation, auf Anwesenheit, ist kein Verlaß mehr, folglich kann sich der Inklusionscode nicht darauf beschränken, die situativ gegebene Vielfalt durch strukturelle Topologien abzubilden und zu ordnen; ob der unbekannte Adressat die Kommunikation abnimmt, ist höchst unsicher; folglich muß Verbindlichkeit und Gemeinschaftlichkeit erst durch bestimmte Kommunikationsprozesse selbst, das heißt durch die Annahme eines moralischen Konsenses zwischen Sprecher und Publikum, erzeugt und stabilisiert werden. Da auch dieser moralische Konsens nicht durch konkrete Sanktionsmöglichkeiten abgesichert ist, muß die moralische Kommunikation durch Emphase gesteigert und bekräftigt werden. Besondere Verfahren der Kommunikation wie Presse und Vereinsgeselligkeit kommen hinzu und erleichtern die Kommunikation und Interaktion über die Grenzen der Anwesenheit hinaus. Diese Entkopplung von Situationsstruktur und Interaktionsprozeß machen Code und Prozeß eigenständig und souverän gegenüber den realen Differenzen: Im Rahmen der Moral kann man nicht nur ohne genaue Kenntnis der Adressaten handeln, sondern man *muß* die individuellen Unterschiede sogar übersehen: Als Patrioten sind alle gleich.[33]

---

33 Sie sind deshalb unter der publizistischen Selbstindizierung von Autoren als »Patrioten« gesellschaftsweit erreichbar und können auch für scheinbar marginale Probleme interessiert werden. Vgl. dazu eine Unzahl von Belegen, zum Beispiel Anonymus 1785, S. 211-238/241-247; Anonymus 1796, S. 101-105; Siemssen 1798, Sp. 49 f.

5. Die Imagination der gesellschaftlichen Einheit als Gemeinschaft

5.1 Kommunikation über Codes: Die Stiftung des Allgemeinen

Die Abkopplung der Produktion von Gemeinschaftlichkeit von der jeweils gegebenen Situation hat folgenreiche Risiken: Moralische Kommunikation zieht Unsicherheiten und Zweifel über die Auslegung der Moral nach sich; sie kann mißbraucht werden und wirft die Frage nach der wahren und der falschen Moral auf. Dies gilt insbesondere dann, wenn der Kreis derjenigen, die untereinander moralisch kommunizieren, über längere Zeit wächst und sich ein Druck im Hinblick auf interne Differenzierung ergibt. So konnte in den letzten Jahrzehnten des achtzehnten Jahrhunderts eine besondere Diskussion über den wahren und falschen Patriotismus entstehen, in welcher der *Inklusionscode selbst zum Thema wurde*.[34]

Eine solche Kommunikation über Codes zielt nicht mehr auf noch so weit gespannte Vergemeinschaftungsprozesse, sondern auf die systematische Begründung von Codes selber, unabhängig von individuellen Meinungen und historisch wechselnden Situationen. Diese Notwendigkeit, die Reflexion über Codes von der Vielfalt der Situation und dem Wandel der Kommunikationsprozesse abzukoppeln, tritt um so deutlicher hervor, je mehr Prozeß und Situation die Selbstverständlichkeit verlieren und je häufiger Meinungsverschiedenheiten und Mißverständnisse auftreten. Die Autorität gesellschaftlicher Zentralinstitutionen kann zwar einen solchen Druck auf Reflexion über den einheitsstiftenden Code für eine gewisse Zeit abmildern und abfangen; fehlen aber solche selbstverständlichen Autoritäten oder verlieren sie an Gewicht, so wird ein Prozeß reflexiver Kommunikation in Gang gesetzt, der die eigenständige Ordnung und Stabilisierung des Codes zum Ziel hat und sich damit gerade von konkreten Vergemeinschaftungsprozessen, von der Vielfalt der Meinungen, vom Zufall der Geschichte, absetzt.

Genau diese Abkopplung des einheitsstiftenden Allgemeinen vom

---

34 Vgl. als typische Beispiele Wieland 1793, S. 3-21; Anonymus 1793, S. 977-988.

Streit der Meinungen war die Leistung des *romantischen Begriffs der Nation*, wie er im ausgehenden achtzehnten Jahrhundert im Anschluß an Herder, den Göttinger Hain und den deutschen Sturm und Drang entstand. Die Nation wurde begriffen als eine vor jedem geschichtlichen Wandel und über den Köpfen der einzelnen verortete Einheit, die nicht verwechselt, nicht kopiert und nicht entfremdet werden konnte, als der eigentliche mythische und unerschöpfliche Grund geschichtlichen Handelns. Sie erscheint nicht als kontingentes Ergebnis historischer Prozesse und politisch-staatlicher Zusammenschlüsse, sondern als »Subjekt« der Geschichte, das seine Identität über Sprache, Blut und Boden bestimmt. Die Rekonstruktion und Ausarbeitung dieser nationalen Identität über Herkunftsmythen, Leidensgeschichten und Definitionen der weltgeschichtlichen Rolle wurde folglich zur vordringlichen Aufgabe der Selbstreflexion.

5.2 Das sozialstrukturelle Szenario: Enklavenbildung und Reflexion

Eine solche Ausdifferenzierung eines autonomen Diskurses über die Nation setzte freilich ein *sozialstrukturelles* Szenario voraus, das sich von dem der Aufklärungsgesellschaft deutlich unterschied. Träger dieser Reflexion und Imagination der Gesellschaft als Nation war nicht mehr das aufgeklärte Bürgertum, sondern die sich eben jetzt unter Sonderbedingungen *ausdifferenzierende intellektuelle Elite*. Ihre Angehörigen entstammten einerseits dem Bildungsbürgertum, aus Beamten-, Lehrer- und Pfarrersfamilien und nur zu einem kleinen Teil aus dem gewerblichen oder kommerziellen Bürgertum oder dem Adel. Von einer homogenen Herkunft dieser Intellektuellen kann man jedoch nicht sprechen. Ähnlichkeiten ihrer soziostrukturellen Lage lassen sich – so unsere These – eher in bestimmten *Blockierungen von Karrieren*[35] *und/oder in durch Lebensunsicherheiten gekennzeichneten Karrieremustern*[36] nach der unter Intellektuellen verbreiteten Univer-

---

35 Vgl. dazu Vierhaus 1987, S. 64-78. Die Tendenz zu einem akademischen Karrierestau war vorhersehbar, ihre Beseitigung wurde frühzeitig eingeklagt. Siehe etwa Anonymus 1763, Sp. 1585-1600.
36 Das fällt ganz deutlich für die Trägerschicht des Sturm und Drang auf.

sitätsausbildung finden. Einer abnehmenden Zahl von attraktiven Positionen im Staatsdienst und an den Universitäten stand eine ständig wachsende Zahl von akademisch Gebildeten gegenüber. Die Überfüllung der akademischen Berufskarrieren verschärfte die Statuskonkurrenz und führte zur Abdichtung nach unten. Die drohende Stellungslosigkeit drängte viele nach Abschluß der Studienzeit in zumeist schlecht bezahlte, unsichere und wenig aussichtsreiche Positionen als Hofmeister in aristokratischen oder als Informator (Hauslehrer) in bürgerlichen Haushalten.[37] Zur Blokkierung von Aufstiegserwartungen bis zur Deklassierung kam die Situation der sozialen Isolierung und räumlichen Trennung von anderen Intellektuellen; man war allein in einer Provinzstadt oder am adeligen Gutshof und empfand *Distanz* zu dem sozialen Milieu, das einen umgab. Schließlich darf nicht übersehen werden, daß auf dem Buchmarkt eine für den einzelnen Literaten und Intellektuellen prekäre Situation herrschte.[38] Bezeichnend dafür sind die zeitgenössischen Klagen über Raubdrucke.

In der Folge drifteten die Intellektuellen aus der Ökologie des »Ganzen Hauses«[39] in eine gewisse Bindungslosigkeit, die gleich-

So war Gottfried August Bürger zunächst Amtmann, dann Dozent, schließlich Professor ohne Gehalt. Heinrich Wilhelm Gerstenberg bewegte sich durch eine Reihe teils militärischer, teils verwaltungszugehöriger Berufe und endete unter großen finanziellen Sorgen als Direktor im Lottojustizwesen. Johann Georg Haman brachte es vom Hofmeister über Kaufmann und Sekretär zum Packverwalter. Johann Jakob Wilhelm Heinse betätigte sich als Hauslehrer, Vorleser beim Erzbischof von Mainz, als Hofrat, schließlich als Bibliothekar. Friedrich Maximilian Klinger war Student, Theaterdichter, Offizier, Generalmajor, Kurator in russischen Diensten. Jakob Michael Reinhold Lenz fristete sein beklagenswertes Dasein als Reisebegleiter und mit Hilfe von Privatunterricht; er starb in Elend. Aber auch Herder, Goethe und Schiller (vor ihrer klassischen Konsolidierung, die wohl mehr für Goethe galt) sind typisch gekennzeichnet durch Berufs-, Landes- oder Schichtwechsel, mit zum Teil beklagenswerten Folgen. Der Positivabdruck dieser Negativkarrieren ergibt aber standessprengende Erfahrungs- und damit Reflexionsmöglichkeiten, gepaart mit einer deutlich kritischen Haltung gegenüber dem Verursacher, dem partikularistischen Reich.

37 Vgl. dazu instruktiv Fertig 1982, S. 322-328.
38 Vgl. für viele Mommsen 1987, S. 288-315.
39 Brunner ³1980, S. 103-127.

zeitig hohe horizontale und vertikale soziale Mobilität generierte.[40] Diese These läßt erwarten, daß *soziale Insulationsphäno-
mene* oder *Enklavenbildungen* auftreten. Jena und Weimar sind
dafür bezeichnende Beispiele.[41] In einer solchen Situation fällt es
schwer, den Inklusionscode der Umgebung zu übernehmen. Statt
dessen wird ein Code, der zwischen den aktuellen und kontingenten Umständen einerseits und dem tieferen, allgemeineren und
einheitsstiftenden Grund andererseits nachdrücklich unterscheidet, eine angemessene Konstruktion von Identität ermöglichen.
Dabei ließen sich nationale und persönliche Identität auf erstaun-
liche Weise parallelisieren. Ebenso unangemessen wie die ökonomische Lage dem Bildungsstand der Intellektuellen war auch das
politische Gewicht der deutschen Staaten ihrem kulturellen Rang.
Ähnlich wie die Identität der Intellektuellen auf ihrer Bildung und
auf ihrer Distanz zu Gelderwerb und Amtskarriere beruhte, sollte
sich auch die nationale Identität Deutschlands nicht auf die Besonderheiten politischer oder ökonomischer Interessen, sondern
auf die Universalität von Kunst und Kultur stützen. Jenseits des
Zufälligen, Eitlen und Oberflächlichen war ein tieferer und unver-
gänglicher Grund zu entdecken, aus dem die Gesellschaft ihre
Einheit und der einzelne seine Persönlichkeit gewinnen konnte.
Die transzendente Ordnung der Gesellschaft war in scharfem Gegensatz zu ihrer diesseitigen Ordnung, zum weltlichen Geschäft
von Politik und Wirtschaft zu sehen. Beide Ordnungen traten einander gegenüber als unversöhnliche Sphären, die gleichwohl auf
Versöhnung drängten, als Widerspruch von Wesen und Erscheinung, der auf Auflösung durch Überwindung angelegt war.
Das Wesen und die Einheit der Gesellschaft waren so nicht mehr
auf bloße Staatlichkeit oder auch nur auf die Reichweite bürgerlicher Interaktionsnetze zu gründen, sondern mußten auf einem
reinen und einfachen Fundament ruhen: der Gemeinschaft des
Volkes. Diese *Gemeinschaft* des *Volkes* wurde als *natürlich* verstanden; den Zugang zu diesem natürlichen Fundament eröffnete

40 Vgl. Gerth 1976.
41 Es ist aufschlußreich, daß diese Enklaven retrospektiv als epochema-
   chende Keimzellen der Reflexion nationaler Identität begriffen werden
   können; vgl. etwa Vosskamp 1987, S. 493-514. Begünstigend wirkte
   natürlich auch und gerade für Weimar die politische Sonderlage, die
   zumindest eine gewisse Abkopplung von den Zeitwirren gewährlei-
   stete.

jedoch nicht die an der Wissenschaft geschulte Vernunft, sondern das an der Kunst gebildete *Gefühl*.

Diese ästhetische Distanzierung gegenüber der profanen Umgebung war für alle literarischen Bewegungen der Jahrhundertwende kennzeichnend. Nach 1770 wandte sich die Sturm-und-Drang-Generation emphatisch gegen die bürgerliche Welt der Aufklärung und des absolutistischen Staates; die deutsche Hochklassik war von einer bemerkenswerten Distanz zur Welt der Politik bestimmt; die romantische Bewegung schließlich verlagerte das einheitsstiftende Fundament und die Gemeinschaftlichkeit von der vernünftigen Kommunikation auf die tiefere Ebene des natürlichen Gefühls und der Volkskultur. Verständigung war so gesichert, auch wenn die Kommunikation selbst »verrückt« und unverständlich schien. Enttäuschungen bei der Suche der Romantik nach der Volkskultur verstärkten diese Entgegensetzung von Oberfläche und Wesen noch: Die Wirklichkeit des Volkes war beschränkt, verblendet und verdorben, das unvergängliche Wesen bleibt davon aber unberührt. Es ist nicht nur der Vernunft nicht zugänglich, sondern entzieht sich der Kommunikabilität, zumindest von normalen Perspektiven.[42] Allein die Verrückung der Perspektive ins Ungewöhnliche – als Kater bei E. T. A. Hoffmann, als Ballonfahrer bei Jean Paul – vermag noch den Blick auf das Wesen zu öffnen.

Diese ästhetische Distanzierung von der umgebenden bürgerlichen Welt bleibt grundlegend für das Selbstverständnis vieler deutscher Intellektueller während des neunzehnten Jahrhunderts. Während der Romantik zeigte sie sich sogar in einer Reihe von Konfessionswechseln: Von der protestantisch bestimmten bürgerlichen Gegenwart wandte man sich ab und kehrte zur »ursprünglicheren« katholischen Religion des Mittelalters zurück.

42 Vgl. zu dieser Abwendung als Kontrapunkt der Alltäglichkeit Pikulik 1979. Zum Topos der ästhetisch artikulierten Inkommunikabilität angeblich nationaler Eigentümlichkeiten vgl. ausführlich Giesen/Junge 1991.

Der romantische Diskurs über die deutsche Nation entstand so in Kompensation der unbefriedigenden Gegenwart und verstärkte sich in dem Maße, in dem er Distanz zur Sphäre von Recht und Geld hielt. Zur lebenspraktischen Distanzierung von der bürgerlichen Welt kam die Ausdifferenzierung besonderer *Kommunikationsformen.* Im Unterschied zu der auflagenstarken patriotischen Presse traten gegen Ende des Jahrhunderts vermehrt *literarische Zeitschriften* mit hohem Anspruch auf, deren Auflage gering und deren Existenz ökonomisch ungesichert war. Sie stellten abgesonderte Foren dar, in denen sich Kommunikation, von praktischen Zwecken freigesetzt, allein an ästhetischen Idealen ausrichten und der Bildung einer romantischen Gemeinschaft widmen konnte.

In diesen abgeschirmten Räumen vollzog sich die Entkopplung des Inklusionscodes von praktischen Prozessen der Vergemeinschaftung. Der romantische Volksbegriff war gerade dadurch bestimmt, daß er für die normalen bürgerlichen Lebensvollzüge unerreichbar war. Er ermöglichte eine Imagination der Gesellschaft als mythischer Gemeinschaft, in der die Spannung zwischen »Natur« und »Kultur« ebenso überwunden wurde wie die sozialstrukturellen Gegensätze. Diese Spannung zwischen der transzendenten Gemeinschaft des Volkes und dem Bereich des Weltlichen drängte auf Erlösung und Überwindung durch *ästhetisches* Handeln.

Das über die historische Gegenwart erhabene Bild der Nation war zunächst nur ein Code, mit dem sich eine kleine intellektuelle Elite verständigte. Diese Lage änderte sich grundlegend mit der Erfahrung der französischen Besatzung.[43] Jene Teile des Bürgertums, die »fritzisch« gesinnt waren und sich mit dem preußischen Staat identifizierten, waren durch dessen militärische Niederlage enttäuscht. Die anfängliche Revolutionsbegeisterung der deutschen Aufklärer erlosch unter dem Eindruck des Besatzungsalltags rasch, und die revolutionäre Verbrüderung schlug um in den Gegensatz zwischen den französischen Unterdrückern und den unterdrückten Deutschen. Unter dem einheitsstiftenden Druck

---

43 Die Änderung der Lage, die durch Außendruck zustande kommt, thematisiert als einzige Möglichkeit, Patriotismus aufflammen zu lassen, Wieland 1793.

der Fremdherrschaft brach der romantische Nationenbegriff aus dem intellektuellen Treibhaus und wurde zum mobilisierenden Code weiter Teile des deutschen Bürgertums. Die im romantischen Nationencode angelegte Spannung zwischen der beklagenswerten Gegenwart und der idealen nationalen Gemeinschaft bot Anlaß zu kollektivem geschichtlichen Handeln im Namen der Nation. Dabei wurde die im romantischen Nationenbegriff angelegte Spannung säkularisiert; von einem transhistorischen Fluchtpunkt aus der Welt der Politik wurde die Nation zu einem politischen Ziel, das in naher Zukunft zu verwirklichen war. Der von den Intellektuellen unter ihren Sonderbedingungen ausgearbeitete Gegensatz zwischen transzendenter und weltlicher Gemeinschaft wurde so zum Erlösungsmotiv des Nationalismus.[44]

6. Schlußbemerkung

Die drei Szenarios beschreiben Situationen, die sich im Hinblick auf die Entkopplung von Code, Prozeß und Situation deutlich unterscheiden und damit auch der Entfaltung von sozialem Wandel unterschiedliche Möglichkeiten einräumen. Das Szenario »Begegnung mit dem Fremden« koppelte die Codierung eng an die situativ gebundene Erfahrung des Fremden selbst. Allein durch die unvermeidbare Anwesenheit des Fremden und in Erinnerung dieser Situation wird der Code aktiviert. Einen inneren Zusammenhang und eine autonome situationsenthobene Variation können Codes hier noch nicht ausbilden.

War im ersten Szenario die Anwesenheit des Fremden das Problem, so wird im zweiten Szenario die Nichtanwesenheit des anonymen Publikums zum selektiven Prüfstein der Codierung. Der Interaktionsprozeß reicht hier weit über den Kreis der in der Situation Anwesenden hinaus und koppelt sich von der unmittelbar wahrnehmbaren Situation ab. Mit kommunikativ symbolischen Mitteln wird eine gesellschaftsweite Situation symbolisch erzeugt und stabilisiert. Der Code selbst ist jedoch noch eng an den Prozeß des Codierens selbst gebunden. Man benutzt den

---

44 Eisenstadts Ausarbeitung der Achsenzeitthese kann also auch für die Geburt der Nation aus dem Geist der Intellektuellen in Anspruch genommen werden; vgl. den Untertitel bei Giesen 1993.

Inklusions-code	Klassifikatorisch deskriptiv »nationes«	Moralisch »Patriot«	Ästhetisch »Volk«
Prozeß	Erinnerung der direkten Begegnung	öffentliche Kommunikation	ausdifferenziert literarische Kommunikation
Interaktions-verfahren	Migrationen	Presse Leseverein	literarische Reflexion Korrespondenz

Situation			
Interaktions-problem	1. Anwesenheit von Fremden 2. Kooperation mit Anwesenden	1. Nicht-Anwesenheit von ›Alter‹ 2. Vergemein-schaftung von Unbekannten	1. Nicht-Anwesenheit von ›Alter‹ 2. Distanzierung von der Situation
Sozial-strukturelle Trägergruppe	Adel Klerus	Bildungs-bürgertum Hofmeister	Intellektuelle

Code, um ein möglichst weitreichendes Publikum anzusprechen, macht ihn selbst jedoch noch nicht zum Thema. Ein eigener Diskurs über den Code selbst hat sich noch nicht ausdifferenziert. Dies wird erst im dritten Szenario möglich. Hier ist nicht mehr die gemeinschaftliche Fundierung weitreichender Interaktionsprozesse das Kriterium der Angemessenheit, sondern die Distanzierung von den »oberflächlichen« Kommunikationsprozessen und die Konstruktion einer »tiefer liegenden« Ebene des Diskurses. Indem der Code von seiner Einbindung in konkrete Interaktionsbeziehungen befreit und in einem abgeschirmten intellektuell-literarischen »Treibhaus« zum Thema der Reflexion wird, vollzieht sich auch der Übergang zum evolutionären Wachstum der Codestrukturen selbst. Über den Köpfen der Akteure entwickelt sich ein symbolisches Gebilde, das seine Entstehungsbedingungen unkenntlich machen konnte. Damit werden die Umrisse eines Themas sichtbar, das auch die Postmoderne für sich reklamiert: die Welt der Zeichen, die ihre Verbindung zur Welt der Dinge längst gelöst haben.

Literatur

Alexander, J.C. (1980), »Core Solidarity, Ethnic Outgroup, and Social Differentiation: A Multidimensional Model of Inclusion in Modern Societies«, in: J. Dofny/A. Akiwowo (Hg.), *National and Ethnic Movements*, Beverley Hills/London, S. 5-28.

– (1988), *Action and its Environments. Toward a New Synthesis*, New York.

Anderson, B. ([2]1991), *Imagined Communities*, London.

Anonymus (1763), »Von der Menge der Studierenden in Teutschland«, in: *Hannoversches Magazin* 100, S. 1585-1600.

Anonymus (1785), »Kurzer Unterricht eines Patrioten für den Landsmann, von den bewährtesten Präservativmitteln wider die Rindviehseuche«, in: *Allerneueste Mannigfaltigkeiten* 4, S. 211-238; 241-247.

Anonymus (1793), »Was ist Patriotismus?«, in: *Neues Hannoversches Magazin* 3, S. 977-988.

Anonymus (1796), »Patriotische Bemerkungen«, in: *Neue Monatsschrift von und für Mecklenburg* 5, Supplement, S. 101-105.

Arnold, H. (1981), *Der Situationsbegriff in den Sozialwissenschaften. Zur Definition eines erziehungswissenschaftlichen Situationsbegriffs*, Weinheim/Basel.

Axelrod, R. (1984), *The Evolution of Cooperation*, New York.

Baudrillard, J. (1982), *Selected Writings*, New York.

Bendix, R. (1978), *Kings or People. Power and the Mandate to Rule*, Berkeley; deutsch: *Könige oder Volk. Machtausübung und Herrschaftsmandat*, 2 Bde., Frankfurt am Main 1980.

Bourdieu, P. (1982), *Die feinen Unterschiede. Kritik der gesellschaftlichen Urteilskraft*, Frankfurt am Main.

Boyd, R./P. J. Richerson (1985), *Culture and Evolutionary Process*, Chicago.

Brubaker, R. (1992), *Citizenship and Nationhood in France and Germany*, Cambridge, Mass.

Brunner, O. (³1980), »Das ›Ganze Haus‹ und die alteuropäische ›Ökonomik‹«, in: ders., *Neue Wege der Verfassungs- und Sozialgeschichte*, Göttingen, S. 103-127.

Burns, T. R./T. Dietz (1992), »Cultural Evolution: Social Rule Systems, Selection and Human Agency«, in: *International Sociology* 7, S. 259-283; deutsch in diesem Band, S. 291-339.

Burrow, J. W. (²1970), *Evolution and Society. A Study in Victorian Social Theory*, Cambridge.

Campbell, D. T. (1965), »Variation and Selective Retention in Socio-Cultural Evolution«, in: H. Barringer u. a. (Hg.), *Social Change in Developing Areas*, Cambridge, Mass., S. 19-49.

Cavalli-Sforza, L. L./M. W. Feldman (1981), *Cultural Transmission and Evolution. A Quantitative Approach*, Princeton.

Cochin, A. (1988), *Pour une histoire de l'historiographie de la Révolution pour une historiographie de la Révolution Française*, Paris.

Conze, W. (1964), »›Nation und Gesellschaft‹. Zwei Grundbegriffe der revolutionären Epoche«, in: *Historische Zeitschrift* 198, S. 1-16.

Dahrendorf, R. (1965), *Gesellschaft und Demokratie in Deutschland*, München.

Dann, O. (1978), »Gruppenbildung und gesellschaftliche Organisation in der Epoche der deutschen Romantik«, in: R. Brinkmann (Hg.), *Romantik in Deutschland. Ein interdisziplinäres Symposion*, Stuttgart, S. 115-131.

– (1981), » Einleitung«, in: ders. (Hg.), *Lesegesellschaften und bürgerliche Emanzipation. Ein europäischer Vergleich*, München, S. 9-28.

– (Hg.) (1984), *Vereinswesen und bürgerliche Gesellschaft in Deutschland*, München.

Dawkins, R. (1989), *The Selfish Gene*, Oxford.

Deutsch, K. W. (1966), *Nationalism and Social Communication*, Cambridge, Mass.

– (1969), *Nationalism and its Alternatives*, New York.

Dülmen, R. van (1986), *Die Gesellschaft der Aufklärer. Zur bürgerlichen Emanzipation und aufklärerischen Kultur in Deutschland*, Frankfurt.

Durham, W. H. (1991), *Co-evolution. Genes, Culture and Human Diversity*, Stanford.

Eder, K. (1985), *Geschichte als Lernprozeß? Zur Pathogenese politischer Modernität in Deutschland*, Frankfurt am Main.

Eisenstadt, S. N. (1982), *Revolution und Transformation von Gesellschaften*, Opladen.

– (Hg.) (1987), *Kulturen der Achsenzeit*, 2 Bde, Frankfurt am Main.

Eisenstadt S. N./S. R. Graubard (Hg.) (1973), *Intellectuals and Tradition*, New York.

Eisenstadt, S. N./S. Rokkan (Hg.) (1973), *Building States and Nations*, 2 Bde., Beverley Hills.

Elias, N. (1989), *Studien über die Deutschen*, Frankfurt am Main.

Engelsing, R. (1984), *Der Bürger als Leser. Lesegeschichte in Deutschland 1500-1800*, Stuttgart.

Fertig, L. (1982), »Die Hofmeister. Befunde, Thesen, Fragen«, in: U. Herrmann (Hg.), *Die Bildung des Bürgers. Die Formierung der bürgerlichen Gesellschaft und die Gebildeten im 18. Jahrhundert*, Weinheim, S. 322-328.

François, E. (1986), *Sociabilité et société bourgeoise en France, Allemagne et en Suisse 1750-1850*, Paris.

Friedrichs, J. (1974), »›Situation‹ als soziologische Erhebungseinheit«, in: *Zeitschrift für Soziologie* 3, S. 4-53.

Furet, F./R. Denis (1989), *Die Französische Revolution*, Frankfurt am Main.

Garve, C. (1981), »Clubs«, in: Z. Batscha u. a. (Hg.), *Von der ständischen zur bürgerlichen Gesellschaft*, Frankfurt am Main, S. 279-288.

Geertz, C. (1973), »After the Revolution. The Fate of Nationalism in the New States«, in: C. Geertz, *The Interpretation of Culture*, New York, S. 234-254.

Gellner, E. (1964), »Nationalism«, in: ders., *Thought and Change*, London, S. 147-178.

– (1983), *Nations and Nationalism*, Oxford.

Gerth, H. H. (1976), *Bürgerliche Intelligenz um 1800*, Göttingen.

Giddens, A. (1985), *The Nation-State and Violence*, Cambridge.

Giesen, B. (1980), *Makrosoziologie. Eine evolutionstheoretische Einführung*, Hamburg.

– (1987), »Beyond Reductionism. Four Models Relating Micro to Macro Levels«, in: J. C. Alexander/B. Giesen/R. Münch/ N. J. Smelser (Hg.), *The Micro-Macro Link*, Berkeley/Los Angeles/London, S. 337-355.

– (1991), *Die Entdinglichung des Sozialen. Eine evolutionstheoretische Perspektive auf die Postmoderne*, Frankfurt am Main.

– (Hg.) (1991), *Nationale und kulturelle Identität. Studien zur Entwicklung des kollektiven Bewußtseins in der Neuzeit*, Frankfurt am Main.

- (1992), »Code, Process and Situation in Cultural Selection«, in: R. Adams/C. Antweiler (Hg.), *Cultural Dynamics*, Bd. IV/2, New York, S. 172-185.
- (1993), *Die Intellektuellen und die Nation. Eine deutsche Achsenzeit*, Frankfurt am Main.

Giesen, B./K. Junge (1991), »Vom Patriotismus zum Nationalismus. Zur Evolution der ›Deutschen Kulturnation‹«, in: B. Giesen (Hg.), *Nationale und kulturelle Identität. Studien zur Entwicklung des kollektiven Bewußtseins in der Neuzeit*, Frankfurt am Main, S. 255-303.
- (1994), »Deutsche Identität und intellektueller Diskurs«, in: *Berliner Journal für Soziologie* 4, S. 21-32.

Giesen, B./K. Junge/C. Kritschgau (1994), »Vom Patriotismus zum völkischen Denken. Intellektuelle als Konstrukteure der deutschen Identität«, in: H. Berding (Hg.), *Nationale und kulturelle Identität*, Bd. 2, Frankfurt am Main.

Goffman, E. (1971), *Verhalten in sozialen Situationen. Strukturen und Regeln im öffentlichen Raum*, Gütersloh.

Gruenter, R. (Hg.) (1987), *Leser und Lesen im 18. Jahrhundert*, Heidelberg.

Hahn, A. (1993), »Identität und Nation in Europa«, in: *Berliner Journal für Soziologie* 3, S. 193-203.

Hallpike, C. R. (1986), *The Principles of Social Evolution*, Oxford.

Hamilton, W. D. (1964), »The Genetical Evolution of Social Behavior«, in: *Journal of Theoretical Biology* 7, S. 1-52.

Hannan, M. T./G. R. Caroll (1991), *Dynamics of Organizational Populations*, New York/Oxford.

Hardtwig, W. (1984), »Strukturmerkmale und Entwicklungstendenzen des Vereinswesens in Deutschland 1789-1848«, in: O. Dann (Hg.), *Vereinswesen und bürgerliche Gesellschaft in Deutschland*, München, S. 11-50.

Hechter, M. (1985), »Internal Colonialism Revisited«, in: E. A. Tiryakian/R. Rogowski (Hg.), *New Nationalisms of the Developed West*, London, S. 17-26.

Hitzler, R./A. Honer (1984), »Lebenswelt – Milieu – Situation«, in: *Kölner Zeitschrift für Soziologie und Sozialpsychologie* 36, S. 56-74.

Hobsbawm, E. (1991), *Nationen und Nationalismus. Mythos und Realität seit 1780*, Frankfurt am Main.

Holland, J. H. (1992), *Adaption in Natural and Artificial Systems*, Cambridge, Mass.
- (1992a), »Genetic Algorithms«, in: *Scientific American*, S. 44-50.

Hondrich, K. O. (1992), »World Society Versus Niche Societies. Paradoxes of Unidirectional Evolution«, in: H. Haferkamp/N. J. Smelser (Hg.), *Social Change and Modernity*, Berkeley/Los Angeles/London, S. 350-366.

Houben, H. H. (1965), *Verbotene Literatur von der klassischen Zeit bis zur Gegenwart*. Bd. 1: *Ein kritisch-historisches Lexikon über verbotene Bücher, Zeitschriften und Theaterstücke, Schriftsteller und Verleger*, Hildesheim.

Iffland, A. W. (1792), »Der Eichenkranz. Ein Dialog zur Eröffnung der Franfurter Nationalschaubühne bei der Krönungsfeier Ihro Majestät des Kaysers Franz des Zweyten«, in: *Olla Potrida* 3, S. 41-63.

Jeismann, M. (1992), *Das Vaterland der Feinde*, Stuttgart.

Kausch, K. H. (1967), »Das Politische als Kunstform in Schillers Schauspiel ›Wilhelm Tell‹«, in: B. von Wiese/K. Henß (Hg.), *Nationalismus in Germanistik und Dichtung. Dokumentation des Germanistentags in München vom 17.-22. Oktober 1966*, Berlin, S. 285-304.

Kluckhohn, P. (1925), *Persönlichkeit und Gemeinschaft. Studien zur Staatsauffassung der deutschen Romantik*, Halle.

Kohn, H. (1965), *The Mind of Germany*, London.

Lepsius, M. R. (1990), »Nation und Nationalismus in Deutschland«, in: ders., *Interessen, Ideen und Institutionen*, Opladen, S. 232-246.

– (1990a), »›Ethnos‹ und ›Demos‹. Zur Anwendung zweier Kategorien von Emerich Francis auf das nationale Selbstverständnis der Bundesrepublik und auf die europäische Einigung«, in: ders., *Interessen, Ideen und Institutionen*, Opladen, S. 247-255.

– (1990b), »Kritik als Beruf. Zur Soziologie der Intellektuellen« in: ders., *Interessen, Ideen und Institutionen*, Opladen, S. 270-285.

– (1993), *Demokratie in Deutschland. Ausgewählte Aufsätze*, Göttingen.

Luhmann, N. (1975), *Macht*, Stuttgart.

– (1986), *Ökologische Kommunikation. Kann die moderne Gesellschaft sich auf ökologische Gefährdungen einlassen?*, Opladen.

Markowitz, J. (1979), *Die soziale Situation. Entwurf eines Modells zur Analyse des Verhältnisses zwischen personalen Systemen und ihrer Umwelt*, Frankfurt am Main.

Martens, W. (1968), *Die Botschaft der Tugend. Die Aufklärung im Spiegel der deutschen moralischen Wochenschriften*, Stuttgart.

McHugh, P. (1968), *Defining the Situation. The Organization of Meaning in Social Interaction*, Indianapolis.

Meinecke, F. (1908), *Weltbürgertum und Nationalstaat*, München.

Mommsen, H. (1987), »Die Auflösung des Bürgertums seit dem späten 18. Jahrhunderts«, in: J. Kocka (Hg.), *Bürger und Bürgerlichkeit im 19. Jahrhundert*, Göttingen, S. 288-315.

Münch, R. (1982), *Theorie des Handelns. Zur Rekonstruktion der Beiträge von Talcott Parsons, Emile Durkheim und Max Weber*, Frankfurt.

– (1986), *Die Kultur der Moderne*, Frankfurt am Main.

Nairn, T. u. a. (Hg.) (1978), *Nationalismus und Marxismus*, Berlin.

Nelson, R. N./S. G. Winter (1982), *An Evolutionary Theory of Economic Change*, Cambridge, Mass.

Nisbet, R. (Hg.) (1972), *Social Change*, Oxford.

Pikulik, L. (1979), *Romantik als Ungenügen an der Normalität*, Frankfurt am Main.

Plessner, H. (1959), *Die verspätete Nation*, Stuttgart.

Popper, K. R. (1972), *Objective Knowledge. An Evolutionary Appraoch*, Oxford; deutsch: *Objektive Erkenntnis. Ein evolutionärer Entwurf*, Hamburg ⁴1984.

Prüsener, M. (1972), *Lesegesellschaften im achtzehnten Jahrhundert. Ein Beitrag zur Lesergeschichte*, Frankfurt am Main.

Schleich, T. (1988), »Philosophische Gesellschaften, aufklärerische Kirchenkritik und die Ursprünge der französischen Revolution«, in: H. Meurer/E. Schmitt (Hg.), *Wie eine Revolution entsteht. Die französische Revolution als Kommunikationsereignis*, Paderborn, S. 55-87.

Schmid, M. (1982), *Theorie des sozialen Wandels*, Opladen.

Schmid, M./F. M. Wuketits (Hg.) (1987), *Evolutionary Theory in Social Science*, Dordrecht.

Schmitt, E. (1987), *Leben im 18. Jahrhundert. Herrschaft, Gesellschaft, Kultur, Religion, dokumentiert und dargestellt anhand von Akzidenzdrucken der Wagnerschen Druckerei in Ulm*, Konstanz.

Schmitt-Sasse, J. (1987), »Der Patriot und sein Vaterland. Aufklärer und Reformer im sächsischen Rétablissement«, in: H. E. Bödecker/U. Herrmann (Hg.), *Aufklärung als Politisierung – Politisierung der Aufklärung*, Hamburg, S. 237-252.

Shils, E. (1980), »Intellectuals, Tradition, and the Tradition of Intellectuals. Some Preliminary Considerations«, in: *Daedalus* 101, S. 21-34.

– (1982), »The Intellectuals and the Powers. Some Perspectives for Comparative Analysis«, in: ders., *The Constitution of Society*, Chicago, S. 179-201.

Siemssen, A. C. (1798), »Patriotischer Wunsch der etwandigen vaterländischen Gesundbrunnen betreffend«, in: *Neue Monatsschrift von und für Mecklenburg* 7, Supplement, S. 49-50.

Smith, A. D. (1973), *The Concept of Social Change*, London.

Spencer Brown, G. S. (1971), *Laws of Form*, New York.

Tenbruck, F. (1989), »Modernisierung – Vergesellschaftung – Gruppenbildung – Vereinswesen«, in: ders., *Die kulturellen Grundlagen der Gesellschaft*, Opladen, S. 215-226.

Ter-Nedden, G. (1988), »Das Ende der Rhetorik und der Aufstieg der Publizistik«, in: H.-G. Soeffner (Hg.), *Kultur und Alltag*, Göttingen, S. 117-190.

Thadden, R. von (1989), *Nicht Vaterland, nicht Fremde. Essays zur Geschichte und Gegenwart*, München.

Toulmin, S. (1972), *Human Understanding. The Collective Use and Evolution of Concepts*, Princeton; deutsch: *Kritik der kollektiven Vernunft*, Frankfurt am Main 1978.

Vierhaus, R. (1987), »Der Aufstieg des Bürgertums vom späten 18. Jahrhundert bis 1848/49«, in: J. Kocka (Hg.), *Bürger und Bürgerlichkeit im 19. Jahrhundert*, Göttingen, S. 64-78.

– (1987), »Patriotismus«, in: ders., *Deutschland im 18. Jahrhundert*, Göttingen, S. 96-109.

Vollmer, G. (³1981), *Evolutionäre Erkenntnistheorie*, Stuttgart.

Vosskamp, W. (1987), »Zur Typologie und Funktion der Weimarer Klassik«, in: R. Herzog/R. Koselleck (Hg.), *Epochenschwellen und Epochenbewußtsein*, München, S. 493-514.

Welke, M. (1981), »Gemeinsame Lektüre und frühe Formen von Gruppenbildungen im 17. und 18. Jahrhundert. Zeitungslesen in Deutschland«, in: O. Dann (Hg.), *Lesegesellschaften und bürgerliche Emanzipation. Ein europäischer Vergleich*, München, S. 29-53.

Wieland, C. M. (1793), »Ueber teutschen Patriotismus. Betrachtungen, Fragen, Zweifel«, in: *Der neue teutsche Merkur* 2, S. 3-21.

Wilson, E. O. (1975), *Sociobiology. The New Synthesis*, Cambridge, Mass.

Wippler, R. (1987), »Kulturelle Ressourcen, gesellschaftlicher Erfolg und Lebensqualität«, in: B. Giesen/H. Haferkamp (Hg.), *Soziologie der Ungleichheit*, Opladen, S. 228-251.

Klaus Eder
Die Institutionalisierung sozialer Bewegungen

Zur Beschleunigung von Wandlungsprozessen in fortgeschrittenen Industriegesellschaften

1. Was die Soziologen tun sollten

Kürzlich hat Ralf Dahrendorf angemerkt, was die Soziologie tun sollte und was sie leider nicht tut. »Irgendwann« – so Dahrendorf – »sind der Soziologie die Institutionen verlorengegangen. Institutionen: Gestalt gewordene Normen, Entscheidungs- und Sanktionsinstanzen. Irgendwie, irgendwann hat die Soziologie begonnen, sich als Disziplin für die subinstitutionellen Wirklichkeiten des Sozialen zu definieren ... [M]an findet ... das Modell einer Soziologie, die sich mit allem befaßt, was unterhalb der Institutionen *kribbelt und krabbelt*, um am Ende diese Institutionen zu unterminieren.« Wir haben es zu tun mit einer »Soziologie, die sich geradezu verliebt hat in alles, das nicht Institution ist. Auch darum ist sie zur Schule sozialer Bewegungen geworden ... Inzwischen hat die entinstitutionalisierte Welt der neueren Soziologie sogar einen Namen: Lebenswelt.«[1]

Folgt aus dieser Anmahnung nun der Marsch zurück in die Analyse der traditionellen politischen Institutionen? Die Soziologie hat ihn – soweit ich sehe – bereits angetreten. »Neuer Institutionalismus« heißt das Zauberwort. Er reicht von der politischen Theorie über die *policy analysis* bis hin zur politischen Ökonomie.[2] Mit diesen Reorientierungen versucht die Soziologie wieder ihre praktische Funktion zurückzugewinnen. Der Rückzug in die Institutionen soll sicherstellen, daß Soziologie nicht mehr im

---

1 Dahrendorf 1989, S. 4 f. Hervorhebung von K. E.
2 Anhaltspunkte dafür sind auf philosophischer Ebene Begründungstheorien für Institutionen im Gefolge der Diskussionen von Tullock bis Rawls und auf Lehrbuchebene Görlitz/Voigt (1985). »Kontextanalysen« haben Konjunktur in der Analyse von Entscheidungsprozessen und ökonomischen Prozessen (Zald 1987). In der soziologischen Theorie verbindet sich dieser Institutionalismus mit dem Aufstieg der Systemtheorie.

Kribbeln und Krabbeln der Anti-Gesellschaft versinkt, sondern sich am Puls gesellschaftlicher Wandlungsprozesse situieren kann. Und dieser Pulsschlag wird in den politischen Institutionen, wo die gesellschaftlich folgenreichen Entscheidungen vermutet werden, gesucht. Man möchte wieder praktisch Sinnvolles und Verwertbares tun, das Augenmaß der Politik zur Ethik des Sozialforschers machen. Das Interesse, diesem Pulsschlag nahe zu sein, verrät noch ein zweites Motiv dieser neuen Soziologie: ein wiedererkannter und anerkannter Akteur auf der politischen Bühne zu sein.

Meine *erste* These lautet nun, daß diese Wende und diese Reorientierung übersehen, daß das »Kribbeln und Krabbeln« selbst schon Institution geworden sind. Nun genauer formuliert: daß soziale Bewegungen im Begriff sind, ein institutioneller Akteur zu werden und Struktur und Funktion des institutionellen Systems moderner Gesellschaften zu verändern. Es muß allerdings hinzugefügt werden, daß viele »Bewegungsforscher« (zumindest in Deutschland) der »Kribbel-Krabbel-Perspektive« (die Dahrendorf beklagt) in ungutem Maße verhaftet geblieben sind.[3] Was theoretisch bislang nicht angemessen gefaßt wurde, ist die institutionelle Wirkung und Funktion sozialer Bewegungen in der Restrukturierung des institutionellen Rahmens moderner Gesellschaften. Damit hängt meine *zweite* These zusammen: Die mit den neuen sozialen Bewegungen zusammenhängende Restrukturierung des institutionellen Rahmens führt zu einer Intensivierung öffentlicher Kommunikation. Es wird über alles mehr denn je geredet. Und das widerspricht der gängigen Klage über einen Verlust an Öffentlichkeit oder massenmedialer Entmündigung. Wir befinden uns vielmehr in einem Paradox. Denn diese Klagen zeigen gerade das, was sie beklagen: Es wird immer mehr geklagt. Und schließlich bleibt als *dritte* These: Mit der Intensivierung von Kommunikation hängt die Beschleunigung von Wandlungsprozessen in der modernen Gesellschaft zusammen. Das evolutionäre Tempo des Wandels erfährt eine erneute Steigerung. Und darauf hat sich eine Theorie sozialen Wandels einzustellen. Ohne das Kribbeln und Krabbeln und ohne das damit zusammenhängende

3 Ausnahmen sind Brand (1982, 1990a, 1990b), Rucht (1988a, 1988b, 1990a, 1990b) und Neidhardt (1985), um einige wichtige Vertreter einer Professionalisierung der Bewegungsforschung zu nennen.

»Gerede« läßt sich die Beschleunigung sozialen Wandels nicht erklären.

2. Historische Anmerkungen zum Verhältnis von Bewegung und Institutionen

Die Klage darüber, daß über alles geredet wird und daß man nicht mehr mit der Zeit mitkommt, gehört zu den gängigen Klagen des 19. Jahrhunderts. Diese Klage reagiert auf die Loslösung der Gesellschaft aus der Kontrolle absolutistischer Herrschaft und auf den Beginn der Selbstorganisation einer bürgerlichen Gesellschaft. In dieser bürgerlichen Gesellschaft wird es normal, alles anders zu denken, als es ist. Diese Fähigkeit wurde eingeübt in den bürgerlichen Assoziationen, in den Lesegesellschaften, den politischen Clubs, den Vereinen und schließlich den Parteien. Die Bedeutung der ersten sozialen Bewegung der Moderne liegt in der mit ihr verbundenen »kommunikativen Revolution«.[4]

Diese Fähigkeit, anders zu denken und das Andersgedachte zu kommunizieren, wurde im Verlauf des 19. Jahrhunderts »institutioniert«.[5] Die prozeduralen Mechanismen, die diesen Möglichkeitshorizont, alles anders zu machen als bisher, kanalisiert haben, gehören inzwischen zum klassischen Bestand moderner politischer Institutionen: Verfassungen, Parlamente, formale Justiz, Vertragsfreiheit sind solche Institutionen gewesen. Das Schlüsselproblem der Kontrolle und Orientierung sozialen Wandels war die gegenseitige Abstimmung dieser Institutionen. Heraus bildete sich – nach einer durch die Intervention der Arbeiterbewegung noch komplizierten Geschichte – ein System, in dem kollektive

---

4 Vgl. dazu – von unterschiedlichen theoretischen Ausgangspunkten ausgehend – auf der einen Seite Habermas 1962 und Eder 1985, auf der anderen Seite Tenbruck 1986 und Tenbruck/Ruopp 1983. Kommunikationstheoretisch orientierte Ansätze finden sich zunehmend auch unter Historikern; vgl. etwa die Beiträge in Pohl 1989. Damit werden Perspektiven einer erneuerten Öffentlichkeitsforschung eröffnet, die über die ideologiekritische Analyse hinausgelangt. Als ein Beispiel für die Richtung dieser Reorientierung vgl. Rucht 1990b.

5 Zum folgenden vgl. meine Rekonstruktion dieses Prozesses in Eder 1985. Auf aktuelle Prozesse bezogene und weiterführende Überlegungen finden sich in Eder 1989a.

Akteure (der Staat, die Wirtschaft, die Gewerkschaften) in einer Art und Weise kooperierten, welche die dynamisierenden Effekte der Gesellschaft berechenbar zu machen versuchten. In dem Moment, als die Soziologie bzw. die Politikwissenschaft den korporativen Staat entdeckten, war diese Struktur allerdings bereits am Ende ihrer historischen Rolle angelangt.[6]

Dieses wohlabgestimmte System ist mit der Entstehung neuer sozialer Bewegungen auf der gesellschaftlichen Bühne selbst in Bewegung geraten.[7] Diese institutionalisierten Prozeduren politischer Willensbildung scheinen nicht mehr das zu absorbieren, was an öffentlicher Kommunikation stattfindet. Doch die angemessene Beschreibung dieses Phänomens im Rahmen der soziologischen Theorie steht aus. Was die jüngere »große« Theorie (im Sinne von *grand theory*) zu den sozialen Bewegungen zu sagen hat, beschränkt sich auf die Euphemisierung dieses Phänomens als »kommunikativ verflüssigte Volkssouveränität« (Habermas 1989) oder auf die kynische Distanzierung von diesem Phänomen als »kommunikativem Lärm« (Luhmann 1986). So hat Habermas jüngst die Formel vorgeschlagen: wir müßten den »schwer greifbaren Interaktionen zwischen rechtsstaatlich institutionalisierter Willensbildung und kulturell mobilisierten Öffentlichkeiten« auf die Spur kommen. So hat Luhmann die ökologische Bewegung als »zuviel Lärm« kritisiert. Soziale Bewegungen heute sind weniger als prozeduralisierte Volkssouveränität und mehr als kommunikativer Lärm. Sie sind ganz einfach ein neuer kollektiver Akteur auf der öffentlichen Bühne geworden.

Die entscheidenden Überlegungen für diesen Blick auf soziale Bewegungen entstammen einem Diskussionskontext, der die Analyse kollektiven Handelns und kollektiven Protests über eine bloße Modellierung von Bedingungen der Entstehung kollektiven

---

6 Dies könnte man vermutlich der Soziologie eher ankreiden als ihren angeblichen anti-institutionellen Affekt: nämlich bisweilen nur Schwanengesänge zu intonieren.

7 Dies wurde – eine Folge des Überraschungseffekts, den die neuen sozialen Bewegungen für die soziologische Beobachtung der Gesellschaft bedeuteten – dann vorschnell als Fähigkeit der Gesellschaft gedeutet, sich selbst zu produzieren und dabei die institutionelle Realität hinter sich lassen zu können. Das berühmteste Beispiel ist Touraine 1973, der diese Position bis in die jüngere Zeit durchgehalten hat. Siehe Touraine 1983.

Handelns und kollektiven Protests hinausgetrieben hat: nämlich die Analyse der Entstehung von »Bewegungsorganisationen« und, noch weiter gehend, der Entstehung von »Bewegungsindustrien« (Zald/McCarthy 1987). Dies signalisiert eine Veränderung in den Reproduktionsbedingungen kollektiven Handelns und kollektiven Protests.[8] Es entsteht – und das hat die Bewegungsforschung des letzten Jahrzehnts vor allem in den USA hervorgehoben – ein »social movement sector«, ein ökonomisch verankertes System politischer Öffentlichkeit, das die Logik und die Reproduktionsbedingungen des institutionellen Systems moderner Gesellschaften weitgehend verändert hat. Diese Dynamik hat selber noch mit sozialstrukturellen Entwicklungen in Richtung auf eine Dienstleistungsgesellschaft, genauer: mit der Ausdehnung des Dienstleistungssektors zu tun. Zumindest macht dieser Zusammenhang den offensichtlichen »middle class bias« moderngesellschaftlichen Protests (Brand 1990b) verständlich.

Der Zusammenhang der Etablierung eines *social movement sectors* und die Veränderung des institutionellen Rahmens modernisierter Gesellschaften ist aber theoretisch kaum angemessen gefaßt worden. Es dominieren immer noch die Modelle, die von einer Integration dieser vervielfältigten Bewegungen in etablierte Institutionen politischer Meinungsbildung und Entscheidungsfindung ausgehen. Dieser Rückgriff auf das 19. und 20. Jahrhundert reicht am Ende des 20. Jahrhunderts nicht mehr aus. In dem Maße, wie den etablierten Institutionen die Kontrolle dieser Phänomene entgleitet, müssen wir unsere Begrifflichkeit dahingehend überprüfen, ob sie noch in der Lage ist, das entstehende Neue zu fassen. Und der Vorschlag lautet: Es bilden sich neue Formen der Institutionalisierung öffentlicher Kommunikation aus. Wir beobachten die Entstehung einer neuen Form von Öffentlichkeit jenseits des rechtsstaatlich organisierten Systems politischer Meinungsbildung und diesseits des bloßen privaten Gemurmels. Es verändern sich Struktur und Prozeß öffentlicher Kommunikation.[9]

8 Dies wurde im einzelnen diskutiert in Eder 1990, wo die Implikationen dieser Institutionalisierung auf der Mikro, Meso- und Makroebene der Analyse kollektiven Handelns behandelt werden.

9 Mit diesem Argument wird ganz offensichtlich an die alte Öffentlichkeitsdiskussion wieder angeschlossen – allerdings in einer soziologisch entillusionierten Weise. Vgl. dazu etwa Gerhards/Neidhardt 1990.

Die veränderte kommunikative Dynamik hängt damit zusammen, daß die guten Gründe dafür, etwas so zu machen, wie man es immer gemacht hat, ausgehen. Die Ursache für die Steigerung des evolutionären Tempos liegt in der zunehmenden *Entwertungsgeschwindigkeit* »guter Gründe« im Prozeß öffentlicher Kommunikation begründet. Es werden zunehmend »gute Gründe« erfunden oder gefunden, die dazu zwingen, anders zu handeln, anders zu entscheiden, sich anders zu orientieren, als es bislang üblich war. Jüngere Theorieentwicklungen legen – aus unterschiedlichen Gründen – nahe, dieses Phänomen im Rahmen einer *Theorie gesellschaftlicher Kommunikation* zu formulieren. Gesellschaftliche Kommunikation ist – soweit sie nicht auf die Reproduktion gegebener Institutionen (wie der Reproduktion des religiösen oder politischen Systems) bezogen ist – chaotisch, unkoordiniert. Sie ist – wie Systemtheoretiker sagen würden – *Lärm*. Je ungerichteter solche außerinstitutionellen Kommunikationen sind, um so unwahrscheinlicher ist es, daß sie Institutionen unter Zugzwang setzen. Evolutionärer Wandel findet dann durch Zufall statt. Doch diese Ungerichtetheit schwindet in dem Maße, wie diese frei flottierenden Kommunikationsprozesse sich ihrer selbst »bewußt« werden. Genau das geschieht mit der Entstehung der modernen Gesellschaft. Mit der Moderne wird nicht-institutionalisierte Kommunikation sich ihrer selbst bewußt. Sie wird zu *kommunikativer Macht*.

Doch das ist nur der Beginn einer fundamentalen Veränderung der Bedingungen sozialen Wandels. Denn kommunikative Macht wird dann – im Gegensatz zu kontingenten Umweltbedingungen – zur Selektionsbedingung in evolutionären Prozessen. Soziale Bewegungen sind Träger eines Prozesses, der als *Steigerung kommunikativer Macht* gefaßt werden kann. Und in dieser Steigerung kommunikativer Macht sehe ich den Schlüssel zur Erklärung der Steigerung des evolutionären Tempos sozialen Wandels in sich modernisierenden modernen Gesellschaften. Steigerung kommunikativer Macht heißt nicht einfach, daß nur mehr geredet wird. Das wäre nur mehr Lärm. Steigerung kommunikativer Macht

Hinzu kommt die Tradition kommunikationstheoretischer Überlegungen, die hier für soziologische Analysen fruchtbar gemacht werden kann. Man kann dieses Programm insofern auch als einen Versuch einer »Soziologie der Aufklärung« sehen.

heißt, die Bedingungen der Produktion von kommunikativem Lärm auf Dauer zu stellen, diesen Produktionsprozeß zu *institutionalisieren*. Die Beschleunigung des evolutionären Wandlungstempos ist in der *Institutionalisierung kommunikativer Macht* zu suchen. Hier haben soziale Bewegungen die Bewegung veranlaßt. Es kommt nun darauf an, die Effekte dieser Bewegung theoretisch zu fassen und empirisch greifbar zu machen. Diese Effekte kumulieren sich – darauf gründen die folgenden Überlegungen – in den Prozessen öffentlicher Kommunikation; sie verändern Struktur und Funktion moderner Öffentlichkeit.

3. Die Institutionalisierung sozialer Bewegungen

Was unterscheidet nun die entstehende *neue* von der *alten* Öffentlichkeit? Sie versteht sich nicht mehr als die große Assoziation aller gleichen und freien Menschen; sie versteht sich vielmehr selbst in widersprüchlicher Weise; sei es als die Institutionalisierung der Lüge (Chomsky 1989), sei es als ein wiederherzustellender sozialer Raum (Sennett 1983, Habermas 1989). Wie auch immer die normative Beschreibung aussehen mag, entscheidend ist, daß wir in diesen Beschreibungen die Elemente einer sozialen Realität auffinden können, in der um die Definition und Entscheidung von Issues gestritten wird. Die Akteure in diesem System argumentieren nicht nur; sie stehen auch unter dem Entscheidungszwang, zu überlegen, welche Issues in welcher Form mit oder gegen welche alternativen Issues durchgesetzt werden können. Es entsteht ein gesellschaftlicher Raum, der das Problem der *Transformation von kommunikativem Lärm in kommunikative Macht* nicht mehr dem rechtlich verfaßten institutionellen Rahmen (oder gar der »Lebenswelt«) überläßt, sondern die Bedingungen seiner Selbstreproduktion selbst setzt. Es entsteht ein gesellschaftlicher Raum, in dem kollektive Akteure um die Anerkennung ihrer guten Gründe kämpfen. Das »Kribbeln und Krabbeln« wird Institution.

Ich möchte diesen Prozeß der Institutionalisierung eines öffentlichen Raums als Ergebnis der Steigerung kommunikativer Macht deuten. Diese Steigerung kommunikativer Macht möchte ich an drei Mechanismen demonstrieren, nämlich erstens an der steigenden Konfliktualisierung sozialer Ordnungen, zweitens an der

Beschleunigung gesellschaftlicher Evolution sowie drittens an der Mobilisierung von latenten Klassenakteuren. Diese Dimensionen lassen sich als die *sachliche*, die *zeitliche* und die *soziale* Dimension einer Theorie der Institutionalisierung sozialer Bewegungen deuten. Damit soll ein Mechanismus der Beschleunigung sozialen Wandels theoretisch und begrifflich gefaßt werden, der für das Tempo sozialen Wandels in modernen Gesellschaften konstitutiv ist.

3.1 Die Konfliktualisierung sozialer Beziehungen

Die Steigerung kommunikativer Macht ist mit der dauerhaften *Konfliktualisierung* von Issues durch soziale Bewegungen verbunden. Diese Konfliktualisierung führt – wie Hegedus (1987) argumentiert hat – zur Entstaatlichung der Gesellschaft. Diese Entstaatlichung relativiert nicht nur den Primat politischer Administration, sondern bedeutet auch ein Herausgehen aus dem wohlgesicherten Raum rechtsstaatlich gesicherter Freiheitsrechte. An die Stelle des politiknah institutionalisierten Meinungs- und Willensbildungsprozesses tritt ein fluides Feld konfliktueller kommunikativer Strukturen, durch die hindurch sich Gesellschaft reproduziert. Die Strukturierung dieses fluiden Feldes braucht die rechtsstaatlichen Garantien politischer Freiheit nur mehr als Randbedingung. Es entstehen neue rechtliche Formen der Sicherung politischer Kommunikation (etwa die Institutionalisierung eines Widerstandsrechts gegen das herrschende Recht durch die professionelle Abschirmung von Protestorganisationen).

In dem Maße, wie das Monopol des Staates auf die Lösung des Ordnungsproblems zerfällt, entfaltet sich eine soziale Struktur, die weder Gesellschaft noch Staat ist. Und der Schlüssel für diese Struktur ist die seit dem Beginn der modernen Gesellschaft zur zentralen regulativen Idee politischer Modernisierung gewordene Idee eines *öffentlichen Raumes*, die Idee einer *politischen Öffentlichkeit*. Es entsteht eine politische Öffentlichkeit zwischen Staat und Gesellschaft. Politische Öffentlichkeit tritt aus der Gesellschaft heraus, ohne zugleich im rechtsstaatlich geschützten (und kontrollierten) Raum aufzugehen. Dieser öffentliche Raum beginnt sich selber zu strukturieren. Er wird durch die strategischen Züge der Beteiligten eröffnet. Die Konfliktualisierung von Themen und Programmen erfolgt nicht über inhaltliche Differenzen, sondern über Konkurrenzeffekte. Und je mehr soziale Gruppen sich an dieser Konkurrenz um die Definition von relevanten Themen beteiligen, um so mehr wird der öffentliche Raum ausgedehnt. Es entsteht ein soziales Feld sich selbst steuernder kommunikativer Auseinandersetzungen.[10] Dies radikalisiert die traditionelle Konzeptualisierung des öffentlichen Raums als Gegenbegriff zur Privatsphäre. In der traditionellen Konzeptualisierung wird der öffentliche Raum als derjenige Ort gesehen, wo Menschen durch Diskussion zu einer von diesen gemeinsam getragenen Entscheidung kommen. Die Teilnahme freier und gleicher Menschen an der öffentlichen Diskussion erzeugt jenen öffentlichen Raum, der die demokratische Kontrolle systemischer Prozesse ermöglicht. Partizipation an öffentlicher Diskussion wird damit die Bedingung der Möglichkeit politischer und sozialer Autonomie, von demokratischer Selbstbestimmung. Diese »regulative Idee« durchzieht die Habermassche Idee einer »politischen Öffentlichkeit« (Habermas 1962).

Diese klassische und utopische Konzeption des öffentlichen Raums unterschätzt allerdings die emergenten Effekte der Existenz kollektiver Akteure sowie ihrer Interaktion. Sie geht von der Utopie einer bürgerlichen Gesellschaft aus und sucht ihre Stabilitätsbedingungen im Rechtsstaat. Hier führen nur Theorien weiter, die diese Bedingungen im sozialen Raum kollektiven Handelns selber zu lokalisieren suchen. Das Problem der Erzeugung und Reproduktion kollektiven Handelns stellt einen kommunikative Auseinandersetzungen verstärkenden Mechanismus dar. Das reduziert sich nicht bloß darauf, Kritik zu äußern; man muß die Kommunikation so einstellen, daß sie im System wie in der Umwelt auch ankommt. Murmeln allein reicht nicht. Man muß lauter sein als die anderen (aber nicht zu laut, denn dann halten sich die anderen die Ohren zu). Es entsteht ein sich selbst erzeugender und zugleich regulierender Kommunikationszusammenhang, der kommunikative Macht organisiert und institutionalisiert (und zwar außerhalb von Rechtsstaat und bürgerlicher Gesellschaft).[11]

10 Dieser Effekt ist eine Gegenbewegung zu jenem Prozeß, den Max Weber als formale Rationalisierung in Richtung auf ein ehernes Gehäuse (also einen geschlossenen öffentlichen Raum) beschrieben hat.
11 Damit ist ein veränderter Blick auf soziale Bewegungen verbunden.

Es entsteht eine Kommunikationsgesellschaft, in der soziale Bewegungen ein Mechanismus für die Entstehung und Reproduktion kommunikativer Macht sind. Es sind nicht mehr allein die intellektuellen Schichten, die an diesem Prozeß teilhaben. Der Demokratisierungseffekt politischer Modernisierung macht die Öffentlichkeit zu einem Feld sozialer Auseinandersetzungen, das die Utopie bildungsbürgerlicher Diskursivität schon hinter sich hat. Diese Öffentlichkeit benutzt einfach den Diskurs, macht einen strategischen Gebrauch von ihm. Und das eröffnet erst die Wirkungsmöglichkeit von Diskursen auf die Gesellschaft. Denn der gebrauchswertfreie Diskurs bleibt bloßer Lärm, selbst wenn er noch so gute Gründe hat.

3.2 Die Beschleunigung gesellschaftlicher Lernprozesse

Die Steigerung kommunikativer Macht ist zweitens mit der Steigerung des Tempos gesellschaftlicher Lernprozesse verbunden. Diese Temposteigerung (ohne Ende) legt es nahe, Vorstellungen eines kontinuierlich in der Geschichte sich durchsetzenden Bildungsprozesses aufzugeben und statt dessen die Selbstorganisation von Kommunikationsprozessen in das Zentrum theoretischer Analyse zu stellen. Mit der steigenden Bedeutung eines sich selbst organisierenden öffentlichen Kommunikationszusammenhanges muß das Verhältnis von *sozialer Bewegung* und *gesellschaftlicher Entwicklung* neu gedacht werden. Wir müssen nicht nur die Idee unilinearer Entwicklungen aufgeben, wie sie die bürgerliche und die Arbeiterbewegung noch vor Augen hatten. Keine soziale Bewegung kann sich heute mehr an die Stelle des alleinigen historischen Akteurs setzen. Wir haben es vielmehr mit vielen sozialen Bewegungen (im Plural!) zu tun.
Damit wird das aus dem 19. Jahrhundert übernommene Modell der Selbstbeschreibung sozialer Bewegungen obsolet. Diese Modelle beruhen darauf, daß der gesellschaftliche Entwicklungspro-

Gesellschaftliche Entwicklung erscheint als das Ergebnis von Auseinandersetzungen zwischen kollektiven Akteuren, die um die Richtung von evolutionären Prozessen miteinander streiten (Touraine 1973). Dies muß man allerdings nicht notwendigerweise im Sinne der Produktion von Historizität denken. Es reicht aus, es im Sinne eines Offenhaltens von Optionen zu verstehen.

zeß und die Lernprozesse sozialer Bewegungen identisch gesetzt werden. Die bürgerliche Bewegung verstand sich – ebenso wie die Arbeiterbewegung – als ein Lernprozeß, der uno actu der Lernprozeß der Gesellschaft war. Was heute zählt, ist nicht mehr der Lernprozeß *einer* Bewegung, sondern die Reproduktion eines Kommunikationszusammenhangs, die Sicherung der Lernfähigkeit eines »Systems« – und die ist dem Lernen von Individuen oder Gruppen insofern überlegen, als sie keine festen Trägergruppen kennt: das Lerntempo wird bestimmt durch die offene Interaktion und Koordination von Gruppen; das System ist nicht mehr auf Gedeih und Verderb auf das kollektive Lernen einer Gruppe, wie der Arbeiterklasse (Vester 1970), oder institutionell privilegierter Repräsentanten angewiesen.

Damit verändern sich auch die Anwendungsbedingungen des Konzepts *kollektiver Lernprozesse* (Eder 1985, Miller 1986, Strydom 1987). Dieses Konzept hat bereits die Vorstellung von Entwicklungslogiken verabschiedet, die dem Individuum immanent sind. Diese werden durch die Vorstellung eines diesen Lernprozessen vorausgesetzten Kommunikationszusammenhangs ersetzt.[12] Dieses kommunikationstheoretisch begründete Konzept kollektiver Lernprozesse kann nun unter den gegebenen Bedingungen nicht mehr auf konkrete Gruppen oder gar auf geschichtsphilosophisch ausgezeichnete Gruppen angewandt werden. Es geht nicht mehr um kollektive Lernprozesse der Arbeiterklasse oder irgendeiner anderen Klasse oder Gruppe oder Funktion einer Klasse. Die reale Grundlage kollektiver Lernprozesse ist der öffentliche Raum geworden, in dem organisierte und unorganisierte Akteure, aktive und passive Akteure[13] Teil eines Kommunikationszusammenhangs sind, der als solcher lernfähig ist.

12 Das theoretische Ergebnis ist die Idee einer »prozeduralistisch begründeten Lernfähigkeit«. Diese Umdeutung ergibt sich aus einer Theorie kommunikativen Handelns, die Rationalität nicht mehr aus der Reflexionsfähigkeit, sondern aus der Kommunikationsfähigkeit sozialer Akteure begründet. Dennoch bleiben die Anwendungsbedingungen dieser Idee insbesondere bei Habermas unklar. Vermutlich (und das ist die Unterstellung dieser Überlegungen) gelten sie auch jenseits des philosophischen Diskurses, wo diese Ideen als dessen Selbstbeschreibung kommuniziert werden. Vgl. Habermas 1985 und Honneth 1985.

13 Auch die »mass publics« sind Teil dieses Kommunikationszusammenhanges, wenn auch meist als bloße Zuhörer.

Wie der Begriff kollektiver Lernprozesse auf der Makroebene inhaltlich gefüllt werden kann, läßt sich an den empirischen Bedingungen öffentlicher Kommunikationsfähigkeit sozialer Bewegungen zeigen. Soziale Bewegungen sind kollektive Akteure, deren Rolle im Interaktionszusammenhang kollektiver Akteure von Variablen wie Heterogenität der Gruppe, No-exit-Situation, Grad der Ausbildung formaler Bewegungsorganisation oder Ausmaß symbolischer Identifikationschancen bestimmt wird.[14] Damit sind Mobilisierungsbedingungen für kollektives Handeln gegeben, in denen Free-rider-Phänomene wahrscheinlicher werden, in denen aber auch soviel Heterogenität erzeugt wird, daß die kritische Masse für Mobilisierung leichter erreicht wird. Je heterogener die Gesellschaft, um so kleiner können die Gruppen sein, um eine »kritische Masse« für kollektives Handeln zu erreichen. Das spricht gegen die klassische (für die Arbeiterbewegung typische) Annahme, daß es die Masse macht (»Nur gemeinsam sind wir stark!«). Die Pluralisierung von Bewegungen in fortgeschrittenen Industriegesellschaften läßt sich aus dieser wachsenden Heterogenität erklären. Je nachdem, wie sich diese Elemente verteilen, ändern sich Charakter, Interessenorientierung und Relevanz im System kollektiver Auseinandersetzung um die Definition und die Durchsetzung kollektiver Interessen.

Die Steigerung des Lerntempos ist also das Ergebnis eines Systems gesellschaftlichen Lernens, das als kollektiver Lernprozeß miteinander interagierender kollektiver Akteure konzeptualisiert werden kann (und soziale Bewegungen sind nur einer von mehreren kollektiven Akteuren auf der öffentlichen Bühne!). Je mehr Issues öffentlich kommuniziert werden, um so mehr werden öffentliche Güter strittig und zwingen zur Fortsetzung öffentlicher Kommunikation. Ob in diesen dynamisierten Lernprozessen in einem normativen Sinne gelernt wird, ist dann nicht mehr von der Verfolgung und Realisierung des allgemeinen (oder gar wahren) bzw. eines verallgemeinerbaren Interesses abhängig; ob normativ gelernt wird, ist vielmehr von jenen genuin sozialen Bedingungen

14 Eine Diskussion all dieser Bedingungen findet sich in Eder 1990 mit weiteren Hinweisen. Diese empirische Wende in der Bewegungsforschung ist mit einer theoretischen Erneuerung der Bewegungsforschung, die sich insbesondere an der fruchtbaren Konkurrenz von Kommunikationsmodellen und Rational-choice-Modellen in diesem Forschungsgebiet zeigt.

abhängig, welche die Transformation von »private vices« in »public virtues« bestimmen. Von Lernprozessen in einem normativen Sinne läßt sich dann sprechen, wenn der kollektive Kommunikationszusammenhang gegen die egoistischen Interessen der einzelnen die Realisierung kollektiver Güter möglich macht. Welche dieser kollektiven Güter dann wichtiger als andere sind, ist eine situativ zu klärende Frage. Entscheidend ist, daß es sich um kollektive Güter handelt, die alle akzeptieren würden, wenn sie ihre privaten egoistischen Interessen suspendieren würden.

Der in solchen öffentlich organisierten Lernprozessen in Gang gesetzte Evolutionsprozeß verliert seine geschichtsphilosophische Eindeutigkeit; statt eine Richtung zu haben, erscheint er als ein mäandernder Prozeß. Lernprozesse kollektiver Akteure und soziale Evolution fallen auseinander. Dies zwingt dazu, das traditionelle Trichtermodell gesellschaftlicher Evolution zu korrigieren. Gesellschaftliche Evolution ist nicht mehr in der Richtung determinierte Durchsetzung von Möglichkeiten. Gesellschaftliche Evolution besteht darin, die Selbstorganisation von kommunikativen Auseinandersetzungen zu erhöhen und damit die Lernfähigkeit von Gesellschaften zu steigern.[15]

3.3 Die Reformulierung der Klassenfrage

Die Steigerung kommunikativer Macht ist drittens mit der Mobilisierung von latenten Klassenakteuren verbunden. Eine gängige These in der Diskussion der neuen sozialen Bewegungen lautet, daß die Entwicklung der historischen Bedingungen der Mobilisierung kollektiven Handelns zur tendenziellen Autonomisierung von Mobilisierungsprozessen von sozialstrukturellen Vorgaben führt. In dem Maße, wie sich soziale Bewegungen als sozialstrukturell entkoppelte und freigesetzte Kommunikationszusammenhänge konstituieren, werden – so diese These – die »*Präferenzstrukturen sozialen Wandels*« nach einer klassenunabhängigen

---

15 Das hat weitgehende theoretische Implikationen; denn Dynamik muß nun nicht mehr von außen in den gesellschaftlichen Evolutionsprozeß eingeführt werden, sondern ist selbst konstitutives Merkmal dieses Evolutionsprozesses. Damit lassen sich auch wieder Theorien sozialen Wandels und Evolutionstheorien miteinander verknüpfen. Vgl. dazu die Beiträge in Schmid/Wuketits 1987.

Logik in kollektiven Protest übersetzt. Das wäre natürlich der eleganteste Weg, die alte These des Zusammenhangs von Klassenlage und Klassenkonflikt beiseitezulegen. Das »weakest link in the chain« der Marxschen Theorie (Lockwood 1981) wäre kein Problem mehr. Die Lösung bestünde einfach in der Nicht-Existenz des Problems.

Doch diese Annahme übersieht, daß sich auch soziale Bewegungen in einem sozialen Raum ungleicher Positionen (Bourdieu 1982) bewegen. Die Evolution der modernen Gesellschaft verändert zwar traditionale Klassengrenzen und löst traditionale Klassenkulturen auf. Man hat diesen Prozeß als »Individualisierungsprozeß« beschrieben, was aber nur in einer negativen Hinsicht treffend ist: im Sinne einer Auflösung traditionaler Strukturen. Das schließt aber nicht aus, daß es weiterhin einen sozialen Raum ungleicher Positionen gibt. Es kommt also darauf an, die spezifischen Effekte der Auflösung traditionaler Strukturen zu beschreiben und zu identifizieren.[16] Das impliziert aber nicht die Annahme, daß sich aus diesen Restrukturierungen notwendig ein bestimmtes kollektives Handeln ergibt. Der Beitrag der Klassentheorie zur Erklärung kollektiven Handelns, also das klassische Marxsche Problem des Übergangs von Klassenlage und Klassenhandeln, muß gegen den objektivistischen Strukturdeterminismus der traditionellen Klassentheorie (und Schichtungstheorie!) reformuliert werden. Klassenlagen lassen sich kollektivem Handeln zuordnen – sie verstärken Richtung und Dynamik von kollektivem Handeln, aber sie konstituieren dieses kollektive Handeln nicht.

Zwischen Klassenlagen und kollektivem Handeln besteht also keine determinierte Beziehung. Sozialstrukturelle Faktoren intervenieren in die Produktions- und Reproduktionsprozesse kollektiven Handelns. In dem Maße, wie dieses kollektive Handeln in einem öffentlichen Raum strukturiert und reproduziert wird, wird deutlich, in welcher Weise Klassenlagen und kollektives Handeln gegeneinander variieren. Was das Verhältnis von kollektivem Handeln und Klassenlagen kennzeichnet, ist die relative Unabhängigkeit von Macht und sozialer Position. In dem Maße,

16 Einen Überblick über den Stand der Diskussion zum Zusammenhang von Klassenlagen und neuen sozialen Bewegungen bietet Pakulski (1990).

wie der öffentliche Raum *kommunikative Macht* institutionalisiert, entsteht eine Form kommunikativer Ungleichheit, die nicht mehr mit der sozialstrukturellen Ungleichheit linear variiert. Was eine Klassentheorie zu leisten hätte, wäre daran zu zeigen, welche sozialen Klassen von der Verteilung kommunikativer Macht profitieren und welche Klassen benachteiligt werden. Die Rede von »Gegenöffentlichkeit« (Rucht 1988) ist in diesem Zusammenhang theoretisch nicht besonders hilfreich; denn Gegenöffentlichkeit bezeichnet die Öffentlichkeitsform einer spezifischen Gruppe, die sich im Gesamt »Öffentlichkeit« zu Gehör bringen will (und sei es dadurch, daß sie sich selbst als prinzipiell anders, als authentischer als die anderen Formen von Öffentlichkeit bezeichnet). Entscheidend ist also nicht die Tatsache Gegenöffentlichkeit, sondern das Ausmaß kommunikativer Macht, das mit dieser Gegenöffentlichkeit verbunden ist.[17]

Alternative theoretische Optionen zur Klärung des Zusammenhangs von kommunikativer Macht und Klassenlage eröffnen die von Elster (1985) vorgestellten spieltheoretischen Reformulierungen von Marx. Sie ermöglichen es, die Entscheidung und Reproduktion des öffentlichen Raumes aus den strategischen Koalitionen und Sachbezügen der beteiligten Klassen/Gruppen bzw. deren mobilisierter Avantgarde zu erklären. Elster hat diese – auf individuelle und partikulare Interessen abstellende – Perspektive am Beispiel der Rolle von Klassenkoalitionen für die Entstehung von kollektivem Protesthandeln im 19. Jahrhundert entwickelt. Es ist kein Zufall, daß Klassenkoalitionen zum Anwendungsfall dieser Theorien werden. Denn Klassenkoalitionen verweisen auf Bedingungen der Mobilisierung kollektiven Handelns der Arbeiterklasse, die von universalistischen Annahmen über das allgemeine Interesse der Arbeiterklasse unabhängig sind.

Diese von universalistischen Annahmen entkoppelte Erklärung der Mobilisierung kollektiven Handelns wird in dem Maße unumgänglich, wie Klassenlagen selbst austauschbar sind. Denn die von Elster beschriebenen Klassenkoalitionen haben sich mit der Entwicklung der modernen Klassenstrukturen aufgebraucht. Sie

---

17 Siehe etwa Rucht 1988a. Eine theoretisch bessere Alternative bietet das »Arenenkonzept«, das in der Bewegungsforschung zunehmend benutzt wird. Siehe mit weiteren Hinweisen Rucht 1988b. Es vermeidet die Tendenz zur »Idealisierung« von Gegenöffentlichkeiten.

sind ein Phänomen des späten 19. und frühen 20. Jahrhunderts – und als solche bereits Zeichen von sich ändernden Klassenstrukturen. Das entwertet nicht diese Perspektive – im Gegenteil. Denn auch die neuen kollektiven Handlungen sind Ausdruck von Klassenkoalitionen, in denen allerdings neue Klassenfraktionen die zentrale Rolle spielen: nicht mehr Fraktionen der Arbeiterklasse, sondern Fraktionen der Mittelklassen.[18] Meine These lautet, daß es sich bei den aktuellen Formen kollektiver Mobilisierung um die Mobilisierung von Fraktionen der Mittelklasse handelt, die kommunikative Macht im öffentlichen Raum zu maximieren suchen und dabei den Fraktionen der Arbeiterklasse kommunikative Macht nehmen. Zugleich sind diese Fraktionen aber gegenüber dem dominanten Diskurs eigentümlich machtlos: Es ist die Macht der Machtlosen, die sich in der kommunikativen Macht der Mittelklassenfraktionen artikuliert (Eder 1989b).

Paradoxerweise motivieren gerade solche individualistischen Handlungstheorien dazu, nicht nur die Idee eines Kollektivsubjekts wie die einer handlungsfähigen Klasse aufzugeben, zugleich diese Idee *nicht* durch die Idee eines Individualsubjekts (und damit einhergehend einer Psychologisierung sozialer Realität) zu ersetzen. Wir sehen uns gezwungen, uns theoretisch mit der Vorstellung eines interaktiv konstituierten Handlungszusammenhangs auseinanderzusetzen. Was die bisherigen Versuche, den Zusammenhang von Klassenlage und Klassenkonflikt angemessen zu fassen, zum Scheitern verurteilt, ist ein sozialstruktureller Determinismus, der nicht zeigen kann, wie sozialstrukturelle Bedingungen auf der Ebene von Handlungssystemen wirksam werden. Was ihnen entgeht, ist, daß Klassenlagen erst vermittelt über die Interaktion sozialer Akteure ihre strukturierende Wirkung erhalten. Sozialstrukturelle Lagen bestimmen nur einen *latenten* kollektiven Handlungszusammenhang; soziale Akteure mobilisieren diesen latenten Zusammenhang als einen realen Handlungszusammenhang erst im Prozeß kollektiven Handelns. Die Tatsache, daß Klassenlagen nur latente Handlungszusammenhänge konsti-

18 In dem Maße, wie die Evolution der Mittelklassengesellschaft zur Korrektur des alten Solidaritätsmodells zwingt, zwingt sie auch zur Herstellung abstrakterer Grundlagen kollektiven Handelns jenseits einer inhaltlichen Moral. Damit ergibt sich bereits »von innen« ein Zwang zur Aufgabe substantieller normativer Unterstellungen, die mit Klassenlagen verbunden sind. Siehe dazu auch Eder 1989b.

tuieren, verbietet es – heute noch mehr als im letzten Jahrhundert –, von Klassenlagen auf Bewußtsein zu schließen. Latente Handlungszusammenhänge werden erst durch kollektives Handeln zu realen Handlungszusammenhängen. Solche realen Handlungszusammenhänge konstituieren sich in Kommunikationsprozessen. Theorien rationaler Wahl stellen hierfür nur einfachste Modelle zur Verfügung. Das mag reichen, die Genese von Kommunikationszusammenhängen zu erklären. Das reicht sicherlich nicht mehr, um die Reproduktion von Kommunikationszusammenhängen zu fassen, die Chancen kommunikativer Macht verteilen. In dem Maße, wie die Sphäre öffentlicher Kommunikation den Bereich überschaubarer Handlungszusammenhänge überschreitet, müssen wir Theoreme über das Funktionieren öffentlicher Kommunikation einführen.[19]

Wir sollten uns also in der Analyse sozialer Bewegungen nicht mehr auf Klassen verlassen, sondern jede Klasse im Kontext von sozialen Auseinandersetzungen, intern als Fraktionskämpfe, nach außen zwischen den Klassen, lokalisieren und den zugrundeliegenden Kommunikationszusammenhang auf die in ihm geltenden Rationalitätsstrukturen hin befragen. Das wäre ein Weg, das Problem der Transformation eines latenten in einen manifesten Handlungszusammenhang genauer zu fassen. Entscheidend dafür ist, die Differenz von manifestem und latentem Handlungszusammenhang festzuhalten. Diese Differenz ist jenes spezifische Element, das die Dynamik kollektiven Handelns von sozialstrukturellen Veränderungen relativ abkoppelt und an die Mechanismen der Produktion und Reproduktion kommunikativer Macht koppelt. Wenn diese Dynamik von sozialstrukturellen Veränderungen kontrolliert würde, wäre unerklärlich, warum wir eine Intensivierung öffentlicher Kommunikation und eine zunehmende Organisation und Rationalisierung des öffentlichen Raums beobachten. Wir könnten dieses Phänomen dann nur mehr dadurch abwerten, daß wir alle Kommunikation zu Ideologie und Illusion erklären. Doch dieser Ausweg ist heute guten Gewissens nicht mehr gangbar.

19 Hier kann eine Kritik rationalistischer Handlungstheorien systematisch ansetzen. Entscheidend in diesem Zusammenhang ist das Argument, daß es emergente Strukturmerkmale öffentlicher Kommunikation gibt. Vgl. als einen Versuch in diese Richtung Eder 1989c.

4. Soziale Bewegungen
und politische Öffentlichkeit

Das überlieferte Verständnis politischer Öffentlichkeit, ihre normative Überhöhung und Utopisierung im 19. Jahrhundert, sind noch geprägt vom Versuch, aggregierte individuelle Akteure als historische Akteure auszuzeichnen. Dieser Versuch ist gescheitert. Das Bewußtsein einer mobilisierten Klasse ist ein schlechter Ersatz für die bürgerliche Öffentlichkeit gewesen. Das Auftreten von sozialen Bewegungen in hochentwickelten modernen Gesellschaften fordert deshalb dazu heraus, die Rolle sozialer Bewegungen im öffentlichen Raum ins Zentrum der theoretischen Beschreibung dieser Bewegungen zu stellen, Öffentlichkeit als die Institutionalisierungsform sozialer Bewegungen zu begreifen. Für normative Überlegungen und Forderungen, wie sie mit der klassischen Öffentlichkeitsdiskussion verbunden waren, finden wir damit in der gegenwärtigen Gesellschaft ein reales Substrat. Es stellt sich dann die Frage, ob dieses reale Substrat das überlieferte normative Moment von politischer Öffentlichkeit überflüssig macht.

Meine These lautet: Die Institutionalisierung sozialer Bewegungen besteht darin, die Bedingungen für die Produktionsgeschwindigkeit guter Gründe zu erhöhen und damit die gegebenen Institutionen unter permanenten Veränderungsdruck zu stellen. Offen ist die Frage geblieben, ob dies auch bedeutet, daß jegliche Vermutung bzw. Unterstellung von »Rationalität« in diesem Prozeß obsolet geworden ist. Auf den ersten Blick scheint alles für einen desillusionierenden Empirismus zu sprechen. Die soziokulturellen Bedingungen für das Entstehen dieses neuen öffentlichen Raums sind häufig benannt worden: Die Selbstverständlichkeit einer gemeinsam geteilten Kultur wird zunehmend in Frage gestellt; gemeinsam geteilte Werte erscheinen zunehmend als eine brüchige Grundlage der Reproduktion moderner Gesellschaften. Die einzige Einheit, die denkbar ist, ist die Rationalität des individuellen Akteurs.[20] Hinzu kommt die Reflexivität der sozialwis-

---

20 Das erklärt, warum in der soziologischen Theorie häufig das Heil im Rückzug auf individuelle Motive gesucht wird. Eine Reaktion darauf ist die Verselbständigung mikrosoziologischer Annahmen rationalen Handelns. Die Geltung dieser Theorien beruht aber gerade darauf, daß

senschaftlichen Thematisierung, die auch das kollektive Handeln nicht unberührt läßt. Soziale Bewegungen lassen sich nicht mehr objektivistisch als »Ablaufmodelle« beschreiben, wie das für die traditionalen sozialen Bewegungen möglich war. Es gibt keinen Lebenszyklus, kein Auf und Ab, das der Natur der Dinge entspräche. Es gibt nur mehr Erfolg oder Mißerfolg. All dies spricht für einen Rückzug von normativen Fragestellungen auf bloße Beobachtungssätze.

Diese Rückzugsposition auf den aufgeklärten Beobachter ist aber nur um den Preis eines kulturtheoretisch abgemagerten Kommunikationsbegriffs zu halten. Was kommuniziert wird, sind entweder nur Selbstbeschreibungen (so die Luhmannsche Systemtheorie) oder Beschreibungen des anderen (so die Rational-choice-Theorien). Diese Vereinseitigungen treffen aber gerade am Phänomen »soziale Bewegungen« vorbei. Denn soziale Bewegungen kommunizieren immer in einer doppelten Hinsicht: sie verfolgen Strategien und sie präsentieren ihre Identitäten (Eder 1990). Sie orientieren sich strategisch am anderen und kommunizieren zugleich ihre Selbsterfahrung. Die Theorie, die dieses Phänomen zum Gegenstand nimmt, handelt in komplementärer Weise. Die Beschreibung sozialer Bewegungen durch die Theorie und die Selbstbeschreibung sozialer Bewegungen sind Teil eines öffentlichen Kommunikationszusammenhangs (wie auch die Beschreibungen des Gegenstands durch die Theorie und die Selbstbeschreibungen der Theorie). Das vorgeschlagene Erklärungsmodell eines öffentlichen Kommunikationszusammenhangs von kollektiven Akteuren ist der Reflexivität der Beschreibung und Erklärung moderner Vergesellschaftungsformen adäquater als jeder Versuch, den Gegenstand »soziale Bewegungen« in objektivistischer Manier oder in identifikatorischer Manier zu fassen. Es gibt eine kulturelle Beschränkung des Kommunizierbaren. Dazu gehört, daß strategische Rationalitätskriterien und gültige (nach intersubjektiv geteilten Geltungsansprüchen nachvollziehbare) Selbstdarstellungen in diesen kommunikativen Beziehungen nicht pro-

ihre empirischen Voraussetzungen in fortgeschrittenen Gesellschaften erst entstanden sind. Dieser neuartige Rationalitätstypus kollektiven Handelns macht die traditionellen Modelle gesellschaftlicher Ordnung obsolet. Das bedeutet aber nicht, daß die theoretische Beschreibung diesen Konstitutionszusammenhang nun außer acht lassen könnte.

blemlos verletzt werden können. Das impliziert nicht, daß alle gleicher Meinung sein müssen, sondern nur, daß auch die Kommunikation des Verschiedenen das Verschiedene noch kommunikabel halten muß. Innerhalb dieser Restriktion ist gewissermaßen alles erlaubt: von der Überredung durch Werbung über strategisch angesetzte Kommunikationskampagnen bis hin zur öffentlichen Beichte. Selbst die strategisch plazierte Lüge kann kommunikabel sein. Worüber wir bislang wenig wissen, sind die Restriktionen, unter denen öffentliche Kommunikation abläuft. Wir verfügen nur über idealtypische Modelle: den idealisierenden handlungsentlasteten Diskurs (Habermas) und die totalisierende mediale Kontrolle (Chomsky).

5. Soziale Bewegungen als Schlüssel der Gesellschaftsanalyse?

Sind soziale Bewegungen damit – wie Touraine (1983) vermutet[21] – zum Schlüssel der Gesellschaftsanalyse und Gesellschaftstheorie geworden? Sie sind es in der Tat geworden, aber eher in einer indirekten Weise. Soziale Bewegungen haben politische Auseinandersetzungen belebt, gesellschaftliche Lernprozesse vorangetrieben und dazu gezwungen, traditionelle Vorstellungen von sozialer Ordnung aufzugeben. Diese Effekte sozialer Bewegungen lassen sich folgendermaßen resümieren:

(1) Die gesellschaftliche Bedeutung sozialer Bewegungen erschließt sich im Rückgriff auf eine Kategorie, die zu den klassischen sozialen Formen moderner Vergesellschaftung gehört: nämlich die Kategorie der Öffentlichkeit. Die neuen sozialen Bewegungen machen gerade deutlich, welche Bedeutung der öffentliche Raum für die Reproduktion der modernen Gesellschaft hat. Die gezielten Normverletzungen, Gegenexpertisen und die Bereitstellung identifikationsfähiger Symbole durch den Einsatz der Massenmedien machen den öffentlichen Raum in normativer, kognitiver wie affektiver Hinsicht zum Zentrum der Gesellschaft jenseits der funktionalen Differenzierung seiner Teilsysteme. Der öffentliche Raum »moralisiert« Streitfragen, und das bedeutet, daß man über alles sprechen kann, daß kein Teilsystem sich einer

21 Eine kritische Diskussion dieses Postulats bietet Rucht 1990a.

moralischen Orientierung entziehen kann (am wenigsten das Wirtschaftssystem, das nicht nur in die Pflicht genommen wird, sondern auch sich selbst zu moralisieren sucht!).

(2) Die Erweiterung des öffentlichen Raums führt zu einer Steigerung des Tempos gesellschaftlicher Lernprozesse. Gerade dafür aber sind systemtheoretische und handlungstheoretische Konzeptionen unzureichend. Die Theorie kollektiver Lernprozesse kann dieser Temposteigerung dann auf der Spur bleiben, wenn sie ihr prozeduralistisches Selbstverständnis radikalisiert – jenseits kommunikativen Lärms und diesseits kommunikativ kompetenter Individuen.

(3) Die von den neuen sozialen Bewegungen ausgelösten Lernprozesse sind weiterhin an sozialstrukturelle Voraussetzungen gebunden. Gesellschaftliche Lernprozesse sind nicht nur in öffentlichen Kommunikationszusammenhängen, sondern auch in Klassenlagen (und daraus resultierenden Klassenkonflikten) zu verorten. Das wird zwar nicht mehr im Rahmen überlieferter Klassentheorien möglich sein. Doch nichts sollte daran hindern, angemessene Klassentheorien der gesellschaftlichen Realität moderner Gesellschaften zu konstruieren und als Kontext aktueller sozialer Bewegungen in die Theorie dieser Bewegungen einzubauen (Parkin 1986, Offe 1985, Vester 1989, Eder 1989b).

(4) Schließlich darf eine Theorie der Öffentlichkeit als der Institutionalisierungsform sozialer Bewegungen nicht aus dem Auge verlieren, daß kulturelle Traditionen und institutionalisierte kulturelle Standards in Kohärenz und Validität in öffentlicher Kommunikation eine Rolle spielen. Dies heißt nicht, geschichtsphilosophische Kriterien von außen anzulegen, sondern zu rekonstruieren, welche Standards – zumindest »for the time being« – die miteinander im öffentlichen Raum sich auseinandersetzenden kollektiven Akteure akzeptiert haben.

Die Institutionalisierung sozialer Bewegungen ist somit jener Prozeß, der (a) die Zentralität von Kommunikation in der Produktion und Reproduktion von Gesellschaft sichtbar macht, der (b) das Verhältnis von »structure« und »agency« sowie das Verhältnis von »culture« und »agency« (Archer 1988) einreguliert und der (c) die Beschleunigung des Wandlungstempos moderner Gesellschaften erklärt. Soziale Bewegungen sind insofern in der Tat zu einem Schlüssel moderner Gesellschaftsanalyse geworden.

Literatur

Archer, M. S. (1988), *Culture and Agency. The Place of Culture in Social Theory*, Cambridge.

Brand, K. W. (1982), *Neue soziale Bewegungen. Entstehung, Funktion und Perspektive neuer Protestpotentiale*, Opladen.

– (1990a), »Cyclical Aspects of New Social Movements: Waves of Cultural Criticism and Mobilization Cycles of New Middle-class Radicalism«, in: R. J. Dalton/M. Kuechler (Hg.), *Challenging the Political Order, New Social and Political Movements in Western Democracies*, Oxford, S. 23-42.

– (1990b), *Zyklen des »middle class radicalism«. Eine international und historisch vergleichende Untersuchung der »neuen sozialen Bewegungen«.* Habilitationsschrift TU München.

Bourdieu, P. (1982), *Die feinen Unterschiede. Kritik der gesellschaftlichen Urteilskraft*, Frankfurt am Main.

Dahrendorf, R. (1989), »Einführung in die Soziologie«, in: *Soziale Welt* 40, S. 2-10.

Chomsky, N. (1989), *Necessary Illusions. Thought Control in Democratic Societies*, London.

Eder, K. (1985), *Geschichte als Lernprozeß? Zur Pathogenese politischer Modernität in Deutschland*, Frankfurt am Main.

– (1989a), »Institutionenwandel und Demokratie. Zur Desillusionierung über die Rationalität politischer Institutionen«, in: H. H. Hartwich (Hg.), *Macht und Ohnmacht politischer Institutionen*, Opladen, S. 110-126.

– (1989b), »Jenseits der nivellierten Mittelstandsgesellschaft. Das Kleinbürgertum als Schlüssel zu einer Klassenanalyse fortgeschrittener Industriegesellschaften«, in: K. Eder (Hg.), *Klassenlage, Lebensstil und kulturelle Praxis*, Frankfurt am Main, S. 341-393.

– (1989c), »Politik und Kultur. Zur kultursoziologischen Analyse politischer Partizipation«, in: A. Honneth/Th. McCarthy/C. Offe/A. Wellmer (Hg.), *Zwischenbetrachtungen. Im Prozeß der Aufklärung. Jürgen Habermas zum 60. Geburtstag*, Frankfurt am Main, S. 563-592.

– (1990), *Kollektive Akteure zwischen Identitätssuche und Mobilisierungsindustrie. Oder: Wie man kollektive Akteure wieder theoriefähig macht*, Hamburg.

Elster, J. (1985), *Making Sense of Marx*, Cambridge.

Gerhards, J./F. Neidhardt (1990), *Strukturen und Funktionen moderner Öffentlichkeit. Fragestellungen und Ansätze*, Wissenschaftszentrum Berlin für Sozialforschung.

Görlitz, A./R. Voigt (1985), *Rechtspolitologie. Eine Einführung*, Opladen.

Habermas, J. (1962), *Strukturwandel der Öffentlichkeit. Untersuchungen zu einer Kategorie der bürgerlichen Gesellschaft*, Neuwied.

- (1985), *Der philosophische Diskurs der Moderne. Zwölf Vorlesungen*, Frankfurt am Main.
- (1989), »Volkssouveränität als Verfahren. Ein normativer Begriff von Öffentlichkeit«, in: *Merkur* 43, S.465-477.

Hegedus, Z. (1987), »The Challenge of the Peace Movement: Civilian Security and Civilian Emancipation«, in: *Revue Alternatives*, S.197-216.

Honneth, A. (1985), *Kritik der Macht*, Frankfurt am Main.

Lockwood, D. (1981), »The Weakest Link in the Chain? Some Comments on the Marxist Theory of Action«, in: *Research in the Sociology of Work* 1, Greenwich/CT, S. 435-481.

Luhmann, N. (1986), *Ökologische Kommunikation. Kann die moderne Gesellschaft sich auf ökologische Gefährdungen einstellen?*, Opladen.

Miller, M. (1986), *Kollektive Lernprozesse. Studien zur Grundlegung einer soziologischen Lerntheorie*, Frankfurt am Main.

Neidhardt, F. (1985), »Einige Ideen zu einer allgemeinen Theorie sozialer Bewegungen«, in: S. Hradil (Hg.), *Sozialstruktur im Umbruch. Karl Martin Bolte zum 60. Geburtstag*, Opladen, S. 193-204.

Offe, C. (1985), »New Social Movements: Challenging the Boundaries of Institutional Politics«, in: *Social Research* 52, S. 817-868.

Pakulski, J. (1990), »Mass Movements and Social Class«, Vortrag, gehalten auf dem World Congress of Sociology in Madrid.

Parkin, F. (1986), *Middle Class Radicalism*, Manchester.

Pohl, H. (Hg.) (1989), *Die Bedeutung der Kommunikation für Wirtschaft und Gesellschaft*, Göttingen.

Rucht, D. (1988a), »Gegenöffentlichkeit und Gegenexperten. Zur Institutionalisierung des Widerspruchs in Politik und Recht«, in: *Zeitschrift für Rechtssoziologie* 9, S. 290-305.
- (1988b), »Themes, Logic, and Arenas of Social Movements: A Structural Approach«, in: B. Klandermans/H. Kriesi/S. Tarrow (Hg.), *From Structure to Action: Comparing Social Movement Research Across Cultures* (International Social Movement Research, Bd. 1), Greenwich CT, S. 305-328.
- (1990a), »Sociology as a Theory of Social Movements? A Critique of Alain Touraine«, in: ders. (Hg.), *Research on Social Movements: The State of the Art in Western Europe and the USA*, Frankfurt am Main.
- (Hg.) (1990b), *Research on Social Movements. The State of the Art in Western Europe and the USA*, Frankfurt am Main.

Schmid, M./F. Wuketits (1987), *Evolutionary Theory in Social Science*, Dordrecht/Boston/Lancaster/Tokio.

Sennett, R. (1983), *Verfall und Ende des öffentlichen Lebens. Die Tyrannei der Intimität*, Frankfurt am Main.

Strydom, P. (1987), »Collective Learning: Habermas' Concessions and their Theoretical Implications«, in: *Philosophy and Social Criticism* 13, S. 265-281.

Tenbruck, F. H. (1986), »Bürgerliche Kultur«, in: F. Neidhardt/R. M. Lepsius/J. Weiß (Hg.), *Kölner Zeitschrift für Soziologie und Sozialpsychologie. Sonderheft 27*, Opladen, S. 263-285.

Tenbruck, F. H./W. A. Ruopp (1983), »Modernisierung – Vergesellschaftung – Gruppenbildung – Vereinswesen«, in: F. Neidhardt (Hg.), *Gruppensoziologie. Perspektiven und Materialien*, Opladen, S. 65-74.

Touraine, A. (1973), *Production de la société*, Paris.

– (1983), »Soziale Bewegungen: Spezialgebiet oder zentrales Problem soziologischer Analysen«, in: J. Matthes (Hg.), *Krise der Arbeitsgesellschaft?*, Frankfurt am Main, S. 94-105.

Vester, M. (1970), *Die Entstehung des Proletariats als Lernprozeß? Die Entstehung antikapitalistischer Theorie und Praxis in England 1792-1848*, Frankfurt am Main.

– (1989), »Neue soziale Bewegungen und soziale Schichten«, in: U. C. Wasmuht (Hg.), *Alternativen zur alten Politik? Neue soziale Bewegungen in der Diskussion*, Darmstadt, S. 38-63.

Zald, M. N./C. D. McCarthy (Hg.) (1987), *Social Movements in an Organizational Society*, New Brunswick/Oxford.

Michael T. Hannan und John Freeman
Die Populationsökologie
von Organisationen

1. Einleitung

Die Untersuchung des Problems, welche Effekte die Umwelt für die Struktur von Organisationen hat, ist in den vergangenen Jahren ins Zentrum von Organisationstheorie und Organisationsforschung gerückt und hat eine Reihe aufregender Möglichkeiten eröffnet. Gleichwohl haben sich bislang nicht alle Hoffnungen erfüllt. Wir glauben, daß das mangelhafte Vorankommen zum Teil daran liegt, daß man es versäumt hat, Fragen, die vorzugsweise ökologischer Art sind, mit Hilfe ökologischer Modelle zu analysieren, und halten entsprechend dafür, das Problem in ökologischen Begriffen zu reformulieren.

Zwar gibt es ganz unterschiedliche ökologische Perspektiven, aber alle konzentrieren sich auf Selektion, das heißt, sie machen für das Auftreten von natürlichen Strukturen Selektionsprozesse verantwortlich. Die Mehrzahl der Organisationsliteratur hingegen hat sich einer anderen Sichtweise verschrieben, die wir als »Adaptionsperspektive« bezeichnen.[1] Dieser entsprechend suchen orga-

---

[1] Es gibt eine feinsinnige Beziehung zwischen Selektion und Adaption. Für Individuen bedeutet adaptives Lernen zumeist, zwischen verschiedenen Verhaltensreaktionen zu selegieren. Für Populationen bedeutet Adaption die Selektion zwischen unterschiedlichen Typen von Mitgliedern. Genereller: Man kann Prozesse, die Selektionen involvieren, gewöhnlich auf höherer Analyseebene als Adaptionsprozesse rekonstruieren. Wenn man jedoch eine bestimmte Analyseeinheit gewählt hat, kennt die Unterscheidung zwischen Selektion und Adaption keine Zweideutigkeit. Organisationen adaptieren sich an Umweltbedingungen oft gemeinsam, und das suggeriert einen Systemeffekt. Obgleich nur wenige Theoretiker solche Systemeffekte leugnen würden, rücken die wenigsten sie ins Zentrum ihrer Überlegungen. Vor allem jenen Soziologen, die sich für das umfassendere Sozialsystem interessieren, erscheint die differentielle Selektion zugunsten bestimmter Organisationen und zuungunsten anderer oftmals als ein Adaptionsprozeß.

nisatorische Untereinheiten – für gewöhnlich Manager oder dominante Koalitionen – die Umwelt nach Opportunitäten und Bedrohungen ab, formulieren strategische Reaktionen und stellen die Organisationsstruktur entsprechend um.

Die Adaptionsperspektive zeigt sich am eindeutigsten in der Managerliteratur. Deren Autoren unterstellen gewöhnlich eine Autoritäts- und Kontrollhierarchie, welche die organisationsrelevanten Entscheidungen an der Organisationsspitze lokalisiert. Daraus folgt, daß Organisationen von ihren jeweiligen Umwelten in der Weise beeinflußt werden, daß Manager oder Organisationsleiter Strategien formulieren, Entscheidungen fällen und durchsetzen. Besonders erfolgreiche Manager sind dazu in der Lage, ihre Organisationen gegenüber Umweltstörungen abzuschotten oder reibungsarme Anpassungen in die Wege zu leiten, die nur eine minimale Umgestaltung der Organisationsstruktur erfordern.

Eine ähnliche Sichtweise, wenn auch unter anderer Bezeichnung, dominiert die soziologische Literatur zu diesem Thema. Sie spielt eine zentrale Rolle in Parsons' (1956) funktionaler Analyse der Organisation-Umwelt-Beziehungen und findet sich in der engeren weberianischen Tradition (Selznick 1957). Interessanterweise haben sich die Funktionalisten, obgleich sie an Systemeffekten interessiert sind und obgleich die Logik ihres Ansatzes weitgehend Überlebensimperative in den Mittelpunkt rückt, um Selektionsphänomene nicht gekümmert. Das ist wahrscheinlich eine Reaktion gegen die Organisationstheorie, die eine sozialdarwinistische Perspektive erkennen läßt.

Auch Austauschtheoretiker haben die Adaptionsperspektive übernommen (Levine/White 1961). Und Entscheidungstheorien sind ihr natürlich desgleichen verpflichtet (March/Simon 1958,

Gesellschaften oder Gemeinschaften, die zum Teil aus formalen Organisationen bestehen, adaptieren sich teilweise mittels Prozessen, die die verschiedenen vorfindlichen Arten von Organisationen aufeinander abstimmen. Zwar wird eine vollständige Theorie der Organisation und ihrer Umwelt sowohl Adaption wie Selektion einbeziehen und sie als komplementäre Prozesse erkennen müssen; wir wollen uns indessen ganz absichtlich auf die Demonstration dessen beschränken, was wir aus einer ausschließlichen Untersuchung der Selektion lernen können (vgl. Aldrich/Pfeffer 1976 zu einem zusammenfassenden Überblick der Literatur zu diesen beiden unterschiedlichen Perspektiven).

Cyert/March 1963). Selbst Thompsons (1967) gefeierte Verknüpfung offener und geschlossener Systemmodelle beruht ausdrücklich auf ihr.

Nun wird niemand leugnen wollen, daß Organisationsleiter Strategien formulieren und Organisationen sich an die Wechselfälle ihrer Umwelten anpassen. Folglich muß die Beziehung zwischen Struktur und Umwelt wenigstens zum Teil adaptives Verhalten oder Lernen widerspiegeln. Aber das rechtfertigt nicht die Unterstellung, die große Variabilität von Organisationen sei ausschließlich oder auch nur vorzugsweise der Adaption geschuldet.

Die Adaptionsfähigkeit von Organisationen unterliegt einer Anzahl offensichtlicher Beschränkungen, das heißt, es gibt eine Reihe von Prozessen, die strukturelle Trägheit hervorrufen. Je nachhaltiger die entsprechenden Drücke sind, desto geringer ist die organisatorische Adaptionsflexibilität und desto wahrscheinlicher greift die Logik der Umweltselektion. Folglich ist für die Wahl zwischen Adaptions- und Selektionsmodellen zentral, ob es eine derartige strukturelle Trägheit gibt.

Daß Organisationen möglicherweise über ein starkes Trägheitsmoment verfügen, wurde von Burns und Stalker (1961) sowie von Stinchcombe (1965) nahegelegt. Aber aufs Ganze gesehen, wurde dieses Thema übersehen. Dennoch finden sich in der Literatur eine Reihe relevanter Thesen. Trägheitsdrücke entstehen sowohl infolge interner struktureller Arrangements als auch durch Umweltrestriktionen. Eine Minimalliste interner Beschränkungen umfaßt die folgenden Punkte:

1. Die Investitionen einer Organisation in Anlagen, Ausstattung und spezialisiertes Personal stellt ein Guthaben dar, das nicht ohne weiteres andersartigen Funktionen und Aufgaben zugute kommt. Daß diese »sunk costs« die Anpassungsoptionen beschränken, ist so offensichtlich, daß wir auf deren weitere Diskussion verzichten.

2. Die organisatorischen Entscheidungsträger sehen sich überdies Informationsrestriktionen gegenüber. Unser Wissen über die innerorganisatorischen Informationsflüsse sagt uns deutlich, daß die Leiter alles andere als vollständig über die innerorganisatorischen Aktivitäten und die Umweltkontingenzen informiert sind, denen die Unterabteilungen ihrer Organisationen gegenüberstehen.

3. Interne politische Restriktionen sind oftmals noch wichtiger.

Wenn Organisationen ihre Struktur ändern, wird das politische Gleichgewicht gestört. Solange die Menge der Ressourcen gleich bleibt, sind strukturelle Wandlungen fast immer mit deren interner Umverteilung verbunden. Dadurch werden die bestehenden Austauschbeziehungen zwischen den Unterabteilungen der Organisation (bzw. deren Leiter) durcheinandergebracht. Entsprechend kann man erwarten, daß zumindest einige Untereinheiten sich der vorgeschlagenen Reorganisation widersetzen werden. Diese Tendenz wird verstärkt, wenn die Gewinne der Reorganisation nur der Gesamtorganisation zugute kommen und erst langfristig sichtbar werden. Jede politische Abwehrreaktion zieht tendenziell zusätzliche kurzzeitige Kosten nach sich, die bisweilen hoch genug sind, um die Organisationsführung von ihrer geplanten Neuordnung abzubringen.[2]

4. Und endlich sind Organisationen durch ihre eigene Geschichte Restriktionen unterworfen. Sobald Verfahrenregeln und Verteilung der Aufgaben und Herrschaftskompetenzen Gegenstand einer normativen Übereinkunft geworden sind, steigen die Kosten ihrer Veränderung rapide. Solche normativen Übereinkünfte beschränken die Adaption zumindest in zweifacher Weise: Sie rechtfertigen den Widerstand der Reorganisationsgegner, indem sie ihnen erlauben, auf der Aufrechterhaltung gemeinsamer Prinzipien zu bestehen. Zum anderen unterbindet jede normative Übereinstimmung eine ernsthafte Erwägung vieler Alternativen.[3]

Externe Trägheitsdrücke scheinen aber genau so gewichtig zu sein:

1. Es gibt zahlreiche legale und fiskalische Barrieren, die Organisationen daran hindern, einen Markt zu betreten oder zu verlassen. Diskussionen des organisatorischen Verhaltens betonen typischerweise Zugangsbarrieren (zum Beispiel staatlich lizensierte Monopolpositionen usf.); Austrittsbehinderungen sind indessen ebenso interessant. Es gibt zunehmende Beispiele dafür, daß politische Entscheidungen Firmen daran hindern, bestimmte Tätig-

---

2 Zu einer ausführlicheren Diskussion der Frage, wie die interne politische Ökonomie einer Organisation deren Adaptionschancen beschneidet, vgl. Downs 1970 und Zald 1970.

3 Meyers (1970) Untersuchung von Organisationsverfassungen stützt dieses Argument zusätzlich, daß früh in ihrer Geschichte erlangte normative Übereinkünfte den Adaptionsbereich von Organisationen einschränken.

keiten aufzugeben. Alle derartigen Zutritts- und Austrittsbarrieren beschränken die Zahl der Anpassungsmöglichkeiten.

2. Parallel zu den internen Informationsbeschränkungen tauchen auch externe Restriktionen auf. Der Erwerb von Informationen über relevante Umweltereignisse ist besonders kostspielig in turbulenten Situationen, in denen solche Informationen am dringlichsten benötigt werden. Überdies beschränken die von der Organisation beschäftigten Spezialisten sowohl die Art der erhaltbaren Information (Granovetter 1973) als auch die Art und Weise, in der sie diese spezielle Information verarbeiten und nutzen kann.

3. Auch die Umwelt sorgt für Legitimationsbeschränkungen. Jede Legitimität, die die Organisation hat erwerben können, stellt ein Guthaben bei der Manipulation der Umwelt dar, das dann entwertet wird, wenn Umweltanpassungen bestehende Legitimationsansprüche unterminieren. Auf diese Weise werden Adaptionsmöglichkeiten durch externe Legitimationserwägungen beschnitten.

4. Und endlich existiert ein Problem der kollektiven Rationalität. Eine der schwierigsten Fragen der zeitgenössischen Ökonomie betrifft das allgemeine Gleichgewicht. Auch wenn man einzelnen Käufern oder Anbietern eine optimale Strategie für deren Auftreten auf einem Wettbewerbsmarkt empfehlen kann, folgt daraus nicht dessen Gleichgewicht, wenn alle ihn betreten. Allgemeiner ausgedrückt: Es ist schwierig, zu gewährleisten, daß eine Strategie, die für einen einzelnen Entscheider rational ist, auch rational bleibt, wenn sie von einer großen Anzahl von Entscheidern übernommen wird. Die Wettbewerbstheorie hat einige Lösungsvorschläge für dieses Problem unterbreitet, wir kennen aber keine Behandlung der Frage für Organisationen allgemein. Solange eine entsprechende Analyse nicht vorliegt, sollten wir nicht unterstellen, daß ein Handlungsverlauf, der angesichts einer sich verändernden Umwelt für eine Organisation adaptiv ist, anderen, mit ihr konkurrierenden Organisationen eine ähnlich adaptive Strategie bietet.

Der adaptionstheoretische Bezugsrahmen kann einer Reihe dieser Trägheitsdrücke gerecht werden, das heißt, man kann die Perspektive modifizieren und eingrenzen, um Wahlen zwischen beschränkten Mengen von Alternativen in die Betrachtung einzuschließen. Aber ein solcher Schritt engt den möglichen Forschungsbereich erheblich ein. Wir meinen deshalb, daß man die Adaptionsperspektive durch eine Selektionsorientierung ergänzen muß, um die verschiedenen Trägheitsdrücke angemessen behandeln zu können.

Bevor wir zur Darstellung ökologischer Modelle kommen, wollen wir zwei vorgelagerte Fragen aufgreifen. Die erste betrifft die angemessene Analyseeinheit. In der Regel betrachten Theoretiker, die sich um die Organisation-Umwelt-Beziehung kümmern, eine einzelne Organisation, die einer bestimmten Umwelt gegenübersteht. Wir argumentieren explizit zugunsten der Berücksichtigung von Organisationspopulationen. Die zweite Frage befaßt sich damit, ob populationsökologische Modelle bei der Untersuchung menschlicher Sozialorganisation akzeptiert werden können. Unser Beantwortungsvorschlag geht von Hawleys klassischer Behandlung der Humanökologie aus (Hawley 1950, 1968), wobei wir Hawley in zweifacher Hinsicht erweitern: Zum einen benutzen wir explizit Wettbewerbsmodelle, um den Prozeß zu spezifizieren, der zum Isomorphismus zwischen Organisationsstruktur und Umweltanforderung führt; und zum anderen nutzen wir die Nischentheorie, um auch dynamischen Umwelten gerecht zu werden. Um diese zwei Punkte erweitert und modifiziert, kann Hawleys Sichtweise populationsökologischen Organisationstheorien als nützliche Starthilfe dienen.

2. Das Populationsdenken in der bisherigen Erforschung von Organisation-Umwelt-Beziehungen

Die Organisationsliteratur hat der Frage nach der angemessenen Analyseeinheit wenig Aufmerksamkeit geschenkt (Freeman 1975). Die durchweg kasuelle Behandlung dieses Themas läßt den Eindruck aufkommen, es sei gar keines. Wir vermuten dagegen, daß die Festlegung der Untersuchungseinheit feinsinnige Fragen aufwirft und von weitreichender Bedeutung für die Forschung ist. So bestimmt sie im vorliegenden Fall, welche Teile der ökologischen Literatur zur Untersuchung der Organisation-Umwelt-Beziehung relevant sein werden.

Es wird sinnvoll sein, die Frage des Organisationsanalytikers, welche Untersuchungseinheit er wählen soll, mit derjenigen zu vergleichen, vor die sich der Biologe gestellt sieht. Etwas simplifizierend gesagt, bewegt sich die ökologische Analyse auf drei Ebenen: auf der Ebene der Individuen, der Populationen und der Populationsgemeinschaften. Ereignisse auf einer der Ebenen haben fast immer Auswirkungen für die übrigen. Trotz dieser Interdependenzen können Populationsereignisse nicht auf solche der individuellen Ebene reduziert werden, da die Individuen nicht die volle genetische Variabilität der Population widerspiegeln, sowenig Ereignisse auf der Ebene von Populationsgemeinschaften einfach auf einzelne Populationen reduzierbar sind. Und die beiden zuletzt genannten Ebenen verwenden eine Perspektive, die der individuellen Ebene keinesfalls angemessen ist.

Die Situation eines Organisationsanalytikers ist demgegenüber komplexer. Statt mit drei Analyseebenen sieht er sich zumindest mit fünf Ebenen konfrontiert: (1) den Mitgliedern der Organisation, (2) deren Untereinheiten, (3) der individuellen Organisation, (4) Organisationspopulationen und (5) Gemeinschaften von Organisationspopulationen. Die Ebenen (3) bis (5) entsprechen den diskutierten drei Ebenen der allgemeinen Ökologie, wobei die einzelne Organisation den Platz des individuellen Organismus einnimmt. Die zusätzliche Komplexität entsteht dadurch, daß Organisationen in höherem Umfang dekomponiert werden können als Organismen. Einzelne Mitglieder und Unterabteilungen können sich von einer Organisation in einer Weise trennen, die im Bereich nicht-menschlicher Organisation keine Parallele kennt.

Theorie- und Forschungsbeispiele, die sich mit den Auswirkungen der Umwelt auf Organisationen befassen, finden sich für alle fünf Ebenen. So behandelt etwa Croziers (1964) wohlbekannte Analyse des Effekts der Kultur auf die Bürokratie die kulturellen Voraussetzungen, welche die Mitglieder in die Organisationen hineintragen. Auf der anderen Seite des Spektrums finden wir Untersuchungen »organisatorischer Felder« (Turk 1970, Aldrich/ Reiss 1976). Aber die breiteste Aufmerksamkeit erhielt *die* Organisation und *ihre* Umwelt. In der Tat ist diese Festlegung derart verbreitet, daß ein stillschweigendes Einverständnis darüber zu bestehen scheint, daß die Einzelorganisation als die angemessene Einheit jeder Untersuchung der Organisation-Umwelt-Beziehung zu betrachten sei.

Wir argumentieren, daß parallel dazu Theorie und Forschung auch auf der Populationsebene (und letztlich der Ebene von Populationsgemeinschaften) entwickelt werden sollten. Wegen der auseinanderlaufenden Meinungen darüber, welches die angemessene Analyseebene sein sollte, hat »Population« zumindest zwei differente Bedeutungen. Herkömmliche Abhandlungen der Humanökologie gehen davon aus, daß die für die Organisation-Umwelt-Beziehungen relevanten Populationen aus jenen aggregierten Mitgliedern bestehen, die in der betreffenden Organisation tätig sind bzw. von ihr mit Leistungen versorgt werden. Damit bringt man eine Organisation in eine Analogie zu einer Gemeinschaft: Wie diese verfügt sie über kollektive Mittel der Umweltanpassung. Der einheitliche Charakter einer derart definierten Population hängt vom gemeinsamen Schicksal ihrer Mitglieder ab; alle teilen bis zu einem gewissen Grad den Erfolg ihrer Organisation wie deren Scheitern in gleicher Weise.

Wir verwenden den Populationsbegriff hingegen in seiner zweiten Bedeutung, indem wir ihn eher auf Aggregate von Organisationen beziehen als auf deren Mitglieder. Diese Organisationen müssen sich in bestimmter Hinsicht gleichen, um die betreffenden Populationen als Einheiten verstehen zu können. Unglücklicherweise ist es nicht einfach, eine Organisationspopulation zu identifizieren. Der ökologische Ansatz schlägt vor, dies mit Hilfe des gemeinsamen Schicksals in einer für alle veränderlichen Umwelt zu tun. Da sich indessen alle Organisationen voneinander unterscheiden, werden durch eventuelle Umweltschocks keine zwei in gleicher Weise betroffen. Gleichwohl können wir Klassen von Organisationen identifizieren, die sich bezüglich ihrer Umweltverletzlichkeit als relativ homogen erweisen.[4]

Um den von den Populationsbiologen gewiesenen Weg verfolgen zu können, müssen wir ein Analogon zum Artbegriff finden. Arten werden in letzter Instanz durch ihre genetische Struktur definiert. Wie Monod (1975) sagt, können wir uns eine solche genetische Struktur sinnvollerweise als eine Art Blaupause vorstellen, die die Regeln enthält, nach denen Energie in Struktur transformiert wird. Folglich liegt die gesamte adaptive Kapazität einer Spezies in dieser Blaupause gesammelt vor. Wenn wir das Art-Analogon für Organisationen ausmachen wollen, müssen wir

---

4 Die derart identifizierten Populationen können von Untersuchung zu Untersuchung anders festgelegt werden, je nachdem, welche Frage man verfolgt. Populationen sind demnach keine unveränderlichen Objekte, sondern eher theoretisch nützliche Abstraktionen.

nach derartigen Blaupausen fahnden. Diese werden in den Regeln bzw. Verfahren bestehen, sich die Inputs zu verschaffen und zu verarbeiten, die eine Organisation benötigt, um eine Leistung oder eine Reaktion hervorzurufen.

Die Art der identifizierten Blaupause richtet sich nach inhaltlichen Kriterien. Marschak und Radner (1972) verwenden beispielsweise den Begriff »organisational form«[5], um die entscheidenden Elemente der Blaupause eines Entscheidungsprozesses zu bestimmen. Für sie umfaßt eine solche Blaupause oder »Form« zwei Funktionen: Eine Informationsfunktion, welche die Regeln beschreibt, die dazu genutzt werden, Informationen über den Zustand der externen Umwelten zu erwerben, zu verarbeiten und zu übermitteln, und eine Aktivitätsfunktion, die die Regeln darüber enthält, wie die eingegangenen Informationen zu verwerten sind, um eine organisatorische Reaktion auszubilden. Wenn man Klassen von Organisationen identifizieren kann, die sich in bezug auf diese beiden Funktionen unterscheiden, können wir unterschiedliche Klassen oder Formen von Organisationen bilden.

Da unser Interesse über Entscheidungen hinausgeht, empfinden wir Marschak und Radners Formdefinition als zu eng. In der Tat besteht kein Grund dafür, vorweg die Varietät der Regeln oder Funktionen zu begrenzen, die eine Blaupause ausmachen. Entsprechend verstehen wir unter »Form« eine Blaupause für organisatorisches Handeln, für die Transformation von Inputs in Outputs. Die Blaupause kann man gewöhnlich herleiten, indem man die folgenden Punkte klärt: (1) Welche formale Struktur im engeren Sinn besitzt die Organisation, das heißt, welche Organisationstableaus gibt es, welche niedergelegten Operationsregeln etc.? (2) Welche innerorganisatorischen Handlungsmuster lassen sich identifizieren, das heißt, was wird tatsächlich von wem gemacht? (3) Welche normative Ordnung ist vorhanden, das heißt, welche Arten des Handelns werden von den beteiligten Mitgliedern und von den relevanten Umweltsektoren gleichermaßen als richtig und angemessen definiert?

Um das Analogon zur Spezies zu vervollständigen, müssen wir überdies nach qualitativen Unterscheidungen zwischen den organisatorischen Formen suchen. Am wahrscheinlichsten scheint es

---

5 Dieser Begriff wird in der soziologischen Literatur verbreitet genutzt; vgl. Stinchcombe 1965.

zu sein, daß wir solche Differenzen im Bereich der formalen Struktur und der normativen Ordnung entdecken. Im letzteren Fall stehen uns eine Reihe besonders interessanter Optionen offen; immer wenn die Geschichte einer Organisation, ihre Politik und ihre Sozialstruktur normativ codiert sind, können wir die normativen Anforderungen dazu benutzen, Organisationsformen zu identifizieren und forschungsrelevante Populationen zu definieren.

Danach können wir durch einen weiteren Schritt eine präzisere Definition einer Organisationspopulation gewinnen. Denn neben der Festlegung der Untersuchungseinheit muß der Organisationsanalytiker auch das System wählen, das er bearbeiten möchte. Derartige Systeme, wie sie für die Untersuchung von Organisation-Umwelt-Beziehungen relevant sind, werden gewöhnlich durch die Geographie der Population, durch politische Grenzen, durch Märkte oder durch Erwägungen über Produkteigenschaften definiert. Setzt man eine derartige Systemdefinition voraus, dann besteht eine Population von Organisationen aus allen Organisationen innerhalb der so gezogenen Grenze, die eine gemeinsame Form besitzen. Das heißt, die Population wird festgelegt durch die Form, in der sie innerhalb eines spezifizierten Systems existiert oder verbreitet ist.

Beide Populationsbegriffe und die in ihnen implizierten ökologischen Theorien erweisen sich als wichtig für die Erforschung organisatorischer Strukturen. Die erste Bestimmung schlägt vor, Organisationsstrukturen als Resultat eines kollektiven Adaptionsprozesses aufzufassen; die zweite ignoriert die dabei unterstellten Anpassungskapazitäten der strukturbildenden Organisationselemente und betrachtet statt dessen die Organisation selbst als adaptive Einheit. Wir gestehen zu, daß man beide Zugangsweisen benötigt, wollen uns aber auf die zweite beschränken.

Schließlich möchten wir die Eigenschaften von Populationen benennen, an denen Populationsökologen am meisten interessiert sind. Ihr Hauptanliegen wurde durch Elton (1927) klar formuliert, als er schrieb: »Wenn wir ökologische Probleme lösen, beschäftigen wir uns damit, *was Tiere als ganze, lebende Einheiten tun*. Wir sind weder an toten Tieren noch an ihren organischen Teilen interessiert. Daneben müssen wir die Umstände untersuchen, unter denen sie dies tun, und – am wichtigsten – jene limitierenden Faktoren, die sie daran hindern, etwas anderes zu tun. Wenn wir diese Fragen gelöst haben, ist es möglich, die Gründe für Verteilung und Anzahl der Tiere in der Natur zu entdecken.« Hutchinson (1959) drückt dasselbe Interesse im Untertitel ihres berühmten Essays »Homage to Santa Rosalia« kurz und bündig aus: »Weshalb gibt es so viele Arten von Tieren?« In der Nachfolge dieser herausragenden Ökologen schlagen wir vor, daß die Populationsökologie der Organisationen versuchen muß, die Verteilung von Organisationen über die verschiedenartigen Umweltbedingungen hinweg und die daraus resultierenden Restriktionen für die jeweiligen Organisationsstrukturen zu verstehen; allgemeiner ausgedrückt sollte sie fragen: Weshalb gibt es so viele Arten von Organisationen?

3. Differenzen zwischen der ökologischen Analyse menschlicher und nicht-menschlicher Organisationen

Die Verwendung von ökologischen Modellen bei der Untersuchung von Organisationen stellt eine Reihe analytischer Herausforderungen, da sich menschliche und nicht-menschliche Organisationen in wesentlicher Hinsicht unterscheiden. Zunächst wäre die nicht-genetische Informationsübertragung zu betrachten. Biologische Analysen werden dadurch weitgehend erleichtert, daß die für die Umweltanpassung benötigten Informationen (das heißt die Struktur) genetisch übertragen werden. Genetische Prozesse sind nahezu invariant, so daß deren Struktur eine hochgradige Kontinuität aufweist. Die kleine Anzahl von Unvollkommenheiten bringt strukturelle Veränderungen hervor, die mit gleicher Invarianz übertragen werden, falls die Umwelt sie akzeptiert. Diese außerordentliche Strukturinvarianz von Arten erleichtert die Lösung des Problems der Art- und Populationsdefinition erheblich. Wichtiger noch ist, daß die Adaptivität dieser Strukturen unzweideutig an deren Nettoreproduktionsraten abgelesen werden kann. Wenn eine Population, die über bestimmte Eigenschaften verfügt, ihre Nettoreproduktionsrate nach einer Umweltveränderung erhöht, folgt daraus, daß in Richtung der betreffenden Eigenschaften selegiert wurde. Deshalb konnten moderne Biologen ihre Fitness-Definition auf die Nettoreproduktionsrate einer Population beschränken.

Menschliche Sozialorganisationen weisen demgegenüber sicherlich einen größeren Grad an Lernen oder Adaptionen auf. Entsprechend ist es schwieriger, deren Fitness exakt zu bestimmen. Zumindest unter bestimmten Bedingungen können Organisationen derart extreme strukturelle Wandlungen vollziehen, daß sie ihre Artzugehörigkeit wechseln. Das hat die Folge, daß extreme Adaptionen zu Veränderungen führen, die ein Beobachter fälschlicherweise für Selektionen halten kann. Dies stellt insbesondere dann ein Problem dar, wenn verschiedene Organisationsformen sich in vielen Dimensionen gleichen.[6]

Darüber hinaus sollte man zur Kenntnis nehmen, daß die Adaptionskapazität selbst der Evolution – und das heißt: systematischer Selektion – unterworfen ist. Wir werden weiter unten argumentieren, daß Organisationen diese Kapazität in stabilen Umwelten auf Kosten eines verringerten Performanzniveaus ausbilden können. Ob eine derartige adaptible Organisationsform überleben wird, hängt von der Art der Umwelt und ihrer Wettbewerbssituation ab. Deshalb sieht die Selektionsperspektive in der Erhöhung des Adaptabilitätsniveaus das spezifische Resultat eines evolutionären Prozesses.

Die Humanökologie unterscheidet sich aber noch auf andere Weise von der Bioökologie. Blau und Scott (1962) weisen darauf hin, daß individuelle Organisationen (und Organisationspopulationen) im Gegensatz zur gewöhnlichen Situation in der Biologie ein beinahe unbegrenztes Ausdehnungspotential besitzen. Diese Verbreitungsfähigkeit primitiver Elemente stellt ein Problem dar, wenn wir unsere Aufmerksamkeit darauf richten, wie sich Organisationen über bestimmte Arten von Umwelten verteilen. Eine gegebene Form, etwa eine formale Bürokratie, kann durch ein ganzes System (oder auf einem Markt oder im Bereich bestimmter

6 Wir haben uns für ein zusammengesetztes *Fitness*-Maß ausgesprochen (Hannan/Freeman 1974), das sowohl Selektion, das heißt den faktischen Verlust von Organisationen, als auch den Wechsel zwischen verschiedenen Formen, das heißt, extreme Adaptionen, berücksichtigt. *Fitness* wäre in diesem Fall zu definieren als die Wahrscheinlichkeit, mit der eine gegebene Organisationsform in einer bestimmten Umwelt bestehen kann. Wir glauben noch immer an den Wert eines solchen Versuchs, halten jetzt aber die Kombination von Adaption und Selektion für verfrüht. Zunächst sollten die Selektionsprozesse in den Fällen untersucht werden, in denen die Trägheitsdrücke hinreichend stark sind, um einen Formwechsel unwahrscheinlich zu machen.

Tätigkeiten) expandieren entweder, weil eine vorhandene Bürokratie wächst oder weil viele Bürokratien begründet werden.
Jeder dieser Prozesse wird darauf hinauslaufen, daß bürokratische
Tätigkeiten einen beherrschenden Charakter gewinnen. Eine
wörtliche Anwendung der Populationsökologie auf das Problem
des organisatorischen Wandels würde auf eine einfache Auszählung von Populationen hinauslaufen. Ein derartiges Vorgehen
könnte das für einen Organisationsanalytiker interessanteste Phänomen übersehen. Winter (1964) schlägt in seiner Diskussion der
damit verbundenen analytischen Probleme deshalb vor, zwischen
Überleben (*survival*), womit das Schicksal individueller Organisationen angesprochen ist, und Überlebensfähigkeit (*vitality*) zu
unterscheiden, die den jeweiligen »Marktanteil« einer bestimmten
Organisationsform bezeichnet.
Wir finden eine andere Sicht der Größenproblematik zumindest
ebenso verdienstvoll. Viele Biologen haben behauptet, daß Wachstum von strukturellem Wandel begleitet ist; mit anderen Worten
heißt dies, daß ein Tier nicht unendlich wachsen und gleichzeitig
seine ursprüngliche Form beibehalten kann. Eine Maus kann zum
Beispiel das Verhältnis von Körpergewicht zur Skelettstruktur
nicht beibehalten, wenn sie so groß wie ein Haus wird. Sie sähe
hernach weder wie eine Maus aus, noch würde sie physiologisch
wie diese funktionieren. Boulding (1953) und Haire (1959) meinen, daß dies auch für Organisationen gilt. Caplow (1957), der
sich auf die Arbeit von Graicunas (1933) bezieht, und andere vertreten die These, daß die Fähigkeit eines einzelnen Organisations-
mitglieds, mit den anderen eine Face-to-face-Beziehung aufzunehmen, mit zunehmender Anzahl der Mitglieder sinkt. Dies
führt zu einem Wandel ihrer Beziehungen; sie werden immer un-
persönlicher und formaler. Blau und eine Anzahl seiner Koauto-
ren haben davon gesprochen, daß die Größe einer Organisation
einen ähnlichen Kausaleffekt für deren Struktur habe.[7] Wenn es
aber richtig ist, daß sich die Organisationsform mit steigender
Organisationsgröße verändert, dann kann man in der Tat unterstellen, daß Selektionsmechanismen wirken, die die Größenverteilung beeinflussen. Wenn große Organisationen vorherrschend
sind, dann mag es nützlich sein, diesen Tatbestand als einen spe-
ziellen Fall von Selektion zu betrachten, in dem die Verschiebung

7 Blau/Scott 1962, S. 223 ff.; Blau/Schoenherr 1971; Blau 1972.

von »kleinen Formen« zu »großen Formen« theoretisch nicht von der Auflösung (dem »Tod«) kleiner Organisationen und deren Ersetzung durch (oder die »Geburt« von) große(n) Organisationen zu unterscheiden ist.

Fassen wir zusammen. Wir haben eine Reihe von Herausforderungen identifiziert. Die erste betrifft die beiden Quellen des Wandels: Selektion versus adaptives Lernen. Wir meinen, daß die Organisationsliteratur letztere zuungunsten der ersteren überbetont hat. Wir wissen sehr viel mehr über Entscheidungspraktiken, Organisationsplanung und dergleichen als über die Selektion in Organisationspopulationen. Die zweite Herausforderung liegt in der Unterscheidung zwischen Überleben und Überlebensfähigkeit.[8]

4. Das Isomorphieprinzip

In der entwickeltsten Arbeit über die Prinzipien der Humanökologie beantwortet Hawley (1968) die Frage, weshalb es so viele divergente Organisationen gibt, mit dem Hinweis darauf, daß die Diversivität der Organisationen der Vielgestaltigkeit der Umwelten isomorph sei. In jeder unterscheidbaren Umweltkonfiguration finde man – im Gleichgewicht – nur jene Organisationsformen, die optimal an die Anforderungen der jeweiligen Umwelt angepaßt seien. Jede Einheit erfahre Einschränkungen, die sie dazu zwängen, sich jenen Einheiten anzugleichen, die denselben Restriktionen unterlägen. Dabei legt Hawleys Erklärung besonderes Gewicht auf die vorhandenen Kommunikationsmuster und deren strukturelle Komplemente: »(organisation units) must submit to standard terms of communication and to standard procedures in consequence of which they develop similar internal arrangements within limits imposed by their respective sizes« (Hawley 1968, S. 334).

Dieser Satz klingt zwar vom ökologischen Standpunkt her gesehen völlig plausibel, beachtet indessen eine Reihe von interessanten Erwägungen nicht. Um die Frage nach den Gründen der

---

8 Ob sich diese Distinktion auszahlt, wird von den Ergebnissen der Forschungen über die Größe von Organisationen abhängen, die derzeit von zahlreichen Organisationsforschern durchgeführt werden.

organisatorischen Vielfalt befriedigend bantworten zu können, muß die Isomorphieformulierung zumindest in zweierlei Hinsicht modifiziert und erweitert werden. Die erste Modifikation betrifft die Mechanismen, in deren Gefolge sich das postulierte Gleichgewicht ergeben sollte. Um solche Mechanismen zu kennzeichnen, muß das Isomorphieprinzip durch ein Selektionskriterium und eine Wettbewerbstheorie ergänzt werden. Eine zweite Modifikation erfordert der Tatbestand, daß das Isomorphieprinzip weder die Frage behandelt, wie das Anpassungsoptimum bei sich verändernden Umwelten einzuschätzen ist, noch berücksichtigt, daß Organisationen oftmals multiplen Umwelten gegenüberstehen, die durchaus inkonsistente Anforderungen stellen können. Ein angemessenes Verständnis der Restriktionen, denen eine Organisationsform ausgesetzt ist, scheint die Modellierung multipler und dynamischer Umwelten zu erfordern.

5. Wettbewerbstheorie

Die erste notwendige Erweiterung des Prinzips, das wir selbstverständlich nicht in allen Details ausbreiten können, läuft auf eine Spezifikation des Optimierungsprozesses hinaus, der für die Isomorphie zwischen Organisationsform und Umwelt verantwortlich gemacht werden soll. Zwei Mechanismen haben wir bereits diskutiert: Selektion und adaptives Lernen. Isomorphie kann sich somit einstellen, entweder weil nicht-optimale Organisationsformen aus einer Organisationsgemeinschaft herauseligiert werden oder weil die Entscheidungsträger einer Organisation optimale Reaktionsformen erlernen und das organisatorische Verhalten entsprechend adjustieren. Wir wollen weiterhin vor allem den ersten Prozeß im Auge behalten: die Selektion.

Optimierungsbetrachtungen führen zu zwei Problemen: Wer optimiert und was wird optimiert? Im allgemeinen wird angenommen, wie etwa in der Theorie der Firma, daß organisatorische Entscheider, indem sie zwischen verschiedenen organisatorischen Handlungen wählen, Profite optimieren. In populationsökologischer Sichtweise selegiert die Umwelt.[9] Unabhängig davon, ob

9 Biologische Anwendungen des Optimierungsprinzips gehen davon aus, daß die natürliche Selektion in Übereinstimmung mit dem sogenannten

individuelle Organisationen sich bewußt anpassen, sieht die Umwelt optimale Organisationskombinationen aus. Wenn diesem Geschehen eine Rationalität unterliegt, dann ist es die »Rationalität« der natürlichen Selektion. Organisatorische Rationalität und Umweltrationalität mögen für Firmen, die auf kompetitiven Märkten auftreten, zusammenfallen. In diesem Fall besteht das optimale Verhalten jeder Firma in der Profitmaximierung, und die Umwelt (im vorliegenden Fall der Markt) selegiert Profitmaximierer. Friedman (1953) nutzt diese Beobachtung zur Rechtfertigung einer Evolutionstheorie der Firma. Demgegenüber hat Winter (1964) darauf hingewiesen, daß sich die Sachlage sehr viel komplizierter gestaltet und daß individuelle Rationalität und Umwelt- oder Marktrationalität höchst selten zu denselben Optima führen.

Wendet man sich der Selektion zu, für die wir uns für den Fall interessieren sollten, daß die beiden Rationalitätsformen nicht übereinstimmen, dann muß man Wettbewerbsprozesse in den Vordergrund rücken. Vermutlich wird das Aufblühen spezifischer Organisationsformen innerhalb einer bestimmten Umwelt deshalb verhindert, weil andere erfolgreicher mit ihnen um essentielle Ressourcen konkurrieren. Solange bestandsrelevante Ressourcen endlich sind und Populationen über unbegrenzte Expansionskapazitäten verfügen, ist Konkurrenz unvermeidbar.

Hawley (1950) betont im Gefolge von Durkheim (²1988) und anderen mit Nachdruck den Wettbewerb als eine Determinante sozialorganisatorischer Muster. Dabei stellt sein Modell vor allem den indirekten Charakter dieses Prozesse heraus: »The action of all on the common supply gives rise to a reciprocal relation between each unit and all the others, if only from the fact that what one gets reduces by that amount what others can obtain ... without this element of indirection, that is, unless unit effects one another through affecting a common limited supply, competition typically does not exist« (Hawley 1950, S. 202). In Hawleys Modell durchläuft Wettbewerb typischerweise vier Stadien: (1) Die Nachfrage nach Ressourcen übersteigt deren Umfang; (2) die Konkurrenten gleichen sich in dem Maße aneinander an, in dem die Standards der Wettbewerbsbedingungen einheitliche Reaktio-

Darwin-Lotkaschen Gesetz Kraft (im physikalischen Sinne) optimiert.

nen nach sich ziehen; (3) Selektion eliminiert die schwächsten Wettbewerber; (4) die zurückbleibenden Konkurrenten differenzieren sich entweder territorial oder funktional, was zu einer komplexeren Arbeitsteilung führt.

Überraschenderweise stützt sich Hawleys Spätwerk kaum auf Wettbewerbsmechanismen. Vor allem benutzt er zur Begründung des Isomorphieprinzips, wie wir bereits andeuteten, eine Adaptionslogik. Diese Einseitigkeit möchten wir durch die explizite Behandlung von Konkurrenzprozessen ausgleichen.[10] Auf diese Weise können wir ein heuristisch einträgliches, formales Modell auf das Isomorphieproblem anwenden.

Der erste Schritt zur Konstruktion eines ökologischen Wettbewerbsmodells besteht in der Festlegung der Art des Wachstumsprozesses, den die Population durchläuft. Unser Modell sollte dabei zumindest implizieren, daß die einer Organisationsform zur Verfügung stehenden Ressourcen zu jedem Zeitpunkt endlich und vielgestaltig sind. Dies entspricht Hawleys Begriff des »limited supply« und Stinchcombes (1965) Argument, daß menschliche Gemeinschaften beschränkte Organisationsfähigkeiten besitzen. Unser Modell soll auch den Gedanken zum Ausdruck bringen, daß die Zuwachsrate einer Organisationspopulation davon abhängt, wieviel dieser Kapazitäten bereits verbraucht wurden. Je größer die nicht ausgeschöpften Umweltkapazitäten, desto schneller sollte sich das Populationswachstum vollziehen. Andererseits variiert die Rate, mit der die Organisationspopulation die ungenutzen Umweltkapazitäten an sich ziehen kann, in Abhängigkeit zur Organisationsform. Entsprechend müssen ökologische Modelle zwei unterschiedliche Sachverhalte beachten: die Fähigkeit der Umwelt, bestimmte Organisationsformen zu alimentieren, und die Rate, mit der Populationen wachsen oder abnehmen, wenn sich diese Unterstützung verändert.

Um das Modell zu formalisieren, ist es hilfreich, mit der Kontrollfunktion zu beginnen, die Hummon, Doreian und Teuter (1975) zur Ergänzung von Blaus Größen- und Differenzierungstheorie

10 Dabei geht unser Wettbewerbsmodell nur auf Hawleys Stadien (1) und (3) ein. Wir ziehen es vor, die Einheitlichkeit der Reaktionen und das Aufkommen differenzierter Organisationsgemeinschaften als gemeinsame Konsequenz bestimmter Wettbewerbsprozesse und Umwelteigenschaften zu behandeln.

verwendet haben. Das Kontrollmodell besagt, daß die Rate der Größenveränderung einer Einheit (in unserem Fall einer Organisationspopulation) sich proportional zur Differenz zwischen der vorhandenen Größe X und dem umweltabhängigen Gleichgewichtsniveau dieser Größe X^* verändert. Eine der möglichen Darstellungen dieses Zusammenhangs wäre etwa

(1) $\qquad dX / dt = f(X^* - X) = r(X^* - X).$

In (1) steht X^* für die limitierten Ressourcen bzw. die Umweltkapazität und r für die strukturelle Fähigkeit der Organisationspopulation, auf Umweltveränderungen zu reagieren.

Den meisten Arbeiten der Populationsökologen zum Wettbewerb liegt eine besondere Form des in (1) formulierten Wachstumsmodells zugrunde, nämlich das logistische Wachstumsmodell:

(2) $\qquad dX_1 / dt = r_1 X_1 [(k_1 - X_1) / k_1]$

Dabei bezeichnet X_1 die Populationsgröße, k_1 die sogenannte Tragekapazität der Umwelt für X_1 und r_1 die sogenannte natürliche Zuwachsrate der Population oder die Rate, mit der die Population wächst, solange sie die Tragkapazität bei weitem noch nicht ausgeschöpft hat.

Wie wir oben andeuteten, sind k und r fundamental wichtige ökologische Parameter.[11]

Bislang haben wir unterstellt, daß die Wachstumsgrenzen die endliche Natur der Umwelt reflektieren (etwa den Reichtum einer Gemeinschaft oder die spezifische Mischung professioneller Fähigkeiten). Es wird jetzt Zeit, Wettbewerb wieder einzuführen. Hawley folgend kommt Konkurrenz indirekt dadurch ins Spiel, daß die Konkurrenten die knappen Ressourcen verbrauchen. Wir können dem Rechnung tragen, indem wir biologischen Ökologen folgen und das logistische Wachstumsmodell ergänzen. Dazu ist

11 Unsere Forschungsgruppe hat damit begonnen, verschiedene Organisationsformen durch Schätzung der Parameter in (2) (und ähnlichen Modellen) miteinander zu vergleichen. Bislang ist es gelungen, strukturelle Eigenschaften von Organisationen wie die Komplexität bestimmter zentraler Tätigkeiten mit Variationen von r und k in Beziehung zu setzen (Nielsen/Hannan 1977, Freeman/Brittain 1977). Diese und die Arbeit von Hummon u. a. (1975) bestärken unser Vertrauen, daß Modelle wie (1) und (2) eine gute Annäherung an die tatsächlichen organisatorischen Wachstumsprozesse darstellen.

es notwendig, eine zweite Population mit dem Umfang X_2 einzuführen. Beide Populationen können dann als im Wettbewerb miteinander befindlich bezeichnet werden, wenn die Umfangszunahme der einen die Zuwachsrate der anderen beschränkt. Dies wird eintreten, wenn beide Populationen auf dieselben Ressourcen angewiesen sind. Für diesen Fall kann man das Modell durch das folgende Gleichungssystem darstellen:

$$(3) \qquad dX_1 / dt = r_1 X_1 [(k_1 - X_1 - \alpha_{12} - X_2) / k_1]$$
$$dX_2 / dt = r_2 X_2 [(k_2 - X_2 - \alpha_{21} - X_1) / k_2]$$

Die Koeffizienten α_{12} und α_{21}, die man Wettbewerbskoeffizienten nennt, bezeichnen den Umfang des Wachstumseffekts in einer Population auf die Zunahme der anderen. In unserer einfachen Formalisierung besteht die einzige Konsequenz des Wettbewerbs in der Absenkung der Tragkapazität für eine Organisationspopulation.

Die Analyse von (3) führt zu interessanten Ergebnissen. Unschwer kann man zeigen, daß ein stabiles Zwei-Populationen-Gleichgewicht für (3) nur besteht, wenn

$$(4) \qquad 1/\alpha_{21} < k_2/k_1 < \alpha_{12}$$

Sehr ähnliche Populationen, deren Wettbewerbskoeffizienten sich annähern, können entsprechend nur dann koexistieren, wenn das Verhältnis sich genau im Bereich k_2 / k_1 bewegt. Folglich kann unter der Bedingung, daß $\alpha_{12} = \alpha_{21} = 1$ kein Zwei-Populationen-Gleichgewicht stabil sein; jede plötzliche Umweltveränderung wird mit der Elimination einer der beiden Populationen enden. Dieses Ergebnis stützt die Allgemeinheit des vielzitierten »Prinzips des kompetitiven Ausschlusses« (Gause 1934).[12] Ihm zufolge können keine zwei Populationen auf Dauer ein und dieselbe Nische besetzen. Das tun sie, solange sie von identischen Ressourcen abhängen. Ist dies der Fall, dann hat jede Zunahme von X_2 um ein Element dieselbe Konsequenz wie die Erweiterung von X_1 um ein weiteres Element; das heißt die Wettbewerbskoeffizienten hängen

---

12 Dieses sogenannte Prinzip ist von höchst suggestivem Wert für eine durchgreifende Kritik jeden Versuchs, aus dem Gauseschen Prinzip quantitative Folgerungen zu ziehen (vgl. McArthur 1972, S. 43-46); die qualitativen Schlüsse, die wir betrachten, werden durch diese Kritik nur wenig berührt.

voneinander ab. Die weitreichende Folgerung wird sein, daß mit steigender Ähnlichkeit zweier ressourcen-begrenzter Konkurrenten die Wahrscheinlichkeit sinkt, daß einunddieselbe Umwelt beide gleichgewichtig tragen kann.

Wenn zwei Organisationspopulationen, die auf dieselben Umweltressourcen zurückgreifen müssen, sich bezüglich irgendeines organisatorischen Charakteristikums unterscheiden, wird auf Dauer jene Population eliminiert, deren Charakteristika sich als weniger angepaßt erweisen. Ein stabiles Gleichgewicht resultiert endlich daraus, daß es nur eine Population gibt, von der man sagen kann, daß sie ihrer Umwelt isomorph sei.

Um die Implikationen dieses Modells für die Diversifikation von Organisationen sichtbar zu machen, erweitern wir das Lotka-Volterra-Gleichungssystem um weitere Wettbewerber oder den Faktor (M):

(5) $dX_i / dt = r_i X_i (k_i - X_i - \Sigma \alpha_{ij} X_j) / k_i \ (i = 1, ..., M).$

Diese allgemeinen Gleichungen haben ein Gleichgewicht für:

(6) $k_i = X_i + \Sigma \alpha_{ij} X_j \ (i = 1, ..., M).$

Man kann die Gleichungen auch als Matrix fassen:

(7) $k = A\,x,$

wobei x und k (M x 1) Spaltenvektoren entsprechen und A die Gemeinschaftsmatrix darstellt, deren Elemente aus den Wettbewerbskoeffizienten bestehen:

$$A = \begin{pmatrix} 1 & & \alpha_{12} & \cdots & \alpha_{1m} \\ \alpha & & 1 & & \cdot \\ \cdot & & & & \\ \cdot & & & & \\ \alpha_{m1} & & & & 1 \end{pmatrix}$$

Die sogenannte Theorie der Gemeinschaftsstruktur enthält eine Analyse des Gleichgewichtsverhaltens des Gleichungssystems (7) aus der Perspektive des postulierten Wettbewerbsprozesses.[13] Obgleich diese Ergebnisse sich auf die Diversifikation von Arten beziehen, sind sie darüber hinaus generalisierbar. Besonders kann man zeigen, daß, wenn das Populationswachstum ausschließlich durch das Vorhandensein von Ressourcen beschränkt ist, die Anzahl der unterscheidbaren Ressourcen die Obergrenze der Diversifizierung des Systems definiert.[14] Genauer: Die Diversifikationsobergrenze ist gleich der Anzahl der unterscheidbaren Ressourcen plus der Anzahl zusätzlicher Wachstumsbeschränkungen (Levin 1970).

Selbst in rein biologischen Kontexten ist es schwer, diese Resultate direkt zur Berechnung der Diversifikationsgrenzen zu verwenden. Die Hauptschwierigkeit besteht in der Identifikation distinkter Restriktionen. Es erfordert einen Gutteil an empirischer Arbeit, um beurteilen zu können, wie unterschiedlich zwei Restriktionen sein müssen, um merkliche Konsequenzen für das Gemeinschaftsgleichgewicht zu haben. Falls man Umweltveränderungen identifizieren kann, die ein System mit zusätzlichen Restriktionen konfrontieren oder es von solchen befreien, kann man schließen, daß die Diversifikationsobergrenze sich erweitert hat bzw. näher herangerückt ist.

Dieses allgemeine qualitative Ergebnis besitzt eine Reihe von denkbaren Anwendungen in dem uns interessierenden Forschungsfeld. So führt zum Beispiel die Ausweitung von Märkten oder Staatskontrollen in einem sozialen System tendenziell dazu, eine Reihe von Restriktionen zu eliminieren oder zu reduzieren, was sich in einer Auflösung lokaler Umwelten niederschlägt. Vom umfassenderen System her betrachtet, ersetzt die Ausweitung des ökonomischen und politischen Zentrums lokale und eigenständige Restriktionen durch uniforme. Wenn diese lokalen Umwelten anfänglich heterogen waren, sollte die Ausdehnung des Zentrums bedeuten, daß sich die Anzahl der Restriktionen, denen sich die Organisationen ausgesetzt sehen, verringert.

13 Wir beschränken uns auf den Fall, in dem alle Eintragungen von A nicht-negativ sind. Negative Werte bilden Räuber/Beute- oder allgemeiner Wirt/Parasit-Beziehungen ab.

14 Eine genauere Formulierung des Theorems verweist darauf, daß es für ein System von M Konkurrenten und N < M Ressourcen kein stabiles Gleichgewicht gibt (vgl. MacArthur/Levins 1964).

Diese Theorie impliziert einerseits, daß eine Veränderung der Restriktionsstruktur die Diversität durch die Ausscheidung einiger Populationen verringert.[15] Auf der anderen Seite kann man sich vorstellen, daß in bestimmten lokalen Umwelten die Verbindung von unveränderten lokalen Restriktionen mit den Restriktionen eines umfassenderen Systems zu einer Zunahme der absoluten Zahl der Restriktionen führt. In diesem Fall sollte die organisatorische Vielfalt in diesen lokalen Umwelten zunehmen. Eine entsprechende Zunahme würde in die Schaffung oder Adaption neuer Organisationsformen ausmünden.

Die zunehmend wichtiger werdende Rolle des Staates bei der Regulierung ökonomischer und sozialer Aktivitäten sorgt für zahlreiche Gelegenheiten, um den Einfluß von veränderten Restriktionsstrukturen auf die Vielgestaltigkeit organisatorischer Formen zu analysieren. Man betrachte etwa die Auswirkungen von Genehmigungsvorschriften, Minimallöhnen, Gesundheits- und Arbeitsschutzgesetzgebungen und anderen Regulationen auf das organisatorische Handeln. Wenn solche Regulierungen für alle Organisationen vorgesehen werden und weite Bereiche ihrer Tätigkeiten erfassen, so verändern sie zweifellos das Verteilungsverhältnis zwischen ihnen. Zumeist verläuft die Selektion gegen kleine Organisationen. Aber man kann sich unschwer auch Situationen vorstellen, in denen mittelgroße Organisationen (oder genauer: jene mit minimalem Komplexitätsniveau) beeinträchtigt werden. Solche Regulierungen beeinflussen die Diversifikationsmuster auch noch auf andere Weise. Man denke an die Staatsinterventionen im Bereich der Rechnungslegungsvorschriften in der Industrie, der Curricula an Universitäten, der Abteilungsstruktur von Krankenhäusern usf. In allen Fällen ist es wesentlich, in Erfahrung zu bringen, ob die neuerdings auferlegten Restriktionen tiefer gelegene Restriktionen ersetzen, womit die Diversität sinken dürfte, oder ob sie sich mit bestehenden Restriktionen verbinden, womit die Vielgestaltigkeit der Organisationsformen wahrscheinlich zunehmen würde.

Um einen Hinweis auf die heuristische Reichhaltigkeit der einfachen Wettbewerbstheorie zu geben, die wir vorgeschlagen haben, wollen wir kurz einen anderen empirischen Test diskutieren. Wir

---

15 Vgl. die umfangreichere Fassung dieses Arguments in bezug auf ethnische Organisationen bei Hannan (1975).

merkten oben an, daß die Regulationsforschung sich selbst mit den betreffenden Einflüssen auf die organisatorische Größenverteilung befassen könnte. Das klassische Größenverteilungsmodell von Simon und Bonini (1958) schlägt den folgenden einfachen Prozeß vor. Eine Reihe von Organisationen weist zunächst die gleiche, geringe Größe auf. Einige von ihnen sind dazu in der Lage, nützliche technische Innovationen entweder selbst zu machen oder zu übernehmen, die ihnen eine geringfügige Größenzunahme erlauben. Dieser Prozeß wiederholt sich während einer bestimmten Zeitspanne, das heißt, dem immer gleichen Anteil der Organisationen gelingt es, jene größenwachstumsdienlichen Innovationen zu realisieren. Ein derartiger Wachstumsprozeß ergibt eventuell jene lognormale Verteilung, die für viele Größenverteilungen charakteristisch ist.

Die Wettbewerbstheorie schlägt eine Verfeinerung dieses klassischen Modells vor. Wenn es, wie bereits gesagt, richtig ist, daß umfangreiche Veränderungen der Organisationsgröße von strukturellem Wandel, das heißt von Wandlungen der Form begleitet werden, dann werden Organisationen mit deutlich unterschiedlicher Größe im selben Aktivitätsbereich andere Formen aufweisen. In Konsequenz dieser strukturellen Unterschiede werden sie von differenten Mengen von Umweltressourcen und -restriktionen abhängen. Das heißt, innerhalb jedes Tätigkeitsbereichs wird sich die Art der Ressourcennutzung tendenziell auf dafür spezialisierte Segmente der unterschiedlich großen Organisationen aufteilen. In der Folge werden gleich große Organisationen am intensivsten konkurrieren. Auch wird der Wettbewerb zwischen jeweils zwei tätigkeitsgleichen Organisationen eine fallende Funktion ihres Größenabstands sein. So wetteifern zum Beispiel kleine lokale Banken am heftigsten mit anderen Kleinbanken, in geringerem Grad mit mittelgroßen und kaum je mit internationalen Banken. Unter diesen Umständen lassen signifikante Veränderungen in der Größenverteilung auf die Wirkungen von Selektionen entweder zugunsten oder zuungunsten bestimmter größenrelevanter Organisationsformen schließen.

Wir wollen auf das klassische Modell zurückkommen. Große Organisationen stellen eine Konkurrenzdrohung für mittelgroße, kaum aber für kleine Organisationen dar. Vielmehr mag sich durch die Entstehung großer Organisationen die Überlebenschance sehr kleiner Organisationen in einer Weise verbessern, die das klassische Modell nicht antizipiert. Das Auftauchen großer Organisationen läßt mittelgroße in eine Falle geraten: Jede Strategie, die sie verfolgen, um den Herausforderungen der großen Konkurrenten zu entgehen, zieht sie in einen Wettbewerb mit den kleinen hinein oder setzt sie dem gesteigerten Konkurrenzdruck der Großen aus. Das heißt, zumindest in stabilen Umwelten sollten große und kleine Organisationen die mittelgroßen verdrängen (vgl. weiter unten). Entsprechend sollten Langzeitstudien erwarten lassen, daß nach dem Aufkommen großer Organisationen die Anzahl mittelgroßer abnehmen wird. Zugleich sollte sich die Situation kleiner Organisationen verbessern, wenn ihre unmittelbaren Konkurrenten das Umfeld geräumt haben. Diese Überlegung gilt allgemein für Wettbewerbe, die einem einzigen Gradienten folgen: In stabilen Umwelten werden die mittelgroßen Einheiten eliminiert.[16]

4. Die Nischentheorie

Das Isomorphieprinzip impliziert, daß im Gleichgewicht Sozialorganisationen strukturelle Merkmale aufweisen, die auf entscheidende Merkmale der Ressourcenumwelt spezialisiert sind. Solange die Umwelt stabil und sicher ist, sehen wir für diese Annahme keine Schwierigkeiten. Aber gilt sie auch dann noch, wenn die Umwelt, ob nun vorhersagbar oder nicht, zwischen verschiedenen alternativen Konfigurationen hin- und herpendelt? Die mit einer Antwort dieser Frage verbundenen Probleme sind vielgestaltig; wir wollen sie gleichwohl zu geben suchen, weil sie für die Entwicklung adäquater Modelle der Organisation-Umwelt-Beziehungen von entscheidender Bedeutung ist.
Unsere Intuition sagt uns, daß Isomorphien nur in stabilen Umwelten eine gute Annäherung darstellen. In der Konfrontation mit instabilen Umwelten sollten Organisationen eine generalistische Struktur entwickeln, die an keine einzelne Umweltkonfiguration optimal angepaßt ist, sehr wohl aber an eine Menge divergenter Konfigurationen. Mit anderen Worten, wir müßten in stabilen und sicheren Umwelten spezialisierte Organisationen finden, generalistische hingegen in unstabilen und unsicheren Umwelten.

16 Vgl. MacArthur 1972, S. 43-46.

Ob diese simple Annahme für soziale Organisationen richtig ist, kann nur empirische Forschung zeigen. Freilich geben einige ökologische Modelle Hinweise darauf, daß sie zu einfach ist. Da wir in einem einzigen Aufsatz nicht alle implizierten Argumente entwickeln können, beschränken wir uns darauf, mit Blick auf einen anregenden Ansatz, der von Levins (1962, 1968) entwickelt wurde, nämlich die Nischentheorie, dessen Hauptlinien vorzutragen.

Der Begriff »Nische«, den Biologen ursprünglich der frühen Sozialwissenschaft entlehnt haben, spielt in der ökologischen Theorie eine zentrale Rolle. Hier ist nicht der Platz, um ausführlich die zahlreichen Verwendungsweisen dieses Terms zu diskutieren (vgl. Whittaker/Levin 1976). Das nachfolgende Modell benutzt Hutchinsons (1957) Formulierung. In deren Sicht wird eine (realisierte) Nische einer Population als deren Restriktionsraum definiert, dessen Dimensionen durch Ressourcenniveaus gebildet werden und in dem eine Population alle übrigen lokalen Populationen verdrängt. Die Nische besteht also aus allen jenen Kombinationen von Ressourcenniveaus, mittels deren die Population überlebt und sich reproduziert.

Jede Population besetzt eine eigene Nische. Für unsere Zwecke reicht es hin, Fälle zu betrachten, in denen Paare von Populationen sich bezüglich einer einzigen Umweltdimension E unterscheiden, die übrigen aber teilen. Die relative Wettbewerbsposition ist aus Abbildung *1* leicht zu ersehen. Wir haben sie so gezeichnet, daß eine Population A eine sehr breite Nische besetzt, während die andere, B, ihre Fitness W auf ein sehr schmales Band der Umweltvariation beschränkt hat. Der Unterschied, den man in der Regel als den zwischen Generalisten und Spezialisten kennzeichnet, ist für die biologische und die Organisationsökologie gleichermaßen wichtig.

Im wesentlichen bezieht sich diese Unterscheidung darauf, ob eine Organisationspopulation floriert, weil sie die Ausbeutung ihrer Umwelt maximiert und dabei das Risiko akzeptiert, daß sie sich verändert, oder ob sie sich zugunsten erhöhter Sicherheit auf ein niedrigeres Ausbeutungsniveau einstellt. Ob die Gleichgewichtsverteilung organisatorischer Formen von Spezialisten beherrscht wird oder nicht, wird, wie wir noch sehen werden, davon abhängen, welche Gestalt das Fitness-Set und welche Eigenheiten die jeweilige Umwelt aufweist.

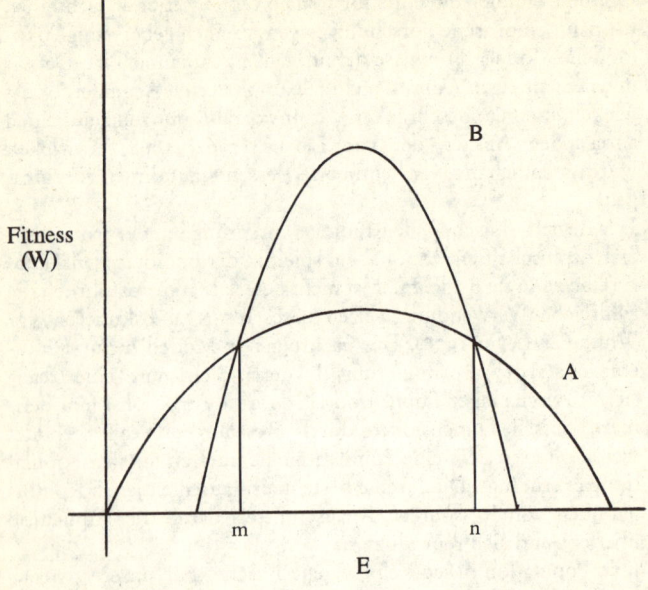

Abbildung 1: Anpassungsfunktionen (Nischen) für Spezialisten (B) und Generalisten (A).

Ein Teil der Effizienz des Spezialistentums entstammt dem verringerten Erfordernis, Überschußkapazitäten bereitzuhalten. Da sich Unwägbarkeiten nie zur Gänze vermeiden lassen, unterhalten die meisten Organisationen einige Überschußkapazitäten, um die Zuverlässigkeit ihres Handelns zu sichern. In rasch sich verändernden Umwelten wird sich die Festlegung dessen, was als Überschußkapazität gelten soll, wahrscheinlich ändern. Was heute regelmäßig zum Einsatz kommt, ist morgen Reserve, was heute als überschüssig gilt, wird morgen dringend benötigt. Organisationen, die in Umwelten agieren, in denen (im Gleichgewicht) der Übergang von einem Zustand zu anderen weniger häufig stattfindet, müssen Überschußkapazitäten über längere Zeiträume bereitgehalten werden. Auch wenn man dazu neigt, solche Rücklagen als Verschwendung einzustufen, kann die Fähigkeit zur deren Allokation für das Überleben wesentlich werden. Thompson

(1967) hat argumentiert, daß Organisationen einigen ihrer Untereinheiten Ressourcen zuweisen, um sie damit zu betrauen, die Kerntechnologien vor umweltinduzierten Störungen zu bewahren. So halten sich zum Beispiel Produktionsbetriebe auch dann Rechtsabteilungen, wenn sie aktuellerweise in gar keine Rechtsstreitigkeiten verwickelt sind.

Die Bedeutsamkeit von Überschußkapazitäten zeigt sich nicht nur bei der Frage, in welchem Umfang sie aufrechterhalten, sondern auch, wie sie benutzt werden sollen. Organisationen mögen, wie Thompson (1967) vorschlägt, die Vertrauenswürdigkeit ihres Handelns durch die Schaffung spezieller Unterabteilungen zu sichern suchen oder ihre Reserven auf organisatorische Rollen verteilen, indem sie Personal einstellen, dessen Geschick und Fähigkeiten Routineanforderungen übersteigt. Darin liegt einer der wichtigen Gründe, Professionals in Organisationen zu beschäftigen. Solche Professionals verbrauchen mehr Ressourcen, nicht nur weil sie in der Regel besser bezahlt werden, sondern weil ihnen die Organisation auch mehr Freiräume zur Verfügung stellen muß, inklusive die Freiheit, mit Referenzgruppen außerhalb der Organisation Kontakt zu halten. Organisationen werden ihrerseits durch die Beschäftigung professionalisierten Personals flexibler. Sie erhöhen auf diesem Weg ihre Fähigkeit, auf eine variable Umwelt und die daraus resultierenden Kontingenzen einzugehen. So beschäftigen beispielsweise die Geburtsabteilungen von Hospitälern oder deren Patienten Gynäkologen und Kinderärzte, obgleich eine normale Geburt ebenso gut, vielleicht sogar besser von einer Hebamme betreut werden kann. Das Wissen eines ausgebildeten Doktors aber stellt eine Art Überschußkapazität dar für die Fälle, in denen eine Geburt nicht normal verläuft. Für gewöhnlich untersucht der Kinderarzt das Kind unmittelbar nach dessen Geburt, um nachzusehen, ob irgendwelche Abnormitäten ein rasches Eingreifen erforderlich machen. Wenn die Mutter infolge der Geburt in schlechter Verfassung ist und auch das Kind alle Zuwendung erfordert, sichert das Vorhandensein eines Kinderarztes, daß der Gynäkologe nicht entscheiden muß, wem er seine Aufmerksamkeit schenken muß.

Überschußkapazität kann auch zur Entwicklung und Aufrechterhaltung der Verfahrensregeln eines Systems eingesetzt werden. Wenn die Sicherheit einer gegebenen Umwelt hoch ist, sollte man erwarten, daß die Operationen der Organisation Routinecharakter annehmen und die Koordination mit formalisierten Regeln und der Investition von Ressourcen in die Ausbildung von Rollenträgern auskommen kann, die diese formalen Prozeduren befolgen. Wenn die Umwelt höchstwahrscheinlich unverändert wäre ($p = 1$), alle Beteiligten die Verfahren kennten und diese perfekt aufeinander abgestimmt wären, brauchte man neben der Überwachung des Verhaltens selbst überhaupt keine Kontrollstruktur. Wenn die Sicherheit hingegen gering ist, erweist sich eine größere Zuteilung von Ressourcen, um ein fixiertes Verfahrenssystem aufzubauen und zu erhalten, als kontraproduktiv, und optimale Organisationsformen werden Ressourcen in weniger formalisierte Systeme investieren, die innovativer reagieren können (zum Beispiel in Kommitees und Teams). In diesem Fall dokumentiert sich der Einsatz von Überschußkapazität in der zunehmenden Zeit, die es dauert, bis Entscheidungen gefällt werden, und in den gestiegenen Koordinationskosten.

Der Punkt, auf den es uns ankommt, ist, daß Populationen von Organisationsformen selegiert werden in Abhängigkeit zum Umfang der vorhandenen Überschußkapazität und deren Allokation. Je nachdem, welchen Umweltanforderungen sie sich ausgesetzt sieht, kann es für eine Organisation rational sein, das eine oder das andere Muster zu übernehmen. Was jedermann aus heutiger Sicht als Verschwendung erscheint, kann späterhin die Trennlinie zwischen Leben und Tod bedeuten. Ähnlich mögen Organisationen überleben, weil ein hoher Professionalisierungsgrad – trotz eines gewissen chaotischen Erscheinungsbilds, das daraus resultiert – durch wechselseitige Adjustierung bestandswichtige Koordinationsleistungen garantiert, während andere, in denen jedermann zu jeder Zeit genau weiß, was er tut, scheitern können. Angesichts gegebener Umweltbedingungen ist die fundamentale ökologische Frage immer: Welche Form wird sich durchsetzen und welche Formen verschwinden?

Entsprechend mag man Generalistentum in einer Population von Organisationen beobachten, weil sie zur gleichen Zeit auf eine weite Bandbreite von Ressourcen vertrauen oder weil sie zu jeder Zeit Überschußkapazitäten aufrechterhalten kann. Derartige Reserven erlauben solchen Organisationen, sich zu wandeln, wenn es darum geht, aus neu auftauchenden Ressourcen einen Vorteil zu ziehen. Korporationen, die einen ungewöhnlich großen Anteil ihrer Besitztümer in disponibler Form zur Verfügung halten

(»slack« in der Sprache der Theorie der Firma, vgl. Penrose 1959, Cyert/March 1963), generalisieren. In jedem Fall ist Generalisierung kostspielig. In stabilen Umwelten werden Generalisten durch Spezialisten verdrängt; und eine statische Analyse wird zu jedem Zeitpunkt Überschußkapazitäten aufdecken. Eine Implikation davon ist, daß Außenstehende, wenn sie einen individuellen Generalisten betrachten, dessen Überschußkapazitäten irrtümlich als Verschwendung einstufen.

Wir können die Evolution der Nischentiefe erforschen, wenn wir von der Annahme ausgehen, daß die Bereiche unter der Fitness-Kurve gleich sind, und daß Spezialisten sich von Generalisten darin unterscheiden, wie sie ihre unvermehrbare Quantität an Fitness über die möglichen Umweltereignisse verteilen. Spezialisten verdrängen Generalisten in jenem Umweltbereich, auf den sie sich spezialisiert haben.[17] Solange die Umweltvariation innerhalb jenes Intervalls verbleibt, das in Abbildung *1* durch ‹*m, n*› bezeichnet wird, haben Generalisten keinen adaptiven Vorteil, und die Selektion wird sich gegen sie richten. Umgekehrt fahren Spezialisten weit weniger gut als Generalisten, wenn sich die Umweltvariation nur gelegentlich innerhalb des genannten Intervalls bewegt.

Diese kurze Überlegung sollte hinreichen, um die Bedeutung zu klären, welche die Umweltvariation für die Evolution der Nischentiefe besitzt. Man kann sie noch vereinfachen. Betrachten wir eine Umwelt, die genau zwei Zustände annehmen kann und in jeder Periode mit der Wahrscheinlichkeit p den einen, und mit der Wahrscheinlichkeit $q = (1-p)$ den anderen Zustand einnimmt. Unterstellen wir weiterhin, daß die Umweltvariationen (periodenunabhängig) dem Bernoulli-Theorem genügen. Für diese Situation hat Levins (1962, 1968) gezeigt, daß die optimale Nischentiefe von p und der »Distanz« zwischen zwei Umweltzuständen abhängen wird.

Um das einzusehen, sollten wir die Betrachtungsrichtung leicht verändern. Da jede Organisation zwei Umwelten gegenüber steht, hängt ihre Fitness von deren paarweiser Ordnung ab. Wir können das adaptive Potential zusammenfassen, indem wir diese Paarwerte (Fitness im Zustand 1 und Fitness im Zustand 2) graphisch darstellen. In dieser Darstellung bezeichnet jeder Punkt die Fit-

---

17 Das gilt, weil wir von der Annahme ausgehen, daß das *Fitness*-Niveau unverändert ist.

ness einer unterschiedlichen Organisationsform. Wir unterstellen, daß alle tatsächlich möglichen Adaptionen in dem Fitness-Set vertreten sind.

Unser Interesse gilt der Frage, welcher Punkt im Fitness-Set durch die natürliche Selektion favorisiert wird. Man beachte, daß alle Punkte innerhalb des Sets in bezug auf ihre Fitness wenigstens einem Punkt gegenüber im Nachteil sind, der an der Grenze des Fitness-Sets liegt. In diesem Sinn bezeichnet dessen Grenze, die wir als kontinuierlich durchgezogene Linie gezeichnet haben, die optimalen Möglichkeiten. Da die natürliche Selektion die Fitness maximiert, muß sie einen Punkt auf der Grenze auswählen. Das schränkt unsere Suche nach der selektiv bevorteilten Organisationsform erfreulicherweise ein.

In der Abbildung 2b ragt in beiden Umweltzuständen keine organisatorische Form besonders heraus; keine besitzt ein hohes Fitness-Niveau. Das ist aber dann der Fall, wenn die beiden Zustände in dem Sinn »weit voneinander entfernt« liegen, daß sie den Organisationen sehr verschiedene adaptive Kontingenzen auferlegen. In solchen Fällen (vgl. Levins 1968) wird der Fitness-Set konkav sein. Wenn die »Distanz« gering ist, besteht kein Grund, weshalb bestimmte Organisationsformen nicht beiden Umwelten gegenüber gewappnet sind. Dann ist der Fitness-Set (wie aus Abbildung 2a zu entnehmen ist) konvex.

Die Fitness-Funktionen in den Abbildungen 2a und 2b beschreiben verschiedene adaptive Situationen. Der nächste Schritt besteht darin, den Optimierungsprozeß zu modellieren, der diese Ergebnisse produziert. Dazu führen wir eine weitere Unterscheidung ein. Ökologen finden es sinnvoll, sowohl räumliche wie zeitliche Umweltvariationen nach ihrer »Körnigkeit« zu unterscheiden. Solche Umweltvariationen werden als »feinkörnig« bezeichnet, wenn ein typisches Populationselement (also etwa eine Organisation) viele gleichgeartete oder replikative Ereignisse in seiner Umwelt vorfindet. In zeitlicher Perspektive ist eine Variation feinkörnig, wenn deren typische Ereignisdauer im Verhältnis zur Lebensspanne der Organisation kurz ist. Im anderen Fall bezeichnet man die Umwelt als »grobkörnig«. Die schwankende Nachfrage nach Produkten oder Dienstleistungen ist oft durch Feinkörnigkeit gekennzeichnet, wohingegen Wandlungen der Gesetzeslage in der Regel grobkörniger sind.

Der wesentlichste Unterschied zwischen beiden Typen von Um-

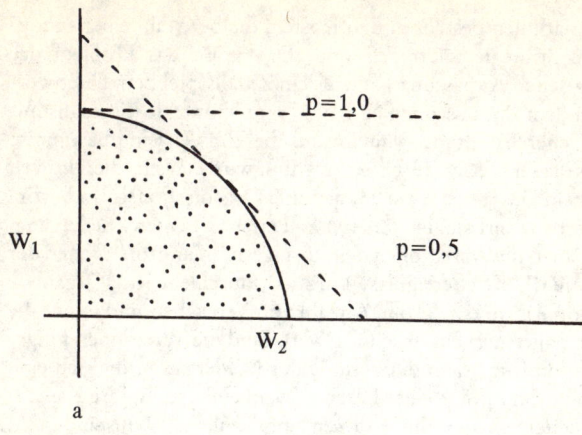

a

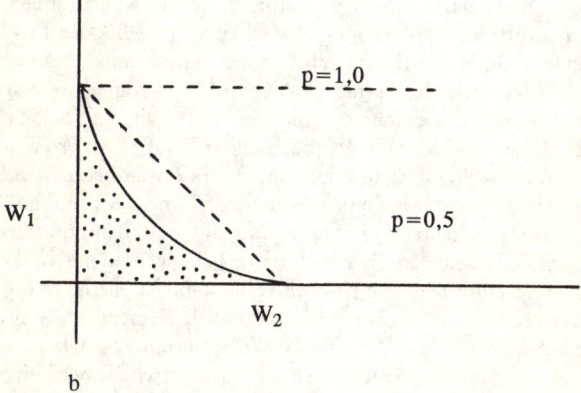

b

Abbildung 2: Optimale Anpassung in feinkörniger Umwelt; a: konvexer Fitness-Set, b: konkaver Fitness-Set.

weltvariationen besteht in den Kosten, die bei Wahl einer suboptimalen Strategie zu tragen sind. Das heißt, das Problem der ökologischen Anpassung kann als ein Zufallsspiel betrachtet werden, in dem Populationen eine bestimmte Strategie (Spezialismus oder Generalistentum) wählen und die Umwelt eine bestimmte Wahl selegiert (etwa durch einen Münzwurf). Wenn die Umwelt mit einem Zustand aufwartet, der eine Organisationsform bevorzugt, prosperiert sie; im anderen Fall erlebt sie einen Niedergang. Wenn aber die Variationen feinkörnig sind (und die Dauer der relevanten Umweltereignisse kurz ist), durchlebt jede Organisationspopulation eine große Anzahl von Versuchen und erlebt die Umwelt als einen Durchschnittswert. Sind die Variationen hingegen grobkörnig, kann die Periode des Niedergangs, die sich eine Organisation infolge einer falschen Wahl einhandelt, ihre Kapazität übersteigen, sich unter diesen unerfreulichen Umständen zu erhalten.

Um diese Differenz abzubilden, führt Levins eine Adaptionsfunktion ein, die darstellt, wie die natürliche Selektion die Fitness angesichts differenter Umstände gewichten würde. Bei der Diskussion feinkörniger Variationen haben wir angenommen, daß die Umwelt als Durchschnittswert erlebt wird.[18] Die angemessene Adaptionsfunktion gewichtet demnach Fitness in den beiden Umweltzuständen (W_1 und W_2) nach deren Häufigkeit: A (W_1, W_2) = $pW_1 + qW_2$). Um die optimale Adaption zu betrachten, stülpen wir die Adaptionsfunktion über das Fitness-Set und suchen ihre Tangentialpunkte. Diese sind die Punkte optimaler Adaption. Die Lösungen für verschiedene Fälle werden in Abbildung 2 dargestellt. Wenn die Umwelt völlig stabil ist (das heißt für $p = 1$), erweist sich Spezialistentum als optimal. Wenn die Umwelt maximal unsicher ist ($p = 0.5$), ist Generalistentum optimal, aber nur im konvexen Fall, wenn die Forderungen verschiedener Umwelten nicht zu unähnlich sind, nicht aber im konkaven Fall. Gemäß der Konstruktion des Modells behält Spezialistentum im konkaven Fall immer die Oberhand.

18 Daß Selektion von Durchschnittsereignissen abhängt, ist nur eine Hypothese. Templeton und Rothman (1974) meinen, daß Selektion nicht davon, sondern von bestimmten Fitness-Minimalniveaus abhängt. Ob Durchschnittsereignisse oder irgendein anderes Kriterium die Selektion von Organisationspopulationen steuert, ist eine offene Frage. Wir folgen Levins, um die Darstellung einfach zu halten.

Betrachten wir zuerst den Fall, daß die Umwelt stabil ist ($p = 1$). Es wird kaum überraschen, daß hier Spezialisierung optimal ist. Die Ergebnisse für instabile Umwelten hingegen divergieren. Wenn das Fitness-Set konvex ist, das heißt, wenn die Anforderungen verschiedener Umweltzustände ähnlich und/oder komplementär sind, ist eine generalisierende Strategie optimal. Sollten indessen die Umweltanforderungen auseinanderlaufen und das Fitness-Set konkav sein, bleibt Spezialisierung optimal. Dieses Ergebnis ist keineswegs derart eigenwillig, wie es auf den ersten Blick erscheint. Wenn die Umwelt rasch zwischen verschiedenen Umweltzuständen schwankt, sind die Kosten für eine generalisierende Strategie hoch. Da die Anforderungen der Umweltzustände unähnlich sind, müssen die Generalisten ein beträchtliches strukturelles Management betreiben. Da die Umwelt sich aber auch rasch ändert, werden sie die meiste Zeit und Energie der Strukturadjustierung widmen. In solchen Fällen ist es offenbar besser, sich eine spezialisierte Struktur zuzulegen und die unzuträglichen Umweltereignisse »durchzustehen«.

Bei grobkörnigen Umwelten liegt der Fall etwas komplexer. Unserem intuitiven Verständnis nach sollte bei längerer Dauer des adversiven Umweltzustandes die Fehladaption ein größeres Gewicht gewinnen. Das heißt, die Kosten der Fehlanpassung übersteigen jeden Vorteil einer korrekten Strategiewahl um ein Vielfaches. Eine Adaptionsfunktion, aus der sich dieses Ergebnis tatsächlich ableiten läßt, kann man dem von Levins vorgeschlagenen log-linearen Modell: $A(W_1, W_2) = W_1 p W_2 q$ entnehmen. Die Suche nach optimalen Lösungen folgt derselben Methode wie bisher; ihre Resultate finden sich in Abbildung 3. Nur ein Fall unterscheidet sich vom dem, was wir für feinkörnige Umwelten herausgefunden hatten: der Zusammenhang zwischen unsicheren, grobkörnigen Variationen und konkavem Fitness-Set. Oben sahen wir, daß es besser ist zu spezialisieren, wenn solche Variationen feinkörnig sind. Falls ein Umweltzustand lange andauert, sind die Kosten dieser Strategie indessen hoch. Lang anhaltende Perioden der Fehlanpassung werden das Überleben der Organisation bedrohen. Hinzu tritt, daß weniger häufige Umweltveränderungen es Generalisten ersparen, das meiste ihrer Zeit und Energie auf die Umgestaltung ihrer Struktur zu verwenden. Wie wir Abbildung 3 entnehmen können, ist in diesem Fall die Wahl einer generalisierenden Strategie das Optimum.

Das Zusammenfallen von grobkörniger Umweltvariation und konkavem Fitness-Set eröffnet eine weitere Möglichkeit. Angesichts von Umweltunsicherheiten besitzt eine optimale Anpassung in jedem Einzelfall nur ein geringes Fitness-Niveau. Offensichtlich sollte es dafür eine bessere Lösung geben. Levins diskutiert diesen Fall ausführlich und folgert, daß bei Lebewesen mit genetischer Strukturübertragung in Richtung auf »Polymorphismus« oder genetisch vermittelte Populationsheterogenität selegiert wird. Der Vorschlag läuft darauf hinaus, daß Populationen Typen kombinieren, die sich beispielsweise in Farbe, Blutzusammensetzung usf. voneinander unterscheiden und von denen einige auf den Zustand 1 und andere auf den Zustand 2 spezialisiert sind. Mit einer derartigen Merkmalskombination wird wenigstens ein Teil der Population immer florieren und seine genetische Vielfalt bewahren, was ihm auch bei veränderter Umwelt weiterhin zu florieren erlaubt. Die Menge aller solcher heterogener Populationen, die sich aus Spezialisten für jede der beiden Umwelten zusammensetzen, kann im Fitness-Diagramm als gerade Linie dargestellt werden, die die extremsten Punkte mit allen Kombinationen verbindet, die innerhalb dieser Linie liegen.

Grobkörnige und zugleich unsichere Variationen favorisieren demnach eine distinkte Form der Generalisierung: den Polymorphismus. Wir müssen uns im Bereich der Organisationsforschung nicht sehr weit nach analogen Ergebnissen umsehen. Organisationen können sich derart miteinander verbünden, daß Supraorganisationen, die sich aus einer heterogenen Ansammlung spezialisierter Organisationen zusammensetzen, ihre Ressourcen zusammenlegen. Wenn die Umwelt unsicher und grobkörnig ist und Untereinheiten nur schwer auf- und abzubauen sind, können die Kosten für die Erhaltung der infolge des Zusammenschlusses notwendig gewordenen unhandlichen Struktur durch den Tatbestand mehr als ausgeglichen werden, daß zumindest ein Teil der amalgamierten Organisation, unabhängig davon, wie sich die Umwelt verhält, besser fährt. Im Rahmen des oben vorgeschlagenen Modells gibt es keine anderen Situationen, in denen solche konföderierten Organisationen einen Wettbewerbsvorteil hätten. Und selbst dann besitzen sie diesen Vorteil nur so lange, wie grobkörnige Variationen zugleich unsicher sind.

Eine derartig zusammengesetzte »Holding Company« kann man an vielen modernen amerikanischen Universitäten beobachten.

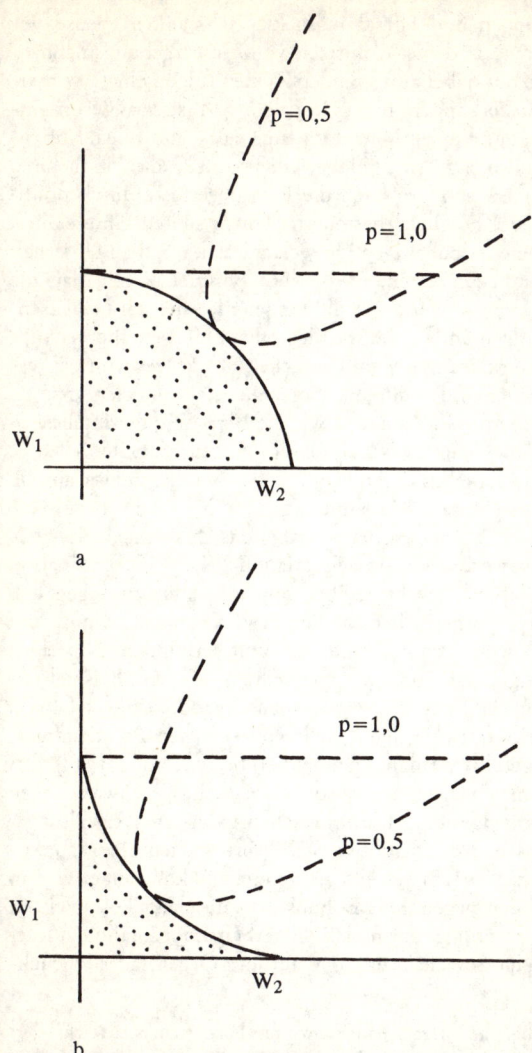

Abbildung 3: Optimale Anpassung in grobkörniger Umwelt; a: konvexer Fitness-Set; b: konkaver Fitness-Set.

Einschreibungen und Forschungsgelder schwanken ebenso wie die Zinserträge und die Wohltaten von Gesetzgebungsmaßnahmen. Einige der dabei auftretenden Zyklen folgen einem vorhersagbaren Muster, andere nicht. In jedem Fall ist es außerordentlich aufwendig, akademische Einheiten auf- und wieder abzubauen. Kostspielig sind dabei nicht nur die monetären Aufwendungen, sondern auch die Energieverluste durch politische Konflikte. Folglich »besteuern« Universitäten Untereinheiten, die in einer reichhaltigen Umwelt agieren, mit dem Unterhalt der weniger begünstigten. Es ist zum Beispiel üblich, daß die Planstellen in einer Weise verteilt werden, daß die stark wachsenden Abteilungen unter-, die stagnierenden hingegen überversorgt sind. Diese Erklärung der unhandlichen Strukturen von geisteswissenschaftlichen Fakultäten, Forschungslaboratorien usf. ist zumindest ebenso überzeugend wie die Betonung der intellektuellen Unabhängigkeit zwischen den jeweiligen Einheiten.

Man kann noch mehr zur Anwendung der Nischentheorie auf die Organisation-Umwelt-Beziehung sagen. Wir haben uns auf eine simple Version konzentriert und dabei das Zusammenspiel zwischen Wettbewerb und Umweltvariation bei der Determination optimaler adaptiver Strukturen hervorgehoben, um zu zeigen, daß das Isomorphieprinzip beträchtlich erweitert werden muß, um multiple Umweltergebnisse und die damit verbundene Unsicherheit bewältigen zu können.[19] Betrachten wir ein Beispiel. In seinem Vergleich zwischen verschiedenen Produktionsverfahren, die teils bürokratisch gelenkt, teils von externen Fachhandwerkern durchgeführt werden, argumentiert Stinchcombe (1959), daß Baufirmen sich wegen der saisonalen Nachfrageschwankungen nicht auf festangestellte bürokratisch organisierte Verwaltungsstäbe verlassen. Administrative Stäbe verursachen Überhangkosten, die sich, aufs Jahr verteilt, als weitgehend konstant erweisen. Der Vorteil der wegen ihres Lohnniveaus durchaus kostspieligen Fachhandwerker liegt darin, daß die Arbeitskoordination auf deren vorgängige Sozialisierung und auf ihre Organisation zurück-

19 Die ökologische Literatur, auf die wir uns bezogen haben, wächst derzeit exponential; neue Resultate und Modelle erscheinen monatlich. Die Erträge dieser Entwicklung versorgen den Organisationsanalytiker mit einem reichen Potential zur Untersuchung der Organisation-Umwelt-Beziehungen.

greifen kann. Daß in diesem Fall das Beschäftigungsniveau an Nachfrageschwankungen leichter angepaßt werden kann, gilt auch für die Verwaltungskosten.

Die letzte Ursache dieses Musters liegt in den saisonalen Schwankungen der Bautätigkeit. Ökologisch ausgedrückt ist die Umweltanforderung grobkörnig. Hinzu tritt, daß die beiden dadurch verursachten Zustände sich hochgradig voneinander unterscheiden, was in einer konkaven Fitness-Kurve resultiert. Demgegenüber sind Baufirmen, die mit externen Handwerkern zusammenarbeiten, sicherlich dann ganz ineffizient, wenn die Nachfrage ihren Gipfel erreicht hat und wenn die Art des Hausbaus standardisiert ist. In diesen Situationen würden wir einen harten Konkurrenzkampf mit anderen Firmen erwarten. So werden zum Beispiel in Regionen, in denen der Hausbau keine Frage der Jahreszeit ist, wahrscheinlich Fertig- und Halbfertigbauweisen, mobile Häuser usf. eher florieren, und wir sollten erwarten, daß Baufirmen sich in einem höheren Grad bürokratisieren.

Eine andere Nachfrageschwankung tritt uns in Form von ökonomischen Zyklen entgegen. Während saisonale Fluktuationen stabil (und das heißt mit Sicherheit erwartbar) sind, ist die Vorhersage von Zinsentwicklungen, Arbeitsverhältnissen und Materialkosten schwieriger. Variationen dieser Art sollten generalisierende Anpassungsstrategien favorisieren. Das heißt, wenn Umwelten grobkörnig, durch konkave Fitness-Kurven gekennzeichnet und unsicher sind, werden Populationen dann eher überleben, wenn sie sich auf die Nutzung einer erweiterten Ressourcenmenge einstellen. Aus diesem Grund, so meinen wir, sollten Baufirmen, die mit externen Handwerkern arbeiten, sich nicht nur mit dem Bau von Wohnhäusern beschäftigen, sondern auch Einkaufszentren, Bürohäuser usf. errichten. Im Vergleich dazu sind Fertighäuser billiger und werden auf angemietetem Grund errichtet. Folglich sind Zinsraten weniger wichtig. Da Firmen, die derartige Häuser bauen, keine Fachkräfte beschäftigen, sondern möglichst die billigsten und am wenigsten ausgebildeten Arbeiter, gestalten sich die Arbeitsverhältnisse weniger problematisch. Es kann auch sein, daß ihr Vertrauen in andersgeartete Materialien (etwa Aluminium) dazu beiträgt, das Unsicherheitsniveau zu senken. In der Folge werden wir erwarten, daß sich diese Organisationsform hochgradig spezialisiert.

Solche am externen Arbeitsmarkt orientierten Firmen sind so aufgebaut, daß sie sich an veränderte Umweltanforderungen rasch anpassen können, und sie können sich an verschiedenartige Konstruktionsprobleme anpassen, indem sie die Fähigkeitszusammensetzung der Mitarbeiter verändern. Bürokratisch verwaltete Baufirmen sind spezialisierter und im Ergebnis nur dann effizient, wenn die Nachfrage hoch ist, und ganz ineffizient, wenn sie nachläßt. Auch glauben wir, daß sie sich auf ganz bestimmte Konstruktionstypen spezialisieren. Demgegenüber können Firmen mit externen Mitarbeitern zugunsten erhöhter Flexibilität auf die effiziente Ausbeutung ihrer Nische verzichten. Bürokratische Organisationen wählen die gegenläufige Strategie. Dies stellt eine Erweiterung der Stinchcombeschen Formulierungen dar, die zeigt, daß sein Argument im wesentlichen ein ökologisches ist.

7. Zusammenfassung und Ausblick

Dieser Aufsatz möchte für die Anwendung der modernen Populationsökologie bei der Erforschung der Organisation-Umwelt-Beziehungen plädieren. Für uns besteht die zentrale Frage darin: Weshalb gibt es so viele Arten von Organisationen? Wählt man eine solche ökologische Fragestellung, eröffnet sich die Möglichkeit, zur Analyse der Effekte von Umweltvariationen auf organisatorische Strukturen eine Vielzahl von formalen Modellen einzusetzen.

Wir begannen mit Hawleys klassischen Formulierungen der Humanökologie, mußten indessen erkennen, daß die ökologische Theorie enorme Fortschritte gemacht hat, seit sich die Soziologie zuletzt um Anleihen bemühte. Gleichwohl konnte uns Hawleys theoretische Perspektive als nützlicher Ausgangspunkt dienen. Besonders haben wir uns auf sein Isomorphieprinzip konzentriert. Diese Prinzip besagt, daß es eine Eins-zu-eins-Entsprechung zwischen den strukturellen Elementen einer Organisation und jenen Einheiten gibt, die den Fluß wesentlicher Ressourcen in das System vermitteln. Es erklärt die Bandbreite organisatorischer Varianten im Gleichgewicht. Aber jeder beobachtete Isomorphismus kann sowohl Resultat absichtsgeleiteter Anpassungen von Organisationen an die Restriktionen, denen sie sich gegenüber sehen, als auch das Ergebnis der Tatsache sein, daß die Selektion zuungunsten nicht-isomorpher Organisationen verläuft. In den meisten sozialen Systemen sind sicherlich beide Prozesse am Werk. Wir glauben aber, daß die Organisationsliteratur den ersteren zuungunsten des zweiten vernachlässigt hat.

Wir vermuten, daß sorgsame empirische Forschung zeigen wird, daß die Strukturen einer umfangreichen Klasse von Organisationen sehr starken Trägheitsdrücken unterworfen sind, die sowohl internen Arrangements (etwa interner Politik) als auch der Umwelt entstammen (zum Beispiel der öffentlichen Legitimation organisatorischer Tätigkeiten). Das Gegenteil behaupten zu wollen liefe auf die Leugnung der offensichtlichsten Eigenart des organisatorischen Lebens hinaus. Wenig erfolgreiche Kirchen verwandeln sich nicht in Kaufläden, noch bilden sich Firmen in Kirchen um. Selbst in umfassenden Bereichen organisatorischen Handelns, wie etwa Einrichtungen der höheren Bildung oder den Gewerkschaften, scheint es nachhaltige Hindernisse gegen eine fundamentale Strukturumgestaltung zu geben. Sicher muß man dieses Phänomen näher erforschen; solange wir aber nicht vom Gegenteil überzeugt werden, wollen wir bezweifeln, daß die hauptsächlichen organisatorischen Merkmale durch Lernen oder Adaption entstehen. Angesichts dieses Zweifels ist es wichtig, eine evolutionäre Erklärung des Isomorphieprinzips zu versuchen. Das heißt, wir wollen das Prinzip in einen explizit selektionistischen Rahmen stellen.

Um es mit Hilfe solcher Selektionsprozesse zu untermauern, haben wir eine Wettbewerbstheorie vorgeschlagen, die sich des Lotka-Volterra-Modells bedient. Diese Theorie beruht auf Wachstumsmodellen, die sich zur Darstellung sowohl organisatorischer Entwicklungen als auch des Wachstums von Organisationspopulationen eignen. Rezente bioökologische Ausarbeitungen der Lotka-Volterra-Gleichungen haben zu Aussagen geführt, die für die Analyse von Organisation-Umwelt-Beziehungen von unmittelbarer Relevanz sind. Die Resultate dieser Überlegungen betreffen die Effekte, die die Veränderung von Anzahl und Mischung verschiedener Restriktionen für die Bestimmung der oberen Diversifikationsgrenze für Organisationsformen besitzen. Wir schlagen vor, solche Aussagen am besten dadurch zu testen, daß man den Einfluß verschiedenartiger staatlicher Regulierungen sowohl auf die Größenverteilung als auch auf die Vielgestaltigkeit organisatorischer Formen innerhalb weit gefaßter Tätigkeitsbereiche (etwa der medizinischen Versorgung, der höheren Erziehung, der Gründung von Zeitungen) untersucht.

Eine wichtigere Erweiterung von Hawleys Arbeit berücksichtigt dynamische Erwägungen. Die wichtigste Frage untersucht die Bedeutung des Isomorphieprinzips in Situationen, in denen die Umwelten, an die sich die Einheiten anpassen, sich verändern und unsicher werden. Sollen »rationale« Organisationen denn versuchen, spezielle isomorphe Strukturbeziehungen zu einem der möglichen Umweltzustände auszubilden? Oder sollten sie eine plastischere Strategie und generalisierendere Strukturmerkmale wählen? Das Isomorphieprinzip beantwortet diese Fragen nicht.

Wir meinen, daß die konkrete Implikation der Wahl einer generalisierenden Strategie den Organisationen empfiehlt, Überschußkapazitäten anzusammeln und zu erhalten. Um die Strukturflexibilität zu bewahren, die eine Organisation braucht, um sich differenten Umweltereignissen anzupassen, muß sie einige Kapazitäten in Reserve halten und darf sie nicht völlig verausgaben. Generalisten werden allerdings immer von Spezialisten verdrängt, die, ohne Rücklagen bilden zu müssen, sich genau auf ihre Umwelt einstellen können. Folglich erscheinen viele Generalisten als ineffizient, weil die Überschußkapazität oft als Verschwendung eingeschätzt wird. Dennoch ist »organizational slack« ein durchgängiges Merkmal zahlreicher Organisationstypen. Damit aber tauchte die Frage auf: Welche Umwelt favorisiert Generalisten? Die abschließende Antwort dieser Frage bedurfte eines weiten Wegs durch die Dynamik der Organisation-Umwelt-Beziehung.

Wir haben eine solche Antwort gesucht, indem wir Levins' suggestive Fitness-Set-Theorie konsultieren (Levins 1962, 1968). Das ist eine jener jüngeren Theorien, welche die Natur einer Umwelt mit den optimalen Niveaus struktureller Spezialisierung in Verbindung setzen. Levins rät an, daß man neben der Unsicherheit der Umwelt auch deren Körnigkeit (oder Klumpigkeit) in Betracht zieht. Die Theorie weist darauf hin, daß Spezialisten in stabilen Umwelten immer bevorzugt werden. Das ist nicht überraschend. Aber im Gegensatz zu der in der Organisationsliteratur weit verbreiteten Sichtweise besagt die Theorie auch, daß eine generalisierende Strategie in unsicheren Umwelten nicht immer optimal sein kann. Wenn die Umwelt unvorhersehbar zwischen Zuständen schwankt, die der Organisation ganz differente Anforderungen abverlangen, und wenn die Dauer des einzelnen Umweltzustandes im Vergleich zur Lebensdauer der Organisation kurz ist (das heißt wenn die Variationen feinkörnig sind), wird eine sich spezialisierende Population gegenüber einer generalisierenden bevorteilt. Dies geschieht deshalb, weil Organisationen, die es wagen, sich an jede mögliche Umweltvariation anzupassen, die meiste Zeit mit Strukturadjustierungen beschäftigt sein werden und nur wenig Zeit für andere Aufgaben haben.

In dieser Formulierung scheinen die Aussagen plausibel zu sein. Sieht man sich jedoch die Organisationsliteratur genauer an, dann verflüchtigt sich dieser Eindruck. Wichtig ist, daß die Aussagen aus einem einfachen und expliziten Modell gefolgert werden können, das dazu in der Lage ist, eine große Vielfalt von Aussagen über das Verhältnis von Umweltvariationen und Organisationsstruktur zusammenzufassen.

Wir haben einige der wichtigsten begrifflichen und methodologischen Hindernisse herausgestellt, die einer Anwendung populationsökologischer Modelle zur Erforschung der Organisation-Umwelt-Beziehung entgegenstehen. Wir haben im Zusammenhang mit einer Diskussion der Mechanismen struktureller Invarianz und strukturellen Wandels, der damit verbundenen Probleme einer genauen Abgrenzung von Organisationspopulationen und der Schwierigkeiten, die Fitness expandierender Populationen festzulegen, auf die Unterschiede zwischen menschlicher und nicht-menschlicher Sozialorganisation aufmerksam gemacht. In allen Fällen haben wir die anstehenden Fragen nur im Überblick skizziert und zu deren Klärung kurzfristige Vereinfachungen vorgeschlagen, um die Anwendung der vorliegenden Modelle zu erleichtern. Sicher muß man sich jede Frage genauer ansehen.

Derzeit sind wir über den Mangel an empirischen Informationen über Selektionsraten zumindest ebenso enttäuscht wie über die gerade erwähnten ungelösten Fragen. Censusdaten werden in einer Weise systematisiert, die die Kalkulation von Raten des Scheiterns unmöglich machen, und von Langzeitstudien über Organisationspopulationen wird nur wenig berichtet. Allerdings besitzen wir einige Informationen über Selektionsraten. Wir wissen beispielsweise, daß die Zusammenbruchsrate kleiner Firmen hoch ist. Nach rezenten Berechnungen geben jährlich bis zu 8% der kleinen US-Firmen auf.[20]

20 Hollander 1967, Bolton 1971, vgl. auch Churchill 1955.

Teilweise spiegelt diese hohe Zusammenbruchsrate wider, was Stinchcombe (1965) die »liability of newness« bezeichnet. Viele Organisationen versuchen in Nischen einzudringen, die bereits von Organisationen besetzt werden, die soziale, ökonomische und politische Ressourcen angesammelt haben, die ihre Verdrängung schwierig machen. Es ist wichtig, zu klären, ob es dabei irgend einen selektiven Nachteil der kleinen Größe von Firmengründungen gibt, die nicht zu tun hat mit der Tatsache, daß es sich um Neuankömmlinge handelt.

Wir zweifeln daran, daß viele Leser die Behauptung bestreiten werden, daß die Scheiternsraten für neue und/oder kleine Organisationen hoch liegen. Indessen sind sich der Großteil der soziologischen Literatur und unterschwellig alle Literatur, die Großorganisationen kritisch gegenübersteht, stillschweigend darüber einig, daß solche Kleinorganisationen keinem besonderen Selektionsdruck unterliegen. Wenngleich wir auch noch nicht über die empirischen Daten zur Beurteilung dieser Hypothese verfügen, können wir sie doch in verschiedener Hinsicht kommentieren. Zunächst bestreiten wir nicht, daß die größten Organisationen, einzelne und alle zusammen betrachtet, über die meisten der Organisationen, die ihre Umwelt bilden, ein strenges Regiment führen. Aber aus dieser Beobachtung folgt nicht, daß solche Organisationen, weil sie zu einem Zeitpunkt stark sind, immer stark sein werden. Entsprechend ist es interessant herauszufinden, wie fest die größten und mächtigsten Organisationen verankert sind. Man sollte einmal die 500 führenden Gesellschaften der USA betrachten, indem man die betreffenden Listen von 1955 und 1975 einander gegenüber stellt. 1975 waren nur noch 268, das heißt 53,6% der ersten Liste, verzeichnet; 102 davon sind durch Fusionen aufgelöst worden, 109 hatten die Liste verlassen, und eine Firma, ein Spezialist für kubanischen Zucker, war zusammengebrochen. Die Anzahl derer, deren relativ geringerer Verkaufszuwachs dafür verantwortlich ist, daß sie nicht länger auf der Liste der 500 »Glücklichen« verzeichnet sind, ist höchst beeindruckend, vor allem wenn man bedenkt, daß wahrscheinlich auch diejenigen Firmen, die mit anderen fusionierten, in diese Gruppe fallen. So sehen wir, daß während 20 Jahren faktisch zwar kaum eine der größten Industriefirmen der USA liquidiert wurde, daß aber die Liste, die eine vorgebliche Machtposition anzeigt, infolge der Fusionen und des Absinkens der erforderlichen Erfolgszahlen gleichwohl heftigen Schwankungen ausgesetzt war.[21] Zum zweiten ist die Wahl der Zeitperspektive wichtig. Selbst die größten und mächtigsten Organisationen können über lange Zeiträume hinweg nicht überleben. Zum Beispiel haben von den Tausenden von Firmen der Revolutionszeit nur dreizehn als autonome Firmen überlebt und sieben als erkennbare Unterabteilungen größerer Unternehmen (Nation's Business 1976). Vermutlich benötigt man für das Studium der Populationsökologie der umfangreichsten und dominantesten Organisationen eine weiter reichende Zeitperspektive.

Und drittens hat auch die Erforschung kleiner Organisationen einen eigenständigen Sinn. Die soziologische Literatur hat sich aus naheliegenden Gründen (das heißt in der Absicht, dem Planungsbedürfnis dieser Organisationen abzuhelfen) auf die größten Organisationen konzentriert. Wenn indessen die Trägheitsdrücke auf bestimmte Strukturmerkmale stark genug sind, kann die intensive Selektion kleiner Organisationen die beobachtbare Variation unter den großen Organisationen weitgehend beschränken. Wie wir oben im Abschnitt 3 sagten, ändern sich zumindest einige Strukturelemente mit der Größe einer Organisation und der Trägheitsdruck sollte entsprechend nicht überbetont werden; dennoch sehen wir die Untersuchung des organisatorischen Lebenszyklus als einen wertvollen Beitrag zur Gewinnung von Informationen darüber an, welche Strukturmerkmale in welcher Zyklusphase ausgebildet werden. Wir vertreten zum Beispiel die These, daß eine Organisation in eine kritische Periode gerät, wenn sie über die Kontrollmöglichkeiten eines alleinigen Besitzers/Managers hinauswächst. Falls die Autorität dann delegiert wird, übt die Art und Weise, wie dies geschieht, einen bleibenden Einfluß auf die Organisationsstruktur aus. In dieser Zeit wird aus einer Organisation, die bislang eher der Auswuchs eines einzelnen Individuums (oder jedenfalls nur weniger Personen) war, mehr und mehr eine Organisation per se, die ein Eigenleben führt. Wenn die Selektionsdrücke während dieses Zeitraums so intensiv sind, wie

---

21 Zumindest aus einem bestimmten Blickwinkel kann man Fusionen als Formwandel betrachten. Das gilt fast ausnahmslos dann, wenn die fusionierenden Firmen sehr differente Strukturen besitzen. Zugleich zeigen diese Daten einen starken selektiven Vorteil für konglomerierte Formen industrieller Organisation.

Anekdoten glaubhaft machen, sollten sich Selektionsmodelle als sehr nützlich erweisen, wenn es darum geht, die Formenvarietät innerhalb eines Gesamtbereichs an Organisationen zu erklären.

Der Optimismus dieser Überlegungen sollte allerdings durch die Einsicht im Zaum gehalten werden, daß die ausschließliche Untersuchung der größten und beherrschendsten Organisationen nur eine kleine Anzahl von Organisationen zu untersuchen erlaubt. Je kleiner diese Zahl aber ist, desto fragwürdiger wird der Einsatz von Modellen, die, wie dies ökologische Modelle tun, auf der Annahme von Zufallsprozessen basieren.

Zum vierten sollten wir das betrachten, was ein anonymer Rezensent unseres Artikels, ganz im Sinne unserer Ausführungen, als »anti-eugenisches« Staatshandeln bezeichnet, etwa bei der Rettung der Firma Lockheed vor dem Zusammenbruch. Dies ist ein dramatisches Beispiel dafür, wie sich große, dominante Organisationen mit anderen ihrer Art mit der Folge verbinden können, daß die Selektionsdrücke reduziert werden. Wenn solche Schritte erfolgreich sind, verändern sie die Selektionsmuster. Unserer Auffassung entsprechend werden sie auf eine höhere Ebene verlagert, so daß statt einzelner Organisationen ganze Netzwerke scheitern. Die allgemeine Konsequenz einer großen Anzahl solcher Vernetzungen ist eine Zunahme der Instabilität des Gesamtsystems (Simon 1962, 1973, May 1973), und wir sollten entsprechend heftige Organisationszyklen beobachten. Damit behalten Selektionsmodelle auch dann ihre Relevanz, wenn das Organisationssystem eng gekoppelt ist (Hannan 1976).

Und endlich haben einige Leser früherer Versionen dieser Arbeit (zustimmend und abwertend) unser Argument als metaphorisch eingestuft. Das hatten wir nicht intendiert. Ganz allgemein betrachtet, impliziert jedes Theoretisieren eine gewisse Metaphorik, wenngleich der Begriff »Analogie« den Punkt eher trifft als »Metapher«. Metaphern oder Analogien dringen selbst in die Formulierung »Wenn ..., dann ...« ein. So beruhen zum Beispiel bestimmte molekulargenetische Modelle auf einer starken Analogie zwischen der Oberfläche einer DNS und Kristallstrukturen. Letztere haben einfache, wohlgestaltete geometrische Strukturen, die man einer strengen topologischen (und damit mathematischen) Analyse unterziehen kann. Niemand vertritt die Ansicht, DNS-Proteine seien mit Kristallen identisch. Aber in dem Maß, in dem ihre Oberflächen bestimmte kristalline Eigenschaften besitzen, sollte das mathematische Modell, das normalerweise zur Analyse von Kristallen verwendet wird, gleichwohl Licht auf ihre genetische Struktur werfen. In solchem Vorgehen besteht, wenn wir die Sachlage richtig deuten, die allgemeine Strategie der Modellbildung.

So haben wir zum Beispiel Resultate benutzt, die wir der Anwendung bestimmter logistischer Differentialgleichungen entnehmen, der Lotka-Volterra-Gleichungen. Keine der bekannten Populationen, weder Tier- noch Organisationspopulationen, wächst exakt in Übereinstimmung mit diesem mathematischen Modell, was viele Naturforscher zu der Meinung veranlaßt hat, es sei biologisch ohne Bedeutung. Tatsächlich modellieren die Gleichungen den Wachstumspfad von Populationen innerhalb eines geschlossenen Systems mit endlicher Ressourcenausstattung, wobei das Populationswachstum bei nichtvorhandenem Wettbewerb logistisch verläuft und die Existenz konkurrierender Populationen die Tragfähigkeit des betreffenden Systems verringert. In dem Umfang, in dem wie etwa im Fall des Gauseschen Experiments die Interaktionen der beiden Populationen von *Paramecum aureilia* und *P. caudatum* die Bedingungen des Modells erfüllen, erklärt es bestimmte Eigenheiten deren Populationsdynamik und der Beziehung der Umweltvariationen zu ihrer Struktur. In dem Umfang, in dem die Interaktionen zwischen einer Population rational-legaler Bürokratien und einer Population patrimonialer Bürokratien die Bedingungen des Modells desgleichen erfüllen, erklärt es bestimmte wichtige Phänomene. Weder die Protozoen noch die Bürokratien verhalten sich genau den Vorgaben des Modells entsprechend. Das Modell stellt eine Abstraktion dar, die freilich immer dann zu Einsichten führt, wenn die gegebenen Bedingungen annäherungsweise zutreffen.

Während unserer ganzen Ausführungen haben wir, was das Verhältnis von Natur- zur Sozialwissenschaft angeht, eine Kontinuitätsthese verfochten. Wir meinen, daß Modelle zu wertvollen Einsichten führen, gleichviel ob die Populationen, die ihre Bedingungen erfüllen, aus Protozoen oder Organisationen bestehen. Wir argumentieren hier *nicht* »metaphorisch«. Das heißt, unser Argument ist nicht das folgende: Wir finden bei unseren Forschungen über das Verhalten von Protozoen bestimmte Regelmäßigkeiten; weil wir die These vertreten, daß Populationen von Organisationen sich in zentraler Hinsicht wie solche von Protozoen verhalten, meinen wir, daß die Generalisierungen, die für die letzteren gelten, auch für Organisationen gelten werden.

In dieser Form haben biologische Aussagen tatsächlich sehr häufig in soziologische Argumente Eingang gefunden, etwa durch die berühmte oder berüchtigte Organismus-Analogie von Herbert Spencer. Statt aber biologische Gesetze auf soziale Organisationen zu übertragen, verteidigen wir die Anwendung populationsökologischer Theorien. Wir haben bereits mehrfach darauf verwiesen, daß diese Modelle höchst allgemeiner Art sind und im jeweiligen soziologischen oder biologischen Anwendungskontext spezifiziert werden müssen. Einige der dazu notwendigen Schritte haben wir diskutiert und hoffen, daß auf diese Weise die Kommunikation zwischen Soziologie und Ökologie wieder aufgenommen werden kann. Ironischerweise trifft auch heute noch Hawleys Diagnose von 1944 zu: »Wahrscheinlich können die meisten der Schwierigkeiten der Humanökologie darauf zurückgeführt werden, daß sie versucht, sich getrennt vom Hauptstrom ökologischen Denkens zu bewegen.«

Literatur

Aldrich, H. E./J. Pfeffer (1976), »Environments of Organizations«, in: *Annual Review of Sociology* 2, S. 79-105.

Aldrich, H. E./J. A. Reiss, (1976), »Continuities in the Study of Ecological Succession: Changes in the Race Composition of Neighborhoods and Their Businesses«, in: *American Journal of Sociology* 81 (January), S. 846-866.

Blau, P. M. (1972), »Interdependence and Hierarchy in Organizations«, in: *Social Science Research* 1 (April), S. 1-24.

Blau, P. M./R. A. Schoenherr (1971), *The Structure of Organizations*, New York.

Blau, P. M./W. R. Scott (1962), *Formal Organizations*, San Francisco.

Bolton, J. E. (1971), *Small Firms. Report of the Committee of Inquiry on Small Firms*, London.

Boulding, K. (1953), »Toward a General Theory of Growth«, in: *Canadian Journal of Economics and Political Science* 19, S. 326-340.

Burns, T./G. M. Stalker (1961), *The Management of Innovation*, London.

Caplow, T. (1957), »Organizational Size«, in: *Administrative Science Quarterly* 1 (März), S. 484-505.

Churchill, B. C. (1955), »Age and Life Expectancy of Business Firms«, in: *Survey of Current Business* 35 (Dezember), S. 15-19.

Crozier, M. (1964), *The Bureaucratic Phenomenon*, Chicago.

Cyert, R. M./J. G. March (1963), *A Behavioral Theory of the Firm*, Englewood Cliffs/New York.

Downs, A. (1967), *Inside Bureaucracy*, Boston.

Durkheim, E. (²1988), *Über soziale Arbeitsteilung. Studie über die Organisation höherer Gesellschaften*, Frankfurt am Main.

Elton, C. (1927), *Animal Ecology*, London.

Freeman, J. (1975), »The Unit Problem in Organizational Research«. Vortrag, gehalten auf der Jahresversammlung der American Sociological Association, San Francisco.

Freeman, J./J. Brittain (1977), »Union Merger Processes and Industrial Environments«, in: *Industrial Relations* 16, S. 173-185.

Friedman, M. (1953), *Essays on Positive Economics*, Chicago.

Gause, G. F. (1934), *The Struggle for Existence*, Baltimore.

Graicunas, V. A. (1933), »Relationship in Organizations«, in: *Bulletin of the International Management Institute* (March), S. 183-187.

Granovetter, M. S (1973), »The Strength of Weak Ties«, in: *American Journal of Sociology* 78 (May), S. 1360-1380.

Haire, M. (1959), »Biological Models and Empirical Histories of the Growth of Organizations«, in: M. Haire (Hg.), *Modern Organization Theory*, New York, S. 272-306.

Hannan, M. T. (1975), »The Dynamics of Ethnic Boundaries«, unveröffentlicht.

– (1976), »Modeling Stability and Complexity in Networks of Organizations«. Vortrag, gehalten auf der Jahresversammlung der American Sociological Association, New York.

Hannan, M. T./J. Freeman (1974), »Environment and the Structure of Organizations«. Vortrag, gehalten auf der Jahresversammlung der American Sociological Association, Montreal.

Hawley, A. H. (1944), »Ecology and Human Ecology«, in: *Social Forces* 22 (Mai), S. 398-405.

– (1950), *Human Ecology: A Theory of Community Structure*, New York.

– (1968), »Ecology«, in: D. L. Sills, *International Encyclopedia of the Social Sciences*, Bd. 4, New York, S. 328-337.

Hollander, E. O. (Hg.) (1967), *The Future of Small Business*, New York.

Hummon, N. P./P. Doreian/K. Teuter (1975), »A Structural Control Model of Organizational Change«, in: *American Sociological Review* 40 (Dezember), S. 812-824.

Hutchinson, G. E. (1957), »Concluding Remarks«, in: *Cold Spring Harbor Symposium on Quantitative Biology* 22, S. 415-427.

– (1959), »Homage to Santa Rosalia, or Why Are There So Many Kinds of Animals?«, in: *American Naturalist* 93, S.145-159.

Levin, S. A. (1970), »Community Equilibrium and Stability: An Extension of the Competitive Exclusion Principle«, in: *American Naturalist* 104 (September-Oktober), S. 413-423.

Levine, S./P. E. White (1961), »Exchange as a Framework for the Study of Interorganizational Relationships«, in: *Administrative Science Quarterly* 5 (März), S. 583-601.

Levins, R. (1962), »Theory of Fitness in a Heterogeneous Environment. I. The Fitness Set and Adaptive Function«, in: *American Naturalist* 96 (November-Dezember), S. 361-378.

– (1968), *Evolution in Changing Environments*, Princeton, N. J.

MacArthur, R. H. (1972), *Geographical Ecology: Patterns in the Distribution of Species*, Princeton, N. J.

MacArthur, R. H./R. Levins (1964), »Competition, Habitat Selection and Character Displacement in Patchy Environment«, in: *Proceedings of the National Academy of Sciences* 51, S. 1207-1210.

March, J. G./H. Simon (1958), *Organizations*, New York.

Marschak, J./R. Radner (1972), *Economic Theory of Teams*, New Haven, Conn.

May, R. M. (1973), *Stability and Complexity in Model Ecosystems*, Princeton, N. J.

Meyer, J. W. (1970), »The Charter: Conditions of Diffuse Socialization in Schools«, in: R. Scott (Hg.), *Social Processes and Social Structures*, New York, S. 564-578.

Monod, J. (1975), *Zufall und Notwendigkeit. Philosophische Fragen der modernen Biologie*, München.

Nation's Business (1976), *America's Oldest Companies*, 64 (Juli), S. 36-37.

Nielsen, F./M. T. Hannan (1977), »The Expansion of National Educational Systems: Tests of a Population Ecology Model«, in: *American Sociological Review* 42, S. 479-490

Parsons, T. (1956), »Suggestions for a Sociological Approach to the Theory of Organizations, I«, in: *Administrative Science Quarterly* 1 (März), S. 63-85.

Penrose, E. T. (1959), *The Theory of the Growth of the Firm*, New York.

Selznick, P. (1957), *Leadership in Administration*, New York.

Simon, H. A. (1962), »The Architecture of Complexity«, in: *Proceedings of the American Philosophical Society* 106 (Dezember), S. 467-482.

– (1973), »The Organization of Complex Systems« in: H. Patee (Hg.), *Hierarchy Theory: The Challenge of Complex Systems*, New York, S. 1-28

Simon H. A./C. P. Bonini (1958), »The Size Distribution of Business Firms«, in: *American Economic Review* 48 (September), S. 607-617.

Stinchcombe, A. L. (1959), »Bureaucratic and Craft Administration of Production«, in: *Administrative Science Quarterly* 4 (Juni), S. 168-187.

– (1965), »Social Structure and Organizations«, in: J. G. March (Hg.), *Handbook of Organizations*, Chicago, S. 153-193.

Templeton, A. R./E. A. Rothman (1974), »Evolution in Heterogenous Environments«, in: *American Naturalist* 108 (Juli-August), S. 409-428.

Thompson, J. D. (1967), *Organizations in Action*, New York.

Turk, H. (1970), »Interorganizational Networks in Urban Society: Initial Perspectives and Comparative Research«, in: *American Sociological Review* 35 (Februar), S. 1-19.

Whittaker, R. N./S. Levin (Hg.) (1976), *Niche: Theory and Application*, Stroudsberg, Pa.

Winter, S. G., Jr. (1964), »Economic ›Natural Selection‹ and the Theory of the Firm«, in: *Yale Economic Essays* 4, S. 224-272.

Zald, M. N. (1970), »Political Economy: A Framework for Analysis«, in: M. N. Zald (Hg.), *Power in Organizations*, Nashville, Tenn., S. 221-261.

Tom R. Burns und Thomas Dietz
Kulturelle Evolution: Institutionen, Selektion und menschliches Handeln[1]

1. Einleitung: Die soziokulturelle Evolution

Im vergangenen Jahrzehnt ist das evolutionäre Denken von der Peripherie ins Zentrum der Beachtung gerückt. In der Soziologie ist sein Wiederaufleben indessen weniger einflußreich geworden als in anderen Disziplinen. Die einflußreichsten jüngeren Arbeiten beschäftigen sich mit dem langfristigen Verlauf der menschlichen Geschichte und widmen den Problemen der zeitgenössischen Gesellschaft wenig Aufmerksamkeit (zum Beispiel Boyd/Richerson 1985, Durham 1991). Die Versuche, den evolutionären Ansatz auf die heutige Welt anzuwenden, hatten sich zumeist auf die Untersuchung ökonomischer Prozesse, besonders des Wettbewerbs zwischen Firmen, beschränkt (Alchian 1950, Hodgson 1993, Nelson/Winter 1982, Vanberg 1993, Witt 1991), auf die damit zusammenhängenden Probleme der Organisationsökologie (Hannan/Freeman 1989) oder auf allgemeine Abhandlungen über evolutionäre Prozesse (Axelrod 1981, Axelrod/Hamilton 1981, Campbell 1975, McLaughlin 1988, Van Parijs 1981). Wir hingegen wollen im folgenden einen evolutionstheoretischen Bezugsrahmen anbieten, der sich zur Behandlung von Themen eignet, die vornehmlich die Soziologie interessieren, wozu Transformationsprobleme, Institutionen, Macht und das menschliche Handlungsvermögen zählen.

Bevor wir diesen Bezugsrahmen skizzieren, wenden wir uns den Mißverständnissen zu, denen die Evolutionsidee in der Soziologie ausgesetzt ist. Viele Sozialwissenschaftler verbinden die Evolutionstheorie mit den Namen von Spencer, Parsons, Lenski, Habermas und anderer Makrotheoretiker.[2] Der Begriff »Evolution« erinnert sie an den biologischen Determinismus, an Funktionalismus, Teleologie und sogar an den Sozialdarwinismus. Tatsächlich

1 Wir danken Detlef Jahn für seine ergänzenden Vorschläge zur deutschen Fassung.
2 Vgl. zum Beispiel Collins 1988a, S. 12-38.

sollte man die frühen Arbeiten, die sich »evolutionistisch« nennen, besser als »entwicklungstheoretisch« oder »ontogenetisch« bezeichnen (Dietz/Burns 1992, Dietz u. a. 1990). Entwicklungstheorien richten ihre Aufmerksamkeit auf eine Schlüsselinstitution, einen zentralen Prozeß oder eine zentrale Variable (oder mehrere davon) und unterstellen typischerweise einen gestaffelten Entwicklungsverlauf, der von einem gemeinsamen Ausgangspunkt (zumeist als »traditional« oder »primitiv« charakterisiert) hin zu einem gemeinsamen Zielpunkt führt (etwa in Richtung auf eine »reife« oder »postindustrielle« Gesellschaft).[3] Diese Analyseform betont den Wandel innerhalb kultureller oder sozialer Organisationen, und ihr Bild des Wandels ist im wesentlichen teleologisch. Den Phänomenen der Mikro-Ebene im allgemeinen und der menschlichen Handlungsfähigkeiten im besonderen wird wenig Beachtung geschenkt. Selbst wenn man Mikrophänomene als wichtige Elemente sozialer Wandlungsprozesse einstuft und individuelle Akteure als Verursacher sozialen Handelns betrachtet, wird ihnen wenig analytische Anstrengung gewidmet. Der Einfluß der Akteure auf die historischen Prozesse ist auf deren Beschleunigung oder Verzögerung beschränkt. Institutionen, Kultur und andere makrosoziale Kräfte rücken statt dessen in den Vordergrund. Diese Tendenzen lassen sich bei Comte, Spencer, Parsons und White ebenso nachweisen wie in einigen Teilen des Werks von Marx und Durkheim.[4] Habermas (1969, 1971, 1981) betont den diskursiven Prozeß, der Kultur hervorbringt und umgestaltet, dessen Stadien aber eher eine entwicklungstheoretische Sichtweise erkennen lassen als einen evolutionären Ansatz.

Unser Ansatz bewegt sich in einem darwinschen Bezugsrahmen und unterscheidet sich in diesem Sinne von Entwicklungsmodel-

3 Vgl. McLaughlin 1988, Sober 1984, und die energetischen Gesellschaftstheorien, die Rosa und Machlis (1983) besprochen und kritisiert haben.
4 Lenski (1970) ist einer der interessantesten jüngeren Theoretiker, der dieser Tradition zugehört. Seine Betonung des individuellen rationalen Handelns und dessen struktureller Konsequenzen rückt ihn nahe an den Ansatz heran, den wir als »Populationsdenken« bezeichnen. Wir schätzen die Bedeutsamkeit des Altruismus und der Kollektivinteressen für die Gestaltung der menschlichen Belange zwar anders ein als er, bemerken indessen sehr wohl, daß sich seine Diskussion dieser Fragen, die er vor dreißig Jahren vorgelegt hat, leicht mit den derzeitigen Debatten in Verbindung bringen ließe.

len, die allzuoft als »evolutionistisch« bezeichnet wurden. Die zunehmende Beachtung der Unterschiedlichkeit zwischen einem solchen Entwicklungsansatz und dem zeitgenössischen Evolutionsdenken erlaubt neue Vorstellungen, die sich in eine enge Verbindung zur evolutionären Logik und zum Populationsdenken in der Biologie bringen lassen, ohne sich dabei, wie die Soziobiologen, reduktionistischen und biodeterministischen Annahmen zu verschreiben.[5] Mit »evolutionär« sprechen wir die Entstehung von Varietät, die Übertragung oder Reproduktion von Regeln und das Wirken von Selektions- und anderen Prozessen an, denen Regelsysteme über die Zeit ausgesetzt sind. Strukturen der Makro-Ebene und Populationsphänomene werden durch Prozesse auf der Mikro-Ebene geformt und stellen ihrerseits die selektive Umwelt für diese Mikroprozesse dar.

Im folgenden schlagen wir einen in dieser Tradition stehenden Bezugsrahmen der soziokulturellen Evolution als systematische Grundlage zur Beschreibung und Analyse der Entwicklung und Evolution von Kulturen und Institutionen vor. Wir hoffen darauf, den Leser mit dem neuen Evolutionsdenken vertraut zu machen, indem wir die Grundlagen unserer eigenen Theorie als ein Beispiel dieses Denkens anbieten. Im nächsten Abschnitt geben wir einen

5 Wir unterscheiden auch zwischen Modellen der soziokulturellen Evolution und soziobiologischen Modellen. Einige wichtige Arbeiten zur kulturellen Evolution sind als direkte Antwort auf die Soziobiologie entstanden. Diese Modelle unterstellen, daß der menschliche Phänotypus das Resultat natürlicher Selektion ist, die sich auf die Gene auswirkt, *und* der natürlichen Selektion, der die Kultur ausgesetzt ist. Wenn freilich Kultur einen wichtigen Einfluß auf das menschliche Verhalten und die soziale Organisation besitzt, wird es – das folgt aus den meisten dieser Modelle zwingend – sehr unplausibel sein, daß die natürliche Selektion und das Handeln, das darauf abstellt, die genetische Fitness zu maximieren, Kultur gestalten (Boyd/Richerson 1985, S. 81-203). Soziobiologische Erklärungen sind somit in den Sozialwissenschaften nur von sehr begrenzter Bedeutung. In unserer Arbeit setzen wir voraus, daß die menschliche Biologie Kultur, Verhalten und Sozialorganisation maßgeblich beeinflußt (vgl. Fußnote 9). Wir glauben aber, daß soziobiologische Erklärungen, die auf Argumenten über die reproduktive Fitness-Maximierung beruhen, im Gegensatz zu ihrer Bedeutung für die Erklärung der Entstehung des modernen *homo sapiens* zur Erklärung aktueller oder historischer Phänomene nur wenig beitragen können (vgl. Dietz u. a. 1990).

Überblick über unser Kultur- und Institutionenverständnis, das auf dem Grundbegriff der »sozialen Regel« beruht. Der dritte Abschnitt betrachtet die Innovationsquellen und damit die Variabilität derartiger sozialer Regeln, der vierte Abschnitt Selektionsprozesse, von denen abhängt, welche institutionellen Arrangements, kulturellen Formen und Regeln überdauern und reproduziert werden. Der fünfte Abschnitt beschäftigt sich mit der Übertragung und Reproduktion sozialer Regeln. Strukturelle Faktoren der evolutionären Kulturdynamik werden im sechsten Abschnitt behandelt. Und im siebten Abschnitt wenden wir uns dem Problem zu, welche Rolle den menschlichen Handlungskompetenzen innerhalb evolutionärer Prozesse zukommt.

Wir bieten eher einen allgemeinen theoretischen Rahmen als eine »Theorie mittlerer Reichweite«. Viele unserer Begriffe werden dem Leser vertraut sein. Wir haben so verbreitete Ideen wie »Kultur«, »Struktur«, »Institution« und »Handeln« so umformuliert, daß sie an Präzision gewinnen, miteinander besser vereinbar sind und sich in dynamischen Analysen eher verwenden lassen. Wir wollen auf diese Weise nicht den substantiellen Korpus der soziologischen Theorie verwerfen, sondern ihn in einer Weise reintegrieren, daß sich die soziologische Theorie dem Problem des Handelns, der Umwelt, der Technologie und der sozialen Dynamik angemessener widmen kann.

2. Kultur und die Theorie
sozialer Regelsysteme

Ausgangspunkt unserer Überlegungen ist die Theorie der Akteur-System-Dynamik (Burns u. a. 1985, Baumgartner u. a. 1986) und insbesondere die Theorie sozialer Regelsysteme (Burns/Flam 1987). Wir benutzen die Theorie sozialer Regelsysteme als unser Kulturmodell, weil sie sich als ein nützliches Synthesemodell in der Soziologie erwiesen hat, das im Zentrum der neueren Arbeiten über Institutionen steht (March/Olsen 1989, Ostrom 1990). Darüber hinaus steht diese Theorie in enger Verbindung mit wichtigen philosophischen Überlegungen über »Sprachspiele« (Wittgenstein 1989) und zu jüngeren Entwicklungen in der Linguistik (Chomsky 1981, 1986, Pinker 1991). Wir gründen unsere Auffassung über Handlung und Sozialstruktur auf Regeln, die von menschlichen Akteuren interpretiert und benutzt werden. Dies stützt unsere Erklärung evolutionärer Prozesse, in denen Regeln als die basalen Informationseinheiten betrachtet werden, an denen diese Prozesse ihre Wirkung entfalten.[6]

6 Die Begriffe »soziale Regel« oder »Regelsystem« reichen erheblich weiter als »Norm«, »Wert«, »Glaube« (*belief*) oder »Einstellung«, die den überkommenen Ansätzen der Sozialpsychologie zugrunde liegen. Verschiedene Typen von Regeln und Regelsystemen können in bezug auf ihren kognitiven, Verhaltens- oder institutionellen Status identifiziert und analysiert werden: so etwa Normen, Gesetze, Moralprinzipien, Verhaltenscodes, Spielregeln, Verwaltungsregulierungen und Verwaltungsverfahren, Handlungsrezepte, technische Anweisungen, Konventionen, Bräuche und Traditionen (Burns/Flam 1987). Präskriptive Regeln und damit auch Normen stellen nur einen Typus sozialer Regeln dar. Es gibt außerdem verschiedenartige Normen, wie die alltäglichen Unterscheidungen zwischen Moralprinzipien, Verfassungsgesetzen, Statuten, Verwaltungsregeln und informellen Normen nahelegen. Darüber hinaus benutzen Akteure zur Strukturierung ihrer Urteile und Handlungen neben Kategorisierungen und deskriptiven Regeln auch evaluative Regeln. Kategorisierungsregeln und beschreibende Regeln werden dazu verwendet, Dinge, Leute, Taten und Ereignisse und deren Beziehungen (zu denen auch Kausalbeziehungen zählen) voneinander zu unterscheiden und ihnen Attribute zuzuordnen. Sie spezifizieren, was es gibt und – logisch verbunden damit – was nicht, welche Eigenheiten Natur, Gesellschaft, Männer und Frauen besitzen. Dadurch werden Vorstellungen darüber geprägt, was real und wahr ist, welche Faktoren man berücksichtigen muß und was man ignorieren kann (Czarniawska-Joerges 1988). Evaluative Regeln schreiben Dingen, Leuten, Taten, Ereignissen und Weltzuständen Werte zu, indem sie definieren, was »gut« ist und was »schlecht« oder akzeptabel bzw. unakzeptabel oder was richtig ist, gerecht, schön, attraktiv, erfreulich – oder das Gegenteil davon. Allgemein gesprochen, wird auf diese Weise festgelegt, wonach die Menschen streben sollten oder was sie besser vermeiden. Die evolutionistische Behandlung von Regeln umfaßt sowohl Regeln, die instrumentell rational sind, wie augenscheinlich irrationale Normen und handlungsleitende Routinen. Wegen der hohen Kalkulationskosten von Entscheidungen darüber, was am vorteilhaftesten ist, »gründen Handlungen oftmals eher auf einer Identifikation des normativ angemessenen Verhaltens als auf der Kalkulation der Erträge, die von alternativen Wahlen erwartet werden« (March/Olsen 1989, S. 22). Indessen, wie wir weiter unten zeigen werden, geht von den Reaktionen der physikalischen und biologischen Umwelt und von Mitakteuren oftmals ein Selektionsdruck aus, der der Drift weg von rationalen Überle-

Die Kultur einer Gruppe besteht für uns in der Menge jener Regeln, die die betreffenden Gruppenmitglieder vertreten. Eine Kultur umfaßt Regeln, mit deren Hilfe Sinn zugeschrieben wird und die erlauben, beobachtbare Phänomene mit Interpretationen zu versehen. Unserer Auffassung nach verkörpert sich Kultur in den Individuen und Gruppen von Individuen, die deren Träger sind. Wir folgen an dieser Stelle Archer (1988, S. xix), die mit Nachdruck betont, daß *»Ideen zu jedem Zeitpunkt von jemandem vertreten werden«*. Kultur kann somit als eine Menge von Regeln betrachtet werden, wobei jede Regel eine bestimmte Häufigkeit besitzt, die sich nach der Anzahl der Populationsmitglieder bemißt, die diese Regel kennen und nutzen. Diese Bestimmung klärt eine Reihe ansonsten verwirrender Begrifflichkeiten. Kulturwandel stellt sich als eine Veränderung der Häufigkeitsverteilung dar, mit der innerhalb einer bestimmten Population Regeln Beachtung finden. Kulturelle Diversität besteht in der Varianz der Regelhäufigkeiten in einer Population. Subkulturen sind die Kulturen von Subgruppen, und der Grad der kulturellen Unterschiede zwischen beiden hängt von der Differenz der Regelhäufigkeit zwischen der betreffenden Subgruppe und der übergreifenden Population ab.

Wie Archer (1988, S. 1-21) verwerfen wir den »Mythos der kulturellen Integration«, das heißt, wir unterstellen nicht, daß Kulturen vollständig integriert wären. Regelsysteme *können* hochgradig geordnet, müssen aber nicht notwendig derart strukturiert sein (Burns/Dietz 1992b). Die Komplexität des Lebens fördert den häufigen Gebrauch von Meta-Regeln, die Generalisierungen über verschiedenartige Kontexte hinweg erlauben und auf diese Weise den Bedarf senken, in jeder Situation und Problemlage nach neuen Regeln zu fahnden. Starke Meta-Regeln, die große Mengen spezifischerer Regeln niedrigeren Ranges subsumieren, erzeugen eine kulturelle Struktur bzw. stellen eine solche dar. So kann beispielsweise Lévi-Strauss' (1967, 1971) binäre Opposition als eine sehr hochrangige Meta-Regel verstanden werden, die fordert, daß alle

gungen entgegenwirkt. – Wir glauben an den substantiellen analytischen Nutzen, Regeln als Basiseinheit von Kultur zu verwenden. Unser Argument würde aber auch dann zutreffen, wenn statt dessen andere Begriffe zur Bezeichnung von Kultureinheiten, etwa »Ideen« oder »Schemata«, benutzt würden. Entsprechend glauben wir, daß unsere Position der von Schudson (1989) und Swidler (1986) sehr ähnelt.

Klassifikationsregeln eine binäre Struktur besitzen. Spezifische binäre Klassifikationen sind entsprechend Anwendungen der Meta-Regel und produzieren die kulturelle Struktur, die in zahlreichen Werken von Lévi-Strauss beschrieben wird. Die Heuristiken und Verzerrungen des menschlichen Entscheidungsverhaltens, die die Sozialpsychologie entdeckt hat (Kahneman u. a. 1982), und die fundamentalen Strukturen der Sprache, welche die Begriffsbildung der Akteure steuern, die sie sprechen (Chomsky 1981), können desgleichen als Meta-Regeln betrachtet werden. Ebenso kann man den Genre-Begriff der jüngeren Kulturtheorie als eine Art Meta-Regel deuten, mit deren Hilfe Verstehen, Ausdruck und Interaktion strukturiert werden (Griswold 1986, S. 17-26). Einige dieser strukturellen Merkmale besitzen eine biologische Grundlage, die meisten haben indessen einen rein kulturellen Charakter. Eine kulturelle Struktur entsteht auch dadurch, daß Individuen oder kollektive Akteure einzelnen Akteuren Regeln und Meta-Regeln aufzwingen.

In unserem Bezugsrahmen definiert sich eine »Institution« als eine Menge von Regeln, die (1) Interaktionsszenarien festlegen, (2) sodann die Individuen und kollektiven Akteure bestimmen, die sich an solchen Interaktionen beteiligen dürfen und deren konstitutiven Charakter prägen, und (3) die Regeln angemessenen Verhaltens und damit auch die Rollen fixieren, welche die Akteure im Rahmen der betreffenden Szenarien einnehmen.[7] Eine Institution ist somit ein Idealtyp, über den die Mitglieder einer Kultur verfügen. Indessen impliziert unser Ansatz nicht, daß das Verhalten der Akteure oder die Regeln, denen sie faktisch folgen, diesem Idealtypus entsprechen, den die Sozialwissenschaftler beschreiben oder der durch das Kulturmodell der Institution unterstellt wird.

Regelsysteme, so zum Beispiel Familieninstitutionen, der Markt, das politische System oder die Betriebsdemokratie, werden herangezogen, um das eigene Verhalten und das von anderen zu regulieren, die Handlungen anderer zu interpretieren und in moralische Diskurse einzutreten, sich Rechenschaft über bestimmte Ereignisse abzulegen oder sie zu bewerten. Menschliche Wesen sind sich der Regelsysteme, die ihr Handeln und das ihrer Mitakteure anleiten, bewußt, und sie kennen die Vorteile, die sie biswei-

---

7 Wir können an dieser Stelle unseren Institutionenansatz nur skizzieren; zu einer detaillierten Darlegung vgl. Burns/Dietz 1992b.

len dadurch erlangen können, daß sie die betreffenden Regeln verletzen. Aus diesem Grund investieren einzelne und kollektive Akteure beträchtliche Anstrengungen in den Erhalt einer Kultur, die der Reproduktion von Institutionen zuträglich ist, um sicherzustellen, daß die institutionellen Regeln implementiert werden. Entsprechend werden auch informelle Sanktionen angewendet, um Abweichungen von den erwarteten Interaktionsmustern zu unterbinden.[8]

Da viele Regeln in einer frühen Lebensphase erlernt werden, verbindet sich mit ihnen ein besonderer Wert und eine besondere Bedeutung. Die daraus resultierende tiefe Verwurzelung schafft eine Basis für Zugehörigkeit und Konformität mit dem betreffenden System und stellt zugleich eine Basis für die Übernahme von Rollen in zentralen Institutionen des sozialen Lebens, wie der Familie, der Gemeinde, der Politik und dem Markt, dar. Interpretationen, die im Lichte bestimmter Regeln vorgenommen werden, machen das Leben bedeutsam und verleihen ihm Sinnhaftigkeit. Jedoch besteht oftmals keine Eindeutigkeit über die Situation und über die anwendbaren Regeln. Über ihren psychischen Wert hinaus erbringen viele Regeln, wenn sie unter bestimmten Umständen angewendet werden, Gewinne oder Erträge, die die Akzeptanz dieser Regeln verstärken oder bestätigen. Technische Regeln zur Verwendung von Werkzeugen und Maschinen oder für den Umgang mit Verwaltungen besitzen diese Eigenart; wer diese Regeln kennt, kann effektiv agieren. Selbstverständlich können die Gewinne, die daraus resultieren, daß sich ein Akteur an bestimmte Regeln hält, über verdeckte Kosten hinwegtäuschen. So mag zum Beispiel die Einhaltung stereotyper Geschlechterrollen das Leben erleichtern und Sicherheit darüber verbreiten, was man tun *sollte*, und durchaus positive Reaktionen anderer hervorrufen; auf der anderen Seite kann die unbesehene Beachtung solcher Rollenmuster aber auch zu psychischen Konflikten und einer Einengung der Entwicklungsmöglichkeiten des betreffenden Individuums führen.

8 Zu den eindrucksvollsten Nachweisen der Anstrengung, welche die Akteure zur Aufrechterhaltung von Interaktionen aufbringen, zählen die »Krisenexperimente« der Ethnomethodologen (Garfinkel 1967). Es gibt in jeder sozialen Gruppe ein ganzes Spektrum von Sanktionen und Maßnahmen sozialer Kontrolle.

Die Regeln, über welche die Akteure verfügen, beeinflussen ihr Verhalten in einer gegebenen Situation. Aber die Durchsetzung oder Realisation solcher Regeln in sozialen Handlungen verläuft nicht mechanisch. Regeln müssen gedeutet werden, um in einem besonderen Kontext von Nutzen zu sein, und diese Deutung setzt ihrerseits eine Definition dieses Kontextes bzw. bisweilen sogar seine soziale Konstruktion voraus. Soziale Akteure verfügen in ihren Regeln über ein Drehbuch, aber im Unterschied zur Bühne steht es ihnen frei, sich und andere dazu zu bringen, darüber zu entscheiden, in welcher Szene und in welchem Akt sie tätig werden wollen, und sogar darüber, welchen Charakter sie darstellen und in welchem Stück sie mitwirken wollen. Selbst wenn der Kontext definiert ist, wird der Akteur gewöhnlich sehen, daß es mehr als eine Regel gibt, an die er sich halten kann, und daß er folglich einige Improvisationsmöglichkeiten besitzt.

Allgemein gesprochen ist keine Situation völlig ohne Zweideutigkeit. Individuen verfügen für gewöhnlich über multiple Rollen gegenüber anderen. Die dramaturgische Literatur in der Soziologie betont immer wieder die Anstrengungen eines Akteurs, die er aufbringen muß, um die Situation immer wieder zu definieren und damit zugleich die Rollen, die jeder der beteiligten Akteure spielen sollte, und die damit verbundenen verhaltenssteuernden Regeln festzulegen. So unterscheiden sich die Regeln zur Organisation und Durchführung eines »Markttausches« von denen des alltäglichen »sozialen Tausches« zwischen Freunden und Verwandten. Wenn Familienmitglieder oder Freunde Geschäfte miteinander treiben, dann kann man oftmals nur schwer erkennen, welche Regeln angebracht sind, was zu Verwirrungen und Mißverständnissen führt. Welche Sprache des normativen Diskurses, der Rechtfertigung und der Kritik von Handlungen angebracht ist, wie Handlungen dargestellt werden sollen, hängt von der jeweiligen sozialen Beziehung ab. Überdies tritt das Problem der Situationsdefinition nicht allein in interpersonalen Interaktionen auf, sondern auch in den Diskursen, die die politischen Entscheidungsfindungen im modernen Staat begleiten, wo solche Definitionen wichtige Implikationen für die Verteilung der Macht besitzen (Dietz u. a. 1989, Stern 1990).

Unser Ansatz konzentriert sich auf die Prozesse, durch die soziale Regeln generiert, selegiert und verbreitet oder reproduziert werden.[9] Diese Prozesse entfalten eine wichtige Dynamik, welche die Vorherrschaft und Dauerhaftigkeit bestimmter Regeln und damit die manifesten kulturellen und institutionellen Ordnungen beeinflußt. Evolutionäre Kräfte wirken sich auf die Variabilität in einer Population aus. Übertragungsbedingungen und Selektionsprozesse bevorzugen einige Regeln und führen dazu, daß sie sich in steigendem Maße durchsetzen.[10] Dies definiert deren reproduktiven Erfolg oder die »kulturelle Fitness«.[11] Derselbe Prozeß führt

9 In unserer umfangreicheren theoretischen Arbeit (Burns/Dietz 1992b) unterscheiden wir zwischen drei Reproduktionstypen: der kulturellen, materiellen und biologischen Reproduktion. Jeder der Reproduktionsprozesse ist analytisch eigenständig, in der Praxis indessen sind sie eng verwoben und verlaufen in wechselseitiger Abhängigkeit voneinander. So sind die kulturelle und die biologische Reproduktion selbstverständlich abhängig von der materiellen Reproduktion, aber die Produktion und Reproduktion von Werkzeugen hängt von der kulturellen Reproduktion ab, insbesondere von sozialer Regulierung und kultureller Transmission. Zugleich sind die menschliche Sexualität und die biologische Reproduktion wichtig. Produktionsprozesse, inklusive die Produktion und Reparatur von Werkzeugen und Ausrüstungsgegenständen, gelingen nur Personen, die entsprechende Regeln kennen bzw. über das entsprechende kulturelle Wissen verfügen. Somit ist das Vorhandensein sozialisierter Akteure wesentlich für die Produktion. Die biologische Reproduktion hängt von materiellen Ressourcen ab und zugleich von den sozialen Regeln, die das Sexualverhalten und das Gebären von Kindern steuern. Die kulturelle Übertragung und Verstärkung von Regeln erfordert materielle Ressourcen, bestimmte Werkzeuge, eine Infrastruktur und zusätzlich Akteure, die über die kulturellen Regeln verfügen können.
   Jeder Reproduktionsprozeß impliziert regelgeleitete soziale Aktivitäten – und überdies Situationsanalysen und innovative Adaptionen, den Einsatz von Werkzeugen und Ressourcen und das Engagement von Personen und Gruppen, die bestimmte Rollen spielen und in Übereinstimmung mit den institutionalisierten Organisationsprinzipien und sozialen Grammatiken in spezifischen Handlungskontexten miteinander interagieren.
10 Aus Gründen der Einfachheit sprechen wir nur über »Regeln«; aber dasselbe Argument gilt auch für soziale Regelsysteme, die Institutionen und kulturellen Formen, ja, ganzen Kulturen zugrunde liegen.
11 Es ist wichtig, daß man die durch die Selektion einer Regel geförderte Fitness nicht mit der Annahme verwechselt, die betreffende Regel sei deshalb eine »gute« Regel. Eine selektionsgeförderte Regel, die »fit«

dazu, daß andere Regeln ihre Vorherrschaft verlieren und eventuell gänzlich aussterben (Extinktion).

Bevor wir die Übertragungs- und Selektionsprozesse diskutieren, wollen wir zunächst die Quellen skizzieren, aus denen sich die Variabilität der kulturkonstituierenden Regeln speist.

3. Innovation und die Generierung von Variabilität

Viele Variationen des sozialen Verhaltens haben einen flüchtigen Charakter. Sie führen zu keinen dauerhaften Veränderungen in Kultur, Technologie und sozialer Organisation, die Folgen für den kritischen Prozeß der materiellen Produktion und kulturellen Übertragung haben.[12] Unsere Theorie konzentriert sich auf solche Wandlungen, die sich auf die sozialen Reproduktionsprozesse auswirken, entweder auf die Umgestaltung der Prozesse selbst oder der sozialen Regelsysteme, die diese Prozesse strukturieren und regulieren.

Soziale Regeln werden sowohl durch direkte Unterweisung

    ist, ist eine Regel, die im Verhältnis zu anderen Regeln in einer bestimmten Population über eine steigende Prävalenz verfügt. Kulturelle Fitness in diesem Sinn ist nicht mit langfristigem Überleben von Individuen oder Gruppen oder mit irgendeinem anderen bewertenden, normativen oder ethischen Standard gleichzusetzen. Wir verdanken McLaughlin den Hinweis, daß bei jenen, die mit dem modernen Evolutionsdenken nicht vertraut sind, über diesen Punkt Verwirrung entstehen könnte.

12 Vgl. den Abschnitt über Transmission und evolutionären Erfolg, S. 362-368. Das heißt nicht, daß man Studien zur Pop-Kultur, über Kunst und andere menschlichen Tätigkeitsbereiche, die offensichtlich nicht Teil dieser kritischen Prozesse sind, übergehen müßte. Darwinsche Modelle der kulturellen Evolution können auf augenscheinlich ganz ephemere Kulturelemente (Cavalli-Sforza u. a. 1982, Chen u. a. 1982) ebenso leicht wie auf jene Elemente angewendet werden, die mit den genannten Schlüsselprozessen verknüpft sind. Es kann schwer sein, a priori festzulegen, welche Elemente einer Kultur Konsequenzen für deren Dauerhaftigkeit und langfristigen Wandel haben werden (Gould 1991). Wir konzentrieren unsere Forschungen auf jene Regeln, die mit den Prozessen der biologischen, materiellen Reproduktion und der Reproduktion der Produktionsmittel und der kulturellen Transmission zu tun haben, weil diese Bereiche der Kultur immer folgenreich sind und entsprechend beschrieben und erklärt werden müssen.

(»Tue, was ich dir sage«) als auch durch soziales Lernen oder Imitation (»Tue, wie ich es tue«) erlernt. Deshalb kann jede Variation beim Lehren solcher Regeln oder bei ihrer Implementierung Regelvariabilität hervorbringen. Zu den wichtigsten Quellen dieser Regelvariabilität zählen die folgenden:

1. Im Unterricht muß der Lehrer die Regeln, um sie pädagogisch effektiv zu übermitteln, verbalisieren, sie mit Beispielen versehen und Verbindungen zu anderen Regeln herstellen. Dieser Prozeß verläuft bei jedem Lehrer anders, und in geringerem Umfang verändert sich auch die Lehre, wenn sie ein einzelner Lehrer über längere Zeit wiederholt.

2. Es gibt eine Varietät, die bei der alltäglichen Implementation durch Interpretationen entsteht. Da Regeln ein Handeln niemals vollständig anleiten, müssen sie in spezifischen Kontexten immer ausgedeutet werden, und dies mündet in Variationen des aktuellen Handelns. Akteure handeln in gleichen Handlungssituationen selbst dann unterschiedlich, wenn sie sich an den gleichen Regeln orientieren.

3. Daneben gibt es zufällige, verunglückte oder fehlgeleitete Handlungen. Wir finden solche Handlungen sowohl bei der Implementierung als auch bei der Explikation von Regeln. Menschen begehen in Wort und Tat Fehler.

4. Überdies gibt es absichtliches Neuerungsverhalten als Teil von Problemlösungsversuchen und Lernen aus Versuch und Irrtum. Akteure sind sich vieler Regeln, die sie benutzen, bewußt und werden aktiv experimentieren, um bessere Regeln zu finden, wenn sie mit dem Resultat der überkommenen Regeln unzufrieden sind.

5. Es gibt auch spielerische Verhaltensweisen, die auch abweichende Handlungen einschließen können, wie sie oftmals in der Kunst, in der populären Kultur oder in anderen symbolischen Aspekten des Lebens ihren Ursprung haben und die sich auf die reproduktionskritischen, praktischen Handlungen ausdehnen. Wie oben bereits angemerkt, akzeptieren wir eine solche Möglichkeit als Resultat des Bedürfnisses, ein Regelsystem zu strukturieren. Wenn eine Regel, die im Kontext symbolischer Handlungen entstand, instrumentell eingesetzt wird, kann dies auf eine Art Innovation hinauslaufen.[13]

13 Diese Sichtweise ist verwandt mit Rappaports Argument (1968), wo-

6. Und endlich finden wir Einwanderungen von Individuen, die über Regeln verfügen, die sich von denen der übrigen Bevölkerung unterscheiden, oder den Tatbestand, daß Akteure Regeln aus anderen Kulturen ausgesetzt sind, die sie über die Medien erreichen.

Allgemein gesprochen folgt die Dynamik menschlicher Interaktion und Innovation ihrer eigenen Logik, was zu vorteilhaften oder geeigneten soziokulturellen Veränderungen führen kann oder nicht. So brauchen Veränderungen der materiellen Umwelt keine Regelinnovationen zur Folge zu haben. Es gibt mehrere Fälle, in denen Umweltveränderungen und sozialer Wandel entkoppelt sind. So wird zum einen jede Innovation unterbleiben, wenn die Veränderungen der natürlichen Umwelt die kritischen Bestandsprozesse, etwa die Reproduktion, Produktion oder Sozialisation, nicht berühren und die Akteure auch nicht dazu in der Lage sind, eine solche Beeinträchtigung zu erkennen. Zum anderen kann es geschehen, daß man die Beeinflussung der Schlüsselprozesse durch Umweltveränderungen zwar erkennt, daß aber diejenigen, die Innovationen vorantreiben könnten, darauf verzichten. Zum dritten können die Akteure materielle Veränderungen bemerken und auf sie reagieren, aber ihre Innovationsbemühungen werden durch einen der weiter unten noch zu besprechenden Selektionsmechanismen blockiert.[14]

Auf der anderen Seite können innovative Regeln und Praktiken in einer materiellen oder sozialen Umwelt auftauchen – infolge eines Wettbewerbs oder als Resultat rein symbolischer Betrachtungen –, in der eine Gemeinschaft oder ein System interagierender Gemeinschaften bislang durchaus ein stabiles Produktions- und Reproduktionsniveau erreichte. Aus sozialkultureller Dynamik

nach kritische Kulturelemente, welche die Interaktionen mit der materiellen Umwelt regulieren, gewöhnlich in religiöse Rituale eingebettet sind. Da Rituale sich am wenigsten für Experimente eignen, nimmt Rappoport an, daß sie zu den kulturellen Elementen gehören, die sich im Verlauf der Zeit am wenigsten verändern. Zu einer Kritik an Rappaports Ansatz und zu einem Argument, das unserer Position nahesteht, vgl. Vayda 1988 und Vayda u. a. 1991.

14 Hierbei handelt es sich um eine Situation, in der eine Innovation entwickelt wird, die entweder nicht durchgesetzt werden oder aber, falls sie versuchsweise eingeführt wird, nicht erhalten oder durchgesetzt werden kann.

und Innovation resultieren auch Handlungen, welche die materielle Umwelt, auch auf negative und selbstdestruktive Weise, verändern. Unsere Theorie impliziert somit die *potentielle Nicht-Adaptabilität* der menschlichen soziokulturellen Entwicklung.[15]

4. Selektionsprozesse

Die Einführung von Innovationen, das heißt von neuen Regeln und deren Niederschlag in neuen Handlungsmustern oder in physischen Artefakten (etwa Technologien), ist Teil der oben diskutierten Variation. In menschlichen Gruppen kann man vieles an Variation dem Handeln zuschreiben, das heißt bewußten Urteilen und Initiativen von Individuen oder Gruppen.[16] Natürlich resultiert Variation auch aus Ignoranz, Irrtum, Unfähigkeit und aus Veränderungen der Handlungsbedingungen.

Viele, wenn nicht die meisten Innovationen und Abweichungen sind Epiphänomene. Sie werden nicht institutionalisiert oder reproduziert. Mit anderen Worten, sie werden nicht *selegiert*. »Selektion« ist ein Schlüsselbegriff des Evolutionsdenkens. Um die Dynamik des institutionellen und kulturellen Wandels zu verstehen, muß man die Selektionsprozesse begreifen. Sie bestimmen, welche institutionellen Arrangements, welche Kulturformen und Regeln überdauern und reproduziert werden. Selektionsprozesse wirken entweder, indem sie die Umwelt des Handelns strukturieren; dadurch werden bestimmte Handlungen oder Interaktionen unmöglich oder sehr kostspielig. Hierin liegt der *Restriktionsaspekt (constraint aspect)*. Selektionsprozesse wirken daneben auch durch *Ressourcenallokation*, wobei Ressourcen infolge des Handelns von einzelnen oder Gruppen selektiv zugeteilt werden.[17] Als selektive Umwelten wirken die Sozialökologie, die physikalische

15 Vgl. die damit zusammenhängende Diskussion im Abschnitt über die Transmission, S. 362 ff.

16 Vgl. hierzu den Abschnitt über das menschliche Handlungsvermögen und die soziokulturelle Evolution, S. 370-377.

17 Man beachte, daß die Unterscheidung zwischen Selektionsprozessen, die auf die Strukturierung der Handlungsumwelt und damit auf die Restriktionen und Möglichkeiten des Handelns einwirken, und Selektionsprozessen in Form von Ressourcenallokation analytisch von Nutzen ist, obgleich man sich »Allokation« als eine Form der Restriktion denken kann.

Infrastruktur, Geographie, Klima und die Ressourcenverteilung, welche die Handlungsopportunitäten ebenso bestimmen wie die Handlungserträge oder Allokationsstrukturen. Bestimmte Handlungsmuster ergeben innerhalb von konstanten, umweltabhängigen Restriktionen und Möglichkeiten höhere Erträge pro Einsatz als andere; sie erreichen bei gegebenem Ressourceneinsatz mehr oder höherwertigere Ressourcen. Von besonderem Gewicht sind Gewinne und Verluste, die im Zusammenhang mit solchen strategisch zentralen Variablen wie der materiellen Reproduktion, Ressourcengewinnung, Population und Durchsetzung und Verbreitung von Regeln anfallen. Wir können Umweltreaktionen begrifflich als eine Funktion erfassen, die beschreibt, was geschehen wird, wenn die Akteure in einer bestimmten sozialen und physikalischen Umwelt eine bestimmte Handlung durchführen. Diese *allokative Funktion* besitzt für gewöhnlich einen stochastischen Charakter, und ihre Varianz, und damit ihre Vorhersagbarkeit, verändert sich über die Zeit.[18] In dem Maße, in dem sich die Umwelt verändert, verändert sich auch die allokative Funktion, das heißt, gleiche Handlungen führen zu unterschiedlichen Umweltreaktionen.

Durch die Entwicklung von Technologien, durch Wissen über die Umwelt und technisches Geschick beuten menschliche Gruppen die Gewinne aus, welche die allokative Funktion erlaubt, und überwinden auf diesem Weg einige soziale und materiale Restriktionen. Damit sind sie befähigt, Handlungen auszuführen, die zuvor außerhalb ihrer Reichweite lagen, und können damit innerhalb der gegebenen Umwelt sowohl den Gesamtumfang der Produktion steigern als auch deren Effektivität. Derartige Entwicklungen münden in Umweltveränderungen, die ihrerseits die Handlungsmöglichkeiten und Ertragsbedingungen umgestalten. In letzter Instanz können diese Verschiebungen die Reproduktivität einer Gemeinschaft zum Beispiel dann unterhöhlen, wenn dadurch eine kritische Ressource wie Wasser, bebaubares Land oder Erdöl unwiederbringlich verbraucht wird.

Die allokative Funktion ist verantwortlich dafür, daß die Selektion gegen die Regeln gerichtet ist. Diese Selektion kann absolut

---

18 Akteure sind somit nicht nur mit Unsicherheit konfrontiert, sondern mit der Unsicherheit über deren Umfang, gewissermaßen mit einer »Meta-Unsicherheit« (Dietz u. a. 1992).

oder relativ sein. *Absolute Selektion* liegt dann vor, wenn die Implementation einer bestimmten Regel oder eines spezifischen Regelsystems innerhalb einer gegebenen sozialen oder physikalischen Umwelt keine Erträge erbringt, die zur Aufrechterhaltung der Reproduktion des betreffenden Sozialsystems hinreichen. Das heißt, die Einnahmen genügen nicht zur Sicherung der materiellen Produktion, der Regelbeachtung und Sozialisation und schließlich zur Rekrutierung von Mitgliedern (oder deren Ersetzung). Es kann sein, daß die Individuen, die diese Regel oder dieses Regelsystem tragen, die Problemlage erkennen und die fragwürdige Regel zugunsten anderer Regeln absichtlich aufgeben, oder es kann in einigen Fällen geschehen, daß die betreffende Population tatsächlich ausstirbt, in einer anderen Gruppe aufgeht, auswandert usf.

Relative Selektion liegt vor, wenn Individuen oder Gruppen sich mit ihrer sozialen oder physikalischen Umwelt in einem Wettbewerb befinden. Ein Regelkomplex mag dafür geeignet sein, eine Population und ihr Regelsystem so lange zu erhalten, als sie von allen Störgrößen isoliert bleibt, was bedeutet, daß die betreffenden Regeln keiner absoluten Selektion ausgesetzt sind. Wenn sich indessen das Individuum oder die betreffende Gruppe in Wettbewerb mit anderen befindet, deren Regeln effektiver sind – und das heißt: in Relation zu einem gegebenen Aufwand an Zeit, Energie, Ressourcen usw. mehr von den erwünschten Erträgen liefern –, dann werden diese prosperieren, reicher werden, mehr Prestige und mehr Macht gewinnen und sich erfolgreicher reproduzieren (sei es im biologischen oder kulturellen Sinne).[19] In diesem Fall

19 Man betrachte etwa die sich derzeitig in Transformation befindlichen sozialistischen Gesellschaften (Dietz u. a. 1992). Man kann plausiblerweise sagen, daß die sozialistischen Rahmenbedingungen wie die detaillierte Planung (die »kontrollierte Ökonomie«), die minimale Privatinitiative und der minimale freie Markt es nicht erlaubten, die technische Entwicklung und den relativen ökonomischen Erfolg in Konkurrenz mit dem Westen aufrechtzuerhalten. Für sich betrachtet, hätten sich die sozialistischen Systeme ökonomisch durchaus selbst reproduzieren können. Die Unfähigkeit, es mit dem Westen aufzunehmen und einen gleichen Entwicklungsstand zu erreichen, hatte militärische und strategische Implikationen. Und der Westen nutzte diesen Systemwettbewerb als bewußte Strategie gegen den sowjetischen Block. Von einem bestimmten Zeitpunkt an gelang es den sozialisti-

wird es eine Tendenz geben, die effizienteren Regeln zu übernehmen.[20]

schen Ökonomien nicht mehr, die ökonomischen Wünsche und Erwartungen der Bevölkerung zu befriedigen, die durch die Verbreitung
von Informationen über den westlichen Lebensstandard geweckt worden waren. Die ökonomische Krise wurde durch den Tatbestand
vertieft, daß die Ökonomie für eine detaillierte Planung zu komplex
geworden war und die zahlreichen Irregularitäten und Widersprüche
nicht bearbeitet werden konnten.

Private Initiative und private Marktaktivitäten wurden als kriminell,
böse, ungerecht und dergleichen angesehen. Deshalb wurden gesellschaftliche Sanktionen mobilisiert, um jede private ökonomische Tätigkeit zu blockieren oder zu unterbinden. Zugleich war Korruption
eher die Regel als die Ausnahme. Im Westen werden ökonomische
Reformen ständig durchgeführt. Die konstitutionelle Demokratie bietet den Rahmen für politische Eingriffe, Reform und Entwicklung. Im
Osten blockierte das Nichtvorhandensein jeder Demokratie, das heißt
die Wirkung der Diktatur, verbunden mit einer unvorteilhaften ökonomischen Ideologie und einer extremen Bürokratisierung der Gesellschaft, alle ökonomischen Reformen.

Sicherlich kann die staatliche Macht mit Hilfe moderner Polizei- und
Armeekräfte aufrechterhalten werden. Der Schlüssel zum Wandel liegt
indessen darin, daß die Elite ihr Vertrauen in sich selbst verliert und an
der Ideologie, der Effektivität des Systems und der eigenen Führungs-
fähigkeit zu zweifeln beginnt. Obgleich die Erosion des Vertrauens auf
die sozialistischen Institutionen im Zusammenhang mit ökonomischen
und technologischen Problemen einsetzte, brach die eigentliche Krise
erst aus, als die kommunistischen Regimes und die mit ihnen verbün-
deten Eliten daran zu zweifeln begannen, ob die basalen (und identi-
tätsstiftenden) Institutionen funktionierten oder doch zum Funktionieren gebracht werden könnten, um sowohl die materiellen Ziele als
auch die Grundprinzipien der Gerechtigkeit zu verwirklichen, die auf
ihrer eigenen Ideologie basierten. Mit Ausnahme Rumäniens und teilweise der Sowjetunion erwiesen sich die Regimes als entweder unfähig
oder unwillig, Gewalt anzuwenden, als dies nötig wurde. Das kommu-
nistische System, wie es sich als ein spezifischer Institutionenverbands-
typus unter Stalin gebildet hatte, stirbt aus. Welches System genau an
seine Stelle treten wird, bleibt abzuwarten (vgl. die Diskussion im Abschnitt über strukturelle Unverträglichkeiten, S. 368-370).

20 Es ist nicht immer möglich, die besonderen Regeln ausfindig zu machen, die zum Erfolg führen, so daß Imitatoren einen umfangreicheren
Regelsatz kopieren müssen. Unter bestimmten Bedingungen kann dies
zu einer Selektion von Indikatormerkmalen führen, die in einer Kultur

Selektionsprozesse operieren in zwei Phasen: in einer *Initialphase der Reaktion* und einer *Realisationsphase*. Eine selektive Umwelt setzt den Handlungen von Individuen und Gruppen einen Rahmen und beschränkt sie, wobei vorausgesetzt ist, daß diese Aktivitäten durch Regeln organisiert und reguliert werden. In der Reaktionsphase können sich die Akteure oder Gruppen, die in Übereinstimmung mit den betreffenden Regeln agieren, mehr oder weniger Ressourcen aneignen. In der zweiten Phase des Selektionsprozesses werden die angeeigneten Ressourcen dazu benutzt, einen erfolgreichen Reproduktionsprozeß in Gang zu setzen, das heißt mit dem Ziel eingesetzt, die Gruppe und deren Regelkomplex materiell zu erhalten oder die Macht und Fähigkeiten der Gruppe zu erweitern und im besonderen, die Gruppe kulturell zu reproduzieren.[21]

Es gibt verschiedene Typen von Selektionsprozessen, die über den absoluten oder relativen Reproduktionserfolg institutioneller Arrangements, kultureller Formen und Regeln bestimmen. Oben erwähnten wir die Reaktion der physikalischen und sozialen Umwelt, wozu im letzten Falle andere Akteure, Beziehungsnetze und institutionelle Komplexe zählen. Menschen und insbesondere Eliten arbeiten aktiv darauf hin, Regeln zu erhalten, zu verändern oder durch andere zu ersetzen. Diese bewußte Regelselektion, die durch das Handeln von Akteuren verursacht wird, die über Macht

überdauern und hoch bewertet werden, obgleich sie keinen reproduktionspraktischen Wert besitzen. In diesen Fällen kann die Evolutionstheorie einen »kulturellen Grund« für Handlungen (*cultural rationale*) berücksichtigen, der den »praktischen Grund« eines Handelns (*practical rationale*) ergänzt, den Rational-choice-Theoretiker betonen (Boyd/Richerson 1985, S. 241-279). So übernehmen zur Zeit die Nationen des ehemaligen Sowjetblocks von den westlichen kapitalistischen Demokratien ganz verschiedenartige Regeln, aber es ist schwierig zu erkennen, welche davon für ökonomisches Wachstum verantwortlich sind, und noch weniger, welche in dem neuartigen Kontext Erfolg haben werden. Aktienbörsen werden ebenso übernommen wie »New-Age«-Religionen, die Idee der Konsumentensouveränität ebenso wie Analysen zur Erhebung von Konsumentenmerkmalen, die einem gezielten Marketing dienlich sein sollen.

21 Selbst wenn die Gruppe dabei Ressourcen verschwendet, wird ihr Erfolg bei deren Beschaffung durch andere Gruppen bisweilen beobachtet und zum Anlaß, die erfolgsrelevanten Regeln zu adoptieren.

verfügen, nennen wir *p-Selektion*.[22] Macht kann in unverstellter Form zum Einsatz kommen, etwa wenn bestimmte Verhaltensweisen sanktioniert werden. Oder sie wirkt zurückhaltender, etwa wenn eine Handlungssituation in der Absicht umgedeutet wird, die Wahrscheinlichkeit eines erwünschten Ergebnisses zu erhöhen. Diese beiden Strategien, zu denen Akteure zur Durchsetzung bestimmter Regeln greifen können, entsprechen der ersten Bedeutung des Machtbegriffs bei Bachrach/Baratz (1970). Der Einsatz von Macht in Interaktionen kann über die Zeit die Verteilung von Regeln in einer Kultur beeinflussen, indem durch solche Eingriffe bestimmte Regeln unterbunden werden, andere hingegen eine allgemeinere Verbreitung finden. Dies entspricht der »mobilisation of bias«, der Kultur und Institutionen unterworfen sein können, und damit der zweiten Bedeutung des Bachrach/Baratzschen Machtbegriffs.

Dies führt uns zu einem zweiten Selektionstypus, zur Selektion mit Hilfe der Sozialstruktur, der *s-Selektion*. Diese Selektionsform operiert auf der Basis (1) einer Population von Akteuren, die einer Reihe mehr oder minder gemeinsamer sozialer Regeln folgen, und (2) bestimmter sozialstruktureller Arrangements. Ein erster Fall dieser Selektionsform besteht darin, daß Akteure derart auf »Optionen« reagieren, daß die gegebene Sozialstruktur über das Aggregat dieser Reaktionen hin selegiert. Ein Beispiel sind die Handlungen, die eine bestimmte Population von Akteuren mit bestimmten Präferenzen und Handlungsstrategien in Reaktion auf die Optionen ausführt, die sie auf Märkten antreffen (Burns u. a. 1992). In manchen Fällen ist diese s-Selektion ein beabsichtigtes Resultat von Strukturplanung, das heißt typischerweise das Werk von Eliten, die Regeln und Sanktionen kodifizieren, die regelmäßig aktiviert und angewendet werden, wenn bestimmte Handlungen oder die Handlungsstrategien, Regeln und Hand-

---

22 Im Original »p-selection«, von *power* (Anmerkung der Herausgeber). Diese Selektionsform entspricht ein wenig Darwins Begriff der »künstlichen Selektion«, das heißt einer von Menschen gesteuerten Selektion, hier im sozialen Bereich. Der Prozeß, der zu einer Entscheidung über die Selektion, zum Einsatz von Macht usf. führt, kann komplex sein. Verschiedenartige Akteure und Verhandlungen können dabei eine Rolle spielen. Die (nachfolgend zu besprechende) m-Selektion ist im wesentlichen Darwins »natürliche Selektion«, während die s-Selektion der »sexuellen Selektion« ähnelt.

lungsmuster, die diesen Handlungen zugrunde liegen, auftreten sollen. So kann man etwa (wie dies derzeit in Osteuropa geschieht) darauf aus sein, Marktsysteme zu etablieren mit der Absicht, die Unternehmen effektiver, innovativer zu gestalten und mehr an den Interessen der Konsumenten zu orientieren. Mit anderen Worten: *Die s-Selektion kann als die institutionalisierte Version der p-Selektion aufgefaßt werden.* Indessen (und dies stellt einen zweiten Fall dar) kann s-Selektion auch das Ergebnis der unintendierten Konsequenzen geplanter Institutionen sein (Merton 1936) bzw. des politischen Handelns einer Elite. Moderne politische und ökonomische Institutionen werden teilweise ihrer selektiven Wirkung wegen entworfen, um dadurch bestimmte Handlungsmuster zu ermutigen und zu bevorzugen. Aber unabänderlicherweise besitzen institutionelle Arrangements nicht-erwartete und unbeabsichtigte Konsequenzen. Damit verändert sich der Kontext, innerhalb dessen die s-Selektion operiert, weshalb sie auf eine Weise funktionieren kann, die die Planer von Institutionen und die Eliten, die für diese verantwortlich sind, weder sich ausdenken noch antizipieren konnten.

Und endlich gibt es einen Selektionstypus, der darauf beruht, daß die materielle Umwelt auf menschliche Handlungen antwortet. Wir bezeichnen diese Selektionsform als *m-Selektion*. In einigen Fällen wirkt diese m-Selektion absolut, indem sie verhindert, daß eine bestimmte Gruppe, die sich an einem gegebenen Regelsatz orientiert, sich innerhalb einer Umwelt halten kann. In anderen Fällen weist die Reaktion der materiellen Umwelt einen relativen Selektionseffekt auf, der produktive oder effiziente Regeln gegenüber weniger produktiven oder weniger effektiven Regeln favorisiert.

Da menschliche Gruppen in steigendem Maße in das Ökosystem, die natürliche Umwelt, das Klima usf. eingreifen, akkumulieren sich die Effekte ihres Handelns in dieser materiellen Umwelt (und in der Reaktions-Funktion, mit der die so veränderte Umwelt auf das Handeln der Akteure zurückwirkt). So können beispielsweise bestimmte Agrartechniken zu Erosion und Auslaugung des Bodens führen, so daß die landwirtschaftliche Produktivität mit der Zeit zurückgeht oder das Spektrum an kultivierbaren Pflanzen beträchtlich reduziert wird. Oder der menschliche Einfluß auf die atmosphärischen Bedingungen, etwa auf die Ozonkonzentration und den Treibhauseffekt, wirkt sich mit Wahrscheinlichkeit selektiv auf bestimmte Lebensbereiche und deren Populationen aus. Institutionelle Arrangements, welche die Struktur der physikalischen Umwelt beeinflussen (etwa Transportsysteme, Gebäude usf.), sind in diesem Zusammenhang von besonderem Interesse, denn in ihnen wirken m-, p- und s-Selektionen zusammen. So strukturiert etwa ein Transportsystem die Umwelt von Unternehmungen, die sich auf Marktaktivitäten einlassen. Ein gut entwickeltes Transportsystem, das die meisten Teile einer Region miteinander verbindet, bedeutet für ein Unternehmen, daß es eine lokale Absatzstrategie kaum erfolgreich verfolgen kann, da es nicht ignorieren kann, daß auswärtige Mitkonkurrenten den lokalen Markt leicht betreten können bzw. daß die lokalen Kunden Geschäfte in anderen Teilen der Region unschwer erreichen können und auf diesem Weg deren potentielle Kunden werden. In manchen Fällen kann das lokale Unternehmen versuchen, eine Nische auszumachen und sich darin festzusetzen, aber auch diese Strategie stellt die zunehmende Globalisierung des Marktsystems in Rechnung. Auf diese Weise wirkt das Transportsystem selektiv, indem es manche Unternehmen dazu ermutigt, ihre Geschäfte regional zu betreiben, während andere dazu gebracht werden, eine Nische zu entdecken und sich an dieser zu orientieren.

Oder man betrachte den Tatbestand, daß das Personentransportsystem der Vereinigten Staaten von Amerika in starkem Umfang vom Automobil abhängig ist. In vielen Regionen stellt die physikalische Infrastruktur, und dabei besonders die weite Streuung der Wohnungen und Arbeitsplätze, ein maßgebliches physikalisches Hindernis für den Einsatz eines flächendeckenden öffentlichen Transportsystems dar. Dies bedeutet, daß eine m-Selektion gegen ein solches Transportsystem spricht und jeder Vorschlag, vom Auto mit seinem hohen Verbrauch an fossilem Treibstoff zu öffentlichen Transportsystemen, dem Fahrrad oder dem Zu-Fuß-Gehen überzuwechseln, an den erheblichen Distanzen und der Streulage der Wohnsitze scheitert. Über diese physikalischen Infrastrukturbedingungen hinaus setzen die Regeln des Alltags (der Lebensstil), welche die Aktivitäten der meisten Amerikaner organisieren, eher den Gebrauch des Autos als den von öffentlichen Transportmitteln voraus. Besonders existieren Bewertungsregeln, die den Gebrauch eines Autos mit individueller Freiheit und Mobilität assoziieren. Diese Regeln stellen eine Art s-Selektion gegen eine erweiterte Nutzung von öffentlichen Transportmitteln oder eine Vernachlässigung des Autos dar. Während diese beiden Selektionsformen unabhängig von den bewußten Handlungsstrategien der Akteure funktionieren, unterliegt der öffentliche Transport darüber hinaus auch der p-Selektion. Mächtige Akteure, die an der Nutzung von Autos, Öl und Highways interessiert sind, opponieren aktiv gegen jede Politik, die darauf abzielt, vom Gebrauch des Autos abzuhalten oder auf alternative Verkehrssysteme umzusteigen. Und sie können zur Legitimation ihrer Abwehr darauf hinweisen, daß öffentliche Transportmittel unpraktisch sind, weil sie einer m-Selektion unterliegen, und unpassend, weil sie s-selegiert werden.

Allgemein gesprochen spielen die zentralen institutionellen Arrangements mit ihren materialen Artefakten, genauer gesagt mit ihren soziotechnischen Systemen, eine Schlüsselrolle in evolutionären Prozessen. Als Systeme organisierten Handelns, etwa der ökonomischen Produktion oder der Güterverteilung, grenzen sie das, was die Akteure tun können und was nicht, voneinander ab. Zugleich beschränken Regelsysteme, worauf umfassendere selektive Umwelten einwirken können.[23]

Zusammenfassend heißt dies, daß Umwelten soziokulturelle Systeme nur unvollkommen selegieren und nicht in allen Fällen auf direktem und unmittelbarem Weg. Die materielle Umwelt, einschließlich der Technologien, determiniert, welche Regelsysteme realisiert werden können oder welchen Veränderungen solche Regelsysteme mit einiger Aussicht auf Verwirklichung ausgesetzt werden können. Menschliche Akteure können keine Regeln in Kraft setzen, die die Gesetze der Physik und der Biologie verletzen würden, obgleich Technologien sie natürlich befähigen, Art und Umfang zu ändern, mit denen solche Gesetze bestimmte Aktivitäten beschränken. Die Regelsysteme, die man angesichts bestimmter selektiver Umwelten in Szene setzt, können bei der Verteilung menschlicher und materieller Ressourcen auf produktive und reproduktive Aktivitäten mehr oder minder »effizient« oder »effektiv« sein. Effektivität und Effizienz müssen aus ihrem spezifischen räumlichen und zeitlichen Kontext heraus verstanden werden. Ein institutionelles und kulturelles Arrangement, das sich anscheinend überaus effektiv und effizient reproduziert, mag

---

23 Zu einer detaillierten Diskussion vgl. unten den Abschnitt über Transmission und strukturelle Verträglichkeit, S. 360 ff., 362 ff. und 368.

auf lange Sicht (etwa über einige hundert Jahre oder gar ein Jahrtausend hinweg) nicht standhalten. Einen Aspekt dieser mangelnden Stabilität kann man im steigenden Risiko eines graduellen Niedergangs (etwa der Zerstörung der Atmosphäre) oder einer Katastrophe (etwa der nuklearen Zerstörung) erblicken.

5. Übertragung und evolutionärer Erfolg

Individuen erwerben soziale Regeln, aus denen sich eine Kultur aufbaut, durch verschiedene Prozesse. Soziales Lernen, das heißt Erziehung, Beobachtung und die Nachahmung anderer (Bandura 1977), stellt offensichtlich einen Schlüsselmechanismus beim Erwerb der kulturellen Regeln dar.[24] Ein solches Lernen beschränkt sich nicht auf passive Imitation. Ein beträchtlicher Teil der Aktivitäten in modernen Gesellschaften, wozu der schulische Lehrbetrieb ebenso gehört wie die Werbung und das Wirken der Massenmedien im allgemeinen, sind mit Absicht auf die Sicherung sozialen Lernens angelegt.[25]

Konforme Transmission (»Tue, was andere sagen« oder »Verhalte dich so wie andere«) ist eine nützliche Form des Regelerwerbs, wenn die Umwelt heterogen ist und verschiedene Gruppen unterschiedliche lokale Umwelten besetzen. Indem die Individuen sich konform verhalten, können sie rasch Regeln ausfindig machen, die ihrer lokalen Situation angepaßt sind. Diese Umweltheterogenität kann ebenso auf alle Arten sozialer Unterschiedlichkeiten zurückgehen wie auf materielle Unterschiede. Die Mitglieder ver-

---

24 Wir möchten den Tatbestand herauskehren, daß Lernen keinen passiven Prozeß darstellt. Menschen versuchen aktiv von anderen zu lernen und sie zu belehren.

25 Soziales Lernen stellt das kulturelle Analogon zum genetischen Transmissionsprozeß dar. Prozesse der Transmission, der Selektion, Migration, Drift, Rekombination und Mutation führen im Laufe der Zeit dazu, daß sich die Vorherrschaft bestimmter Regeln in einer Kultur verändert. Wie wir oben festgehalten haben, stellen diese Veränderungen die »kulturelle Evolution« dar. Jeder dieser Prozesse kann eine komplexe Dynamik aufweisen, die dem Kulturwandel seinen Impetus verleiht (oder zur Stabilität führt) und die die Strukturbildung im Regelsystem generieren kann (oder deren Entwicklung beschleunigt). Boyd/Richerson (1985) weisen auf eine Reihe wichtiger Fälle hin.

schiedener Kasten, Klassen oder ethnischen Gruppen stehen sehr verschiedenen Umwelten gegenüber, obgleich sie denselben physikalischen Raum besetzen. Boyd und Richerson (1988, vgl. auch Levine/Campbell 1972) haben argumentiert, daß die konforme Transmission für die Ausbildung und Aufrechterhaltung sozialer Grenzen von großer Bedeutung sein kann. Innerhalb einer Organisation oder eines Staates kann diese Form der Übertragung durch die Ausübung von Macht verstärkt werden, die sich sowohl in Sanktionsmacht als auch in formalen und informellen Erziehungsprozessen niederschlägt.

Auch Simon (1990) hat ein Modell vorgeschlagen, das die Entstehung von Regeln erklären kann, die das Gemeinwohl über das Privatinteresse stellen (vgl. auch Allison 1991, Soltis u. a. 1992). Er meint, daß die hohen Experimentierkosten, die damit verbunden sind, den Erwerb von Regeln durch individuelles Lernen mittels Versuch und Irrtum zu aufwendig werden lassen, womit das unkritische Kopieren von Regeln (das heißt soziales Lernen) favorisiert wird. Im Verlauf eines solchen Kopierens können Regeln, die dem Individuum keinen Vorteil bringen – etwa eine Regel, sich altruistisch gegenüber der Gruppe zu verhalten, der man angehört –, zusammen mit individuell vorteilhaften Regeln übernommen werden. Solange die Individuen einer Population »fügsam« sind, das heißt, solange sie dazu neigen, von anderen kritiklos zu lernen, können Altruismusregeln bestehen und sich verbreiten.

Man sollte anmerken, daß einige Kulturen oder Subkulturen Regeln haben können, die ein spezielles Verdienst darin sehen, sich non-konform zu geben, was dazu beiträgt, daß die betreffende Kultur Varietät generiert und erhält (Boyd/Richerson 1985, S. 121). Allerdings verlangt es dem einzelnen eine besondere Anstrengung ab, wenn er solche Nonkonformismusregeln erwerben, beibehalten und sein Handeln an ihnen orientieren möchte. Das gilt zumal dann, wenn sie mit anderen Regeln, die er erlernt hat, inkonsistent sind.[26]

Der reproduktive Erfolg eines jeden Regelsystems wird durch den Verweis auf deren Fitness gemessen, die auf verschiedenen Kriterien basiert. Eine eingeführte Praxis oder eine institutionalisierte Strategie gilt innerhalb eines gegebenen Kontextes in dem Maße

---

26 Man vgl. die unten, S. 368 ff. folgende Diskussion der Transformation sozialistischer Gesellschaften.

als erfolgreich, wie eine Population, die sich an die Regeln hält, die sie generiert – was heißt, daß die Mitglieder dieser Population prädisponiert sind, diese Praktiken und Strategien zu verfolgen –, sich und die Regeln, Fähigkeiten und Instrumente (und das heißt ihre Produktions- und Reproduktionsfähigkeiten), die diesen Verhaltensmustern und Praktiken zugrunde liegen, erfolgreich reproduziert. Kurz: Die Regeln funktionieren im strategischen (Lebens-)Spiel. Ihre Beachtung hat die Bedingungen und Prozesse ihrer weiteren Reproduktion zur Folge.

Reproduzierbare Regeln sind durchsetzbare Regeln, die innerhalb eines gegebenen physikalischen und sozialen Kontextes die Fitness-Kriterien erfüllen und, wenn überhaupt, mit alternativen Regeln erfolgreich konkurrieren. In diesem Sinn ist »Fitness« weitgehend ein Relationsbegriff. In einem bestimmten Sinn kann man ein reproduzierbares Regelsystem, das verschiedene Handlungsstrategien enthält, insgesamt als eine *evolutionär stabile Strategie* (Smith/Warren 1982) betrachten, das heißt als ein Strategiebündel, das innerhalb einer gegebenen physikalischen und sozialen Umwelt überdauert.[27] Ein reproduzierbares Regelsystem genügt einer Menge von Kriterien, die interne Restriktionen ebenso umfassen wie die Zwänge, die ihm durch die Umweltselektion auferlegt werden. Entsprechend legt unser Bezugsrahmen nahe, die Menge interner und externer Fitnesskriterien und Selektionsprozesse zu untersuchen, die festlegen, ob beispielsweise eine Veränderung oder eine Innovation reproduziert werden kann. Das ist zum Beispiel zu erwarten, wenn die folgenden Bedingungen erfüllt sind: (1) Eine Innovation muß in der Sprache des untersuchten Kollektivs kodierbar und innerhalb des Bezugsrahmens verständlich sein, die es für Selbstbeschreibungen verwendet. (2) Sie muß mitteilbar und lehrbar sein, was darauf hinaus

---

27 Der klassische Gebrauch des Begriffs der »evolutionär stabilen Strategie« bezieht sich auf die Persistenz einer Verhaltensstrategie angesichts der Invasion von Individuen, deren Genotypen sich von jenen der vorhandenen Population unterscheiden. Da Menschen – wir hatten bereits in dem Abschnitt über die Innovation darauf verwiesen – sowohl absichtlich wie im Gefolge von Irrtümern ständig neue Regeln generieren, brauchen wir zur Abschätzung ihrer Reproduktionschancen nicht auf Migrationen zu warten; das erlaubt, eine Verhaltensstrategie dann als evolutionär stabil zu betrachten, wenn sie sich angesichts der in menschlichen Gesellschaften allgegenwärtigen Innovationen erhält.

läuft, daß eine neue Regel nicht überkomplex oder zweideutig sein kann. Sie sollte im Rahmen der kognitiven Fähigkeiten der Menschen liegen und innerhalb des in dem Kollektiv vorherrschenden Bezugsrahmens verstanden werden können.[28] (3) Sie muß durch Agenten des betreffenden Kollektivs im Rahmen ihrer gegebenen Kenntnisse und Fähigkeiten durchsetzbar sein. (4) Der Wandel muß normativ akzeptabel sein, was zum Teil davon abhängen wird, wie die neuen Aktivitäten definiert und kategorisiert und welche Bewertungsregeln auf sie angewendet werden können. (5) Der Wandel muß für die dominante Koalition oder Elite politisch akzeptabel sein, oder die Agenten, die auf Wandel drängen, müssen sich verstecken können oder einige Autonomie für ihre innovativen Tätigkeiten gewinnen. (6) Zugleich muß der Wandel mit den Schlüsselinstitutionen oder Organisationsprinzipien kompatibel sein bzw. von diesen abgeschottet werden können. Wenn diese Bedingung erfüllt ist, hängt der reproduktive Erfolg der Neuerung davon ab, ob die Eliten die dominanten Institutionen aufgeben oder ob es ihnen verwehrt ist, sie zu verteidigen.[29]

28 Menschen haben beschränkte kognitive Fähigkeiten, und entsprechend wird die Selektion solche Regeln und Regelstrukturen favorisieren, die innerhalb dieser Grenzen ein effizientes kognitives Operieren erlauben. Man betrachte die klassische 7-plus/minus-2-Regel über die Anzahl der Einzeltatbestände, die die meisten Leute aktiv in ihrem Gedächtnis speichern können. Diese Regel scheint eine biologische Basis zu besitzen und legt nahe, daß wir zur Lösung komplexer Probleme Regelstrukturen verwenden müssen, die durchgehend hierarchischen Charakter haben, so daß das Erinnerungsvermögen indexikalisch genutzt werden kann, um eine umfangreichere Informationsmenge bewerten zu können. Es scheint so zu sein, daß auch das Langzeitgedächtnis indexikalisch arbeitet. Wir wollen an dieser Stelle über die kognitive Struktur keine Spekulationen verbreiten, sondern nur festhalten, daß unser Ansatz solchen Strukturen einigen Einfluß auf die Fähigkeiten der Akteure einräumt, Regelsysteme, und damit auch Regelpopulationen und deren Verknüpfungen, zu begreifen und zu nutzen. Mit anderen Worten, die Struktur des Gehirns hat einigen Einfluß auf die Sozialstruktur, obgleich Ausmaß und Art dieses Einflusses noch bestimmt werden müssen.

29 Zum Beispiel werden Regeln und Praktiken, welche die Autorität unterminieren, die zur Sozialisation oder Indoktrination neuer Gruppenmitglieder erforderlich ist, die kulturelle Transmission behindern. Im allgemeinen stellt sich dieses Problem für jede Innovation oder jede

(7) Die fragliche Innovation muß das externe Fitnesskriterium erfüllen bzw. die Produktion erfolgreicher Resultate angesichts spezifischer physikalischer (klimatischer, geographischer usf.) und sozialer Bedingungen sicherstellen können.

Neue Regelsysteme, die die internen Selektionskriterien erfüllen, können angesichts einer durchgreifenden externen Selektivität fehlschlagen. Das muß nicht implizieren, daß die Innovationen »regressiv« oder »nicht-adaptiv« sind. Sie mögen durchaus einige Verbesserungen enthalten, die angesichts der kompetitiven Umwelt freilich inadäquat sind. Natürlich sind viele Innovationen, an den Kriterien des reproduktiven Erfolgs gemessen, regressiv. Die Verfügbarkeit von Ressourcen und selektive Mechanismen wirken als exogene Faktoren, die oftmals eine Restriktion dafür darstellen, welche kulturellen Veränderungen reproduktiv erfolgreich verlaufen. So werden zum Beispiel neue Praktiken der materiellen Produktion, die innerhalb einer bestimmten Umwelt eine fortgesetzte Ausbeutung von Ressourcen erlauben, die Dominanz des Regelsystems erhöhen, das dieser Praxis zugrunde liegt. Die Population des betreffenden Kollektivs kann zunehmen; und zusätzlich werden deren kulturelle Innovationen von anderen Gruppen, deren materielle Reproduktion weniger erfolgreich verläuft, tendenziell übernommen.

Zusammenfassend kann man sagen, daß reproduzierbare oder institutionalisierbare Regeln und deren Niederschlag in Mustern sozialen Handelns oder sozialer Praktiken verschiedenen Kriterien genügen. Dazu gehört auch das mehr oder minder instrumentelle Kriterium, dessen Erfüllung innerhalb einer gegebenen physikalischen und sozialen Umwelt die reproduktionskritischen Erträge sicherstellt. Erfolgreiche Praktiken und die ihnen zugrunde liegenden Regeln verbreiten sich tendenziell, wenn (1) die Reproduktion ein Wachstum der Population(en) zur Folge hat, die sich den betreffenden Regeln verschreiben, einschließlich jener Populationen, die im Gefolge von Sozialisationsprozessen mit den Regeln bekanntgemacht werden; wenn (2) diese Regeln in sozialen Netzen diffundieren, in denen andere Populationen sie von ihren anfänglichen Nutzern durch Nachahmung übernehmen. Im allgemeinen gilt, daß Handlungen, denen kulturell erworbene Re-

neue Regel, die die Schlüsselproduktionen und Reproduktionsaktivitäten stört.

geln zugrunde liegen, reale Konsequenzen haben, die das Leben eines Akteurs oder seiner Gruppe beeinflussen. Dies wiederum berührt die Wahrscheinlichkeit, mit der diese Regeln von anderen Akteuren übernommen werden, wodurch eine evolutionäre Dynamik in Gang gesetzt wird.

Die kulturelle Übertragung weist eine Reihe von Merkmalen auf, die *kulturellen Regeln eine evolutionäre Dynamik verschafft, unabhängig von jedem Vorteil, der mit ihrer praktischen Verwirklichung verbunden ist.* So beeinflussen Transmissionsirrtümer und die Einseitigkeiten der Sozialisation die Wahrscheinlichkeit, mit der eine Regel übermittelt wird. Allgemein gilt, daß eine Kultur unter bestimmten Umständen eine evolutionäre Dynamik entfalten kann, die durch die materiellen und reproduktiven Vorteile nicht zur Gänze determiniert wird. Das heißt, wie bereits angemerkt, daß sich die Verstärkung, Selektion und kulturelle Überlieferung von Regeln einer gewissen Autonomie erfreut, die sie von der materiellen Welt und den praktischen Erfordernissen des sozialen Lebens abkoppelt. Soziokulturelle, rituelle und kognitive Mechanismen orientieren sich nicht unbedingt an einem »instrumentellen« Handeln oder einer substantiellen Rationalität (Sahlins 1976). Gleichwohl kann die soziokulturelle Entwicklung nur für begrenzte Zeit von den Veränderungen der materiellen Umwelt abgekoppelt werden. Zwar erfolgen die gesellschaftlichen Antworten auf Umweltveränderungen (etwa der Verschiebung von Ressourcen, klimatische Veränderungen oder geopolitische Entwicklungen) nicht notwendig auf direktem Weg; gleichwohl aber schlägt die Umwelt immer noch direkt auf die bestandskritischen Produktions- und Reproduktionsaktivitäten durch.[30] Kollektiven kann die »Anpassung« an Umweltveränderungen mißlingen, und sie werden statt dessen von anderen, erfolgreicheren Kollektiven absorbiert oder eliminiert.

Viele soziale Wandlungen finden *ohne* Umweltanreize statt. Akteure können dank symbolischer Überlegungen, im Gefolge eines sozialen Wettbewerbs oder von Machtkämpfen die Initiative ergreifen, Regeln, Regelverstärkungen und Übertragungsprozesse zu ändern, die das Leistungsniveau bestimmen. Auf diese Weise können solche Sozialprozesse sogar zu Abweichungen von der bisherigen Paßform zwischen sozialkultureller Ordnung und ih-

30 Vgl. Fußnote 33.

rer Umwelt führen und damit ein Anpassungsverhältnis gefährden, das für lange Zeit eine erfolgreiche Reproduktion gewährleistet hatte. Nochmals: Wir gehen weder davon aus, daß soziokulturelle Strukturen an ihre jeweiligen Umwelten optimal angepaßt sind, noch unterstellen wir, daß der strukturelle Wandel notwendigerweise auf eine Optimierung ausgerichtet ist.

6. Strukturelle Verträglichkeit und die evolutionäre Dynamik der Kultur

Die jüngere Kulturtheorie hat die Bedeutsamkeit struktureller Verträglichkeiten betont (Schudson 1989, Swidler 1986). Neue Regeln, die mit bestehenden Regeln kompatibel sind, werden eher adaptiert als solche, für die dies nicht gilt. Regeln, die anderen widersprechen oder die sich nicht in die Struktur einfügen, die durch die Meta-Regeln vorgegeben wird, können nur schwer übernommen und in Gebrauch gesetzt werden. Da wir Macht als die Fähigkeit begreifen, die Adaption und Implementation von Regeln zu beeinflussen[31], gehen wir auch davon aus, daß die kulturelle Struktur derartige Macht inkorporiert, da sie die Übernahme und Durchsetzung von Regeln beeinflußt.

Diese Punkte kann man kurz anhand der derzeitigen Transformationen in Osteuropa illustrieren. Die formalen Marktregeln sind in den meisten osteuropäischen Ländern per Gesetz eingeführt worden. Aber die Institution des Marktes beruht auch auf informellen Regeln. Das selektive Regime (die p- und s-Selektion) dieser Länder war ein halbes Jahrhundert lang von einer Planungsökonomie und der autokratischen Herrschaft der Kommunistischen Partei und deren bürokratischem Staatsapparat geprägt und mit verschiedenen formalen Sanktionen und einer unterschiedlich ausgeprägten offiziellen Korruption gestützt worden.[32] Diese Selektion hat ohne Zweifel Regeln begünstigt, die sich von den Regeln, die eine Marktökonomie benötigt, stark unterscheiden. Wenn die Rational-choice-Theoretiker recht haben, dann sollten die Menschen die Regeln, die durch das vergangene Selektionsgeschehen favorisiert worden waren, durch solche Regeln er-

31 Vgl. den Abschnitt über die Selektionsprozesse, oben S. 353 ff., 357 ff.
32 Vgl. Fußnote 19.

setzen, die das gesetzlich verordnete Markt-Regime stützen. Im Gegensatz dazu schlägt unser Ansatz vor, daß Regeln in einer kulturell konstituierten, kognitiven Struktur verankert sind und durch p- und s-Selektion beeinflußt werden und deshalb nur langsam verändert werden können. Je größer die Inkompatibilität der neuen Regeln mit dem etablierten Regelsystem ist und je zweideutiger, schwächer oder turbulenter die p- und s-Selektionsprozesse verlaufen, desto langwieriger und schwerfälliger wird der Übergang zu einer neuen ökonomischen Ordnung werden.[33]

Dieselbe Überlegung gilt auch für die Entwicklung des politischen Institutionensystems. Formale demokratische Regeln können durch Gesetzesbeschluß eingeführt werden. In einigen Ländern Osteuropas gibt es eine Tradition demokratischer Politik, eine Geschichte des Widerstands gegen den Autoritarismus und umfangreiche Kontakte zum Westen. Folglich kennen viele Mitglieder der Bevölkerung und der Elite die Regeln der Demokratie, auch wenn sie für Jahrzehnte nicht praktiziert worden waren. In anderen Ländern gibt es keine eindeutige Quelle, aus denen man die informellen Regeln demokratischer Institutionen kennenlernen könnte, und die derzeitige Führung rekrutiert sich aus der Elite der Kommunistischen Partei und der Bürokratie. In diesen Nationen entsteht wahrscheinlich ein starker Selektionsdruck, der die Vorherrschaft und Verbreitung einer demokratischen Kultur mindert.

In unserer Sicht impliziert die kulturelle Dynamik demnach die

---

33 Wenn man die Mensch-Umwelt-Interaktionen betrachtet, dann drängt sich noch ein weiteres mögliches Problem für die künftige Entwicklung Osteuropas auf. Die Kosten des Versuchs, die ernsthaften Umweltprobleme zu bewältigen, die eine lange Periode der institutionalisierten Umweltbelastung verursacht hat, sind ungeheuerlich. Auf kurze Sicht kann die Elite diese Probleme weiterhin ignorieren. Indessen haben unter anderem die Gesundheitsschäden und die Gefährdung der landwirtschaftlichen Produktivität in einigen Regionen bedrohliche Ausmaße angenommen. Falls sich eine offenere politische Struktur ausbildet und bessere wissenschaftliche Informationen über diese Probleme zur Verfügung stehen, werden wahrscheinlich lokal, regional und national organisierte Bewegungen auf den Schutz der Umwelt dringen, wobei dieses Anliegen mit Sicherheit mit den Hoffnungen auf ökonomisches Wachstum und auf eine Erhöhung des Lebensstandards in Konflikt geraten wird.

Ausübung von Macht und das Entstehen von Konflikten. Da die Grenzen und Regeln von Institutionen durch kulturelle Prozesse definiert werden, so können wir verallgemeinern, sind kulturelle Konflikte über diese Definitionen und Konstruktionen in gewisser Weise fundamentaler als ökonomische Konflikte oder der reguläre politische Wettbewerb (Dietz u. a. 1989, Stern 1990).[34]

7. Handlungsvermögen und soziokulturelle Evolution

Die menschliche Handlungsfähigkeit war lange Zeit ein wichtiges Thema der soziologischen Theorie und wurde in den letzten Jahren ausgiebig diskutiert (Archer 1988, Wittrock (Hg.) 1994, Stzompka 1994). Der Begiff des »Handlungsvermögens« wird oftmals funktionalen und strukturalistischen Argumenten entgegengesetzt, die sozialen Akteuren nur einen bescheidenen Spielraum für Entscheidungen, Autonomie und Kreativität belassen. Die Akteure sind diesen Ansätzen zufolge kulturell oder sozialstrukturell »programmiert«, und ihre Fähigkeit, autonom zu handeln, ist beschränkt durch das Bedürfnis, sich den strukturellen Restriktionen zu fügen, die ihrerseits durch die Erfordernisse der sozialen Reproduktion determiniert sind.[35]
Eine unflexible Anwendung von Mikromodellen kann diesem Vermögen allerdings auch nicht gerecht werden. So unterstellen beispielsweise Rational-Choice-Modelle ein Handlungsprogramm, das durch strategische Kalkulation festgelegt wird.[36] Ob-

---

34 Es gibt auch ein enges Zusammenspiel von kulturellen und demographischen Prozessen. Demographische Prozesse prägen die kulturellen Merkmale der jüngeren Generation, die sich von denen der übrigen Bevölkerung und insbesondere von denen der Elite(n) unterscheiden. Diese jüngere Generation mag nicht nur eine bessere formale Erziehung genossen haben, sondern auch bessere Erfahrungen mit lokalen oder netzwerkartigen Demokratieformen besitzen, mit den unausgesprochenen Regeln des Diskurses, des Gebens und Nehmens und des Kompromisses. Damit wird der Boden bereitet für eine makroskopisch wirksame Reform politischer Praktiken, wenn der Generationenwechsel stattfindet.

35 Vgl. Archer 1988, S. 25-45 über diese Form der »downwards conflation«.

36 Man vgl. beispielsweise Beckers (1976) Vorschlag, man könne mensch-

gleich dieser Ansatz die Akteure und Mikroprozesse ins Zentrum der Diskussion rückt, widmet er der Reflexivität und Kreativität der Akteure nur geringen Raum (Burns u. a. 1992). Wie strukturalistische und funktionalistische Ansätze unterstellen solche Mikrotheorien, daß das Verhalten der sozialen Akteure vorhersagbar ist, wenn der Analytiker über genügend Kenntnisse verfügt. Sowohl in Mikro- wie in Makroansätzen wird Macht gewöhnlich in Institutionen lokalisiert, die abweichendes Verhalten sanktionieren und die Individuen durch soziale Kontrolle, Marktdisziplin oder die unabänderliche Struktur der Familienbeziehungen usw. formen. Die Individuen besitzen wenig Möglichkeiten, solche Institutionen umzuformen, und haben damit wenig Macht.

Dem stehen Makrotheoretiker gegenüber, die die soziale Interaktion betonen und hervorheben, daß die Akteure fähig, ja genötigt sind, ihr Leben aktiv zu gestalten. Die Versuche, einen Makro-Ansatz auf der Basis einer Mikrotheorie zu formulieren, wie sie etwa von Collins (1981, 1988b) und in bestimmtem Maße von Giddens (1984) vorgelegt wurden, scheinen keine Begrenzungen des Handlungsvermögens vorzusehen, und das ist ihr Problem. Die strukturierten Grenzen, innerhalb deren sich das menschliche Handlungsvermögen bewegt, können in solchen Modellen nur schwer berücksichtigt werden.[37] Mikrotheorien dieser Art sind auch deshalb zu kritisieren, weil sie keine befriedigende Antwort auf die Frage geben, wie Handlungen und Handlungsregulierungen entstehen und sich erhalten, weil der Mangel an Strukturen diese Sache problematisch macht. Die Vorstellung, das Handlungsvermögen der Menschen sei völlig unvorhersagbar und unbegrenzt, ist ebenso unbefriedigend wie die Unterstellung, es sei in jedem Fall vorhersagbar und besitze keinen Raum für Kreativität. In der Tat besteht die Hauptleistung von Giddens' »Strukturationstheorie« in dem Versuch, mit diesem Problem zurechtzukommen (vgl. Giddens 1984).

Unsere evolutionäre Perspektive legt eine dynamische Auffassung des menschlichen Handlungsvermögens nahe. Individuen werden in eine Kultur hineinsozialisiert und erwerben auf diese Weise eine

liches Verhalten adäquat durch eine Verbindung des Nutzenmaximierungskalküls mit einer soziobiologischen Erklärung von Präferenzen erklären.

37 Vgl. Archers (1988, S. 72-96) Kritik an dieser »central conflation«.

bestimmte Teilmenge der innerhalb dieser Kultur vorhandenen Regeln. Stellen wir uns eine hochgradig strukturierte Kultur vor, die nur wenig innerkulturelle Variation kennt. Gleichviel wie nachdrücklich Handlungen durch Regeln vorgeformt werden, das soziale Leben ist hinreichend komplex, *so daß die Anwendung einer Regel bei der Ausrichtung eines spezifischen Handelns oder im Kontext einer Interaktion einiges an Interpretation erfordert.*[38] Diese Interpretation erlaubt einige *Variabilität im Handeln*, das sich von Individuum zu Individuum entsprechend unterscheidet und jedem eine begrenzte Flexibilität verschafft. Diese Interpretationsflexibilität des Akteurs gleicht der »Strategie«, von der Bourdieu spricht (1976, 1987, Wagner 1992). Hinzu tritt, daß das Erlernen oder die Implementierung von Regeln bisweilen mit Irrtümern verbunden sind und damit ein unkorrektes Modell für andere zur Verfügung stellen. Diese beiden Kräfte sorgen für die Variabilität, die zum Gegenstand der evolutionären Selektions- und Transmissionsprozesse wird. Falls eine Handlung, die von den kulturellen Regeln abweicht, von den Akteuren als vorteilhaft betrachtet wird, wird sie möglicherweise kopiert. Die Fähigkeit dieses Handelns, sich zu verbreiten und damit eine neue kulturelle Variante zur Verfügung zu stellen, hängt von drei Faktoren ab: (1) von ihrer vermeintlichen Erwünschtheit; (2) von der Schwierigkeit, die mit dem Erwerb, der Aufrechterhaltung und Durchsetzung einer Regel verbunden ist, die sich von den kulturkonstitutiven Meta-Regeln unterscheidet; (3) von der Fähigkeit derer, die an dem Inhalt des überkommenen Regelsystems interessiert sind, den Gebrauch der neuen Regeln zu sanktionieren.

Aber selbst in diesem extremen Fall spielen das menschliche Handlungsvermögen und die evolutionäre Dynamik wenigstens teilweise eine Rolle. Und in den meisten soziokulturellen Systemen ist die Bedeutung dieser beiden Faktoren unübersehbar. Im allgemeinen gilt, daß nur die allgemeinsten Handlungsprinzipien hochgradig integriert und spezifiziert sind, was es den Akteuren erlaubt, innerhalb dieser Prinzipien ihre Handlungsfähigkeiten ins Spiel zu bringen. So sind die grammatikalischen Regeln einer Sprache oftmals strikt formuliert, und die Akteure müssen sich eng an sie halten, um verständlich zu sprechen. Aber auch diese

---

38 Vgl. den Abschnitt über Kultur, soziale Regelsysteme und Innovation, S. 343 ff., 351.

strukturelle Rigidität läßt immer noch Raum für sprachliche Kreativität.[39]

Wir betrachten das Handlungsvermögen eines Akteurs weniger als ein kategoriales denn als ein kontinuierliches Merkmal. Alle Akteure besitzen Handlungsfähigkeiten bis zu einem gewissen Grade, und kein Akteur verfügt über ein totales, uneingeschränktes Handlungsvermögen. Man kann diese graduellen Unterschiede des Handlungsvermögens bestimmen, wenn man das Ausmaß untersucht, in dem ein Akteur innerhalb eines gegebenen Kontextes Macht einsetzen und intentional und bewußt agieren kann beziehungsweise in welchem Umfang Restriktionen mißachtet werden können, die ihn daran hindern könnten, die Konsequenzen eines Tuns zu bedenken und zu wählen, welche Regel er durchsetzen möchte (Dietz/Burns 1992).

Das führt uns zu der Frage, welche Kräfte das Handlungsvermögen beschränken. Es scheint drei Arten der Restriktion zu geben. Zunächst sind ohne ein vorgegebenes technisches Repertoire bestimmte physikalische Handlungen auch dann unmöglich, wenn

39 Die Reichweite des Handlungsvermögens kann ihrerseits von ihm selbst abhängen. Sowohl die Kritische Theorie als auch die Psychoanalyse, auf die sie sich bezieht, fordern Praktiken zur Ausdehnung des Handlungsvermögens. Die psychoanalytische Theorie vermutet, daß zahlreiche Handlungen unbewußt determiniert sind. In diesem Sinne unterliegen sie nicht der Steuerungsfähigkeit der Akteure, weil diese die aktuellen Ursachen ihres Verhaltens nicht wahrnehmen und entsprechend keine Möglichkeit besitzen, ihr Handeln zu wählen; zudem besitzen sie oftmals verzerrte Deutungen über ihr Verhalten und dessen Konsequenzen. Das Ziel der Psychoanalyse besteht darin, dieses Unterbewußtsein »freizulegen«, indem es zum Gegenstand der Reflexion gemacht wird. Dies wiederum gestattet dem Akteur, sein Verhalten zu wählen und die Folgen dieser Wahl mit größerer Genauigkeit zu bedenken. Im Ergebnis wird auf diese Weise die Handlungsfähigkeit des Akteurs erweitert. Auf das gesellschaftliche Niveau übertragen, merkt die Kritische Theorie an, daß sich zahlreiche Dominanzbeziehungen hinter Ideologien verbergen. Die Maskierung dieser Beziehungen macht sie dem Verständnis und dem Zugriff der individuellen und kollektiven Akteure unzugänglich. Eine Kritik der herrschenden Ideologie eröffnet demgegenüber ein Verständnis der betreffenden Beziehungen, indem sie eine alternative Regel zur Interpretation der sozialen Realität anbietet. Auch dies eröffnet den Akteuren Handlungsmöglichkeiten, die zuvor nicht bestanden.

man sie sich in der Phantasie vorstellen kann. Die physikalische Welt mißzuverstehen kann starke negative Rückkopplungen für individuelle und kollektive Akteure nach sich ziehen. Da sich die Eigenzeit des menschlichen Handelns von der der natürlichen Systeme oftmals radikal unterscheidet und die Natur oft nur sehr verzögert reagiert, spiegeln sich in vielen Fällen die Resultate dieses Feedbacks im kulturellen Naturverständnis nicht wider. Dies kann zu desaströsen Konsequenzen führen. Auf kurze Sicht besteht durchaus die Möglichkeit zu entscheiden, daß Blei im Trinkwasser harmlos sei, auf die Dauer indessen sind die individuellen und kollektiven Akteure, die eine derartige Regel zu akzeptieren geneigt sind, gegenüber anderen, die anderer Meinung sind, in gewichtigem Nachteil, und die betreffende Regel wird nur schwerlich überleben. Auf diese Weise beschränkt die Natur das menschliche Handlungsvermögen, wenigstens auf lange Sicht.

Zum zweiten kann das Repertoire an Regeln und dessen Struktur einige Regeln oder Regelverbindungen »undenkbar« erscheinen lassen, während andere als »natürlich« gelten und beinahe automatisch befolgt werden. In dem Umfang, in dem diese Regelstruktur einige Handlungen als unmöglich und andere als zwingend geboten erscheinen läßt, wird der Handlungsspielraum der Akteure eingeschränkt. Allerdings ist die Reichweite und die Rigidität solcher kultureller Strukturen bislang ungeklärt. Einige haben gemeint, die Struktur sei fest im Gehirn kodiert, und vertreten damit eine Art »biogenetischen Strukturalismus« (Laughlin/d'Aquili 1974, Lumsden/Wilson 1980a, 1980b, 1981, 1983). Auf der anderen Seite stehen Mikrotheorien, die solche Strukturen gänzlich leugnen. Unsere Position ähnelt der von Bourdieu (1976, 1987; Wagner 1992). Unserer Meinung nach muß man das Ausmaß, in dem eine gegebene Kultur strukturiert ist, empirisch erheben. Innerhalb eines Individuums kann der Strukturierungsgrad über Kulturbereiche hin variieren. So kann es beispielsweise strenge Meta-Regeln zur Strukturierung von Verwandtschaftsbeziehungen, aber nur schwach strukturierte Regeln zur Behandlung von Fremden geben. In dem Maße, in dem Sozialisationsdifferenzen und unterschiedliche Lebenserfahrungen jedes Individuum mit unterschiedlichen Regeln vertraut machen, wird es Differenzen im Strukturierungsgrad zwischen den Individuen geben, und zwar innerhalb ein und derselben Kultur. Diese Unterschiede mögen systematisch mit der Schichtung variieren. So legt etwa Gilligans Theorie der Moralentwicklung (⁴1993, Code 1991, Dietz u. a. 1994) nahe, daß in den westlichen Gesellschaften die männliche Sozialisation hochgradig abstrakte und kodifizierte ethische Regeln produziert, wohingegen die weibliche Sozialisation bei den Individuen eher kontextspezifische, weniger abstrakte und weniger rigide strukturierte ethische Regeln zur Folge hat. Form und Umfang der Strukturierung werden auch zwischen den Kulturen und, über längere Zeiträume hinweg betrachtet, auch innerhalb einer Kultur variieren.

Die Beziehung zwischen Handlungsvermögen und Struktur ist nicht einfach. Wenn es gar keine Struktur gibt und die Gesellschaft einfach eine sich wiederholende Kette von Interaktionen darstellt, kann sich gleichwohl eine spontane Ordnung ausbilden (Axelrod 1981, Axelrod/Hamilton 1981); im allgemeinen aber wird unter solchen Umständen das wechselseitige Handeln der Akteure unvorhersagbar. Solange die Reaktionen nicht vorhersagbar sind, hat das Handlungsvermögen nur geringe Reichweite, weil die mangelnde Vorhersagbarkeit den Wert der Reflexivität untergräbt. Man kann kein effektiver Akteur sein, solange die Handlungen nicht zu vorhersagbaren Resultaten führen. Wenn andererseits das kulturelle Repertoire innerhalb einer gegebenen Situation keine Handlungsalternativen nahelegt, dann besteht die einzige Variationsquelle in Irrtümern, und man wird schwerlich von einem ausgebildeten Handlungsvermögen sprechen wollen. Tatsächlich variiert der Umfang der Handlungsfähigkeiten zwischen verschiedenen Handlungsbereichen, Individuen und Kulturen ebenso wie Rigidität und Form der Regelstruktur selbst.

Und endlich wird das Handeln von Akteuren durch die Reaktionen ihrer Mitakteure beschränkt, die über negative und positive Sanktionsmacht verfügen. Das heißt, die Handlungsfähigkeiten der einen Akteure setzt dem Handlungsvermögen anderer Grenzen. Im Extremfall kann ein mächtiger Akteur das Handlungsvermögen seiner Mitakteure in vielen Lebensbereichen nachhaltig beschränken, aber in der Praxis ist die Aufrechterhaltung einer derartigen Kontrolle mit Hilfe von Sanktionen wegen der hohen Kosten, die damit verbunden sind, überaus schwierig. Infolgedessen versuchen dominante Gruppen oftmals bewußt, Kontrolle mit Hilfe von Ideologien auszuüben und damit über die Regeln zu bestimmen, die einer Bevölkerung zugänglich sind. Das kann dadurch geschehen, daß solche Ideologien einige Regeln anderen gegenüber bevorzugen, die Wahrnehmung von Kausalzusammenhängen verstellen, somit die Reflexivität der Akteure fehlleiten und in letzter Instanz deren Handlungsfähigkeiten verzerren. Habermas' (1979) Verteidigung eines herrschaftsfreien Diskurses stellt ein Argument gegen die Verzerrung des Handlungsvermögens eines Akteurs durch die Macht dar, die von anderen ausgeübt wird. Selbstverständlich können diese beiden Strategien auch komplementär verwendet werden. Die Strukturierung kultureller Inhalte zugunsten bestimmter Regeln kann durch Sanktionen erwirkt werden, und diese Strukturierung kann Sanktionen dadurch effektiver machen, daß sie sie legitimiert.

Wenn man diesem Handlungsvermögen der Akteure und der daraus resultierenden Variation eine minimale Spannweite beläßt, führen evolutionäre Kräfte zu einer Dynamik, die diese ausdehnen oder beschränken kann. Je nach den Selektionsmustern und deren ausbalanciertem Verhältnis zueinander, je nach Migration, Mutation, Rekombination und Transmission wird sich die Prävalenz verschiedenartiger Regeln in einem kulturellen System verschieben. Diese Dynamik verläuft komplex (vgl. Boyd/Richerson 1985).

In der zurückliegenden Diskussion haben wir die These vertreten, daß Evolutionstheorie und Handlungsvermögen sich nicht feindlich gegenüber stehen. Im Gegensatz zu früheren Entwicklungstheorien berücksichtigt die moderne Evolutionstheorie den beträchtlichen Einfluß handlungsfähiger Akteure zum Beispiel bei Innovationsprozessen und der Generierung kultureller Varietät. Sie benennt aber auch die Bedingungen der natürlichen Umwelt, der strukturellen Begrenzungen des soziokulturellen Systems oder der Macht, die andere Akteure ausüben und die dieses Handlungsvermögen beschränkt. Da sich die moderne Evolutionstheorie in den Sozialwissenschaften noch in einem frühen Entwicklungsstadium befindet, müssen unsere Argumente als vorläufig betrachtet werden. Wir glauben aber, daß sie unserer Zwecksetzzung dienlich sein können, den Bereich des menschlichen Handlungsvermögens nachzuzeichnen, den ihm die Evolutionstheorie zugesteht.

Wir haben die Verträglichkeit von Handlungsvermögen und Evolutionstheorie hervorgekehrt. Wir hätten dieses Argument auch noch weiter treiben können mit dem Verweis darauf, daß die Evolutionstheorie den Begiff des »Handlungsvermögens« *notwendig voraussetzt.* Evolutionsprozesse basieren darauf, daß *das kulturelle Regelsystem im Gefolge seiner Interpretation und Anwendungsspezifikationen variiert.* Es gibt mehrere mögliche Variationsquellen innerhalb des Regelsystems. Eine davon besteht im Irrtum oder in den Fehlern, die auftreten, wenn ein Akteur eine Regel von seinen Mitakteuren kopiert. Eine weitere besteht in der Migration, das heißt in der Beschaffung einer Regel von außerhalb des untersuchten Systems. Ohne Zweifel sind diese beiden Variationsquellen wichtig, sie erschöpfen aber nicht die Gesamtheit der menschlichen Kreativität und erfassen nicht die rapiden, komplexen Pfade des soziokulturellen Wandels. Das Vorhandensein von Handlungsfähigkeiten stellt einen Mechanismus zur Generierung von Wandel dar, der um ein Vielfaches stärker ist als Irrtum und Migration und der den dynamischen, schöpferischen und oftmals spielerischen Charakter des menschlichen Lebens genau erfaßt. Wir zweifeln, ob eine Evolutionstheorie, die den Begiff »Handlungsfähigkeit« nicht berücksichtigt, eine angemessene Sicht des menschlichen Lebens und des soziokulturellen Systems, in das es eingebettet ist, verschaffen kann.

8. Schlußfolgerung

Welche Vorteile hat ein evolutionärer Ansatz für die Untersuchung von Kulturen und Institutionen? Der erste liegt in der Betonung der Dynamik, der zweite in der Akzentuierung der materiellen und technologischen Basis der Kultur und Institutionen und der dritte in der Betonung der Kontextualisierung.

Eine evolutionäre Sichtweise stellt nicht nur die Dynamik ins Zentrum, sondern betont auch die beobachtbaren Disjunktionen, wenn zur Analyse des Wandels verschiedene Zeitskalen verwendet werden. Wie wir bei der Diskussion der verschiedenen Selektionsmechanismen betont haben, erhalten sich Regeln und Institutionen, die die Selektion kurzfristig favorisiert, bei Verwendung eines längerfristigen Betrachtungszeitraums nicht. Dieser Tatbestand hat praktische Implikationen für den Entwurf und die politische Gestaltung von Institutionen; Selektionsmechanismen, die kurz- oder mittelfristig Effizienz aufweisen, mögen auf die lange Dauer desaströse Konsequenzen nach sich ziehen. Deshalb sollte in der derzeitigen Debatte der Frage, ob kollektive Entscheidungsverfahren in der Form von Planungs- oder von Marktmechanismen institutionalisiert werden sollen, die schwungvolle Hinwendung zu einer idealisierten Betrachtung des Marktes besser gebremst werden durch ein Verständnis seiner langfristigen Schwächen, und das heißt, daß die Suche nach besseren institutionellen Strategien zur Bewältigung von Entscheidungen, die sich auf die Umwelt, den technischen und sozialen Wandel auswirken, fortgesetzt werden muß.

Das bringt uns zum zweiten Punkt. Die meisten Sozialwissenschaftler neigen dazu, die Effekte von Technologie und natürlicher Umwelt zu übersehen. Das hat dazu geführt, daß die Sozialwissenschaften zu einigen der wichtigsten Aspekte der derzeitigen globalen Problematik nur wenig zu sagen haben. Der zentrale Vorteil des von uns vertretenen evolutionären Ansatzes besteht darin, daß er die Rückkopplungen zwischen sozialen Systemen und deren biologischer und physikalischer Umwelt, die sich als Antworten auf die Implementierung kultureller Regeln und institutioneller Arrangements ergeben, ins Zentrum der Überlegungen stellt. Nochmals: Die kurzfristigen selektiven Reaktionen, die im Bereich der Handlungsmöglichkeiten der Eliten liegen oder aufgrund der sozialen Struktur realisiert werden können, mögen den selektiven Kräften der biologischen und physikalischen Umwelt entgegenstehen, was aber auf die Dauer zu Problemen führt. Wie man diese Widersprüchlichkeiten auflösen kann, muß man von Fall zu Fall untersuchen, aber der evolutionäre Ansatz stellt einen Rahmen für solche Untersuchungen bereit.

Und schließlich betont der evolutionäre Ansatz die Bedeutung von Kontexten. Man kann sich dies als eine Verallgemeinerung unseres zweiten Punkts denken. Dort haben wir betont, daß es darauf ankommt, die Effekte verschiedener selektiver Kräfte auf eine Regel, Institution oder Kultur im *Zusammenhang* zu betrachten. Diese Kontextualisierung verschafft uns auch einen Schutz gegen jede Reifikation, die sich daraus ergibt, daß wir auf die Frage »Für wen ist dies oder das unter welchen Umständen gut?« tatsächlich eine Antwort erwarten. An anderer Stelle (Dietz/Burns 1992) diskutieren wir dieses Thema – kollektive Akteure und deren Handlungsvermögen – ausführlich und illustrieren die Fruchtbarkeit einer evolutionären Perspektive für das Verständnis kollektiver Akteure, die im Zentrum vieler institutioneller Analysen stehen, ohne in Reifikationen zu verfallen oder die Existenz von handlungsfähigen Akteuren zu suchen, wo es keine gibt.

Natürlich wird sich jede gute Sozialwissenschaft mit diesen Fragen beschäftigen, gleichgültig ob sie von einer evolutionistischen Position oder einer anderen theoretischen Warte her argumentiert. Der Vorteil einer evolutionären Perspektive liegt nicht darin, daß auf diesem Wege Einsichten zu gewinnen wären, die aus anderer Blickrichtung verborgen blieben, sondern eher darin, daß sie einen Rahmen anbietet, der solche Einsichten routinemäßig zur Verfügung hält.

Literatur

Alchian, A. A. (1950), »Uncertainty, Evolution and Economic Theory«, in: *Journal of Political Economy* 58, S. 211-221.

Allison, P. D. (1991), »A Neo-Darwinian Theory of Beneficient Norms«. Vortrag, gehalten auf der Jahresversammlung der American Sociological Association, Cinncinati, Ohio, 27. August 1991.

Archer, M. S. (1988), *Culture and Agency: The Place of Culture in Social Theory*, Cambridge.

– (1989), »Structuration versus Morphogenesis«, in: S. N. Eisenstadt/H. J. Helle (Hg.), *Macro Sociological Theory. Perspectives on Social Theory*, Bd. 1, Beverly Hills, CA, S. 58-88

Axelrod, R. (1981), »The Emergence of Cooperation among Egoists«, in: *American Political Science Review* 75, S. 306-318.

Axelrod, R./W. D. Hamilton (1981), »The Evolution of Cooperation«, in: *Science* 211, S. 1390-1396.

Bachrach, P./M. S. Baratz (1970), *Power and Poverty*, New York/Oxford.

Bandura, A. (1977), *Social Learning Theory*, Englewood Cliffs, NJ.

Baumgartner, T./T. R. Burns/P. DeVille (1986), *The Shaping of Socioeconomic Systems*, London.

Becker, G. (1976), »Altruism, Egoism and Genetic Fitness: Economics and Sociobiology«, in: *Journal of Economic Literature* 14, S. 817-826.

Bourdieu, P. (1976), *Entwurf einer Theorie der Praxis*, Frankfurt am Main.

– (1987), *Sozialer Sinn. Kritik der theoretischen Vernunft*, Frankfurt am Main.

Boyd, R./P. J. Richerson (1985), *Culture and the Evolutionary Process*, Chicago.

– (1988), »The Evolution of Ethnic Markers«, in: *Cultural Anthropology* 2, S. 65-79.

Burns, T. R./T. Baumgartner/P. DeVille (1985), *Man, Decisions and Society*, London.

Burns, T. R./P. DeVille/E. Griffor/D. Meeker (1992), *The Social Theory of Human Interaction and Games*, Manuskript, Uppsala University.

Burns, T. R./T. Dietz (1992a), »Technology, Socio-Technical Systems and Technological Development, An Evolutionary Perspective«, in: B. Dierkes/E. Hoffman (Hg.), »New Technology at the Outset«, in: *Social Forces in the Shaping of Technological Innovations*, Frankfurt am Main.

– (1992b), »The Theory of Sociocultural Evolution«, Manuskript, Universität Uppsala.

Burns, T. R./H. Flam (1987), *The Shaping of Social Organization*, London.

Campbell, D. T. (1975), »On the Conflicts between Biological and Social Evolution and between Psychology and Moral Tradition«, in: *American Psychologist* 30, S. 1103-1126.

Cavalli-Sforza, L. L. u. a. (1982), »Theory and Observation in Cultural Transmission«, in: *Science* 218, S. 19-27.

Chen, K.-H./L. L. Cavalli-Sforza/M. W. Feldmann (1982), »A Study of Cultural Transmission in Taiwan«, in: *Human Ecology* 10, S. 365-382.

Chomsky, N. (1981), *Regeln und Repräsentationen*, Frankfurt am Main.

– (1986), *Knowledge of Language: Its Nature, Origins and Use*, New York.

Code, L. (1991), *What can she know? Feminist Theory and the Construction of Knowledge*, Ithaca, NY.

Collins, R. (1981), »On the Microfoundations of Macrosociology«, in: *American Journal of Sociology* 86, S. 924-942.

– (1988a), *Theoretical Sociology*, San Diego.

– (1988b), »The Micro Contributions to Macro Sociology«, in: *Sociological Theory* 6, S. 242-253.

Czarniawska-Joerges, B. (1988), *Ideological Control in Non-Ideological Organizations*, New York.

Dietz, T./T. R. Burns (1994), »Human Agency in Evolutionary Theory«, in: B. Wittrock (Hg.), *Agency in Social Theory*, London.

Dietz, T./T. R. Burns/F. H. Buttel (1990), »Evolutionary Theory in Sociology: An Examination of Current Thinking«, in: *Sociological Forum* 5, S. 155-171.

Dietz, T./R. S. Frey/E. A. Rosa (1994), »Risk, Technology and Society«, in: R.E. Dunlap/W. Michaelson (Hg.), *Handbook of Environmental Sociology*, Westport, CT.

Dietz, T./P. C. Stern/L. Kalof (1992), »Altruism, Gender, and Environmental Concern«. Vortrag, gehalten auf dem Symposium on Current Development Environmental Sociology, Woudschuten, Holland, 17.-21. Juni 1992.

Dietz, T./P. C. Stern/R. W. Rycroft (1989), »Definitions of Conflict and the Legitimation of Resources: The Case of Environmental Risk«, in: *Sociological Forum* 4, S. 47-70.

Durham, W. H. (1991), *Coevolution: Genes, Culture and Human Diversity*, Stanford, CA.

Garfinkel, H. (1967), *Studies in Ethnomethodology*, Englewood Cliffs, NJ.

Giddens, A. (1984), *Interpretative Soziologie. Einführung und Kritik*, Frankfurt am Main/New York.

– (1988), *Die Konstitution der Gesellschaft. Grundzüge einer Theorie der Strukturierung*, Frankfurt am Main/New York.

Gilligan, C. (⁴1993), *Die andere Stimme. Lebenskonflikte und Moral der Frau*, München.

Gould, S. J. (1991), »Exaptation: A Crucial Tool for an Evolutionary Psychology«, in: *Journal of Social Issues* 47, S. 43-65.

Griswold, W. (1986), »A Methodological Framework for the Sociology of Culture«, in: C. Clogg (Hg.), *Sociological Methodology*, Washington, DC, American Sociological Association, S. 1-35.

Habermas, J. (1969), *Erkenntnis und Interesse*, Frankfurt am Main.

– (1971), *Toward a Rational Society*, London.

– (1979), *Communication and the Evolution of Society*, Boston.

– (1981), *Theorie des kommunikativen Handelns*, Frankfurt am Main.

Hannan, M. T./J. Freeman (1989), *Organizational Ecology*, Cambridge, MA.

Hodgson G. M. (1993), *Economics and Evolution. Bringing Life Back to Economis*, Cambridge.

Kahneman, D./P. Slovic/A. Tversky (1982), *Judgement under Uncertainty: Heuristics and Biases*, Cambridge.

Laughlin, C. D./E.G. D'Aquili (1974), *Biogenic Structuralism*, New York.

Lenski, G. (1970), *Human Societies*, New York.

Levine, R. A./D. T. Campbell (1972), *Ethnocentrism: Theories of Conflict, Ethnic Attitudes and Group Behavior*, New York.

Lévi-Strauss, C. (1967), *Strukturale Anthropologie*, Frankfurt am Main.

– (1971), *Mythologica*, Bd. 1: *Das Rohe und das Gekochte*, Frankfurt am Main.

Lumsden, C. J./E. O. Wilson (1980a), »Translation of Epigenetic Rules of Individual Behavior into Ethnographic Patterns«, in: *Proceedings of the National Academy of Sciences of the United States of America* 77, S. 4382-4386.

– (1980b), »Gene-Culture Translation in the Avoidance of Sibling Incest«, in: *Proceedings of the National Academy of Sciences of the United States of America* 77, S. 6248-6250.

– (1981), *Genes, Mind, and Culture: The Coevolutionary Process*, Cambridge, MA.

– (1983), *Promothean Fire: Reflections on the Origin of Mind*, Cambridge, MA.

Lund, L. (1990), »Gender Differences in Attitudes towards Pornography: An Examination of Gilligan's Theory«. Unveröffentlichte

Magisterarbeit, Fairfax, Virginia, Department of Sociology & Antropology.

March, J. G./J. P. Olsen (1989), *Rediscovering Institutions. The Organizational Basis of Politics*, New York.

McLaughlin, P. (1988), »Essentialism, Population Thinking, and the Environment«, in: *Environment, Technology, and Society* 52, S. 4-7.

Merton, R. K. (1936), »The Unanticipated Consequences of Purposive Social Action«, in: *American Sociological Review* 1, S. 894-904.

Nelson, R. R./S. G. Winter (1982), *An Evolutionary Theory of Economic Change*, Cambridge, MA.

Ostrom, E. (1990), *Governing the Commons. The Evolution of Institutions for Collective Action*, New York.

Pinker, S. (1991), »Rules of Language«, in: *Science* 253, S. 530-534.

Rappaport, R. A. (1968), *Pigs for the Ancestors*, New Haven.

– (1979), *Ecology, Meaning and Religion*, Richmond, CA.

Richerson, P. J./R. Boyd (1989), »A Darwinian Theory for the Evolution of Symbolic Cultural Traits«, in: M. Freilich (Hg.), *The Relevance of Culture*, New York.

Rosa, E. A./G. E. Machlis (1983), »Energetic Theories of Society: An Evaluative Review«, in: *Sociological Inquiry* 53, S. 152-178.

Sahlins, M. (1981), *Kultur und praktische Vernunft*, Frankfurt am Main.

Schudson, M. (1989), »How Culture Works«, in: *Theory and Society* 18, S. 153-180.

Simon, H. A. (1990), »A Mechanism for Social Selection and Successful Altruism«, in: *Science* 250, S. 1665-1668.

Smith, J. M./N. Warren (1982), »Models of Cultural and Genetic Change«, in: *Evolution* 36, S. 620-627.

Sober, E. (1984), »Evolution, Population Thinking and Essentialism«, in: *Philosophy of Science* 47, S. 350-383.

Soltis, J./P. Richerson/R. Boyd (1992), »Can Group-Functional Behaviors Evolve by Cultural Group Selection? An Empirical Test«. Unveröffentlichtes Papier, Bielefeld: Center for Interdisciplinary Research.

Stern, P. C. (1990), »The Social Construction of the Economy«, in: *Challenge* 33 (I), S. 38-45.

Swidler, A. (1986), »Culture in Action: Symbols and Strategies«, in: *American Sociological Review* 51, S. 273-286.

Sztompka, P. (Hg.) (1994), *Human Agency and the Reorientation of Social Theory*, New York.

Vanberg, V. (1993), »Rational Choice, Rule-Following and Institutions: An Evolutionary Perspective«, in: U. Mäki/B. Gostavson/C. Knuden (Hg.), *Rationality, Institutions and Economic Methodology*, London/New York, S. 171-200.

Van Parjs, P. (1981), *Evolutionary Explanation in the Social Science: An Emerging Paradigm*, Totowa, NJ.

Vayda, A. P. (1988), »Actions and Consequences as Objects of Explanation in Human Ecology«, in: R. J. Borden/J. Jacobs/G. Y. Young, (Hg.), *Human Ecology. Research and Applications*, College Park, Maryland.

Vayda, A. P./B. J. McCay/C. Eghenter (1991), »Concepts of Process in Social Science Explanations«, in: *Philosophy of the Social Science* 21, S. 313-331.

Wagner, P. (1994), »The Theoretical Import of Practical Sense: The Agency Concept in the Structuralist Tradition – and Beyond«, in: B. Wittrock (Hg.), *Agency in Social Theory*, London.

Wittrock, B. (Hg.) (1994), *Agency in Social Theory*, London.

Witt, U. (1991), »Evolutionary Theory: The Direction Austrian Economics Should Take?«, in: S. Boehm (Hg.), *Austrian Economics. Tensions and New Developments*, Dordrecht/Boston.

Wittgenstein, L. (1989), *Philosophische Untersuchungen*, in: ders., *Werkausgabe*, Bd. 1, Frankfurt am Main.

Drucknachweise

Hans-Peter Müller/Michael Schmid, »Paradigm Lost? Von der Theorie sozialen Wandels zur Theorie dynamischer Systeme«: Originalbeitrag.

Neil J. Smelser, »Modelle sozialen Wandels«: »Toward a General Theory of Social Change«, in: Neil J. Smelser, *Essays in Sociological Theory*, Englewood Cliffs, N.J. 1968, S. 193-221 und S. 265-268.

Gudmund Hernes, »Prozeß und struktureller Wandel«: »Structural Change in Social Process«, in: *American Journal of Sociology* 82 (1976), S. 513-547.

Renate Mayntz, »Zum Status der Theorie sozialer Differenzierung als Theorie sozialen Wandels«: Originalbeitrag.

Anthony Giddens, »Strukturation und sozialer Wandel«: *Central Problems in Social Theory. Action, Structure, and Contradiction in Social Analysis*, London/Basingstoke 1979, S. 198-230.

Margaret Archer, »Morphogenese und kultureller Wandel«: *Culture and Agency. The Place of Culture in Social Theory*, Cambridge 1988, S. 185-205, 207-209, 210-219, 224-226.

Bernhard Giesen, »Code und Situation. Eine selektionstheoretische Analyse – illustriert an der Genese des deutschen Nationalbewußtseins«: Originalbeitrag.

Klaus Eder, »Die Institutionalisierung sozialer Bewegungen. Zur Beschleunigung von Wandlungsprozessen in fortgeschrittenen Industriegesellschaften«: Originalbeitrag.

Michael Hannan/John Freeman, »Die Populationsökologie von Organisationen«: »The Populational Ecology of Organizations«, in: *American Journal of Sociology* 82 (1976), S. 929-964.

Tom R. Burns/Thomas Dietz, »Kulturelle Evolution: Institutionen, Selektion und menschliches Handeln«: »Cultural Evolution: Social Rule Systems, Selection and Human Agency«, in: *International Sociology* 7 (1992), S. 259-283.

Hinweise zu den Autoren

Margaret S. Archer, geb. 1943, lehrt Soziologie an der Universität von Warwick; Veröffentlichungen zur Erziehungssoziologie und Kultursoziologie, unter anderem: (mit Michalina Vaughan): *Social Conflict and Educational Change in England and France: 1789-1848* (1971); (mit S. Giner, Hg.): *Contemporary Europe: Social Structures and Cultural Patterns* (1978); *Social Origins of Educational Systems* (1979); (Hg.): *The Sociology of Educational Expansion* (1982); *Culture and Agency. The Place of Culture in Social Theory* (1988).

Tom R. Burns, geb. 1937, lehrt an der Universität von Uppsala. Veröffentlichungen zur System- und Evolutionstheorie, unter anderem: (mit Thomas Baumgartner und Philippe Deville): *Man, Decisions and Society. The Theory of Actor-System Dynamics for Social Scientists* (1985); (mit Thomas Baumgartner und Philippe Deville): *The Shaping of Socio-Economic Systems* (1985); (mit Thomas Baumgartner und Walter Buckley): *The Shaping of Society* (1985); (mit Reinhard Ueberhorst): *Creative Democracy* (1988); (mit Helena Flam): *The Shaping of Social Organizations. Social Rule Systems Theory with Applications* (1991); (mit Svein Andersen): *Societal Decision-making* (1992); (mit Jerry Ellig und Alison E. Woodward): *Municipal Enterpreneurship and Energy Policy: A five Nation Study of Politics, Innovation, and Change* (1994).

Thomas Dietz, geb. 1949, lehrt Soziologie an der George Mason University, Fairfax, Virginia; Veröffentlichungen zur Evolutionstheorie und Ökologie; u. a.: (mit Robert W. Rycroft): *The Risk Professionals* (1987); (mit Tom R. Burns und F. H. Buttel): »Evolutionary Theory in Sociology. An Examination of Current Thinking«, in: *Sociological Forum* 5 (1990), S. 155-171; (mit Tom R. Burns): »Institutionelle Dynamik. Ein evolutionärer Ansatz«, in: *Journal für Sozialforschung* 32 (1993), S. 283-306.

Klaus Eder, geb. 1946, lehrt Soziologie an der Humboldt Universität zu Berlin; Veröffentlichungen zur soziologischen Evolutionstheorie und Sozialanthropologie, unter anderem: (Hg.): *Seminar: Die Entstehung von Klassengesellschaften* (1973); *Die Entstehung staatlich organisierter Gesellschaften. Ein Beitrag zu einer Theorie sozialer Evolution* (1976); *Geschichte als Lernprozeß? Zur Pathogenese politischer Modernität in Deutschland* (1985); *Die Vergesellschaftung der Natur. Studien zur sozialen Evolution der praktischen Vernunft* (1988); *Klassenlage, Lebensstil und kulturelle Praxis* (1989); (Hg.): *Auseinandersetzung mit Pierre Bourdieus Klassentheorie* (1989).

John Freeman, geb. 1945, lehrt Soziologie an der Cornell University; Veröffentlichungen zur Organisationstheorie, unter anderem: (mit Michael T. Hannan): »Growth and Decline Process in Organizations«, in: *American Sociological Review* 40 (1975), S. 215-228; »Niche Width and the Dynamics of Organizational Populations«, in: *American Journal of Sociology* 88 (1983), S. 1116-1145; (mit Michael T. Hannan): *Organizational Ecology* (1989); *Democracy and Markets. The Politics of Mixed Economics* (1989).

Anthony Giddens, geb. 1939, lehrt Soziologie in Cambridge; Fellow des King's College, Veröffentlichungen zur soziologischen Theorie, unter anderem: *Capitalism and Modern Social Theory. An Analysis of the Writings of Marx, Durkheim and Max Weber* (1971); *The Class Structure of the Advanced Societies* (1973, deutsch 1984); *New Rules of Sociological Method. A Positive Critique of Interpretative Sociologies* (1976, deutsch 1984); *Studies in Political Theory* (1977); *Durkheim. His Life, Work, Writings and Ideas* (1978); *Central Problems in Social Theory. Action, Structure and Contradiction in Social Analysis* (1979); *The Constitution of Society. Outline of the Theory of Structuration* (1984, deutsch 1988); *Social Theory and Modern Society* (1987); (Hg.): *Social Theory Today* (1987); *The Consequences of Modernity* (1990); *Modernity and Self-Identity. Self and Society in the Late Modern Age* (1991, deutsch 1992), *Sociology* (1993²).

Bernhard Giesen, geb. 1948, lehrt Soziologie an der Universität Giessen; Veröffentlichung zur allgemeinen Soziologie und Wissenschaftstheorie, unter anderem: (mit Michael Schmid, Hg.): *Theorie, Handeln und Geschichte. Erklärungsprobleme in den Sozialwissenschaften* (1975); (mit Michael Schmid): *Wissenschaftstheorie* (1976); *Makrosoziologie. Eine evolutionäre Einführung* (1980); (mit Hans Haferkamp, Hg.): *Soziologie der sozialen Ungleichheit* (1987); *Die Entdinglichung des Sozialen. Eine evolutionstheoretische Perspektive auf die Postmoderne* (1991); (mit Claus Leggewie, Hg.): *Experiment Vereinigung* (1991); *Die Intellektuellen und ihre Nation. Eine deutsche Achsenzeit* (1993); (mit Jeffrey C. Alexander, Richard Münch, Neil S. Smelser, Hg.): *The Micro-Macro Link* (1987).

Michael T. Hannan, lehrt Soziologie an der Stanford University; zahlreiche Veröffentlichungen zur Organisationstheorie, unter anderem: (mit John W. Meyer, Hg.): *National Development and the World System: Educational, Economical and Political Change* (1979); (mit N. B. Tuma): *Social Dynamics. Models and Method* (1984); (mit John Freeman): *Organizational Ecology* (1989); *Aggregation and Disaggregation in the Social Sciences* (²1991); (mit Glenn R. Caroll): *Dynamics of Organizational Populations. Density, Legitimation, and Competition* (1992).

Gudmund Hernes, geb. 1941, ist derzeit norwegischer Kultusminister; Veröffentlichungen unter anderem: *Om ulikhetens reproduktion* (Reproduktion der Ungleichheit) (1975); *Utdanning og ulikhet* (Ausbildung und Ungleichheit) (1976); (mit T. Rödseth, A. Ase und S. Ringen): *Leveskarsundersökelse Sluttrapport* (1976); *Forderhandlingsökonomi og blandingsadministrasjon* (Verhandlungsökonomie und gemischte Verwaltung) (1978); »The Logic of Protestant Ethic«, in: *Rationality and Society* 1 (1989), S. 123-162.

Renate Mayntz, geb. 1929, Leiterin des Max-Planck-Instituts für Gesellschaftsforschung in Köln; Veröffentlichungen zur Organisations- und Bürokratietheorie, soziologischen Theorie und Methodenlehre, unter anderem: *Die soziale Organisation des Industriebetriebs* (1958); *Soziologie der Organisation* (1963); (Hg.): *Bürokratische Organisation* (1968); (mit K. Holm und P. Hübner): *Einführung in die Methoden der empirischen Soziologie* (²1971); (mit Fritz W. Scharpf, Hg.): *Planungsorganisation* (1973); (mit Fritz W. Scharpf): *Policy-Making in the German Federal Bureaucracy* (1975); *Soziologie der öffentlichen Verwaltung* (³1985); (mit Bernd Rosewitz, Uwe Schimank und Rudolf Stichweh, Hg.): *Differenzierung und Verselbständigung. Zur Entwicklung gesellschaftlicher Teilsysteme* (1988); (mit Thomas P. Hughes, Hg.): *The Developement of Large Technical Systems* (1988); (Hg.): *Verbände zwischen Mitgliedsinteressen und Gemeinwohl* (1992).

Hans-Peter Müller, geb. 1951, lehrt Soziologie an der Humboldt-Universität zu Berlin; Mitherausgeber des »Berliner Journals für Soziologie«; Veröffentlichungen zur allgemeinen Soziologie, unter anderem: (mit Manfred Kopp): *Herrschaft und Legitimität in modernen Industriegesellschaften. Eine Untersuchung der Ansätze von Max Weber, Niklas Luhmann, Claus Offe, Jürgen Habermas* (1980); *Wertkrise und Gesellschaftsreform. Émile Durkheims Schriften zur Politik* (1983); (mit Lucian Kern, Hg.): *Gerechtigkeit, Diskurs oder Markt? Die neuen Ansätze in der Vertragstheorie* (1986); *Sozialstruktur und Lebensstile. Der neuere theoretische Diskurs über soziale Ungleichheit* (1992); (mit Bernd Wegener, Hg.): *Soziale Ungleichheit und soziale Gerechtigkeit* (1994).

Michael Schmid, geb. 1943, lehrt Soziologie an der Universität Augsburg; Veröffentlichungen zur allgemeinen Soziologie und Wissenschaftstheorie, unter anderem: *Leerformeln und Ideologiekritik* (1972); (mit Claus Mühfeld, Hg.): *Soziologische Theorie* (1974); (mit Bernhard Giesen, Hg.): *Theorie, Handeln und Geschichte. Erklärungsprobleme in den Sozialwissenschaften* (1975); (mit Bernhard Giesen): *Wissenschaftstheorie* (1976); *Handlungsrationalität. Kritik einer dogmatischen Handlungswissenschaft* (1979); *Theorie sozialen Wandels* (1982); (mit Franz M. Wuketits, Hg.):

Evolutionary Theory in Social Science (1987); (mit Hans Haferkamp, Hg.): *Sinn, Kommunikation und soziale Differenzierung* (1987).

Neil J. Smelser, geb. 1930, lehrt Soziologie an der University of California, Berkeley und ist Direktor des Center for Advanced Study in Palo Alto; Veröffentlichungen zur soziologischen Theorie, Theoriegeschichte und Methode, unter anderem: (mit Talcott Parsons): *Economy and Society. A Study in the Integration of Economic and Social Theory* (1956); *Social Change in the Industrial Revolution. An Application of Theory to the Lancaster Cotton Industry 1770-1840* (1959); (Hg.): *Sociology. An Introduction* (1967); *Essays in Sociological Explanation* (1968); *Soziologie der Wirtschaft* (1968); *Theorie des kollektiven Verhaltens* (1972); *Comparative Methods in Social Sciences* (1976); (mit R. Stephen Warner): *Sociological Theory: Historical and Formal* (1976); (mit Jeffrey C. Alexander, Bernhard Giesen und Richard Münch, Hg.): *The Micro-Macro Link* (1987); (Hg.): *Handbook of Sociology* (1988); (mit Richard Münch, Hg.): *Theory of Culture* (1992); (mit Hans Haferkamp, Hg.): *Social Change and Modernity* (1992).

Namenregister

394

Sachregister

suhrkamp taschenbücher wissenschaft
Soziologie, Theorie der Gesellschaft

suhrkamp taschenbücher wissenschaft
Soziologie, Theorie der Gesellschaft

suhrkamp taschenbücher wissenschaft
Soziologie, Theorie der Gesellschaft

suhrkamp taschenbücher wissenschaft
Soziologie, Theorie der Gesellschaft

suhrkamp taschenbücher wissenschaft
Soziologie, Theorie der Gesellschaft

Über sämtliche bis Mai 1992 erschienenen suhrkamp taschenbücher wissenschaft (stw) informiert Sie das Verzeichnis der Bände 1 – 1000 (stw 1000) ausführlich. Sie erhalten es in Ihrer Buchhandlung.

205/6/8.92